시베리아와 연해주의 정치경제학

시베리아와 연해주의 정치경제학

초판발행일 / 2004년 5월 30일

지은이 / 강성학 외 공저
펴낸이 / 이재호
펴낸곳 / 리북
등 록 / 1995년 12월 20일 제13-663호
주 소 / 서울시 영등포구 양평동4가 190
         신한하이빌 402호
전 화 / 02-2068-6435   팩 스 / 02-2068-6752

정 가 / 20,000원

ISBN 89-87315-57-6   03340

시베리아와 연해주의 정치경제학

강성학 김경순 김성호
남기정 문명식 우평균 공저

리북

　본서는 2002년도 한국학술진흥재단의 협동연구 과제, "한-일
-러 삼각구도 속의 시베리아와 연해주: 협조와 대립, 음모와 경
쟁의 정치경제학"에 대한 연구를 지난 1년간 수행하여 얻은 결과
물들을 한 권의 책으로 묶은 것이다. 본 연구는 한반도와 러시아,
일본을 연결하는 지역으로서의 시베리아와 연해주를 대상으로,
해당 지역 각국의 연구자들을 포괄하는 국제적 연구를 통해 탈
냉전기의 정치와 안보영역, 그리고 경제와 민족의 분야에서 협
조와 대립, 경쟁과 타협의 중심지로 부상하고 있는 이 지역의
평화적 개발과 지역 통합, 협조체제 구축의 가능성을 분석하는
데 목저을 두었다.

　시베리아와 연해주는 한민족의 시원으로까지 거슬러 올라가
는 인류학적 의미를 지녔을 뿐만 아니라, 역사적으로 한민족의
활동반경을 넓히는 과정에서 한반도와 제일 가까웠던 흔적도
가지고 있다. 가깝게는 일제의 지배를 벗어나기 위해 몸부림쳤
던 선대의 혼과 자취가 깃들어있는 지역으로 우리에게 각인되어
있으면서, 동시에 소연방 붕괴 이후 다시금 한민족의 활력을 되
찾는데 꼭 필요한 전략적 거점으로, 주로 경제적인 측면에서 관
심이 고조되어 왔다. 따라서 이 책에 실린 다수의 논문들은 우리
입장에서 시베리아와 연해주에 다가가는데 사전에 알고 있어야
할 필수적인 요인들, 즉 정치·경제·외교·군사·안보적인 현

안들과 그에 대한 접근 방안, 그리고 미래 전망을 위주로 풀어서 적절하게 설명하려고 시도한 것들이다. 아무쪼록 본서가 우리 앞에 등장한 시베리아와 연해주의 정체경제학을 이해하는데 지적 도움이 되길 기대한다.

본서가 완성될 때까지 그동안 시베리아와 연해주에 대한 총괄적인 연구 과제를 수행하기 위해, 지난 일 년 동안 연구를 진행하면서 2003년 여름, 시베리아 이르쿠츠크(Irkutsk)의 이르쿠츠크 국립대학교에서 한 차례, 그리고 동년 늦가을, 일본 센다이(Sendai)의 토호쿠국립대학교에서 한 차례, 도합 두 차례의 국제학술회의를 개최했었다. 이 자리를 빌려서 당시에 학술회의 개최를 위해서 현지에서 애써주었던 이르쿠츠크국립대학교 사회과학 지역연구소 관계자 여러분과 도호쿠대학교 법학부의 남기정 교수에게 감사의 뜻을 표하고자 한다. 그리고 이 책이 나오기까지 우평균 교수의 연구 책임 하에 꾸준히 연구를 진행해온 문명식, 김경순, 남기정, 김성호 교수와 학술회의에 참여해준 윤영미 박사에게 고마움을 표하고 싶다. 누구보다도 2002년도 협동연구 과제 선정을 통해 이 연구 활동을 지원해 준 한국학술진흥재단의 관계자 여러분에게 특히 감사드리고, 또한 연구의 결실이 책으로 출판되기까지 수고를 아끼지 않은 리북출판사 이재호 사장과 편집진에게도 감사의 말씀을 전하고 싶다.

2004년 5월
고려대학교 평화연구소 소장
강 성 학

■ 차 례

Ⅰ부

20세기의 시베리아, 연해주와
한국, 일본, 러시아

김경순, 전환기의 협력과 대립관계: 한·일·극동러시아

우평균, 한국과 일본의 극동·시베리아 정책 비교:
극동·시베리아 투자와 전략 검토

전환기의 협력과 대립관계:
한 · 일 · 극동러시아*

김 경 순

국방대학교 안보문제연구소 전문연구원

I. 서 론

　냉전체제 와해 이후 동북아는 이념적 대립에 의한 닫힌 체제에서 벗어나 열린 체제로 이행하면서 국가 상호간 제한없이 정치적 · 경제적 협력이 가능하게 되었다. 동북아는 지리적 인접성뿐 아니라 냉전적 유산에서 탈피하기 위한 정치적 협력 및 상호보완적 경제구조 면에서 협력의 기본적인 조건을 형성하고 있다.

* 이 논문은 2002년도 한국학술진흥재단의 지원에 의하여 연구되었음(KRF-2002-042-B00019), 고려대학교 평화연구소 주최 국제학술대회 "転換期の日·露·韓関係 : 協調と対立 えして紛争要因"(2003年 11月 29日 日本 東北大学)에서 발표한 것을 수정, 보완한 것임.

그럼에도 불구하고 러시아의 시장경제체제로의 이행과는 달리 동북아에서 러시아와의 정치·경제적 협력은 활발하게 이루어지지 못하고 있다. 이는 탈냉전이라는 구조적 환경변화와는 달리 이들 국가간 역사적 유산, 상호 부정적 인식, 영토문제에 이르는 대립적 속성을 내포하고 있으며, 협력을 위한 제반조건이 마련되지 못했기 때문이다.

동북아지역에서 한, 러, 일 3국은 경제적 이익의 극대화라는 목표 뿐 아니라 긴장완화와 평화구축이라는 안보적 차원의 목표를 지니고 있다. 이를 위해서는 각국이 지닌 경제적 역량에 따른 호혜적 교류와 지역안정을 위한 협력이 전제되어야 한다. 지리적인 면과 개발정도에 비추어 이들 국가간 협력은 러시아극동지역이 될 수 있다. 러시아 극동지역은 연방해체 이후 전쟁상태에 돌입된 체첸을 제외하고는 가장 심각한 어려움에 직면한 지역이다. 러시아 중앙정부는 극동지역의 심각한 위기상황에 집중할 여력이 없었으며, 외부세계도 이 지역에 큰 관심을 두지 않았다. 지역의 경제 상황 악화에 대비하지 못했던 러시아 중앙은 1990년대 후반부터 극동지역의 발전 필요성을 강조하기 시작했다. 최근 러시아는 유럽중심적인 대외정책 패턴을 변화하여 아·태지역의 중요성을 보다 강조하면서 러시아의 극동지역이 아태경제체제로 편입되기를 바라고 있다.[1] 이를 위해서는 극동지역에 대한 경제적 투자 뿐 아니라 아태지역에서 러시아의 활동영역을 확대할 필요가 있다. 하지만 많은 노력에도 불구하고 러시아가 외부국가의 투자와 협력없이 자체적인 노력으로 현재의 극동지역 발전을 추동하기는 쉽지 않다.

[1) Sharif M. Shuja, "Moscow's Asia Policy", *Contemporary Review*, Vol.272, No.1587 (April 1998), pp. 169-176.

극동지역을 둘러싼 국가간 정치·경제적 협력이 극동지역의 자체적 발전 뿐 아니라 동북아 지역발전과 안보에 기여할 것임은 분명하나, 이에 대한 한국과 일본의 협력과정은 그리 간단하지 않다. 소련방 붕괴 이후 한국의 대러접근 의도와 러시아의 한국접근 의도는 서로 달랐고, 그 가운데서 한국은 러시아와 협력을 시작했을 때 극동지역과의 경제협력을 주도하기 어려운 많은 문제에 직면하게 되었으며, 러시아는 한국의 태도에 불평하게 되었다. 일본도 연방해체 이후 러시아 극동의 어려움에 대해 무관심한 태도를 보여왔다. 하지만 실질적으로 일본은 극동지역의 아태지역으로의 통합에서 주요 역할을 하겠다는 입장 또한 견지하고 있다. 아직 이들 국가간 지역협력이 안정적 궤도에 진입하지 못한 상태에서 이 논문은 러시아 극동지역의 현황 및 극동지역을 대상으로 한 협력의 주요 국가인 한국과 일본과의 쌍무적 협력의 추진과정을 살펴보고, 이들 국가간 협력의 전망을 조망해보고자 한다.

Ⅱ. 러시아 극동지역의 현황

러시아 전영토의 36%를 차지하고 있는 극동지역은 영토의 규모 뿐 아니라 석유, 가스, 목재, 다이아몬드, 수산자원, 석탄 등이 풍부한 지역이다. 반면 인구는 약 716만 명으로 전인구의 5%에 불과, 인구밀도가 가장 희박한 지역이다.[2] 10개의 행정구역[3]으로 구성되어 있는 이 지역은 지리적으로 모스크바와 멀리

---

2) Goskomstat Possii, *Rossiiskii statisticheskii ezhegodnik ofistial'noe izdanie 2000*(Moskva, 2000), pp. 54-55.

떨어져 있어 중앙의 통제가 철저히 적용되기 어려우며, 연방해체이후 중앙 당국의 지원이 축소된 상황에서는 보다 독자적 정책결정의 가능성이 높은 지역이기도 하다. 하지만 푸틴의 강력한 국가건설이라는 기치하에 2002년 5월 풀리코프스키(Konstantin Pulikovskii)를 극동지역 전권대표로 임명하여 중앙통제의 노력이 실행되고 있으며, 지리적·인구학적 속성에도 불구하고 중앙으로부터 분리하려는 움직임보다는 동북아지역과의 통합을 통한 안정이 모색되고 있다.[4]

1. 극동지역의 개발 필요성

러시아는 전통적으로 자국을 유럽의 일부로 인식해왔으며, 구소련방의 붕괴 이후에도 유럽으로 통합되어 시장메커니즘을 지닌 자유민주적인 국가를 형성하겠다는 친서방적 대외정책을 지향했다. 사실 구소련방 붕괴 초기 러시아는 서구유럽이 국제 정치·안보적 차원뿐 아니라 경제적인 거의 모든 영역(원자재, 재정, 상품과 서비스, 노동)에서 주요 시장을 확보하고 있으므로 러시아가 의존하고 발전을 도모할 세계는 유럽이라고 확신하고 있었다.[5] 하지만 코지레프(Andrei Kozyrev) 외무장관으로 대변

---

3) 행정지역으로는 사하공화국, 쁘리모리예와 하바로프스크 변강주(끄라이)를 비롯해 아무르주, 캄차카주, 사할린주, 마가단주, 유대인자치주, 추코트카자치관구, 코랴크 자치관구로 구성되어 있다.

4) Rajan Menon, "The Sick Man of Asia: Russia's Endangered Far East", *The National Interest*, Vol.73(Fall, 2003), pp. 93–103. 체첸지역과는 달리 극동·시베리아지역의 분리주의적 움직임의 가능성은 높지 않다. 이 지역은 경제적, 역사적, 민족적으로 통합된 주체세력이 존재하지 않아 분리주의를 추구하기 어렵다고 평가하고 있다.

5) V. Kremenuik, "The Ideological Legacy in Russian Foreign Policy", *International Affairs*(A Russian Journal), No.3, 2001(http://www.cionet.org/olj/iarj/krv02.html), p. 5.

되는 이러한 친서방외교정책은 러시아내 민족주의세력의 반대를 야기시켰을 뿐 아니라6) 변화하는 국제질서하에서 러시아의 위상확립에도 기여하지 못했다.7)

이러한 초기 대외인식은 유럽 뿐 아니라 아시아에 걸쳐있는 러시아의 유라시아적 환경 인식에 따라 변화되었다. '유라시아주의자'인 스탄케비치(Sergei Stankevich)는 서방일변도 외교의 위험성을 지적하고 러시아는 중앙아시아국가들과의 연계를 공고히 하면서, 중국·일본·한국 등 아시아국가들과의 관계를 확대해야 한다고 주장했다.8) 러시아의 대내적 인식변화와 더불어 국제질서에서 아시아의 중요성 증대 또한 변화를 촉구하였다. 정치·경제적 차원에서 세계의 중심은 더 이상 유럽에 한정될 수 없었다. 중국, 일본, 한반도 등 경제·군사적 강국이 포진해 있고, 미국의 중요한 전략지역이 되고 있는 동북아지역의 중요성이 제고됨에 따라 러시아도 이 지역으로 관심을 전환할 필요가 있었다. 자체적으로도 연방해체 이후 지원이나 투자가 이루어지지 못한 채 피폐된 시베리아와 극동지역의 개발필요성에 직면하게 되었다. 유럽지역에 치중된 발전노선에서 소외된 시베리아·극동지역 발전의 관건이 아태지역과의 경제통합에 있다는 점을 인식하게 되었던 것이다. 연방해체 이후 세계경제로의 진입에서 에너지와 천연자원에 의존하고 있는 러시아에게 유럽과의 공동개발 협력이 추진되고 있는 서시베리아지역과 달리

---

6) *Izvestiya*, 1996. 1. 10. 민족주의자들은 당시 코지레프 외무장관에 대해 "독립과 힘의 원칙, 민족과 국익의 개념을 망각했다"고 비난하였다.

7) 김경순, 『NATO 동유럽 확대와 러시아의 대응』, 세종연구소 연구논문 98-08(세종연구소, 1998). 친서방정책을 취했음에도 불구하고 러시아는 서유럽의 군사동맹인 NATO가 동유럽으로 확대되는 것을 막을 수 없었다.

8) *Nezavisimaya Gazeta*, 1992.8.19.

아직 미개척지로 남아 있으며, 적극적인 개발투자가 이루어지지 못하고 있는 동시베리아와 극동지역의 개발과 발전을 위해서 동북아국가들과의 협력이 절대적이었다. 또한 러시아의 극동지역은 동북아안보에 있어 러시아의 역할을 확장시킬 수 있는 주요한 지역이다. 즉 러시아 극동에서 발생하는 모든 일은 주변국가의 행동에 영향을 미치며, 역으로 다른 국가의 행위가 러시아 극동에 영향을 미치는 구조가 형성되어 있다.

따라서 러시아는 아시아에서 자국의 위치에 대한 전략적 인식이 필요해졌다. 이러한 아시아에 대한 정세인식은 2000년 7월에 발표된 '대외정책신개념'에 잘 나타나 있다.[9] 이 문건에서 러시아는 외교정책상에서 아시아의 중요성을 두 가지 차원에서 요약하고 있다. 첫째, 아시아는 역동적으로 발전하고 있는 시베리아와 러시아 극동지역의 경제활성화를 위해 필요하다. 둘째, 아시아는 러시아에게 안전보장을 위한 대상지역이다. 아시아에는 아직도 많은 국가들이 군비경쟁을 지속하고 있으며, 긴장과 갈등의 근원지가 존속하고 있는 긴장지역으로 러시아는 이 지역에서 자국에게 유리한 안보환경을 조성해야 한다고 보고 있다.

이는 러시아가 아태지역에서 담당해야 할 역할을 규정하고 있는 것이다. 즉 러시아는 개발이 지연된 동시베리아와 극동지역의 경제문제를 해결하기 위해서 아태지역국가들과의 협력을 증대해야 하며, 지역에서의 경제통합에 적극적으로 참여해야 한다는 것이다. 다른 한편에서는 안보적 차원에서 조망할 수 있는데 러시아 자체의 안보 뿐 아니라 동북아지역의 불안정 해소에 러시아가 적극적으로 개입해야 한다는 것이다. 경제와 안보간에

---

9) "러시아연방 대외정책 개념"(http://www.nanet.go.kr/file4/foinfor62-3.htm).

상호 긍정적 상관관계를 전제할 때 극동지역의 발전 필요성은 지역안보 증진에서의 러시아 역할을 요구하고 있다.

국제 안보문제를 해결하기 위해 러시아는 기본적으로는 아·태지역 통합기구에 적극적으로 참여하는 한편, 이 지역 국가들과의 쌍무적인 관계확대에도 주력하겠다는 입장이다. 이는 동북아지역의 위상제고와 더불어 러시아 자체적으로 시베리아·극동지역 개발의 필요성에 따른 주요한 국가적 지향점이 되고 있다. 이에 따라 러시아는 서구와 아시아의 중개자로서의 연계역할, 안보적 측면에서는 러시아 주변지역에서의 국가간 무력충돌이나 분쟁 방지, 중국·인도와의 우호관계 강화, 일본과의 협력관계 회복, 한반도에 있어 남북한 균형관계의 발전, 극동지역의 발전과 대외관계의 연계축으로서 러시아의 국내 경제전략을 세계적 차원으로 확대하는 메커니즘을 포함하는 전략을 구사해야 한다는 입장을 제시하고 있다.10)

2. 정치 · 안보 상황

극동지역은 지역적으로 중앙정부와 멀리 떨어져 있어 과거부터 관할권의 문제를 안고 있다. 더욱이 동북아지역의 위상 증대와 더불어 극동지역의 중요성도 증대된 반면 그에 대한 중앙정부의 통제력은 체제전환기에 있어서 충분한 지원이 불가능한 조건하에서 극히 제한되어 있었다. 옐친시대 초기 극동지역에 대한 정치적 관심은 중앙의 권력투쟁에서 누구를 지지하는 것인가에 있었으나11) 경제적·정치적 위기가 지속됨에 따라 그 원심

---

10) M. Titarenko, V. Mikheev, "The Asia-Pacific Region and Russia", *International Affairs* (Russian Journal), No.3 (2001), pp. 2-3.

적 힘이 증대되었고 보다 큰 경제적 자율성을 원하는 분권주의
적 경향이 강화되었다. 하지만 이러한 극동지역의 자치적 권한
은 푸틴시대에 들면서 상당히 감소되었다. 푸틴대통령은 강력한
러시아 위상의 확보를 위해 중앙집권의 필요성을 강조하고, 당
선 직후 전국을 7개 권역으로 나누어 대통령 전권대표에 의해
통제될 수 있도록 했다.

이러한 푸틴의 조치는 경제적 수행성과가 긍정적인 것임에도
불구하고 정치부문에서 많은 비판을 받고 있다. 중앙집중식 통
제는 각 지방의 비효율성을 근본적으로 차단하지 못했다. 중앙
정부의 일률적인 통제는 지방의 환경이나 지역에서 우선적으로
취해야 할 정보가 없는 상황에서의 관료적 정책결정이 등장하는
결과를 초래했다. 또한 이는 지역에서 주민들에 의해 선출된 지
역 정치지도자들의 정책 결정권을 박탈하는 것이었다. 연방경찰
이나 연방법 시행으로 주민들의 안보와 재산에 대해 미칠 수
있는 지방 당국의 영향력은 축소되었다.

푸틴은 2000년 5월 체첸에서 부지휘관을 역임했던 풀리코프
스키를 극동지역의 전권대표로 임명했다. 하지만 그에 대한 평
가로 전권대표가 중앙에서 지역의 이익을 확보하기 위해 노력하
기보다는 중앙의 지시사항을 지역에 강제하기 위한 노력을 할
것이라고 보고 있듯이 중앙의 통제강화는 지역이익을 대변해
줄 것으로 받아들여지지 않고 있다. 지역의 자율성이 제한되는
상황에서 극동지역의 경제발전을 위한 대외협력 역시 지방 단위
에서는 부정적인 것으로 평가되고 있다.

---

11) Robert Valliant, "The Political Dimension", Tsuneo Akaha (ed.), *Politics and
Economics in the Russian Far East: Changing Ties with Asia-Pacific* (London
and New York: Routledge, 1997), pp. 3-22.

극동지역은 정치적 대상으로서 뿐만 아니라 러시아 안보에 있어서도 일정한 영역을 차지한다. 구소련시 극동지역은 태평양 함대를 위한 근거지로 거대한 군사지역을 이루고 있었다. 연방해체 이전에는 이 지역에서도 이념적 대결에 기반한 안보위협도 상당한 것으로 평가되었다. 그러한 위협에 대한 대응으로 1980년대 초 구소련은 이 지역에 50만에 이르는 군과 200개 이상의 폭탄이 장착된 대륙간 중단거리핵미사일 및 수천대의 전투기를 배치해왔다.[12] 현재 이러한 러시아극동지역의 군사력은 상당히 약화되었다. 1989년 극동지역에서 러시아지상군 43개 사단이 39만 명의 군을 유지하고 있었던데 반해, 1998년에 사단은 15개로 축소되었고 군인원은 19만 명으로 축소되었다. 태평양함대는 1989년 약 100척의 주요 전투함과 140척의 잠수함으로 구성되어 있었으나 1998년에는 각각 45척으로 축소되었다. 공군의 경우도 소련은 1989년 극동에서 2,430대의 전투기가 있었으나 98년에는 900대로 삭감되었다.[13] 그 원인으로는 러시아의 경제력 약화, 냉전종결로 인한 태평양 함대의 전략적 중요성 감소, 중·러관계 개선에 따른 경계 완화 등을 들 수 있는데, 이러한 태평양에서의 러시아군사력 감축은 동북아의 안정을 모색하는 기반이 될 수 있었다.

이는 연방해체 이후 극동지역의 주요 위협을 이념적 대립관계로 보지 않는다는 것이다. 하지만 극동지역에서 안보위협이 완전히 사라졌다는 것은 아니다. 러시아는 최근 극동지역의 안보

---

12) International Institute for Strategic Studies, *The Military Balance 1989-1990* (London:IISS, 1989), p. 42.
13) *East Asia Strategic Review, 2000* (The National Institute for Defense Studies, Japan, 2000), pp. 261-262.

위협으로는 동북아지역의 불안정을 제기하고 있다. 구체적인 극동지역의 안보위협으로 1) 한반도에서의 잠재적인 핵을 포함한 무력 갈등 2) 중국의 성장과 그에 따른 중국의 대만이나 주변국과의 갈등 잠재성 3) 영토분쟁을 둘러싼 일본과의 긴장 4) 대량 살상무기 확산과 비합법적 무기거래 5) 미국의 전략미사일 방어체계 6) 비합법적 이민과 러시아의 수자원침해와 같은 비전통적인 안보위협 7) 러시아극동의 아태지역과의 분리 등을 지적하고 있다.14)

이러한 직접적 안보위협 외에 러시아가 극동지역에서 중요시 여기고 있는 안보문제로는 미국의 견제이다. 러시아는 동북아지역의 정치·안보문제에 대한 미국의 독점을 막고자 한다. 중국과의 '전략적 동반자관계'의 확립도 동북아에서 미국의 독주를 견제하려는 전략적 차원의 움직임으로 볼 수 있다. 북한문제에 대한 적극적 개입의사 역시 한반도에서 정치적 위상 확보 및 실질적 경제협력을 도출하기 위한 것인 한편 한반도문제에 대한 미국의 독점에 대한 견제인 것이다.

다른 하나는 극동지역의 중국화에 대한 우려이다. 역설적이지만 1980년대 이래 러시아와 중국과의 관계의 개선은 러시아로의 중국인 유입이라는 새로운 문제를 유발했다. 거대한 영토의 극동지역은 인구 7백만에 불과한 인구희소지역이다. 반면 극동지역과 접한 중국의 동북지역은 1억 3천만의 인구가 거주하고 있으며, 러시아 극동에 비해 인구밀도가 30배 이상 되는 지역이다. 더욱이 지난 10여 년간 국경무역이나 이민 등으로 수십만이 중

---

14) Sergey Sevastyanov, "Russia Reform: Implications for Regional Policy and the Military", Judith Thornton, Charles E. Ziegler (ed.), *Russia's Far East: A Region at Risk* (Seattle and London: University of Washington Press, 2002), p. 230.

국인이 극동지역에 합법, 불법적으로 거주하고 있는 것으로 알려져 있다.15) 러시아인들은 이러한 중국인의 유입에 대해 경고해왔다.16) 따라서 러시아와 중국의 전략적 동반자관계는 일시적인 것이고 편의적 협력이라고 보고 있다.

3. 경제 상황

극동지역은 개혁이후 경제적으로 가장 큰 고통을 받은 지역이다. 구소련방 말기부터 시작된 경제개혁으로 극동지역의 인플레이션은 급등했고, 산업생산은 급락했으며, 대내 자본투자는 사라졌고, 실업은 급증했으며, 주민들의 실질소득은 급락했다. 이는 극동지역의 산업구조에서 기인한다. 연방해체 이전 구소련방은 극동지역을 태평양지역의 군사력 강화라는 측면에서 건설하고 지원해왔다. 따라서 이 지역의 산업기반은 군산복합체였으며, 이곳에서 주요 생산물이 만들어졌다.

고르마쵸프 개혁 이후 계획경제체제 하에서 작동되는 시스템이 붕괴되기 시작하자 극동지역의 산업은 타격을 받았다. 군수품에 대한 국가주문이 급속히 감소되고 자본을 非군사부문으로 이동시키자 군수산업은 작동할 수 없었다. 더욱이 옐친기에 들어서 교통, 에너지, 임금 등에 대한 중앙의 모든 지원이 사라졌다. 지역의 군산복합체들은 군수산업의 민수용 전환을 요구받았으

---

15) Rajan Menon, (2003), 극동거주 중국인의 수적 통계는 정확하지 않다. 과장할 경우 300만이라는 보고서도 있으나 수십만 명 정도가 거주하는 것으로 추정하고 있다.
16) Viktor L. Latin, "'Yellow Peril' Again? The Chinese and the Russian Far East", Stephen Kotkin and David Wolff, (eds.) *Rediscovering Russia in Asia: Siberia and the Russian Far East* (Armonk, NY: M.E. Sharpe, 1995), pp. 298-299.

나, 산업체의 군민전환은 쉽게 이루어질 수도 없었고, 전환했다고 할지라도 국제시장에서 경쟁력을 지닌 제품을 생산할 수 없었다. 1991년 이후 국가주문의 감소로 러시아 군수품은 1995년까지 90%이상 축소되었다. 1991에서 1995년에 이르는 동안 극동지역의 모든 부문의 산업생산은 약 57% 축소되었다. 이는 노동자들의 해고를 초래하고 생활수준을 급격히 하락시켰다.

이러한 양상은 극동지역의 급격한 인구감축을 초래했다. 1990년대 10년간 이 지역 인구는 이민으로 9% 이상 감소하였다. 극동지역에서 타지역으로의 이민은 1992~1994년 최대치를 기록했는데, 이러한 이민은 열악한 자연환경 뿐 아니라 낮은 소득과 탈연방이후 중앙으로부터의 지원감소에 따른 생활환경 악화에 기인한다. 1994년 극동지역에서의 개인소득은 국가 평균에 비해 25~35% 낮았다. 실질소득은 더욱 낮았다.[17] 1990년대 내내 극동지역은 시가 제공해야 하는 열과 전기공급 등 공공서비스의 중단으로 어려움을 겪었다. 더욱이 극동지역 가운데 남부의 아무르주, 하바로프스크주, 연해주의 1991~1997년의 인구 증감비율은 -4.5%인데 비해 북부지역은 -17.2%에 이르는 등 북부지역의 인구감축은 매우 심각하다.[18]

하지만 이러한 심각한 경제적 어려움에도 불구하고 극동지역은 경제적 발전을 위한 잠재력을 지니고 있다. 극동지역은 세

---

17) Vladimir Popov, "Reform Strategy and Economic Performance: The Russian Far East as Compared to Other Regions", *Comparative Economic Studies,* Vol.43, No.4 (Winter 2001), pp. 33-66. 극동지역의 소득은 비슷한 생산을 하는 다른 지역에 비해 낮은데, 이는 개혁이전에 주택이나 사회인프라에 재정지원에 사용되었던 지원의 축소에 기인한 소득 조정 때문이다.

18) Vladimir Kontorovich, "Can Russia Resettle the Far East?", *Post-Communist Economics,* Vol.12, No.3(September 2000), p. 367.

가지 분야에서 발전을 위한 좋은 조건을 갖추고 있다. 첫째는 아직 개발되지 않은 거대한 천연자원을 보유하고 있다는 점이다. 둘째, 동-서간을 연계시킬 수 있는 교차점이라는 지리적인 장점을 지니고 있다. 셋째, 자본이 풍부한 아시아-태평양국가들과 근접해 있어 조건이 성숙되면 이 지역의 자본들이 투자될 수 있다는 점이다.

좀더 자세히 살펴보면, 극동지역의 제조업과 서비스산업이 국제적 경쟁력을 획득하기까지는 자본유입을 위한 방법으로 천연자원의 수출에 의지할 수밖에 없는 상황이다. 그런데 극동지역은 석유와 천연가스 등의 에너지자원에서 목재, 비철금속, 귀금속 및 수자원에 이르기까지 풍부한 자원을 보유하고 있다. 최근 동북아지역 에너지수요의 급증에 따라 석유와 천연가스는 주요한 관심의 대상이 되고 있다. 동시베리아 · 극동지역 자원은 지리적으로 소련의 중앙에서 멀리 떨어져 있고, 기반시설이 부족한 관계로 자원의 추출비용이 높아 개발되지 않은 채 남겨져 있다. 현재 튜멘시를 중심으로 한 서시베리아의 개발이 본격화되면서[19] 유럽쪽 지역으로의 석유와 천연가스의 수출이 본격화되고 있는데, 동시베리아와 극동은 아직 개발 추진단계에 있다. 최근 이르쿠츠크와 극동의 사할린 가스 · 석유전의 개발은 러시아뿐만 아니라 동북아시아국가들에게 중요한 관심의 대상이 되고 있다. 이러한 에너지 자원 외에 사하공화국의 다이아몬드를 비롯해 구리, 텅스텐, 우라늄 등 수많은 금속광물 및 타이가지대와 혼합삼림지대가 위치한 시베리아 · 극동의 삼림자원도 풍부하다.

---

19) 서시베리아 튜멘주 북부지역에 위치한 야말로-네네츠자치관구 지역에서 러시아 천연가스의 90%이상을, 한티-만시 자치관구지역에서 러시아석유의 2/3이상을 생산하고 있다.

극동지역의 경제적 전망을 밝게 하는 요인으로 지리적 장점을 언급할 수 있다. 즉 이 지역은 지정학적으로 아시아와 유럽을 잇는 교량역할을 할 수 있다는 점이다. 현재 동북아에서 유럽을 잇는 철로가 완성되지 않음으로써 연계로가 러시아 극동지역으로 제한되어 있어 효율성이 떨어지는 상태지만, 한반도 종단철도와 시베리아 횡단철도가 연결되면 태평양에서 대서양을 잇는 교량역할을 할 수 있는 좋은 위치를 차지하고 있다. 따라서 극동지역은 확대된 경제교류를 대비한 기반시설의 개선과 확충을 필요로 하고 있다.

러시아 시장경제로의 이행 이래 극동지역 경제발전의 주요 변수는 지역의 경제적 동력과 아·태지역경제와의 통합정도라 할 수 있다.20) 그러나 통합되기 어려운 요건들로 극동지역 경제는 연방해체 이후 급격한 하락해왔다. 연방해체 이후 개방화와 세계시장에 의한 가격구조는 이 지역의 산업을 보호해줄 수 없었다. 따라서 지역의 아·태경제와의 통합은 우선적으로 지역의 산업개발과 발전을 위한 투자유치라고 할 수 있다. 물론 경제적인 측면에서 러시아극동을 하나의 단위로 볼 수 없기 때문에 경제적 특성에 따라 아태지역과의 통합전략이 다르겠지만,21) 서방국가들이 동유럽이나 러시아 유럽지역에 우선적으로 투자할 수 있는 반면 극동지역은 동북아지역으로부터 투자를 이끌어내

---

20) Nobuo Arai and Tsuyoshi Hasegawa, "The Russian Far East in Russo-Japanese Relations", Tsuneo Akaha(ed.), *Politics and Economics in the Russia Far East: Changing Ties with Asia-Pacific* (London: Routledge, 1997), p. 157-197.

21) 경제적 관점에서 본다면 극동은 3개의 하위단위로 나누어 볼 수 있다. 1) 중국과 국경을 접하고 있는 남부 극동지역으로, 연해주, 하바로프스크, 아무르주, 2) 어업에 종사하는 오호츠크해 주변으로, 사할린주와 캄차카주, 3) 다이아몬드, 금, 에너지 추출에 의존하는 북부 극동지역으로 사하공화국와 마가단주 등으로 나누어 볼 수 있다.

야 하는 상황이다. 아직 본격적 투자가 가동되지 않았으나 동북아 경제강국들과의 인접성은 극동의 발전을 위한 축이 될 수 있을 것이다.

대내적인 경제발전 및 대외적 협력의 축으로서 발전을 필요로 하는 극동지역에 대해 최근 러시아지도부의 개발의지가 표출되고 있다. 1996년에는 "1996~2005년에 이르는 극동·바이칼지역 경제사회발전을 위한 프로그램"이 제안되었다. 극동지역을 동북아시장과 통합시키는 것을 주요 내용으로 하고 있는 이 프로그램은 국제 경제활동을 촉진시킬 수 있는 실질적인 인센티브가 그리 크지 않았다. 반면 최근 중앙당국이 군산복합체에 대한 입장을 바꾸어 국가주문을 늘리고 있다. 또한 의회는 군산복합체를 지원하기 위해 1999년 12월 군산복합체의 파산을 보다 어렵게 하는 법을 통과시켰다.[22] 더불어 푸틴대통령은 극동발전을 위한 예산증액을 약속했다. 이러한 일련의 활동이 극동지역 경제발전 결과를 빠르게 산출하는 것은 쉽지 않다. 하지만 거대한 사원을 바탕으로 지도자의 극동지역 경제통합 의지기 확고히다면 점차 아태지역국가들과의 교류와 협력은 증대될 것으로 보인다.

Ⅲ. 극동지역에서의 정치-안보 협력

극동지역에서의 한-러, 러-일의 정치·안보관계는 지난날 대립적인 구도에 비해서 안정화되었다. 하지만 아직 러-일간의 영

---

22) Sergey Sevastyanov, (2002), pp. 224-229. 법에 따르면 군산복합체의 파산은 군사복합체의 부채가 자산보다 클 때만 진행될 수 있으며 기업은 부채위기를 극복하기 위해 이전에 비해 두 배에 이르는 시간적 여유를 가질 수 있다는 것이다.

토문제, 북한핵문제와 같은 긴장요인들과 그를 둘러싼 대립적 속성이 잠재해 있다. 더욱이 동북아 국가간 상호 이해관계를 조절할 공동의 메커니즘을 창출하지 못한 채 변화의 속성은 지니고 있으나 지난날의 동맹에 의존하고 있는 구도가 지속되고 있다.23) 따라서 한-러, 러-일의 정치·안보 협력은 속도의 완급을 보이며 진행되고 있다. 특히 극동지역을 중심으로 한 관계는 한, 일의 러시아중앙정부와의 관계개선이라는 틀 아래서 교류확대를 중심으로 전개되고 있다.

1. 한-러관계 변화와 한반도안정

지리적 근접성에도 불구하고 한국의 러시아극동에 대한 관심은 제한적이었다. 인접한 러시아극동과의 협력보다는 한-소간 외교관계 수립 초기에는 대북관계 차원에서 상대적 우위를 점한다는 상징적 의미에서 중앙인 모스크바와의 관계를 우선했기 때문이다. 연방해체 이후 한-러간의 관계가 정상화된 이후에도 극동은 정치·안보적 의미보다는 역사상 한인거주지역인 연해주를 중심으로 한 경제적·문화적 관심대상이었다. 하지만 극동지역은 점차 자원의 보고로서 가치와 더불어 북한과의 관계에서 비롯되는 안보적 차원에서 재조명받고 있다.

냉전기간 동안 구소련은 북한과 동맹관계를 유지해왔다. 그러나 1990년 6월 샌프란시스코에서의 고르바쵸프-노태우대통령의 비공식 만남 이후, 9월 구소련과 한국의 공식 외교관계 수립으로 구소련은 남북한과 동시에 공식적인 관계를 유지하게 되었

---

23) Victor Cha, *Alignment Despite Antagonism: The US-Korea-Japan Security Triangle* (Stanford: Stanford University press, 1999), Chap. 2.

다. 하지만 이후 러시아의 대한반도정책은 남북한 등거리라기보다는 한국편향적인 것이었다. 1992년 11월 한국을 방문한 옐친 대통령은 분쟁시 자동적으로 북한을 지원하기로 되어 있는 1961년에 체결된 조-러조약을 폐기하겠다는 입장을 천명하고, 한-러 양국 대통령은 공동 코뮤니케를 발표하여 보다 긴밀한 협력을 위해 1) 정치, 경제, 과학, 문화협력을 위한 기본관계조약 2) 군사교환방문 협정 3) 이중과세 방지조약을 조인했다.24) 영토문제로 일본과의 경제협력이 어려움에 직면한 러시아측은 동북아에서 한국을 경제협력의 주요대상국으로 보았다. 반면 한국은 북한에 대한 외교적 우위확보라는 입장에서 러시아와의 협력에 고무되었다. 즉 1992년 옐친의 한국방문은 러시아측에서는 경제적 이익을 추구한 것인 반면 한국은 경제협력을 주로 외교적 이익이라는 측면에서 접근했다. 결국 이러한 입장차이는 양국간의 갈등적 요소로 드러났다. 러시아는 한국이 일본을 대체할 만한 투자자도 아니며, 한국과의 경제협력이 만족스럽지 못했다.25) 더욱이 러시아는 동북아에서의 징치적 위싱도 하락해 1994년 북한핵위기시 중요한 협상대상국으로서 기능할 수 없었다.

한반도에서 갖는 러시아의 이해관계는 옐친초기 경제적인 면에 과도히 집중되어 있었다. 하지만 한국편향정책에 대한 재평

---

24) Shim Jae Hoon & Ed. Paisley, "Trade and Trade-off: Yeltsin's Visiting Bring Profit to Seoul, Moscow", *Far Eastern Economic Review*, Vol.155, No.48(Dec. 3, 1992).

25) Georgii Toloraia, "Korean Peninsula and Russia", *International Affairs*(Moscow), Vol.49, No.1(Feb. 2003), pp. 24-35. 2002년 11월 한·러간 기본협정을 맺은 지 10주년이 되었으나, 협정 초기 예상과는 달리 경제부문에서 원하던 성과는 이루지 못했다. 1990년대 초 비약적으로 발전한 무역은 한중무역 총액의 1/10도 못되었다. 교역의 내용 역시 러시아측에 바람직스러운 것이 아니라고 주장한다.

가와 북한핵위협을 경험한 러시아는 점차 이 지역의 정치·전략적 중요성도 인식하기 시작했다. 러시아는 아태지역의 중요성을 재평가하고, 이 지역에서의 역할확대를 희망하고 있다.26) 이를 위해서는 한반도에서 영향력 확대가 필요하다고 본다. 러시아와 국경을 접하고 있는 한반도는 러시아의 대외정치적 측면에서뿐 아니라 안보적 차원에서도 중요하다. 한반도는 동북아의 중요한 불안정 근원지역으로 지역안보적 차원에서 주요 관심의 대상이다. 극동지역의 인구 대부분이 러시아-북한 경계 수백km 내에 집중해서 거주하고 있는 러시아로서는 극동지역의 안정을 위해서 동북아지역에서의 군비경쟁이나 군사적 충돌은 피해야 한다는 입장이다. 더욱이 극동지역의 경제발전을 위해서는 동북아국가들의 개발투자가 필수적인데 한반도의 불안정은 이러한 투자를 제한할 수밖에 없다는 것이다. 따라서 러시아는 한반도의 불안정상황이 자국의 안보에 해악적으로 작용하지 않도록 하기 위해 주변국들과 더불어 한반도에 대한 영향력을 극대화하고자 하고 있다.

이를 위해 러시아는 남북한과 각기 관계정상화와 선린관계를 유지할 필요성이 있다고 보는데, 1990년대 한국과의 관계를 고려할 때, 러시아로서는 실용주의적 관점에서 '느슨해진 부분을 졸라매는 것', 즉 북한과의 관계 재정비가 필요하다고 간주하고 있다.27) 러시아는 한국과의 관계에서 얻어낼 이익을 충분히 확

---

26) Alexandre Y. Mansourov, "Russia President Putin's Policy towards East Asia", *The Journal of East Asia Affairs,* Vol.15, No.1(Spring/Summer 2001), pp. 42-71.
27) 똘로라야 G. 다비도비치, 김록양 역 "러시아·북한관계 考察:러시아와 북한: 極東의 오랜 파트너", 『극동문제』, 2000년 No.5(http://www.nanet.go.kr/qhatsnew/foinfo/file/foinfor68-3.htm), p. 4.

보하지 못한 이유가 러시아연방 초기 한국편향적 외교에서 비롯된 것이라고 보고, 북한과의 협력관계가 재개 필요성을 논하고 남북한간 균형관계를 발전시키겠다는 입장을 보였다.[28] 1996년 초, 러시아 외무장관 프리마꼬프는 남북 양국과 모두 우호적 관계확대를 위한 균형외교정책을 취했다. 대북관계 현안인 1996년 9월 종료된 新 조러 상호우호협력조약은 1999년 외무부 차관 카라신의 북한방문으로 조약체결의 단초를 마련하였으며 북한과의 군사적 협력 의사도 밝혔다.[29] 2000년 2월 외무장관 이바노프(Igor Ivanov)는 평양을 방문했으며, 8월에는 러시아대통령으로는 최초로 푸틴이 북한을 방문했다. 2001년 4월 북한의 국방장관 김일철은 러시아를 방문하고 군사적 협력과 군사기술 원조에 관해 러시아 이바노프(sergei Ivanov) 국방장관과 협정을 조인했다. 2001년에는 김정일이 기차로 극동지역을 거쳐 러시아를 방문했다. 김정일은 기차여행 도중 옴스크에서 T-80탱크공장을, 모스크바에서 로켓제조공장, 쌍트 뻬쩨르부르그에서 터빈제조공장 및 노보시비리스크에서 핵물리학 연구소와 Su-34 선두기 생산공장을 시찰했다.[30] 이러한 접촉과 더불어 극동지역은 2002년 김정일-푸틴의 블라디보스톡 정상회담을 비롯해 북한과의 정치·안보적 협력의 중요한 지역이 되고 있다. 이렇듯 푸틴의 대북한 접근이 시도된 이후 극동지역을 중심으로 한 러-북의 잦은 접촉이 이루어지고 있다. 새로운 잠수함의 구매, 북한의 미사일 실험에 관한 협상과 같은 정치, 안보영역에서의 러-북관계는 러시아 극동과 연관을 지닌다.[31]

28) 김경순, "러시아 대한반도정책의 변화와 전망", 『군사』, 제37호 (1998), pp. 219-255.
29) *East Asian Strategic Review 2000*, (2000), pp. 251-252.
30) 『世界週報』, 2000. 9.11, pp. 50-51.

한국 역시 자체적인 외교력을 지니고 있지 않은 극동지역과 개별적인 정치·안보협력이 추진되고 있지 않다. 하지만 극동지역은 러시아정부의 기본적인 외교방침 하에서 북핵문제를 둘러싼 국제 정치적 협력의 추진과 더불어 한반도 안정을 위한 중요한 요소로서 한-북-러 삼각협력의 주요한 대상지역이 되고 있다. 두만강 경제개발 계획이나 전력이나 가스 등 러시아극동의 에너지자원 관련 협력은 한반도와 더 나아가 동북아 안정을 위한 중요한 협력이 될 것이다.

2. 러-일관계와 국방교류 증진

구소련방이 와해되었음에도 불구하고 러시아와 일본의 정치·안보협력은 침체되어 왔다. 냉전종결 이후 러시아의 민주화와 시장경제체제로의 이행은 일본에게 주요 안보위협의 소멸을 의미하는 것이었으며, 러시아의 적극적인 對아태지역정책의 표명은 양국간의 관계변화를 초래할 중요한 계기였음에도 불구하고, 양국간의 현안인 영토문제와 일본의 '정경불가분'정책[32]으로 양국간 관계진전을 어렵게 만들었다. 실제로 러시아와 일본 양국의 지정학적 조건은 양국관계의 급진적 개선을 요구하고 있는 반면 양국간 영토문제와 평화조약 체결문제가 관계개선의

---

31) Young-Chool Ha, "The Dynamics of Russia-South Korean Relations and Implications for the Russian Far East", Judith Thornton, Charles E. Ziegler (ed.), (2002), pp. 397-415.
32) 홍성원, "시베리아극동지역에서의 일·러 경제관계 및 한국에의 시사점", 한국슬라브학회 발표논문(2002. 11. 15~16), p. 98. 일본과 소련 (이후 러시아)의 외교관계 단계는 '정경분리'(1956~1979), '정경불가분'(1980~1995), '중층적 접근'(1996~현재)의 3단계로 나뉜다.

걸림돌로 작용하고 있다.[33]

영토문제는 해결되지 않았으나 1996년에 이르러 양국은 관계 전환의 계기를 맞이하였다. 1996년 후반 일본에서는 대러정책에서 '정경불가분'의 원칙 대신 '중층적 어프로치'를 제시하였다. 북방영토(남쿠릴섬)의 반환이 중요하지만 러-일관계가 일면적인 것이 아니라 다층적인 것이므로 최고수반의 회담, 러시아 시장경제이행을 위한 협력, 극동지역과의 경제교류, 문화교류 촉진 등의 노력도 병행할 필요가 있다는 것이었다. 이러한 일본이 입장을 변화하게 된 데는 동북아에서 중국의 부상이라는 요인이 존재한다. 즉 1996년부터 일본이 러시아에 대해 적극적인 정책을 취하게 된 것은 영토문제를 해결하려는 일본의 단순한 희망이기보다는 러-중관계 개선이 중요한 요인으로 작용했다.[34] 동북아에서 세력이 증대하는 중국에 대한 견제를 위해서 일본은 러시아와의 관계를 그대로 방치할 수만은 없었다. 따라서 일본으로서는 외교적 운용방안의 다양성을 필요로 하게 되었다. 또한 NATO 동유럽으로의 확대를 수용하는 러시아에 대한 국제적 협력도 요구되었다.[35] 러시아에서도 프리마코프가 새로운 외무장관이 되면서 일본과의 관계에 대해 남쿠릴섬의 반환이 아닌 공동개발의 방식을 제시하였다.

이러한 양국간 관계개선에 대한 입장은 1997년 구체화되었다. 6월말 덴버에서의 G7정상회담 이후 일본은 대러관계에 있어 보

33) Hiroshi Kimura, "Putin's Policy Toward Japan: Return of the Two Islands, or More?", *Demokratizatsiya*, Vol.9, No.2 (Spring 2001), pp. 276-291.

34) Sergey Sevastyanov, (2002), 223-246.

35) Glen D. Hook (ed.), *Japan's International Relations: Politics, Economics and Security* (London and New York: Routeledge, 2001), pp. 353-354.

다 유연성을 보이게 되었고, 7월 하시모도 수상은 대러 외교 3대 원칙으로 "신뢰, 상호이익, 장기적 관점"을 제시했다. 이러한 연장선상에서 1997년 11월 크라스노야르스크 비공식 정상회담에서 옐친과 하시모토는 2000년까지 평화조약을 체결하는데 최선을 다할 것을 약속했다.[36] 이후 옐친-오부치간 1998년 "러-일간 건설적 동반자관계 형성에 관한 모스크바선언"을 발표하였다. 여기에서도 2000년 평화조약 체결을 위해서 노력한다는 입장을 재확인했다. 더불어 양국은 평화조약에 관련해 국경획정과 공동 경제활동에 관한 2개의 소위원회의 설립에 합의했다.

양국간 외교관계 개선은 안보분야에서도 일정한 변화를 초래 했다. 양국간 안보적 측면에서의 협력은 주로 군 고위급 인사의 상호방문과 합동군사 훈련 및 상호방문 등에서 이루어져 왔다. 러-일 군사부문에서는 1996년 이후 교류가 활성화되었다. 1996년 4월 일본 방위청장관 우스이(Hideo Usui)가 최초로 러시아를 방문하여 러시아 그라쵸프(Grachov) 국방장관과 회담을 가졌으며, 이듬해인 1997년에는 러시아 국방장관 로지오노프(Rodionov)가 일본을 방문하여 양국의 군사적 신뢰를 증진시킬 수 있는 협력방안을 논의하였다. 또한 1996년 일본 해상자위대 구축함 쿠라마(Kurama)호가 탈냉전이후 처음으로 블라디보스톡항을 방문하여 러시아해군 300주년 기념축하행사에 참석했다. 1990년대 초 이미 캐나다, 미국, 중국, 한국 등의 해군함정이 블라디보스톡을 방문한 것에 비하면 상당히 늦은 것이었지만 러-일 양국간 군사관계의 진전을 시사하는 것이었다. 러시아해군 역시 그

---

36) Alexei V. Zagorsky, "Three Years on a Path to Nowhere: The Hashimoto Initiative in Russian-Japanese Relations", *Pacific Affairs*, Vol.74, No.1(Spring 2001), pp. 75-93.

에 대한 답례로 1997년 6월 러시아 태평양 함대 소속 구축함 비노그라도프(Admiral Vinogradov)호가 도쿄를 방문했다. 1998년 7월에는 일복 구축함 쿠라마와 야마기리(Yamagiri)호가 블라디보스톡을 방문하여 러시아 해군의 날 축제에 참석하였으며, 최초로 러-일 양국간 공동 해상탐색구조훈련이 일본 북해지역에서 실시되었다.37) 또한 1999년 8월 일본방위청 장관 노로타(Hosei Norota)는 러시아 국방장관을 공식방문하고 군고위급 인사교류, 정기적인 정책실무협의, 함정의 상호방문과 공동훈련 실시에 관한 군사교류 양해각서를 체결하였다. 모스크바와 더불어 방문한 블라디보스톡에서 그는 러시아 태평양함대 사령관을 만나 일본해상자위대와 러시아 태평양함대간 핫라인 설치와 양국간 해상탐색구조훈련의 정례화를 제안했다. 1999월 9월에는 러시아 태평양함대소속의 함정이 일본 요코스카를 방문하였으며, 2000년 2월 일본 해상자위대 총참모인 후지타(Kosei Fujita)제독이 모스크바와 블라디보스톡을 방문했다. 그는 바랴그(Variag) 미사일 순양함에 승선할 수 있었으며, 러-일간 해상협력 강화를 선언했다. 또한 2003년 1월 이시바 시게루 일본 방위청장관이 러시아를 공식방문38)하는 등 러-일 양국간 국방장관급 고위층의 상호방문과 특히 극동 군사지역으로서 블라디보스톡항에 기반한 러시아 태평양함대 사령부와의 상호협력을 추진해오고 있다.

이러한 양국간 정치·군사안보부문에서의 교류는 한편에서는 상호간의 안보위협과 불신감의 축소에서 기인하며, 다른 한편으로는 동북아의 전략구도상 새로이 부상하는 중국에 대한

---

37) *East Asia Strategic Review 2000*, (2000), p. 254.
38) *Nezavisimaya gazheta*, 2003. 1. 15, 이시바 시게루 방위청장관의 방러는 푸틴대통령과 고이즈미총리의 협의사항을 양국간 실무장관이 만나서 이행하기 위한 것이었다.

견제가 필요하다는 일본의 인식변화에서 기인된 것으로 볼 수 있다. 일본은 탈냉전 이후에도 러시아를 일본의 안보에 대한 위협세력으로 보아왔다. 러시아군은 극동지역에서 핵을 보유한 군사력이며, 러시아의 불안정한 경제상황하에서 러시아 방위정책의 불확실성에 대해 우려해왔다. 그러나 1996년 이후 여러 수준의 정치·군사교류에 의해 일본과 러시아는 상당정도 양측이 지녀왔던 불신감을 떨쳐버릴 수 있었다.[39] 유동적인 아시아의 군사전략적 상황에서 러시아도 동북아 안보문제에 관해 일본과의 협상에서 상당히 적극적인 입장을 보이고 있다.[40]

2000년 푸틴정부의 등장시점에서 이러한 협력조치로 러·일 양국간의 정치·군사관계는 상당히 증진되었다.[41] 하지만 이 역시 제한적인 것임이 명확했다. 2000년 9월 푸틴대통령의 일본공식방문에서 양국은 국제분야에서 상호 협력하자는 공동선언을 발표하였다. 이에 따르면 일본은 러시아가 WTO와 ASEM에 참여하는 것을 지지하고, 러시아는 일본의 유엔안보리 상임이사국 지위 확보를 지지하는 것이었다. 더불어 양국은 한반도와 관련해서 한반도의 평화와 안전을 위해 협력할 것이며 북일관계 정상화, 북러관계 강화, 북한장거리미사일과 핵문제에 대한 의견을 교환했다. 푸틴-모리의 정상회담에서 무역, 투자, 안보, 환경, 군사협력 등 15개 문서가 서명되었다.[42] 그러나 관계를 획기적

---

39) Masahiro Akiyama, "Japan's Security Policy Toward the 21st Century", *RUSI Journal,* Vol.143, No.2(April 1998), pp. 5-9.

40) Victor Pavliatenko and Alexander Shlindov, "Russia-Japanese Relations: Past Achievements and Future Prospects at the Start of the 21s' Century", *Far Eastern Affairs,* No.4(2000), pp. 13-18.

41) Ibid., pp. 3-31.

42) Hiroshi Kimura, (2001), pp. 276-291.

으로 개선할 만한 실질적인 성과는 없었다. 이는 푸틴대통령의 평화조약 협상에 대한 입장에서 기인하는데, 97년 크라스노야르스크협정에 조인했음에도 불구하고, 이 협정은 단지 노력을 목표로 한 것으로 수행의무가 있는 것이 아님을 확실히 했다. 푸틴은 러시아의 여론이 허용하지 않는 한 영토반환이 실현될 수 없음을 명확히 한 것이었다. 따라서 2001년 3월 러-일 양국정상은 이르쿠츠크에서 정상회담에서 양국간 평화조약에 대한 구체적인 방향설정 필요성을 확인하고, "이르쿠츠크선언"을 발표하였다. 2003년 1월 고이즈미수상의 모스크바방문시 양국 정상은 영토문제, 경제, 국제테러분야에서 협력강화를 주요 내용으로 하는 공동성명을 발표하고 정치 · 경제 등 6개 분야 협력방안을 제시하는 "실행계획(action plan)"에 서명하였다.43)

Ⅳ. 극동지역에서의 경제협력

러시아극동은 한국과 일본으로부터 산업개발과 인프라구축을 위한 장기적인 투자를 바라고 있으나, 시장의 협소, 제도적 미비와 90년대 초반 경제협력에서의 실패경험을 갖고 있는 한국과 일본은 적극적인 협력추진을 꺼려왔다. 최근 동시베리아와 극동지역의 석유 · 가스 등의 에너지 자원개발은 이러한 관계에 새로운 활력을 불어넣고 있다.

---

43) Joint Statement by the President of Russia and the Prime Minister of Japan on the Adoption of the Russia-Japanese of Action, the Kremlin, Moscow, January 10, 2003. (http://www.In.mid.ru 검색일 2003. 11. 06)

1. 한-러 경제협력

러시아극동에서의 한국의 이해관계는 주로 천연자원과 단기적인 이익에 집중해 있다.[44] 따라서 한국과 극동지역간 경제협력은 다음 몇 가지 부문으로 나누어 살펴볼 수 있다: 첫째, 극동지역 개발 프로젝트의 진전이다. 대표적으로 한국은 극동지역에서 자본을 대고 천연자원과 인적자원을 이용한 경제협력 단지를 형성하는 프로젝트를 추진해왔다. 한국은 러시아 극동지역을 지리적으로 가깝고, 자원이 풍부하며, 토지비용이 저렴하고, 미래 시장확보를 위한 전진기지로서 중요시 여겨왔다. 초기의 가장 큰 프로젝트로는 연해주 스베틀라야(Svetlaia)에서의 현대목재 프로젝트이다. 그러나 이는 환경문제로 인해 강력한 지역과 국제적 반대에 직면하게 되어 무산되었다. 또한 잘 알려진 것으로는 나호트카의 프로젝트가 있다. 이는 사실상 정치적 문제로 오랜 시간이 걸렸다.[45] 오랜 기간이 지난 이후 프로젝트 진전에 합의했으나 그 규모는 330헥타르에서 20헥타르로 상당히 축소되었다. 이에 따라 한국의 토지개발공사는 한국기업들에게 빌려줄 인프라와 시설을 건설하기 위해 49년간 이 곳을 임대했다.

---

44) Peggy F. Meyer, "The Russian Far East's Economic Integration with Northeast Asia: Problems and Prospects", *Pacific Affairs*, Vol.72, No.2(1999), p. 217.

45) Elizabeth Wishnik, "The Regional Dynamic in Russia's Asia Policy in the 1990s", Judith Thorton and Charles E. Ziegler, (2002), p. 308. 나호트카 공단개발에 한국이 참여하는데 10년 이상 걸렸다. 왜냐하면 연해주 두마의 경제특구입법 논쟁으로 테크노파크 계획이 한때 무산되었으나, 연해주 前주지사와 그의 주요 적수인 前행정관이고 연해주 두마의장인 세르게이 두드니크(Sergei Dudnik)와의 사이에 부패와 정치적 투쟁으로 보다 복잡해졌다. 그런데 경제특구입법이 1998년 12월 마침내 통과되었고, 1999년 5월 러시아와 한국정부는 프로젝트를 진전시킬 것에 다시금 합의했다.

러시아정부는 건설공사 소요기자재 반입시 관세와 조세를 면제하고 제품의 50%이상을 수출하는 기업에 대해 법인소득세, 부가가치세의 감면 등의 혜택을 주기로 하였다.[46) 하지만 나호트카와 연해주가 기간시설의 부족으로 전력난, 용수난 등의 문제에 직면하고 있어 향후 기간시설 확충이 공단 프로젝트의 성공에 중요한 영향을 미칠 것이다.

또한 상당한 추진 속도를 보이고 있는 것은 이르쿠츠크가스전 개발과 파이프라인 프로젝트이다. 2003년 11월 13일 타당성 조사가 공식적으로 종료되고 개발과 건설에 한, 러, 중 3국이 합의함으로써 앞으로 빠른 진척이 이루어질 것으로 보인다. 1997년 일본, 몽골과 더불어 5개국간의 양해각서가 체결된 이 사업은 러시아의 재정위기로 지연되다가 2000년 한, 중, 러 3국간의 타당성조사에 합의함으로써 새로이 출발해서 오늘에 이르렀다. 극동지역에서 이보다 더 주목을 받고 있는 사업은 사할린 석유·천연가스 프로젝트이다. 1~6에 이르는 이 프로젝트에 한국은 아직 구체적으로 가담하고 있지 않지만, 프로젝트가 본격적으로 추진되면 일정 부분 참여할 수 있을 것으로 보인다.

둘째는 교역부문에서의 협력이다. 한국과의 교역은 주로 전자제품, 식품, 의류 등으로, 러시아 극동의 거주자들은 한국을 중국보다 질좋은 물건들의 수입처로 간주하고 있다. 1998년 러시아의 경제위기 이후에도 한국은 연해주와 사할린의 질좋은 소비재 공급처가 되고 있다. 대략 10만 명에 이르는 러시아의 상인들이 블라디보스톡과 부산을 왕복하며, 소규모로 물건을 수출입해왔다. 러시아의 재정위기는 한-러교역을 40%이상 축소시켰고,

---

46) 한종만, "한러경제협력과 시베리아·극동러시아", 한국슬라브학회 발표논문(2002. 11. 15-16), p. 123.

<표 1>에서 보듯이 극동지역에서의 무역도 98년, 99년 큰 폭의
하락을 보이다가 2000년에 들어 회복하는 양상을 보이고 있다.
실제로 이 재정위기 동안 일부 한국회사들은 위기이전에 보낸
상품에 대한 지급불능으로 러시아시장에서 철수하기도 하였다.
그럼에도 불구하고 KOTRA는 계속해서 블라디보스톡에 사무실
을 유지하였고, 러시아극동은 한국의 전자제품, 식품, 건축부문
에서 강력한 시장을 형성하고 있다. 특히 연해주에서 한국의 對
연해주 수출액이 일본에 비해 큰 것은 주목할 만하다.
  셋째, 극동지역으로 제품생산 공장을 이전하는 것이다. 대표
적으로 의류제조업을 들 수 있다. 이는 1990년대 후반 한국의
일부 의류제조업체들이 러시아에서 사용하지 못하고 있는 의류

〈표 1〉 하바로프스크주와 연해주지역의 한·일과의 교역 1992~2000
(백만 달러)

하바로프스크주

	1992	1993	1994	1995	1996	1997	1998	1999	2000
한국 (수출)	5.3	28.1	52.3	44.4	31.2	32.1	24.1	10.9	14.0
(수입)	19.5	20.2	31.2	50.9	50.0	65.3	100.4	55.0	61.0
(합)	24.8	48.3	83.5	95.3	81.2	97.4	124.5	65.9	75.0
일본 (수출)	48.9	43.2	37.6	37.4	26.2	37.8	17.8	42.0	35.8
(수입)	182.5	277.4	246.0	301.0	248.4	281.1	178.5	213.0	210.
(합)	231.4	320.6	282.7	338.4	274.6	318.9	196.3	255.1	245.8

연 해 주

	1992	1993	1994	1995	1996	1997	1998	1999	2000
한국 (수출)	114.6	13.0	95.0	107.2	143.4	187.0	113.0	100.0	127.0
(수입)	21.7	34.2	49.0	62.1	163.4	179.3	105.0	134.0	151.0
(합)	136.3	47.2	144.0	169.3	306.8	366.3	218.0	234.0	278.0
일본 (수출)	98.3	66.2	76.0	57.1	71.6	91.9	61.0	38.0	32.0
(수입)	110.3	122.3	189.0	206.4	228.0	318.7	264.0	161.0	194.0
(합)	208.6	188.5	265.0	263.5	299.6	410.6	325.0	199.0	226.0

출처: A.B. Ignatiev (et.al) Investitsionnyi Atlas, tom 1(Elizabeth Wishnick, (2002),
   p. 302, 재인용)

수출 쿼타의 이점을 이용하기 위해 연해주지역으로 공장이전을 추진했다. 파르티잔스크(Partizansk)에 한국의류공장은 미국시장을 겨냥해 의류를 생산했다. 지역 주민들은 새로운 고용창출로 환영했으나, 일부는 값싼 노동력 이용이라는 면에서 비판했다. 사실 한국과 러시아 극동의 상호보완성을 감안해서 한국의 대러시아 직접투자는 큰 기대를 모았지만 협력이 그리 잘 이루어지고 있지는 못하다. 한국의 대러시아 투자지역은 모스크바와 극동지역으로 나누어 편중되어 있는데, 2000년 9월 기준으로 한국의 대러시아 직접투자의 총 건수는 110건이며, 투자총액은 1억 4천만 달러로 한국의 해외투자의 약 0.5%에 불과한 수준이다.

넷째, 통신분야의 협력도 전망이 밝다. 최근 한국과 러시아극동지역간 무선통신사업은 급신장하고 있다. 특히 한국통신은 블라디보스톡에 진출하여, "New Telephone Company"사의 대지주로서 경영권을 확보하여 통신사업을 확장하고 있다. 특히 1999년 김대중대통령의 방러시 CDMA방식의 상용화 분야에서 협력증진에 합의했다. 이를 바탕으로 한 협력 진망은 밝다.

이외에 극동지역을 중심으로 한 협력분야는 다양하다. 특히 주목할 만한 부분으로는 수산업, 농업, 삼림자원개발 분야에서의 협력이 주목받고 있다. 특히 지리적으로 인접한 극동지역과의 농업개발 협력에 대한 접근이 주목받고 있지만 아직까지 소유권과 점유권 등의 관리문제에서 논란이 크기[47] 때문에 현재까지는 미미한 수준에 머물러 있다.

---

47) Jenifer Duncun and Michelle Ruetschle, "Agraian Reform and Agricultural Productivity in the Russian Far East", Judith Thorton and Charles E. Ziegler, (2002), pp. 193-222.

2. 러-일 경제협력

러-일간 정치관계 진전이 어려웠던 만큼 경제관계 역시 순조롭지 못했다. 일본은 소비에트시대 오히려 '정경분리'원칙에 기초해 구소련과의 경제협력을 추진해왔으며, 구소련의 최초 장기 신용공여국이었을 뿐 아니라 1973년에는 다나카수상의 소련방문을 계기로 소-일간 시베리아·극동 자원개발 프로젝트가 추진되기도 하였다. 하지만 1979년 소련의 아프가니스탄 군사개입 이후 일본은 서방국가들과 더불어 대소경제제재를 실시했으며, 대소외교의 기본원칙을 '정경불가분'으로 전환하고 '북방4개섬'의 반환이 이루어지지 않는 한 경제관계를 확대하지 않겠다는 기본방침을 설정하였다. 이러한 정책은 1990년대 시장경제로의 이행을 추진하는 러시아에 대해서도 계속되었다. 결과적으로 영토문제가 해결되지 않은 러-일 경제관계는 진전되기 어려웠다. 더욱이 체제 와해과정을 겪고 있는 러시아의 경제력은 협력의 동인을 이끌어내기 어려웠다.

이러한 상황은 양국의 교역관계에서 자명하게 드러났다. 1989년 러-일간 무역액은 60억 달러로 최고조를 달했던데 비해 이후에 교역액은 전반적으로 감소해왔다. 일-러간 수출입총액이 90년대 내내 40~50억 달러에 불과하다는 점뿐 아니라 일본의 총무역액에서 대러무역이 차지하는 규모는 보다 실망스러운 것이었다. 일본에게 대러수출 비중은 1980년대 1.1~1.2%였던데 비해 90년대에는 0.1~0.3%로 상당히 하락했다. 물론 이러한 통계에는 제3국을 통한 일본의 대러수출이 누락된 것이다.[48] 3국을

---

48) Kunio Okada, "The Japanese Economic Presence in the Russian Far East", Judith Thornton and Chales E. Ziegler, (2002), pp. 423-425. 1994년에서 1996년까지 연간

통한 수출이 상당액에 이를 것으로 추정해볼 때 수치보다는 클 것으로 예상되지만, 이를 감안할지라도 양국간 무역은 극히 저조한 것으로 볼 수 있다.

더욱이 <표 1>에서 보듯이 극동지역과의 교역도 예상외로 저조하다. 교역 뿐 아니라 원조와 투자부문 역시 제한적이었다. 소련방 와해 이후 일본정부는 G-7국가들과 함께 러시아에 대한 경제적 원조를 확대하기로 결정했고, 이에 따라 그 원조의 주요 대상을 러시아 극동지역으로 접근하기 시작했다. 하지만 1996년 초 일본의 대러원조는 인적부문과 기술부문을 모두 포함해서 3억 8천 1백만 달러에 불과했다. 원조 뿐 아니라 러-일 양국간의 경제협력은 러시아경제상황의 급격한 악화, 지속적인 영토갈등, 일본의 국내정치적 상황의 불안정 등으로 불확실해졌고, 러시아 극동에 대한 일본의 정책을 결정하기 어려웠다. 극동지역과의 관계가 다소 개선되기 시작한 것은 1997년 하시모토수상의 3대 기본원칙이 발표되면서부터이다. 일본정부는 이를 바탕으로 러시아와의 협력범위를 확내하기 시작했다. 러시아는 일본을 극동지역에 대한 주요한 투자자로 간주하고 있기 때문에 협력을 기대해왔다.

러시아 극동지역과 일본간에는 경제력과 발전수준 따른 산업구조의 차이, 즉 러시아는 에너지와 천연자원의 보유국이며 일본은 자본과 산업기술의 보유국이라는 상호보완성이 존재하고 있다.[49] 극동지역 정부는 지역의 가장 시급한 문제가 생활수준

2백만 대의 일본TV가 제3국을 통해 러시아에 수출된 것으로 추정된다. 1998년 재정위기로 제3국을 통한 수출은 다소간 타격을 받았으나 2000년 이후 다시 회복세로 돌아선 것으로 보인다.

49) Yevgeny B. Kovrigin, "Problems of Resource Development in the Russian Far

향상을 위한 사회인프라의 구축이며, 지리적 위치나 자본보유면에서 초기에 큰 자본을 투자해야 하는 이 사업은 러시아 중앙당국이나 다른 유럽국가가 아닌 일본이 할 수 있을 것으로 보고 있다. 그래서 이 지역의 행정관리들은 적극적인 입장을 보여왔다. 2000년 8월 2일 기자회견에서 사할린의 주지자인 파르후디노프(Igor Farkhutdinov)는 일본과의 지역협력 필요성을 제기하고, 양국간 평화조약의 체결 필요성을 중앙당국에 제기하였다.[50] 극동의 지역정부 뿐 아니라 일본으로서도 극동지역에 대한 일정한 이해관계를 지니고 있다. 일본은 러시아극동지역의 가장 큰 수입국이다. 중국이 2000년 대규모 군사물자 수입으로 하바로프스크주에서 최고 수입국의 지위를 확보했으나,[51] 일반적으로 일본이 이 지역에서 최대 수입국이다. 일본이 이 지역에서 수입하는 주요 품목은 비철금속과 귀금속, 목재, 수산물, 연료 등으로 자원이 부족한 일본에게 극동은 좋은 천연자원 공급원이 될 수 있다. 더욱이 동시베리아 · 극동지역은 아직 미개발된 상태지만 에너지자원을 보유하고 있다. 중국의 경제성장으로 동북아지역 에너지소비가 빠르게 증가하고 있으며, 이러한 경향이 지속된다면 21세기 중반에는 동북아지역이 전세계 에너지 소비의 30%를 차지할 것으로 예상되고 있다. 이미 중국도 에너지수요의 15~20%가 부족한 수입국이며, 일본과 한국의 석유소비를 감안할 때 러시아 극동 · 시베리아지역은 동북아지역의 에너지 공급원이 될 수 있다.

East", Tsuneo Akaha (ed.), (1997), pp. 70-86.

50) *RIA Novosti*, August 2, 2000.

51) 2000년 하바로프스크의 대중 수출은 5억 2천 400만 달러로 일본의 2억 1천만 달러에 비해 월등히 많았다.

앞서 지적했듯이 러시아 극동에서 일본의 투자를 원하는 주요 부문은 인프라건설 부문으로 얼마간의 협력이 진행되어왔다. 일본은 블라디보스톡, 하바로프스크, 유즈노 사할린의 공항재건에 참여하고 있으며, 자루비노항구의 개선을 위한 투자 타당성조사에 3천만 달러를 투입하였다. 1999년 5월 연해주 행정부와 러·일 경영위원회는 일본이 자루비노의 곡물저장과 콘테이너 선적을 위해 자루비노의 새로운 시설을 건립하는데 1천만 달러를 투자한다는 합의서를 체결했다.[52] 또한 1997년 온실배출 축소에 관한 교토국제회의 이후 미츠이, 미츠비시, 스미모토 등의 일본 회사들은 연해주, 하바로프스크, 사할린주에 발전소의 혁신에 투자가능성을 탐색하고 있다.

에너지 부문에서의 협력은 소비에트시대부터 시작되었으나 80~90년대 초반 소강상태에 접어들었다가 최근 다시 활기를 띠고 있다. 일본은 사할린 대륙붕의 석유와 가스프로젝트에 일찌감치 참여해왔다. 일본의 콘소시움인 SODECO는 사할린 I프로젝트의 30% 지분을 가지고 있으며, 미츠이와 미츠비시는 사할린 프로젝트 II의 공동 개발회사이다. 최근 사할린 남단에 위치한 포르드고르니예에 액화기지를 건설하여 일본, 한국, 중국 등에 LNG를 공급할 예정으로 있다.[53] 사할린에서 일본으로의 해저 전력망과 사할린-홋가이도 가스 파이프라인이 논의중이며, 일본은 앙가르스크에서 중국 다칭으로의 송유관라인을 나호트카로 변경하도록 노력하고 있다.[54]

---

52) Elizabeth Wihnick, (2002), p. 312.
53) 김경순, "한러관계의 안보동학", 『평화연구』, 제11권 4호(2003년 가을), pp. 163-164.
54) *Izvestiya*, 2003. 1. 13. 고이즈미 일본총리는 러시아를 방문해서 이 문제를 거론한 것으로 알려졌다. 이 외에도 양국간 전략적 파트너관계, 러시아의 핵잠수함 해체에

일본은 사할린에 많은 합작사를 설립해서 운영해왔다. 연해주와 하바로프스크주에서는 목재합작회사를 운영하고 있다. 연해주의 쩨르노우드(Ternowood) 합작회사는 높은 품질의 건설자재를 생산하고 있으며, 하바로프스크주의 다이리쿠(Tairiku)에서는 정교한 제조공법을 적용하는 것으로 알려져 있다. 일본은 극동지역과의 관계에 있어 단순히 교역이나 투자에만 초점을 맞추지 않고, 러일 경제관계를 증진시킨다는 차원에서 이들 지역에 일본의 시장경제 경험을 전달하는 문화센터의 설립, 병원 등 인도주의적 지원, 핵잠수함 해체에 따른 원조 프로그램 등도 가동하고 있다.

많은 부문에서의 경협이 이루어지고 있다고 할지라도 일본과 러시아극동간 경제협력 역시 발달해 있다고 보기는 어렵다. 그 원인으로는 영토문제의 미해결과 같은 정치적 문제도 있으나 러시아 극동지역과 일본사이의 교역이 단순히 극동지역 천연자원의 수출과 소비재와 자본재의 수입에 의한 것으로 양국간 교류가 러시아 극동지역의 산업구조의 현대화나 경제구조 개혁에 기여하지 못했다는 점에도 기인한다.[55]

V. 결론: 지역협력의 전망

러시아는 동북아에서 두 가지 정책방향을 가지고 있다. 하나는 중국과의 경제적·전략적 동반자관계를 발전시키는 것이며,

2억 달러, 플루토늄 재활용에 1억 달러를 투자하겠다고 입장을 밝혔다.
[55] Tsuneo Akaha, Pavel A. Minakir, Kunio Okada, "Economic Challenge in the Russian Far East", Tsuneo Akaha (ed), (1997), pp. 49-69.

다른 하나는 극동지역을 중심으로 한, 일, 미와의 경제협력이다. 러시아는 극동지역의 발전에 있어 중국과의 긴밀화보다는 한, 미, 일과의 경제협력의 잠재력이 보다 큰 것으로 간주하고 있다. 러시아국익의 관점에서 중국은 미국의 일방주의나 패권주의에 대한 견제세력으로서 러시아와의 협력이 가능하며, 러시아무기의 가장 중요한 판매처이다. 하지만 이러한 중국에 대해 러시아는 일정한 위협을 느끼고 있다. 극동지역에서 유럽측 러시아에 비해 중국인의 이민이 보다 직접적인 위협으로 인식되고 있으며, 중국은 극동지역의 경제발전에 필요한 투자자본도 가지고 있지 않다고 판단하고 있다. 이와는 대조적으로 일본과 한국은 극동지역에 어떤 인구적인 위협도 되지 않으며 중국보다 많은 투자를 할 수 있을 것으로 본다. 즉 러시아는 일본과 한국을 미국과 함께 러시아극동지역의 아태경제로의 성공적 통합을 위한 주요 국가라고 본다. 극동지역은 정치적 차원의 대외관계보다는 석유와 가스, 목재, 통신 등 산업에 대한 투자유치로 지역의 경제발전을 도모하는 것이 보나 중요하나고 판단하고 있다.

한국과 일본의 입장에서도 러시아에 대해 연방해체 초기의 정치적 접근에 비해 에너지·원자재, 통신, 어업 등의 협력을 통한 실질적 접근의 중요성이 보다 증대되고 있다. 아직 극동지역에 투자유치를 위한 조건이 미비되어 있으나, 석유·가스개발, 에너지송유관 건설, 해양수송, 두만강 자유무역지대와 같은 경제 합작프로젝트, TSR-TKR 연계의 의한 동북아지역 공동의 교통망 형성, 환경문제 등과 같은 협력논의가 각 국가간 쌍무적 수준에서 이루어지고 있다. 이러한 여러 가지 협력방안이 모색되고 있는데 비해, 아직 실질적 성과는 그리 크지 않다. 이는 러시아와의 지역협력에 있어서 장애요인들이 존재하고 있음을 의미한다.

소련방 해체 이후 이념적 갈등이나 러시아 군사력이 더 이상 이 지역에서 안보위협으로 작동하지 않을지라도 극동지역을 중심으로 한 3국간 쌍무적·다자적 차원의 협력 추진에는 여러 가지 긍정적, 부정적 요인들이 존재한다. 그러한 요인들이 상호 어떻게 조정되는가하는 문제가 극동지역에서 한, 러, 일간의 지역적 협력을 도모하는데 있어서 중요한 변수가 될 것이다.

1. 지역협력에 있어서의 긍정적 요인

지역협력에 있어 가장 중요한 요인 가운데 하나는 각국 지도자의 의지라고 할 수 있다. 특히 극동지역의 협력조건을 만들기 위한 러시아지도자의 의지는 중요하다. 그러한 면에서 러시아 푸틴대통령은 극동지역 발전에 대한 명확한 구상과 접근방법을 제시하고 있다. 푸틴은 극동지역의 경제개발 필요성이라는 전제 외에, 개발을 위한 대외·안보정책에 있어 실용주의적 입장을 천명하고 적극적으로 대응하고 있다. 옐친시대 프리마코프 외무장관의 대외정책은 동북아에서 미국을 견제하기 위해 중국과의 전략적 협력관계를 구축하는 것이었는데, 이는 극동지역을 둘러싼 협력에 제동을 가하는 요소로 작용하여 왔다.56) 이에 비해 푸틴대통령은 미-러간의 대결적인 입장을 최소화하면서, 대아시아로의 진출의지를 드러내고 있으며 대내적으로도 극동지역의 개발필요성을 지적해왔다. 2000년 7월 대통령 당선 직후 아시

---

56) Herbert J. Ellison, "Russia, Korea, and Northeast Asia", Nicholas Eberstadt & Richard J. Ellings, *Korea's Future and the Great Powers* (Seattle and London: University of Washington, 2003), pp. 164-187.

아 국가들을 순방하기 전 러시아는 유럽과 아시아국가로서 외교
정책에서의 균형을 이룰 필요가 있는 점을 강조했다. 북한방문
이후 푸틴은 블라고베쉔스크(우무르州의 州都)에서 극동지역의
지도자들과 만나 극동지역의 발전을 논의했다. 이때 하바로프스
크의 주지사인 이사예프(Viktor Ishaev)는 극동지역의 에너지위
기와 인구문제를 제기하고, 러시아 중앙정부가 극동지역 경제사
회발전 계획을 철저히 수행할 것을 제기했다.57) 푸틴도 극동지
역 경제의 활성화를 위해 일정한 원칙에 따른 연방자산의 집중
적 분배를 강조했다. 또한 이 회담 이후 이르쿠츠크에서 개최된
바이칼 경제포럼에서는 러시아극동과 시베리아지역의 발전을
위한 공동구상으로 "21세기 러시아의 아태전략"을 마련하고, 바
람직한 투자환경·우호적인 조세체계·인프라체계의 발전계획
등을 설정하였다. 이처럼 극동·시베리아지역 발전 필요성이 적
극적으로 개진되고 있으며, 발전에 대한 러시아지도자의 의지는
한국, 일본과의 협력에 긍정적 요인으로 작동하고 있다.

둘째, 극동지역을 중심으로 한 한-러, 러-일의 협력은 동북아
에서 증대하는 중국의 세력을 어느 정도 완화시키는 역할을 할
수 있다는 점이다. 주변의 국제환경도 지역내 협력가능성을 증
대시키는 요인으로 작용할 수 있다. 러시아는 냉전시대와는 달
리 동북아에서 미국과의 협력필요성도 인식하고 있으며,58) 그러
한 의미에서 중국과의 협력 못지않게 일본, 한국과의 협력이 동
북아에서의 균형잡힌 안정을 도모할 수 있을 것으로 본다. 러시
아 뿐 아니라 일본의 입장에서도 동아시아에서 세력경쟁을 하고
있는 중국의 급성장과 중국과 러시아의 과도한 접근을 견제할

---

57) Sergey Sevastyanov, (2002), p. 241.
58) Rajan Menon, (2003).

필요를 느끼고 있으며, 이는 러-일의 협력을 촉진시키고 있다.

셋째, 경제구조상 러시아 극동지역과 한국, 일본은 상호협력을 위한 기반이 형성되어 있다는 점이다. 극동지역에서 경제협력을 위해서는 1) 경제활동을 위한 기반시설의 확충 2) 자원과 산업개발을 위한 노동력 증대 3) 산업발전을 위한 투자 등이 요구된다.59) 투자의 관점에서 볼 때, 러시아 중앙과 멀리 떨어진 동시베리아·극동지역의 개발이나 발전을 위해 투자할 수 있는 나라는 동북아국가들이다. 러시아의 국내투자나 유럽의 자본은 지리적, 발전수준, 시장성이라는 점에서 극동지역보다는 유럽러시아와 서시베리아지역 투자를 우선한다. 동북아에서는 서방 투자자를 대체할 수 있는 국가로 일본과 한국을 들 수 있다. 투자뿐 아니라 앞서 지적한 노동력의 측면에서는 북한과 중국의 인적자원이 활용될 수 있다. 더욱이 러시아극동의 풍부한 천연자원은 지역협력을 위한 기본적인 조건들을 충족시키고 있다.

넷째, 극동지역의 주민이 일본이나 한국과의 교류와 협력의 필요성을 바라고 있다는 점이다. 극동지역의 러시아인들은 일본에 대해 부정적인 견해 못지않게, 일본과의 협력 필요성을 제기하고 있다. 1992년 연해주 남부거주자들의 여론조사에 의하면 일본이 미국 다음으로 좋아하는 국가였으며, 그들은 대부분 일본과 보다 긴밀하고 우호적인 관계를 확립하기를 바라고 있다고 한다.60) 연해주라는 지역적 특성을 감안할지라도 극동지역의 대부분 주민들은 경제활성화와 생활수준 향상을 요구하고 있으며, 지역의 지도자들 역시 중앙으로부터의 보조금이 급격히 삭감된

---

59) Young-Chool Ha, (2002).

60) Tsuneo Akaha, "A Paradigm Shift in Russo-Japanese Relations", Tsuneo Akaha(ed.), (1999), p. 64.

상황에서 지역발전을 위한 최대한의 방안은 주변국들과의 경제협력이라고 보고 있다.

2. 부정적 요인

러시아극동지역을 중심으로 한 많은 프로젝트와 협력 필요성이 논의되었음에도 불구하고 실질적으로 이 지역에서의 한, 일이 참여하는 지역협력 사업은 기대만큼 활발히 추진되지 못하고 있다. 이렇듯 협력을 어렵게 만드는 요인들을 살펴본다.

첫째, 이들 국가간 부정적인 상호인식이다. 러시아의 일본인식은 1904년 러일전쟁에서의 패배, 1918~22년 일본의 시베리아 간섭전쟁,[61] 냉전기간 적대국이라는 역사적 경험에 기초한다. 또한 대부분의 러시아인들은 일본의 남쿠릴섬에 대한 영유권 주장은 1945년 일본의 무조건 항복에 비추어볼 때 정당한 것이 아니라고 믿는다. 일본 역시 러시아에 대해 지극히 부정적인 견해를 지니고 있다. 1941년 소·일 중립조약을 위반하고 대일선전포고를 했으며, 2차대전이후 시베리아에서 일본인 전쟁포로에 대한 비인간적 대우, 냉전시 소련의 군사적 위협 등이 러시아에 대한 인식기반을 형성하고 있다. 영토문제에 있어서도 일본은 역으로 러시아가 약속을 이행하지 않는 것으로 보고 있다. 한·일간에도 부정적인 인식을 지니고 있다. 일본의 식민지 경험을 지닌 한국은 일본에 대한 치욕과 혐오감을 지니고 있을 뿐 아니라 교과서문제, 신사참배 등으로 불거지는 과거사에 대한 일본의 태도에 대해 지극히 부정적인 견해를 지니고 있다.

---

61) 남기정, "지정학의 시대와 러일관계의 전개", 『평화연구』, 제11권 제4호(2003년 가을), pp. 254-255.

한-러간에는 상대적으로 부정적 인식이 약한 편이나 러시아는 기대했던 경제협력의 부진, 한반도문제에서의 소외 등에 대해 불만을 지니고 있다.

둘째, 러시아극동지역에서 대외협력을 추진하기 위한 법적·제도적 기반이 불충분하다. 시장경제체제로의 이행과정에 있는 러시아로서는 해외투자 유치가 지극히 중요한 조건임에도 불구하고 상당히 조건이 미비된 측면을 지니고 있다. 재정체계는 불완전하고 조세제도도 발달하지 못했으며, 법률지배체제도 미발달된 상태이다. 대외교역과 투자를 위한 법적·행정적 메커니즘도 부적절하다. 이러한 법과 제도 부재와 운용메커니즘의 열악성이 마피아와 같은 세력이 활동할 공간을 만들어주고 있다. 따라서 외국투자자들은 러시아의 외국투자에 대한 신뢰조치를 믿지 못하고 있는 상황이다.

셋째, 극동지역의 인프라부족 문제이다. 천연자원과 에너지의 보고인 시베리아·극동지역은 현재 전력의 부족으로 어려움을 겪고 있다. 상품의 수송과 수출을 위한 도로·항만 설비의 노후화, 인적 교류의 활성화를 위한 제반시설도 극히 부족하다. 이러한 상황으로 극동지역은 즉각적인 협력이나 상품생산 협력보다는 인프라설비를 위한 대규모 투자를 우선적으로 필요로 하고 있다. 이는 자본의 회수기간이 길고, 사업성을 확신할 수 없으며, 대규모 투자를 해야 한다는 면에서 한국이나 일본의 기업 단위에서의 협력을 어렵게 만들고 있다. 넷째, 극동지역이 아직 경제 활력을 보이지 못한 채 무기력 상태에 빠져 있다는 점이다.[62] 극동지역의 무력함은 제반 인프라의 부족에도 기인하지만 상품

<hr />

62) Rajan Menon, (2003).

시장으로서 매력이 없기 때문이다. 앞서 지적했듯이 극동지역의 인구는 7백만을 조금 넘는 정도이며, 그들의 생활수준도 러시아 전국 평균이하이다. 구매력이 극히 저조하며, 그러한 양상은 앞으로 나아지기도 어렵다. 소득 증대가 어느 정도 가능하나 극동지역으로부터 타지역으로의 이주를 선호하는 상황에서 시장성은 나아지기 어렵다는 점은 협력가능성을 제한하고 있다.

================= ■ 참고문헌 ■ =================

김경순, 『NATO 동유럽 확대와 러시아의 대응』, 세종연구소, 1998.
_____, "러시아 대한반도정책의 변화와 전망", 『군사』, 제37호 (1998).
_____, "한러관계의 안보동학", 『평화연구』, 제 11권 4호 (2003년 가을).
남기정, "지정학의 시대와 러일관계의 전개", 『평화연구』, 제11권 제4호 (2003년 가을).
똘로라야 G. 다비도비치, 김록양 역 "러시아 · 북한관계 考察:러시아와 북한: 極東의 오래 파트너", 『극동문제』, 2000년 No.5 (http://www.nanet. go.kr/qhatsnew/foinfo/file/foinfor68-3.htm).
한종만, "한러경제협력과 시베리아 · 극동러시아", 한국슬라브학회 연례학술대외, 2002. 11. 15-16.
홍성원, "시베리아극동지역에서의 일 · 러 경제관계 및 한국에의 시사점", 한국슬라브학회연례학술대회, 2002. 11. 15-16.

Akaha, Tsuneo, Minakir, Pavel A., Okada, Kunio, "Economic Challenge in the Russian Far East", Tsuneo Akaha (ed.), Akaha, Tsuneo (ed.), *Politics and Economics in the Russian Far East: Changing Ties with Asia-Pacific,* London & New York; Routledge, 1997.
Akaha, Tsuneo, "A Paradigm Shift in Russo-Japanese Relations", Akaha, Tsuneo (ed.), *Politics and Economics in Northeast Asia:*

Nationalism and Regionalism in Contention New York :St. Martin's Press, 1999.

Akiyama, Masahiro, "Japan's Security Policy Toward the 21st Century", *RUSI Journal,* Vol.143, No.2 (April, 1998).

Arai, Nobuo and Hasegawa, Tsuyoshi, "The Russian Far East in Russo-Japanese Relations", Akaha, Tsuneo (ed.), (1997).

Cha, Victor, *Alignment Despite Antagonism: The US-Korea-Japan Security Triangle* Stanford: Stanford University Press, 1999.

Duncun, Jenifer and Ruetschle Michelle, "Agraian Reform and Agricultural Productivity in the Russian Far East", Thorton, Judith and Ziegler, Charles E., (ed.), *Russia's Far East: A Region at Risk* Seattle and London: University of Washington Press, 2002.

Ellison, Herbert J., "Russia, Korea, and Northeast Asia", Eberstadt, Nicholas & Ellings, Richard J., *Korea's Future and the Great Powers* Seattle and London: University of Washington, 2003.

Ha, Young-Chool, "The Dynamics of Russia-South Korean Relations and Implications for the Russian Far East", Judith Thornton, Charles E. Ziegler (ed.), op. cit.

Hook, Glen D. (ed.), *Japan's International Relations: Politics, Economics and Security* London and New York: Routeledge, 2001.

Kimura, Hiroshi, "Putin's Policy Toward Japan: Return of the Two Islands, or More?", *Demokratizatsiya*, Vol.9, No.2 (Spring 2001).

Kontorovich, Vladimir, "Can Russia Resettle the Far East?", *Post-Communist Economics*, Vol.12, No.3(September 2000).

Kovrigin, Yevgeny B., "Problems of Resource Development in the Russian Far East", Tsuneo Akaha (ed.), (1997).

Kremenuik, V., "The Ideological Legacy in Russian Foreign Policy", *International Affairs(A Russian Journal)*, No.3, 2001 (http://www. cionet.org/olj/iarj/krv02.html).

Latin, Viktor L., "'Yellow Peril' Again? The Chinese and the Russian

Far East", Kotkin, Stephen and Wolff, David (eds.) *Rediscovering Russia in Asia: Siberia and the Russian Far East* Armonk, NY: M.E. Sharpe, 1995.

Mansourov, Alexandre Y., "Russia President Putin's Policy towards East Asia", *The Journal of East Asia Affairs,* Vol.15, No.1(Spring/Summer 2001).

Menon, Rajan, "The Sick Man of Asia: Russia's Endangered Far East", *The National Interest,* Vol.73 (Fall, 2003).

Meyer, Peggy F., "The Russian Far East's Economic Integration with Northeast Asia: Problems and Prospects", *Pacific Affairs,* Vol.72, No.2(1999).

Okada, Kunio, "The Japanese Economic Presence in the Russian Far East", Thorton, Judith and Ziegler, Charles E., (ed.), (2002).

Pavliatenko Victor and Shlindov, Alexander, "Russia–Japanese Relations: Past Achievements and Future Prospects at the Start of the 21st Century", *Far Eastern Affairs,* No.4(2000).

Popov, Vladimir, "Reform Strategy and Economic Performance: The Russian Far East as Compared to Other Regions", *Comparative Economic Studies,* Vol.43, No.4 (Winter 2001).

Sevastyanov, Sergey, "Russia Reform: Implications for Regional Policy and the Military", Judith Thornton and Charles E. Ziegler (ed.), (2002).

Shim, Jae Hoon & Ed. Paisley, "Trade and Trade-off: Yeltsin's Visiting Bring Profit to Seoul, Moscow", *Far Eastern Economic Review,* Vol.155, No.48 (Dec. 3, 1992).

Shuja, Sharif M., "Moscow's Asia Policy", *Contemporary Review,* Vol.272, No.1587(April 1998).

Titarenko, M.& Mikheev, V., "The Asia–Pacific Region and Russia", *International Affairs* (Russian Journal), No.3 (2001).

Toloraia, Georgii, "Korean Peninsula and Russia", *International Affairs* (Russian Journal), No.1(Feb. 2003).

Valliant, Robert, "The Political Dimension", Akaha, Tsuneo (ed.), (1997).
Wishnik, Elizabeth "The Regional Dynamic in Russia's Asia Policy in the 1990s", Judith Thornton and Charles E. Ziegler (ed.), (2002).
Zagorsky, Alexei V. "Three Years on a Path to Nowhere: The Hashimoto Initiative in Russian-Japanese Relations", *Pacific Affairs*, Vol.74, No.1 (Spring 2001).

"러시아연방 대외정책 개념"(http://www.nanet.go.kr/file4/foinfor62-3.htm).
『世界週報』, 2000. 9. 11.

East Asia Strategic Review 2000, The National Institute for Defense Studies, Japan, 2000.
Goskomstat Possii, Rossiiskii statisticheskii ezhegodnik ofistial'noe izdanie 2000 Moskva, 2000.
Joint Statement by the President of Russia and the Prime Minister of Japan on the Adoption of the Russia-Japanese of Action, the Kremlin, Moscow, January 10, 2003. (http://www.In.mid.ru).
The Military Balance 1989-1990, London: IISS, 1989.

Izvestiya, 1996. 1. 10.
Izvestiya, 2003. 1. 13.
Nezavisimaya Gazeta, 1992. 8. 19.
Nezavisimaya gazheta, 2003. 1. 15.
RIA Novosti, 2000. 8. 2.

한국과 일본의 극동·시베리아 정책 비교: 극동·시베리아 투자와 전략 검토

우 평 균

고려대학교 평화연구소 연구교수

I. 서 론

러시아의 광대한 극동 지역의 핵심인 시베리아(Siberia)는 제정 러시아 시대 이래 열악한 자연조건으로 인해, 그 잠재력에도 불구하고 개발이 순탄치 않았던 지역으로 인식되어 왔다. 18세기부터 러시아에서는 시베리아로의 유형과 자원 탈취-특히 금광개발-를 목적으로 한 시베리아 진출이 늘어났다. 소비에트 시대에는 농업의 집단화를 거부했던 부농과 정치범들에게 북시베리아-코랴크 자치관구와 캄차카주 등-에서의 강제노동이 부과되었다. 그 결과 거대한 잠재력에도 불구하고, 유형의 땅이면서 동시에 고질적인 산업노동력의 부족과 엄혹한 자연환경의 대명사로 여겨지면서 시베리아와 러시아 극동지역의 현재와 같은 환경이 조성되어 현대 소비에트 시기까지 이어져 왔다.

러시아 극동지역(Russian Far East)은 러시아의 11개 경제지역 중 연해변강주(Primorskii krai), 하바로프스크변강주(유대인자치주 포함, Khabarovski Krai), 사하공화국(Republic of Sakha Yakutiia), 아무르주(Amur Oblast), 사할린주(Sakhalin Oblast), 마가단주(Magadan Oblast) 및 캄차카주(Kamchatka Oblast) 등 7개의 행정지역을 합친 지역이다. 극동지역은 면적(36.4%)에 있어 광활하지만, 인구는 전 러시아의 5.44%[1])에 불과하여 소비시장 규모는 매우 작은 편에 속한다. 하지만 극동지역은 광물, 임산, 에너지, 그리고 수산자원이 광대한 지역에 분포되어 있어 한국, 미국, 일본, 중국 등 인접 극동지역 국가들의 이 지역에 대한 관심이 높아지고 있다.[2]

시베리아 · 극동지역은 전반적으로 높은 잠재력에도 불구하고 1991년 말 소연방 붕괴 이후 10년이 훨씬 지난 현재까지 기대치만큼 발전되었다기보다 러시아의 다른 유럽지역보다도 모든 부문에서 어려움을 겪고 있는 실정이다. 그 직접적인 원인으로는 국내 및 해외 투자가 이루어지지 않았기 때문이다. 소련 시대 시베리아와 극동지방은 소연방 중앙을 지원하는 배후 기지로서

---

1) 구소련이 붕괴하고 나서 이 지역에 정착하였던 러시아인들 중에 다수가 유럽 러시아로 이주하기 시작했다. 이 지역에 주둔하였던 병력이 감축되고 중앙정부의 지원이 사라지면서 경제상황이 악화되고 생활수준이 저하되었기 때문이다. 그 결과 1995년의 인구는 1991년보다 약 43만 명이 감소하였다. 문수언, "새로운 러시아와 중국관계: 전략적 동반자 관계의 허실", 『중소연구』21권 4호(1997/8 겨울호), p. 66: 임현수, "연해주에서 한 · 중 · 러 사이의 협력확대를 위한 공동재 확충방안 연구", 『사회과학연구』 18집(1999.2), pp. 377-378.
2) 강길환, "러시아 극동지역의 한 · 러교역 활성화방안에 관한 연구", 『산업연구』 제11집(2000), pp. 135-136.

의 기능성이 우선적으로 고려되었지만, 소연방 붕괴 후 안보상
의 고려가 과거보다 덜 중시되면서 새로이 정립되기 시작한 시
베리아와 극동지역 개발에 대한 청사진과 구체적인 실행계획이
부재한 상태에서 일본과 미국, 한국 등 자본과 기술력을 제공할
수 있는 주변 국가들의 투자를 유치하려는 계획도 쉽게 달성되
지 못하고 있다.

상황이 이렇게 전개된 데에는 여러 가지 이유가 있겠지만,[3]
시베리아 · 극동지역에 가장 인접해있는 국가들인 중국, 일본,
한국, 그 중에서도 자본주의 경험이 앞선 한국과 일본의 진출
사례와 전략을 검토함으로써 현 상황에 대한 객관적인 진단을
하는데 있어 용이하게 접근할 수 있다고 하겠다. 본 논문에서
다루는 지역은 극동지방과 시베리아가 인접하여 있지만 다른
환경을 갖고 있는 지역임에도 불구하고, 극동지역과 대비되는
시베리아에 대한 외국인 투자가 특기할만한 사항이 별로 없다는
점을 감안하여 시베리아를 포함하는 극동지역에 대한 한국과
일본의 투자라는 관점에서 극동지역과 시베리아를 함께 묶어
제시할 것이다.

본 논문에서는 소연방 붕괴 이후 한국과 일본의 시베리아 · 극
동 진출의 사례를 통해 양국의 전략적 상이점이 어떻게 도출되며,
향후의 지향점을 제시하는데 목적을 두고 구체적으로 1990년대
대시베리아 · 극동 진출에 있어 양국간의 차이를 제시하려한다.
이를 통해 양국 정책의 특징과 문제점을 살펴보고 미래의 정책

---

3) 10명에 달하는 극동지역의 지도자들(주지사, 시장) 중에 누구도 아시아가 자신들이
   따라야할 모델로 생각하고 있다고 공언한 적이 없었다. 그보다 파퓰리즘적이고 정치적
   인 이유로 중국과 한국의 영향력에 반하는 캠페인을 적극적으로 벌이기도 했다. 뿐만
   아니라 극동지역 사회의 모든 부분에서 외국인혐오증(xenophobia)도 존재하고 있다.

수립을 위한 근거가 될 수 있도록 하려 한다. 본 논문에서는 이를 위해 제2, 3장에서 한·일 양국의 시베리아 진출 현황과 경제협력 상황을, 제4장에서는 한·일 양국의 시베리아·극동 진출을 위한 환경과 전략을 비교한 뒤, 그로부터 도출되는 결론을 한국의 극동·시베리아 진출에 있어서의 시사점으로 제시하려 한다.

II. 한국의 극동·시베리아 진출과 경제협력

극동·시베리아 지역이 지닌 잠재력과 한국이 지닌 대 극동·시베리아 진출의 이점에도 불구하고 지금까지 한국의 구체적인 극동·시베리아 정책은 구체적인 측면이 부재한 상태에서 중앙지향적인 대러 정책의 큰 틀에서만 존립해왔다고 평가할 수 있다. 다시 말해 극동·시베리아 정책이라기보다는 한국과 시베리아간의 경제협력의 측면에서 파악할 수 있을 뿐이다. 이와 같은 경제협력도 초보단계의 수준에 불과하다고 할 수 있다. 그럼에도 불구하고 시베리아를 포함한 러시아 극동지역과 한국간의 교역은 1990년 한·소 수교 이후 꾸준히 증가해왔다. 1997년, 1998년 두 해에 걸쳐 한국과 러시아의 경제위기로 인해 전반적으로 한·러교역이 크게 감소한 것과는 달리 한국과 러시아 극동지역 사이의 교역은 증가세를 유지하였다(<표 2>, <표 3> 참조, 2002년 대외교역 현황은 <표 1> 참조).

한국과 러시아 극동지역과의 교역은 사할린, 캄차카주의 단기성 프로젝트 플랜트 공급을 제외하고 약 90%가 하바로프스크변강주, 연해변강주, 사할린주의 3개 지역에 집중되어 있다. 연해주의 경우 그 투자액은 2002년 말 누계 기준 미$ 225.7백만

〈표 1〉 극동러시아 · 동시베리아 지역의 '2002년 대외교역 현황

(단위: 미$백만)

구　분	2001			2002		
	수　출	수　입	교역규모	수　출	수　입	교역규모
연 해 주	1,259	522	1,781	993	811	1,804
하바롭스크	2,053	168	2,221	1,398	234	1,632
사하공화국	1,278	60	1,338	1,361	41.	1,402
크라스노야르스크	2,511	531	3,042	2,763	421	3,164
아 무 르	66	22	88	71	24	95
캄차트카	398	172	570	337	88	425
마 가 단	50	67	117	67	59	126
이르쿠츠크	3,176	444	3,620	3,300	400	3,700
사 할 린	729	202	931	701	274	975
유태인자치주	10	4	14	8	4	12
계	11,530	2,192	13,722	10,979	2,356	13,345

자료: 연해주 주정부 대외경제위원회 발표자료, 대한무역투자진흥공사, "극동 러시아 경제현황" (2003), p. 6. http://www.kotra.or.kr/ktc/vvo/market. 2004.1.12 검색.

〈표 2〉 최근 7년간 한국의 대 극동 러시아 수출 실적

(단위: 미$백만)

구　분	'96	'97	'98	'99	2000	2001	2002
연 해 주	143.4	187.0	113.0	100.0	127	171	247.2
하바롭스크	31.2	32.1	24.1	10.9	14	21	21.6
사하공화국	12.0	4.3	1.9	3.2	N.A.	0.3	0.5
아 무 르	–	–	2.2	–	0.1	0.14	0.1
캄차트카	43.3	91.1	115.0	22.8	12.6	8	6.0
마 가 단	5.1	1.4	31.8	0.2	N.A.	N.A.	N.A.
사 할 린	80.0	93.1	296.0	16.8	15.2	14.4	20.7
계	315.0	409.0	584.0	152.2	168.9	214.84	296.1

자료: 각 주정부 대외경제위원회 발표자료, 대한무역투자진흥공사, p. 8.

〈표 3〉 최근 7년간 한국의 대 극동 러시아 수입 실적

(단위: 미$백만)

구 분	'96	'97	'98	'99	2000	2001	2002
연 해 주	163.4	179.3	105.0	134.0	150	201	198.1
하바롭스크	50.0	65.3	100.4	54.7	61	N.A.	73.3
사하공화국	15.0	18.3	5.6	24.6	N.A.	5.4	16.1
아 무 르	2.1	2.6	0.2	–	0.8	0.86	0.77
캄차트카	47.0	27.8	49.0	53.0	48.2	61.9	58.6
마 가 단	1.4	5.9	9.7	10.9	N.A.	N.A.	N.A.
사 할 린	50.0	106.3	31.0	46.1	57.0	362.6	264.2
계	328.9	405.5	300.9	324.9	317	631.8	611.1

자료: 각 주정부 대외경제위원회 발표자료, 대한무역투자진흥공사, p. 9.

(28.7%)으로 투자규모 1위국에 랭크되어 있다. 국가별로는 영국이 166.4백만으로 2위, 일본이 119.1백만으로 3위를 차지하고 있다.

연해주를 비롯한 3개 지역이 한국과 교역량이 많은 이유는 한국이 극동지역에서 차지하는 경제적 비중이 클 뿐만 아니라, 지리적으로 한국과 가깝고 항공 및 해상운송을 통한 운송서비스가 개설되어 타지방에 비해 경제교류가 활발하기 때문이다. 특히 러시아 극동지역의 입장에서 볼 때 한국은 수출대상국보다는 수입대상국으로서 보다 중요한 의미를 갖는다. 한국의 극동지역에 대한 주요 수출품은 전기·전자제품, 식료품, 자동차, 섬유, 의류 등이며 주요 수입품은 기타 수산물, 목재, 고철 등이다.[4] 한국의 IMF사태 이후 러시아의 모라토리움 선언이 겹쳐 전반적으로 한국기업의 대 극동 러시아 진출이 위축되었으나, 2002년 이후 다시 활기를 띠고 있다. 구체적으로 현지의 저렴한 인건비

---

4) 한종만·성원용, 『21세기 러시아의 시베리아 극동지역 개발 전략에 관한 연구』(서울: 대외경제정책연구원, 2001), pp. 142-143.

(모라토리움 이전대비 4배 하락)는 물론, 한국으로부터의 신속한 원부자재 조달, 미국 등 최종 소비시장에의 적기 납품, 봉제업의 쿼타 미적용 등의 유리한 점이 많아 노동집약적 산업의 투자 검토 대상 지역으로 새롭게 부상해 왔다. 특히, 의류 제조분야의 진출이 활발이 이루어지고 있어 현재 22개의 기업이 블라디보스톡(Vladivostok) 인근지역에서 의류를 제조, 전량 미국으로 수출하고 있다. 한국통신의 경우, 연해주지역의 낙후된 통신기반시설 확충을 위해 현지법인(NTC)을 설립하여 이동통신 및 고속 인터넷 사업에 참여하고 있다. 향후에는 사할린 및 하바롭스크주로 추가 투자 진출 예정이라고 한다.[5] 대 극동 러시아 국가별 외국인 투자동향은 <표 4>과 같으며, 극동지역에 진출한 한국기업의 업종별 현황은 <표 5>와 같다.

〈표 4〉 대 극동 러시아 국가별 외국인 투자동향 (단위: 미$백만)

	'98년누계		'99년도		2000년도		2001년도		2002년도	
	금액	비중(%)	금액	비중(%)	금액	비중(%)	금액	비중(%)	금액	비중(%)
미국	716.1	48.0	1,020	94.1	105.9	29.9	40.3	7.8	11	1.4
일본	183.7	12.3	15.9	1.5	99.9	28.2	193.7	37.4	254.8	31.9
영국	152.9	10.3	10	2	2	0.6	71.1	13.7	121.4	15.2
화란	–	–	–	–	–	–	106	20.5	165	20.7
바하마	–	–	–	–	–	–	52	10.0	177	22.2
한국	130.2	8.8	37.3	3.5	44.4	12.5	32.2	6.2	28.3	3.5
중국	11.6	0.8	5.03	0.4	3.5	1.0	0.7	0.1	15.1	1.9
계	1,4901	100.0	1,084	100.0	354.6	100	517.5	100	797.8	100

자료: 대한무역투자진흥공사, 『각 주정부 대외경제위원회 발표자료』, p. 7.

---

5) 대한무역투자진흥공사, "극동 러시아 경제현황"(2003), p. 9. http://www.kotra. or.kr/ktc/vvo/market (검색일: 2004년 1월 10일).

〈표 5〉 극동러시아 한국기업 업종별 진출현황

무역업(15)	삼성전자, SP상사, LG전자, 유니콘, 다도, 파낙스, 한국야쿠르트, 신라, 삼영 익스프레스, SK해운, 아쿠아보스톡, 롯데상사, 다우스틸, UP-KAIT, KAPS
제조업(30)	성한물산, 세신, 뉴멕스, 약진통상, 정명물산, 미진양행, 세인트, 코멕스, 세 진자수, J & R, 신우자수, 영진, 태평양, 삼일프린트, 미시간, 코러스, 진세 PARCE, 고려, 성진, 일양(의류 및 관련부품 제조), 피닉스(가구제조)
농업투자(4)	대경, 우정농장, 고합, 새마을운동
서비스업(3)	현대호텔, 보스톡익스프레스(여행사), 코리아하우스(식당)
운 송(3)	대한항공, 삼영익스프레스, 동서해운
통 신(2)	한국통신(NTC), 데이콤(POKOTEL, 나홋카)
건 설(1)	코리아플랜트

자료: 대한무역투자진흥공사, "극동러시아 경제현황 및 수출확대방안(Ⅱ)", pp. 5-6.
http://www.kotra.or.kr/ktc/vvo/market(검색일: 2003년 11월 12일)

한국과 시베리아-극동지역과의 경제협력 현황은 몇 가지 부
문으로 나누어서 살펴볼 수 있다. 그 중 가장 대표적인 사업이
석유와 천연가스를 비롯한 천연자원 개발에 관련된 건이라고
할 수 있다. 한국과 러시아는 이르쿠츠크(Irkutsk) 천연가스전 개
발 및 파이프라인 건설 프로젝트에서 협력을 강화해왔다. 이르
쿠츠크 가스전 개발 프로젝트는 러시아 연방 이르쿠츠크시 북방
약 450km에 위치한 코빅틴스크(Kovyktinskoye) 가스전을 개발하
여 일부는 러시아에 공급하고 나머지는 총연장 4,115km의 파이
프라인을 통하여 중국 및 한국 등 인근 국가에 천연가스를 공급
하는 프로젝트이다. 코빅틴스크 가스전은 현재 확인 매장량만
약 8,700억㎥에 달하고, 1996년 12월부터 1997년 7월까지 진행된
예비타당성 조사결과 지리적 여건, 매장량, 인프라 구축 면에서
경제성이나 실현성이 높은 것으로 평가되었다.[6] 이 프로젝트와

---

[6] 산업자원부 공보실, "러시아 이르쿠츠크 가스전 개발타당성 조사 추진 현황", 『보도
참고자료』(2001.9.6), http://www.mocie.go.kr.(검색일: 2003년 8월 1일).

관련하여 2002년 2월부터 한국의 정부기관 및 한국가스공사와 러시아 및 중국의 관련 기관들이 러시아의 이르쿠츠크 소재 코빅틴스크 가스산지에서부터 중국과 북한 영토를 경유해 한국의 평택시에 이르는 가스관 부설 프로젝트의 기술-경제적 가치를 타진하기 위한 사전 조사에 착수하여 검토가 이루어져 왔다.

그러나 타당성 조사 결과 가스관을 북한으로 연결하는 것은 전설비가 많이 소요되어 경제성이 없는 것으로 판명되어, 그 결과 서해 해저 가스관을 통해 국내로 들여오기로 확정지었다.[7] 이르쿠츠크 가스전 사업은 한국·중국·러시아 3개국 컨소시엄에 의해 성립되었으며, 컨소시엄이 채택한 서해 해저 노선은 이르쿠츠크~선양~다롄~서해~평택으로 이어지며 총 연장은 4천 2백 38Km로 아시아에서 가장 긴 노선이 되었다.

두 번째 경협의 대상은 TSR-TKR의 연계를 통한 운송협력 문제이다. 동북아 지역의 화물수송체계는 내륙수송과 항만시설이 부족하여 원활한 화물수송이 이루어지지 못해 왔다. 한국은 급속한 고도 경제성장 이후 급증하는 물동량을 원활히 수송하기 위해서 항만, 철도, 도로 등 사회간접자본 확충에 투자가 필요한 시점이고, 북한은 수송 인프라가 절대적인 투자 부재로 매우 낙후되어 있는 상황이다. 러시아의 극동지방도 교통시설 확충의 필요성을 지닌 지역으로 이를 타개하기 위한 대책이 마련되어야 하는 시점이다.

이와 관련하여 최근에 러시아와 한국에서 한반도종단철도 (TKR)를 복원하고 이를 TSR과 연계하여 아시아횡단철도(TAR) 의 북부노선을 완성하자는 구상이 활발하게 논의되어 왔다. 이

---

7) 『중앙일보』, 2003년 11월 15일.

러한 구상의 단초는 1991년 10월 6일 모스크바에서 체결된 한국과 러시아 간 철도협력 의정서에서 제기되었다.[8] 1996년 제52차 ESCAP 회의 중 개최된 인프라 각료회의에서 42개국이 아시아횡단철도 구축을 위해 남북한종단철도를 복원하는데 최우선적으로 노력한다는 결의안이 채택되었고, 이어 1997년 가을 모스크바 회의에서는 ESCAP이 북한측에게 TKR 복원 계획안을 전달하였고, 여기에서 TSR 활성화 계획에 연관된 국가들이 이 문제를 논의하였다.[9] 그리고 2000년 6월 남북한 정상이 경의선 철도 복원에 전격 합의함에 따라 TKR과 TSR의 연결이 본격적인 현안으로 대두되었다.

　TKR의 복원과 이에 대한 TSR의 연결 사업은 동북아 지역의 물류체계를 효율적으로 작동시킬 수 있다는 점에서 중요한 의미를 갖는 구상이라고 할 수 있으며, 이 점에 대해서는 한국, 북한, 러시아 모두가 이해관계를 같이하고 있다. 러시아의 입장에서는 TSR이 진정한 의미의 육로연결망(land bridge)의 역할을 하기 위해서는 물동량이 많은 한국과 일본의 육로수송을 가능케 하는 남북한의 육로 연결이 필수적이고, 만일 TKR이 복원될 경우 복합운송체제로소 TSR의 활성화와 효율성 증대를 촉진하고, 해상운송보다 강한 경쟁력을 갖출 수 있다는 전망을 하고 있다.[10]

---

8) 신영국, "시베리아철도와 동북아경제협력", 러시아연방철도부·시베리아횡단운송 국제조정위원회·주한 러시아연방무역대표부 공동 주최 세미나 자료, 『21세기 시베리아 횡단 육상 교량. 러-한 운송부문 관계발전에 대한 전망』(2001.2.12), pp. 1-6.
9) 이재영, "한·러 운송협력의 의미와 전망: '철의 실크로드' 구상을 중심으로", 『중소연구』, 제25권 제1호(2001). p. 92.
10) 교통개발연구원, 한화그룹, 주한러시아무역대표부 공동주최 한·러 국제세미나, 『21세기 시베리아철도와 한국철도의 한·러간 협력방안』(2000.3.30~31) 발표논문집 참고.

북한의 경우 당초 남·북한간의 철도연결은 반대하면서 TKR
은 신의주, TSR은 나진을 기종점으로 하는 아시아횡단철도 북부
노선 구축을 주장했으나 이후에 태도를 바꾸어 경의선 철도 복
원에 전격합의하였다. 북한의 이러한 태도는 남북 철도망 연결
이 김일성 주석의 '유훈사업'이기 때문이기도 하지만, 무엇보다
도 경제적인 관점에서 남북한 철도연결이 북한에 실질적으로
현금의 안정적인 취득을 가능케하는 운송수입 증대를 가져올
것이라는 기대 속에서 러시아와 중국의 협조를 통해 노후화된
철도시설을 개량하려는 의도를 갖게 되었다고 추정할 수 있다.
　한국의 입장은 이에 대해서 물류비용의 절감 등의 실리적이고
기능적인 이유와 남-북을 철도로 연결한다는 상징적인 '통일'의
의미를 담는 이상적인 측면에서 매우 중대한 의미를 갖는다는
점을 강조하면서, 김대중 정부 이래 정부 차원에서 일관되게 입
장을 개진해왔다. 현재 TKR과 TSR의 연계가능성을 검토하여
나온 대안들 중에서 러시아쪽과 북쪽 구간을 잇는 철도노선에
러시아와 같은 광궤철도를 부설해 TSR과 연결하기로 합의기 된
바 있다. 이와 관련하여 러시아는 일관되게 남북한 양자간의 협
의 절차만으로는 철도연결사업의 모든 문제를 해결하는 것이
불가능하다는 점을 수 차례 상기시켜 왔다.[11]
　이와 같은 거대 현안 외에도 한국은 시베리아와 극동지역에
진출하여 오호츠크해의 조업, 항공협정, 현대 스베틀라야 삼림

---

11) 한반도와 시베리아, 유럽을 잇는 철도부설사업에 대해 한국내의 전문가들과, 그리고
　　러시아 인사들 중에서도 그 실현가능성에 대해서 유보적이거나 부정적으로 인식하는
　　입장도 명백하게 존재한다. 예를 들어 이샤에프(Viktor Ishaev) 하바로프스크 주지사
　　같은 인사는 한반도와 연결하여 시베리아를 동서로 가로지르는 철도는 러시아의 태
　　평양 연안 항구를 통한 화물 운송에 타격을 입히는 등 극동경제에 오히려 피해를
　　입히게 될 것이라고 이에 반대하는 입장을 취하고 있다. *Pravda*, July 20, 2001.

개발과 블라디보스톡 비즈니스센터 건설, 물동량의 극동지역 항구 선적과 한국과 시베리아간의 무역과 인적교류의 증가 등 괄목할만한 수준으로 발전했다. 그러나 애초에 가졌던 기대치만큼 이루어지지는 않았다.12) 마찬가지로 나호드카 자유경제지역에서의 한국공단도 아직까지 큰 진전이 없는 것으로 알려지고 있다.13) 현재까지 대부분의 한국 기업과 정부는 원자재에 관심을 갖고 있으며 그것은 천연가스와 원유 수송 등에 국한되어 있다. 일부 러시아과학자의 기술력을 바탕으로 한국 기업들이 신제품을 출시하는 등 과학기술 협력의 기운도 제고되고 있지만, 아직은 기대를 충족할 단계는 아닌 듯 하다. 그럼에도 불구하고 러시아와 러시아 극동지역은 남한의 자본과 기술력은 물론 북한의 노동력을 필요로 하면서 남북한과 공히 우호적인 관계를 유지할 의도를 지니고 있는 것으로 여겨진다. 북한의 경우도 붕괴 상태에 놓여있는 경제가 활로를 찾기 시작한다면 러시아극동지방에서 생산되는 물품의 잠재적인 소비시장으로서의 가치를 지니고 있기에 그러하다.14) 남과 북이 이미 시베리아와 극동으로부터의 전력과 천연가스 구매에 관한 구체적인 타당성 조사에 착수했다는 점이 이를 입증한다.

결국 한국의 시베리아 진출은 초기 기대와 환상이 단기적인

---

12) 한종만, "시베리아의 잠재력과 한국과의 협력 방안", 『사회과학연구』 18집 (1999.2), pp. 18-19.

13) 나호트카가 1990년대 초에 자유경제지역으로 선포된 이후 차례로 대표부를 개설한 다른 나라들의 기업인들은 그다지 기반을 잡지 못했다. 그곳에서는 겨울철에 하루 18~20시간씩 전력 공급이 빈번하게 중단되는 등 열악한 환경이 방치되어 있어 근로의욕을 꺽는 상황이기에 그러하다고 한다. 콘스탄틴 풀리코프스키, 성종환 역, 『동방특급열차』(서울: 중심, 2003), pp. 80-81.

14) Sue davis, *The Russian Far East: The Last frontier?* (London and New York: Routledge, 2003), pp. 98-99.

이익을 산출하기 어려운 환경속에서 무력화되면서, 한국정부의 다분히 정치적 이벤트의 성격이 짙은 몇몇 대형 프로젝트 위주의 사업을 전면에 부각시키게 되었고, 그 실현가능성의 타당성 여부도 아직 검증되지 않은 상태에서 아직까지 미래지향적인 여운만을 남긴 채 시베리아에 대한 인식은 남아있다. 이 점은 한국의, 특히 한국정부의 대러 인식 자체가 모스크바 중앙에 대한, 한편으로 정치지향적인 이익 확보의 차원에서 이루어져왔기 때문에 결과된 사실이라고 할 수 있으며, 최근에 철도연결부설 사업에 대한 관심이 높아지면서 중앙이 아닌, 러시아의 지역에 대한 관심이 과거보다는 높아지고 있다고 평가할 수 있다. 따라서 아직 한국 정부에 부재하다고 여겨지는 전략적 사고에 대한 보충과 이에 기반한 구체적인 대책 수립이 요구되는 시점이라고 판단되며, 이 점은 일본, 중국, 미국, 독일 등 인접국가들과 대러 투자 상위국들의 행태에 대한 연구 속에서 면밀하게 이루어져야 할 것이다.

Ⅲ. 일본의 대극동·시베리아 투자 현황

탈냉전 시대의 도래와 더불어 일본과 러시아는 과거의 적대적인 관계를 청산하고 새로운 우호적 관계를 조성하기 위해 노력해왔다. 러시아는 시베리아 및 극동지역의 경제개발과 동아시아지역의 정세 안정을 위해 일본과의 관계 개선을 적극 추진해왔다. 그러나 일본정부는 북방영토 문제와 경제협력 문제를 연계시키는 이른바 '정경 비분리 원칙'(政經 非分離 原則)을 견지하고 있어 일·러 간의 교류는 러시아의 기대에 못 미치는 실정이다. 그럼에도 불구하고 양국은 양자관계에 있어 본질적인 이해의 기반을 공유하고 있다는 점을 지적할 수 있다. 러시아의 입장에서는 무엇보다도 극동지역을 포함한 러시아의 시장경제체제로의 전환이 성공하기 위해, 그리고 극동지역의 경제활성화를 위해 일본의 자본이 필요하며, 정치적으로도 동북아의 신질서 형성과정에서 러시아의 참여와 안정을 위해 일본과의 관계개선이 필요하다고 여긴다. 일본의 입장에서도 북방영토의 해결을 위해서 러시아와의 평화조약을 포함한 관계개선이 필요하며 장기적으로는 이를 통한 러시아 시장의 확보도 충분히 고려할 만하다. 그러나 1990년대에 증가되었던 일본의 대러 투자는 대금 미지불, 미비한 법체계와 조세제도 등 전환기 러시아 경제의 미성숙한 측면들로 인해 초기에 비해 러시아 시장을 외면하는 추세가 증가해왔다. 이 점은 일본의 대러관계에서의 정치·외교적 측면과도 직결되는 사항이기 때문에 곧바로 효과가 나타난다고 할 수 있다. 다시 말해, 상당한 재정적 유인이 일본에게 없는 상태에서는 러시아와의 협상에서 북방 4개 섬의 반환을 반대하는 일본 내 세력이 논의의 주도권을 잡을 것이기 때문이다.15)

일·러 관계는 옐친대통령 재임기간 중 관계개선의 징후들이 많이 있었지만, 1996년 러시아의 북방영토에 대한 원칙의 재천명으로 소원해졌다. 그렇지만 1996년 이후에 일·러 관계는 근본적으로 개선되어왔다. 이 시기에 일본은 러시아 지역에, 특히 극동지역에 적극적인 진출을 모색했다. 일본은 1990년대 말에 약 60억 불에 달하는 투자와 대부를 하였으며, 이 중에서 상당부분이 사할린의 원유와 가스전 개발에 투입되었다. 그러나

---

15) Stephen Blank and Melvin Z. Rubinstein, *Russian Power in Asia* (New York: M. E. Sharpe, 1997), p. 43.

1998년의 아시아 경제 위기와 일본에서의 자민당의 패배, 그리고 지속적인 경기후퇴로 인해 대러 투자가 순조롭지 못했다. 동시에 러시아도 1998년 모라토리엄 선언 이후 경기침체, 루블화 폭락 등으로 국내문제 해결에 전념해야 하는 상황이 되었다. 이러한 환경은 2000년 푸틴(V. Putin) 대통령 집권 이후 양국수뇌부 간의 활발한 교류와 정부차원에서의 양국간 경제-무역위원회 결성 등으로 다시금 활기를 찾고 있다.

일본에게 있어 시베리아·극동 지역의 가치는 에너지자원 개발이 핵심사항이라는 데에서 출발한다. 러시아가 투자와 전문가를 받아들이고 시장을 열면, 일본은 절대적으로 필요한 에너지를 얻게 되는 구조라는 점에서 시베리아·극동 개발은 양쪽에 윈-윈 시나리오(win-win scenario)라고 볼 수 있다.16) 일본은 무역에 의존하는 구조이며, 이 점에 있어 러시아와 극동지역은 극동의 항구와 러시아와 철도시스템을 통해 유럽으로 연결되는 보다 안전하고 값싼 무역 루트를 제공할 수 있다는 이점을 강조한다. 더구나 극동지역은 일본의 산업 발전에 결정적인, 풍부한 석탄, 원유, 그리고 천연가스를 간직하고 있다. 반면에 일본은 한국과 마찬가지로 이 지역에 대한 공식 정책(official policy)를 갖고 있지 않다. 다만, 대부분의 투자와 차관이 일본의 수입-수출을 보호하고 중대한 원자재에 대한 일본의 영향력을 확보하기 위해 이루어지고 있다.17)

---

16) Sue Davis, *The Russian Far East: The Last frontier?*, pp, 93-94.
17) Kunio Okada, "The Japanese Economic Presence in the Russian Far East", Judith Thornton and Charles E. Ziegler, *Russia's Far East: A Region At Risk* (Seattle and London: University of Washington Press, 2002), pp. 419-423.

〈표 6〉 극동·시베리아 지역의 해외투자 규모

경제지역	투자액(1백만 달러)			백 분 율(%)		
	1997년	1998년	1999년	1997년	1998년	1999년
러시아연방(총)	12296	11773	9560	100	100	100
중앙지역	8740	6959	3358	711	591	351
서시베리아지역	862	932	1233	70	79	129
동시베리아지역	442	170	282	36	14	30
극동지역	271	554	1258	22	48	132

자료: Goskomstat of Russia, Russian in Figures Official Publication (Moscow: Goskomstat of Russia, 1999), p. 346. : Госкомстат России, Россия в цифрах 1998 (Москва Госкомстат России, 1999), с. 336. : Госкомстат России, Россия в цифрах 1999 (Москва: Госкомстат России, 2000), с. 327.

러시아 극동지역은 일본이 오늘날 유일의, 그리고 가장 거대한 외부의 투자국이기에 일본으로부터 개발원조의 상당부분을 얻기를 희망하고 있다. 그러나 일본정부는 러시아연방을 개발도상국가로 간주하지 않기 때문에 일본으로부터 극동지역은 아직까지는 어떠한 정부개발원조(Official Development Assistance: ODA)도 받을 수 없었다. 그럼에도 불구하고 일본은 2000년도에 약63억 불에 달하는 투자를 함으로서, 미국과 독일에 이어 세 번째로 러시아를 지원하는 국가로 자리매김하고 있다.[18]

극동지역에서의 일본의 존재는 수출의 80%가 일본으로 향하고 있으면서, 대부분의 합자회사가 일본과 합작하는 사할린(Sakhalin)에서 대단히 크게 느껴진다. 이러한 투자의 이유들 중에서 일본이 쿠릴(Kuriles)에서의 지역 여론을 유리하게 몰아감으로써, 해당 지역주민들이 일본과의 재결합을 선택하게 하려는 의도도 포함되어 있다고 볼 수 있다. 그렇지만 일본은 쿠릴 뿐

---

18) "Japan's Assistance Programs for Russia" www.mofa.go.jp/region/europe/russia/assistance/index.html.(검색일: 2003년 7월 15일).

아니라, 다른 많은 지역에도 마찬가지의 투자를 하였다. 그리고 일본은 주로 러시아의 원료(raw materials)에 관심을 갖고 있기에 무역의 확대는 극동지역에 반드시 큰 이익을 가져다주는 것은 아니다. 원료는 일반적으로 커다란 이익을 가져다주지 않는 경향이 있기 때문이다. 대체로 이익은 완제품 공정과정(processing)에서 산출된다. 물론 극동지역은 원료 이외에도 일부 완제품을 수출하고 있다. 예를 들어 전기가 곧 사할린을 거쳐 남부 사하(Sakha)에서 일본까지 전달될 것이며 그 비용은 25억 불에 달하는 프로젝트가 될 것이다.

결국 일본은 러시아와의 안정적인 상호관계 구축을 위해서 필요하다면, 그리고 경제적으로 이득이 되는 한 지속적으로 시베리아를 포함한 러시아극동 지역에 투자를 할 것이다. 일본인들 스스로 이 점을 원하고 있다는 사실은 일본에서 러시아로 향하는 전체 기금의 약 절반 정도가 러시아극동지역에 집중되어 있다는 사실에서도 드러난다. 일본과 극동지역과의 관계를 증진시키기 위하여 일본인 센터가 이미 하바로프스크(Havalovsk), 블라디보스토크(Bladivostok), 그리고 사할린에 개설되었고, 일본 정부는 극동지역의 중소기업들을 지원하기 위해 5,000만 불에 달하는 '지역벤처기금'(Regional Venture Fund)도 조성해놓았다.[19]

이상에서 살펴본 대로, 일본은 명확한 대전제 속에서 부분적으로 대러 투자 내지는 대극동 투자의 부침을 거듭했지만 일관된 입장을 드러내왔다고 할 수 있다. 이 점은 투자액에 대한 지표에서 입증이 되고 있다. 한국과 달리 일본은 러시아와의 안보적인 고려가 선행하면서 경제를 이에 연계시키는 전략을 활용하는 입장이지

---

19) ibid.

만, 이익이 날 수 있는 지역과 부문에 대한 투자의 측면에서 일관된 자세를 견지해왔다고 할 수 있다. 따라서 상대적으로 커다란 프로젝트성 사업을 제기하기보다는 지속적인 투자와 지원 대책을 제시해왔고, 이에 대한 호응도 광범위한 편이라고 할 수 있다.

Ⅳ. 한국과 일본의 시베리아극동 진출: 환경과 전략

소연방 붕괴 이후 10년을 경과한 시점에서 러시아는 여전히 이행기 체제의 면모를 곳곳에서 드러내고 있으며, 이 과정에서 극동 · 시베리아 지역의 가치가 재평가되고 있다. 러시아의 국내적 입장에서는 이 지역 개발을 통해 경제적 어려움을 극복하고 안정적인 경제발전을 이루는 초석으로 삼고자 한다. 또한 동북아 인접국들은 이 지역이 풍부하고 다양한 자원을 안정적으로 공급해주고 자국의 산업시설을 이전하여 해외산업기지로 삼을 수 있기를 기대한다.[20]

러시아 극동지방과 시베리아 지역에서의 경제성장을 위해서 러시아의 입장에서는 중국과 남북한으로부터의 노동력 유입과 미국과 일본으로부터의 자본 유입은 자명한 우선과제라고 보여진다. 일본과는 일본이 원하는 대로 북방 4개 섬의 영유권 문제가 해결되지 않고 있기 때문에 지속적으로 일 · 러 양자간 문제의 불씨는 남아 있겠지만 양자간의 경제적 이익을 추구하는 실무적이고 실용주의적인 차원에서의 협력관계는 지속될 수밖에 없으리라고 예측가능하다.

---

20) 한종만, "한반도 통합과정에서의 시베리아 및 극동의 중요성",『한국시베리아학보』제2집 (2000), p. 183.

반면에 극동·시베리아의 발전을 위해 필요한 중국과 러시아의 관계는 좀 더 미묘한 딜레마를 안고 있다는 점이 흔히 거론되곤 한다. 고르바초프(M. Gorbachev)의 서기장 취임 이래 소련과 중국과의 관계정상화 노력이 이어져 양자간 화해의 기운이 결실을 맺고, 소연방 붕괴 이후 러시아와 중국 간에도 이러한 분위기가 지속되어왔음은 주지의 사실이다. 양국관계는 전략적 동반자 내지는 전략적 파트너쉽의 관계 설정 하에 우호관계를 유지하면서 유일 초강대국 미국에 때론 한 목소리로 문제제기를 하는 모습을 보여주고 있지만, 러시아의 입장에서 시베리아와 극동 러시아에 진출한 중국인들의 존재는 의구심을 자아내게 만들고 있다. 이미 소비에트 시절부터 극동지방의 중국인들의 진출에 대해 많은 러시아민족주의자들이 우려가 깃든 주의 사항 내지는 경고를 통해 환기시켜왔지만, 사실상 중국인들의 진출은 소연방 붕괴 이후 더욱 활성화되어 왔다. 러시아의 입장에서 극동·시베리아의 발전을 위해서는 한편으로 중국인 노동력을 필요로 하고 있지만, 다른 한편으로는 중국인의 대량 이주로 인해 중국인이 상권을 장악하고, 또한 궁극적으로 이루어질지도 모르는 '극동·시베리아지역의 중국화'를 두려워하고 있다. 러시아연방 이민당국 관계자는 현재 러시아 내에는 약 150만명의 불법 입국자 가운데 중국인이 100만 명에 이르고 있다고 밝히고 있다.[21] 그들은 단기 비자를 받고 시베리아·극동지역에 들어와 중국산 소비재를 판매하면서 연간 55억 달러를 중국으로 송금하고 있다고 전해진다. 특히 1996~98년 사이에 연해변강주(Primorskii krai)에 거주하는 중국인의 비율이, 러시아인들과 우크라이나인들이

---

21) "러시아에 중국인 불법 입국자 100만명", 『연합뉴스』, 2000년 7월 10일.

대부분인 전체인구 220만 중에서 0.3%에서 1.1%로 상승했다고 연해주 연방이주국 당국자는 밝히고 있다.[22]

  한국과 시베리아 지역간의 관계 설정은 중국이나 일본의 그것과 달리, 상호 보완적인 성격을 띠고 있다고 지적된다. 그 이유로, 한국은 자원이 빈약한 반면에, 시베리아는 자원의 보고지역이며, 한국은 인구밀도가 높은 반면에 시베리아 지역은 인구밀도가 희박한 지역이고,[23] 한국은 생필품과 소비재 상품 기술과 시설이 풍부한 반면에, 시베리아 지역은 생필품과 소비재는 타지역으로부터 반입내지는 수입에 의존하고 있다. 또한 한국은 기초과학 기술보다는 응용·개발기술이 상대적으로 발전된 반면에

---

22) Mikhail Alexseev, "Chinese Migration in the Russian Far East: Security Threats and Incentives for Cooperation in Primorskii Krai", Judith Thornton and Charles E. Ziegler, *The Russian Far East: The Last frontier?*, pp. 322-323.

23) 시베리아의 인구, 특히 산업 인구 부족은 과거 소련시대부터 고질적인 경제의 문제로 심각하게 인식되어 왔다. 시베리아의 산업 인구 부족은 타지역으로부터의 인구 유입이라는 방식이 아니면 해결하기 어려우나, 그 전망은 늘 비관적이었다. 소련 시대에 시도했었던 인구과잉지역인 중앙아시아 지역에서의 인구유입도, 강한 인종적, 종교적 자의식과 이주에 대한 거부의식이 강해서 이주에 있어 난점이 늘 있었다. 결국은 높은 봉급과 여러 가지 동기부여를 하여도 시베리아의 열악한 환경 때문에 인구유입은 거의 불가능한 상태이다. 또한 시베리아의 열악한 환경은 기후적인 요인보다 사회하부구조의 취약성이 더욱 큰 요인으로 작용한다는 점도 제시되고 있다. 소련시대에도 비록 임금 수준은 시베리아가 높지만 식료품을 비롯한 기본적인 소비재의 가격이(특히 의류, 주거비) 타지역에 비교해 볼 때 터무니없이 높고, 교통이나 문화시설이 열악한 상태에 있기 때문에 사실상 시베리아는 러시아인들에게 매력을 주지 못하는 지역으로 인식되어 왔다. Robert Cambell, "Prospects for Siberian Economic Development", Donald Zagoria, eds., *Soviet Policy in East Asia* (New Haven: Yale University Press, 1982), pp. 229-240; Robert Taffe, "Soviet Regional Develoment", Stephen Cohen, Alexander Rabinowittch and Robert Sharlet, eds., *The Soviet Union Since Stalin* (Bloomington: Indiana University Press, 1980), pp. 161-162.: Leslie Dienes, *Soviet Asia: Economic Development and National Policy Choices* (Boulder and London: Westrive Press, 1987), pp. 169-228. 참조.

시베리아는 기초과학 기술이 발달되어 있으며, 한국은 경작지 면적이 협소한 반면에 시베리아, 특히 극동의 남부지역(연해변 강주, 아무르주, 하바로프스크변강주)에서 아직 개발되지 않은 넓은 경작지와 방목지를 갖고 있다.[24]

한국은 또한 일본과 달리 시베리아 진출의 당위적 측면에서 북한의 개방과 동북아 지역안보의 안정을 조성할 여건을 한반도 통일이라는 대명제이라는 찾을 수 있다는 점에서 특수한 여건과 의무감을 지니고 있다고 하겠다. 따라서 러시아 전역과 시베리아, 그리고 극동지역에서 진행중인 시장경제체제로의 체제전환 과정을 면밀히 고찰함으로써 한국은 통일 과정에서 나타날 혼란을 최소화하면서 이행기의 플랜을 설정할 수 있을 뿐만 아니라, 통일비용과 결부되어 있는 체제전환의 부담금을 최소화할 수도 있을 것이다. 소련과의 수교 이후 한국의 투자는 새로운 시장 러시아에 대한 환상과 단기적 이익의 획득 가능성 부재 상황, IMF구제금융 등이 이어지면서 시베리아 진출에 제동이 걸렸었지만, 21세기 통일 한국의 인집지에 대한 파악과 교두보 구축을 새로운 시장의 확보라는 차원과 결부를 시켜서 새로운 전략을 모색해야 할 시점으로 여겨진다. 이를 위해서는 지금까지 나타난, 한국의 극동러시아 진출상의 문제점을 개선할 필요가 있는데, 그 문제점들은 다음과 같다.

- 시장의 "규모의 경제화" 곤란 : 광범위한 지역에 소수의 인구가 분산되어 있어 일정 규모의 주문량 확보가 어려우며, 소량 다품종의 봇짐상(Shuttle Trader)식 주문이 지배적이다.

---

24) 한종만, "한반도 통합과정에서의 시베리아 및 극동의 중요성", pp. 183-184.

- 수출물품 통관상의 어려움 및 통관 비리로 인한 경쟁력 저하 : 세관 통관 규정 및 세율 등이 수시로 변경되고 세관원에 따라 자의적으로 해석하는 등 관세제도가 제대로 정비되어 않아 정상적인 통관이 어려운 실정이다. 또한 모스크바와 중국 국경지역 등지로부터 음성적으로 유입되어 오는 물품들이 극동세관을 통해 정상적으로 수입되는 가격들보다 가격이 저렴하여 수출가격이 경쟁력이 있더라도 현지 도착가격에서 경쟁력을 상실하는 경우가 흔히 발생하고 있다.

- 운송비용이 높아 경쟁력 약화 요인으로 작용 : 극동지역을 연결하는 해상운송(부산-블라디보스톡) 및 항공운송(서울-블라디보스톡) 비용이 너무 높아 가격경쟁을 약화시키는 요인으로 작용하고 있다.

- L/C방식보다 T/T, 현금거래, 외상거래 방식 성행 : 러시아의 금융제도 미흡 및 무역거래 인식 부족으로 신용장 방식보다 T/T 및 현금거래가 보편적이며, 실거래 금액보다 낮추어(undervalue) 세관에 신고하는 것이 관행화되어 있다. 또한 처음에는 선금지불 방식의 거래가 진행되지만, 이후부터 대부분 D/A 거래를 요구하기 때문에 이에 대한 위험부담이 상존한다. 이 경우 수출대금 미수 사례가 종종 발생한다.[25]

이상의 문제들에 대한 개선과 더불어 한국이 극동러시아·시베리아 지역에 수출을 확대하기 방안으로는 다음과 같은 사항들을 들 수 있다.

---

25) 대한무역투자진흥공사, "극동 러시아 경제현황 자료", pp. 10-11.

- 극동러시아 · 시베리아 거점 지역 순회 마케팅 활동 강화.

- 극동 · 시베리아 주요 거점 도시에 직매장 설치 : 이 경우, 시장개척이 유망시되는 거점도시에 직매장(도소매겸)을 설치하며, 야쿠치야, 이르쿠츠크, 크라스노야르스크 등 극동 · 시베리아 내륙도시를 중심으로 삼아야 한다.

- 중소기업 보세창고 공동설치 · 운영 : 각종 철강, 비철, 목재, 수산물 등 늘어나는 원자재의 대러수입과 한국 수출상품을 연계한 일종의 구상 무역 추진을 확대할 필요가 있다. 또한 수입을 통해 형성한 거래관계를 수출로의 확대 · 발전을 유도한다.

- 산업설비 및 플랜트수출 확대 : '98년 8월 러시아 정부의 모라토리움 선언 이후 점차 확산되고 있는 러시아 내수산업 진출을 위한 사양산업 설비, 유휴설비, 중고설비 등 수출기회 포착이 필요하다.

- 지방정부 조달사업 간접 참여 : 주정부, 시정부 등을 대상으로 한 관급공사에 소요되는 조달물자 납품 인콰이어리를 발굴, 국내 중소기업이 경쟁적인 가격에 한국산 제품을 수출할 수 있도록 지원한다.

- 지역특성에 부합하는 협력사업 전개를 통한 교역규모 확대
  • 자원개발 투자 확대 : 콘소시움 및 개별기업 형태로의 투자－천연가스, 원유개발(콘소시움 구성 개발), 석탄, 목재, 어획 및 수산물 가공(개별 기업 투자)

- 자금난을 겪고 있는 국영공장과의 합작투자로 기업 경영권 확보
- 군수산업 민수화 전환사업 참여
- 사회 간접설비 개발 프로젝트 참여 및 투자 : 공항, 항만, 도로, 통신, 주택 등 각종 사회간접 설비 개발 프로젝트 참여 기존 설비 교체 및 신규 시설설치시 중장기 연불수출 자금활용
- 한・러・북한/중국 3국간 협력사업 추진 : 연해주 등 극동 러시아에서의 농업, 수산업, 목재산업 및 각종 자원개발 사업과 구소련 러시아 기술진에 의해 건설된 북한의 각종 중화학공장 재가동 사업 등에 3국간 협력사업을 전개[26]

일본의 경우, 이미 자신들이 진출할 시베리아와 극동지역의 문제점들을 파악한 상태에서 구체적인 문제에 대한 요구와 문제제기를 해오고 있다. 예를 들어, 일본정부와 일본전경련(Keidanren), 그리고 수많은 기업들은 바니노(Vanino)와 사할린 섬에 있는 항구들을 포함한 극동지역의 항구들의 시설을 대폭 개선하여 에너지 수송, 특히 일본으로의 석탄 수송을 촉진시킬 것을 제안해 왔다. 이러한 항구들의 개선은 일본의 러시아 철도로의 접근을 용이하게 할 것이며, 그렇게 됨으로써 일본과 유럽과의 교역에 있어 더욱 효율적이고, 안전하고, 비용이 적게 들 것이라고 예상한다. 일본은 북한과 남한이 철도체계를 재연결시키는 것 같은, 한국에서의 투자를 보장함으로써, 부산항을 통해(혹은 해저 터널 부설을 제안하여) 러시아로, 그리고 러시아의 철도망으로 자신들의 물건을 수송할 수 있다. 그러나 일본에게 있어 한국 루트

---

26) 대한무역투자진흥공사, "극동러시아 경제현황 및 수출확대방안(II)", pp. 3-5. http://www.kotra.or.kr/ktc/vvo/market. (검색일: 2003년 11월 12일).

(Korean route)는 한반도 정세의 불안정, 한국과 일본간의 전통적인-갈등을 유발하는-문제들, 그리고 많은 분야들에 존재하는 사실들로 인해 덜 매력적이며, 일본의 상품들이 한국 것들과 경쟁하고 있으며, 운송관세도 더 상승할 수 있다. 그보다 바니노에 있는 항구는 일본에서 650마일도 채 안되며, 연중 운영되고 있다. 바니노는 또한 시베리아횡단열차로 접근이 용이하기에 더욱 선호되는 루트이다.[27]

그 외, 일본이 러시아 극동지역과 시베리아 지역에 대해 민간과 정부 수준을 아우른 차원에서 전략적으로 접근할 수 있는 분야는 다음과 같다.

- 통신 하부구조(telecommunications infrastructure)와 위성송출 분야 : 스미토모(Sumitomo)와 NEC가 2005년까지 러시아의 노후한 통신위성에서 기술적으로 보다 앞선 디지털 위성으로 대체하려고 계획 중에 있다.

- 일본의 어업권 : 일본이 러시아 수역 내에서 어로 행위를 하고 있다는 러시아측의 문제제기로 많은 조약이 체결되었고, 이에 관한 논쟁도 지속되어 왔다. 러시아는 극동지역에서 수산업을 활성화시킬 여지가 있다고 여기고 있으며, 일본도 수산업은 일본 경제에서 중요한 부문으로 자리잡고 있기 때문에, 일본 국내에서보다 가격이 싼 러시아산 수산물에 관심을 갖고 있다. 이 때문에 2001년에도 모스크바는 쿠릴열도에서의 어로행위에 관한 협상을 일본에 제안한 바 있다. 러시아는 일본시장에서 판매

---

27) Sue Davis, *The Russian Far East: The Last frontier?*, pp. 94-95.

하는 러시아산 수산물의 밀어(密魚) 제품을 일본이 근절시켜준
다면 어업쿼터를 완화시킬 것이라고 약속하고 있다.[28]

- 환경분야(ecosystem) : 핵잠수함 폐기물, 방사능 물질, 기타 핵
  폐기물 투기 등 러시아 극동지역에서 이루어지는 핵과 관련한
  환경문제에 대해 일본은 이미 재정적 지원과 더불어 기술적
  원조도 적극적으로 해왔다. 일본은 극동에서 핵무기를 해체하
  기 위한 프로그램에 7,000만 불 이상을 투자해왔으며,[29] 향후
  에도 지대한 관심을 갖고 이 문제에 대해 적극적으로 대처하려
  는 자세를 보여주고 있다.

이밖에도 일본은 수력, 화력을 포함한 발전소의 개수와 건설
에 참여하고 있으며, 사하공화국과 치타 주, 사할린 주등지에서
철도, 도로, 공항 등 운수 분야에 참여하고 있으며, 또한 제지공장
의 근대화를 통한 종이 펄프 산업 분야에도 진출하고 있다.[30]
일본이 한국과 전략적인 측면에서 다른 점으로 시베리아·극동
지역의 인프라 스트럭처 구축에 초기부터 관심을 갖고 꾸준히
이 사업에 참여해오고 있으며, 한국은 고비용·고부가가치·장
기적인 계획 부문에 있어 일본보다 덜 일관되며 덜 투자를 한다
는 점을 들 수 있다. 결국 이와 같은 전략적인 사항들에 입각하여,
일본은 한국보다는 앞선 자본력과 기술력, 미래를 내다보는 계

---

28) RFERL Security Watch(2.29), 29 October 2001.
29) "Japan's Assistance Programs for Russia" www.mofa.go.jp/region/europe/
   russia/assistance/index.html (검색일: 2003년 12월 1일).
30) 정옥경, "시베리아·극동지역과 동북아의 발전방향", 『한국시베리아학보』 제2집
   (2000), pp. 212-213.

획성을 활용하여 전략적으로 극동·시베리아에 접근해왔으며, 향후에도 이러한 경향은 지속될 것으로 예상된다.

V. 결론: 한국에의 시사점

1억 5천만 인구와 한반도의 77배(17,075천㎢)에 달하는 방대한 영토를 지닌 러시아는 유럽과 아시아에 걸쳐 각기 다른 지역 상권을 형성하고 있으며, 지역에 따른 발전 격차가 심하다. 이 중에서 러시아의 시베리아횡단열차(TSR)를 축으로 발달된 거점 지역(도시)들은 러시아에서의 물류 이동의 중심지이며, 지역 상권의 중심지로서 전략적으로 매우 중요한 도시들로서 이들 지방시장 공략은 러시아 시장 진출의 성공을 가늠하는 척도로 까지 작용한다고 판단된다. 따라서 정부와 기업 모두를 포괄하는 한국의 입장에서는 모스크바, 뻬쩨르부르크 등 중앙내지는 유럽지역에 집중했던 과거와 달리, 러시아 경제 및 지리적 득성을 살려 지방 도시별로 차별화된 진출 전략으로 경제 교류 활성화를 모색할 필요가 있다고 여겨진다. 또한 장기적으로 볼 때 한국과 가장 가깝게 인접한 러시아 극동 지역의 연해주의 블라디보스토크를 기점으로 TSR이 통과하는 거점 도시들을 전략적 대상으로 설정하는 것이 필요하다.[31]

현재까지 제기된 여러 가지 문제점들에도 불구하고, 태평양지역의 연안국가들은 러시아 극동·시베리아와의 거래에서 얻을 수 있는 것들이 많이 있다. 사실 천연자원에 대한 접근만 가지고

---

31) "KOTRA 해외현장보고" (2002.7.10), p. 2.

도 인근의 아시아 국가들과 무역증대를 꾀할 수 가 있는 것이 극동러시아의 실정이다. 태평양 연안의 인근 국가들 중에 많은 나라들이 자체적으로 자원을 결여하고 있으며, 특히 원유와 가스가 두드러진다. 그 중에 한국과 일본은 대표적인 나라이며, 이 나라들은 극동지방에 인프라스트럭처에 투자하는 것이 유럽으로의 교역에 좀 더 빠르고 싼 루트를 제시할 수 있을 것이라는 기대를 하고 있다. 그것이 항구를 통해서 할지, 철도체계를 통할지는 아직 이견이 있으며, 충분히 검토되지 못한 상태이다. 한국과 일본에게 미래를 위한 투자는 사실상 이 부분에 달려있다고 해도 과언이 아니다.

시베리아가 광대한 천연자원의 보고라는 데에는 의심의 여지가 없다. 그러나 이러한 자원의 개발에는 많은 장애요인들이 있어 다른 나라들로부터의 경제적 도움과 협조가 필요한 실정이다. 시베리아·극동지역은 태평양 연안국가들과 인접해 있는데, 이 국가들은 오늘날 세계에서 경제적으로 활발한 곳이다. 많은 태평양 연안 국가들의 눈부신 발전은 러시아측 관측자들의 주목을 끌어왔고, 그 주에서도 러시아는 최첨단의 기술을 보유하고 있고 경제적으로 풍요로운 일본을 시베리아개발을 위한 경제적 파트너로 기대해 왔다. 그러나 초반에 불붙었던 일본의 시베리아 개발참여의 열망은 몇 가지 정치적, 경제적 이유로 식어갔던 것이 사실이었고, 한국의 경우도 유사한 답습을 하고 있다고 볼 수 있다. 따라서 초기의 열정과 무분별한 기대가 가라앉고 재검토의 시기라고 할 수 있는 21세기 초의 현시점에서 한·일 양국 모두 그간의 진출을 점검하고 정돈하여 새 전략을 구상하여 추진해야 할 시기가 도래한 듯 하다.

■ 참고문헌 ■

강길환(2000), "러시아 극동지역의 한·러교역 활성화방안에 관한 연구", 『산업연구』제11집.

교통개발연구원·한화그룹·주한러시아무역대표부 공동주최 한·러 국 제세미나(2000), 『21세기 시베리아철도와 한국철도의 한·러간 협력방안』발표논문집. 서울.

대한무역투자진흥공사(2003), "극동 러시아 경제현황", http://www.kotra. or.kr/ ktc/vvo/market.

대한무역투자진흥공사(2003), "극동러시아 경제현황 및 수출확대방안 (Ⅱ)", http://www.kotra.or.kr/ktc/vvo/market.

문수언(1997), "새로운 러시아와 중국관계: 전략적 동반자 관계의 허실", 『중소연구』21권 4호.

산업자원부 공보실(2001), "러시아 이르쿠츠크 가스전 개발타당성 조사 추진 현황", 보도참고자료, http://www.mocie.go.kr.

신영국(2001). "시베리아철도(TSR)와 동북아경제협력", 러시아연방철도 부·시베리아횡단운송국제조정위원회·주한 러시아연방무역대 표부 공동 주최 세미나 자료, 『21세기 시베리아 횡단 육상 교량. 러-한 운송부문 관계발전에 대한 전망』, 서울.

이재영(2001), "한·러 운송협력의 의미와 전망: '철의 실크로드' 구상을 중심으로", 『중소연구』, 제25권 제1호.

임현수(1999), "연해주에서 한·중·러 사이의 협력확대를 위한 공동재 확충방안 연구", 배재대, 『사회과학연구』,18집.

"Japan's Assistance Programs for Russia"(2001), www.mofa.go.jp/ region/europe/russia/assistance/index.html.

정옥경(2000), "시베리아·극동지역과 동북아의 발전방향", 『한국시베리 아학보』제2집.

한종만(1999), "시베리아의 잠재력과 한국과의 협력 방안", 『사회과학연구』 제18집. 배재대학교 사회과학연구소.

한종만(2000), "한반도 통합과정에서의 시베리아 및 극동의 중요성", 『한 국시베리아학보』제2집.

한종만·성원용(2001), 『21세기 러시아의 시베리아 극동지역 개발 전략에 관한 연구』, 서울: 대외경제정책연구원.
풀리코프스키, 콘스탄틴, 성종환 역(2003), 『동방특급열차』, 서울: 중심.
"KOTRA 해외현장보고" (2002).
『조선일보』, 2003년 4월 6일.

Alexseev, Mikhail(2002), "Chinese Migration in the Russian Far East: Security Threats and Incentives for Cooperation in Primorskii Krai", Judith Thornton and Charles E. Ziegler. *Russia's Far East: A Region At Risk*. Seattle and London: University of Washington Press.

Blank, Stephen. and Rubinstein, Melvin Z(1997), *Russian Power in Asia*. New York: M. E. Sharpe.

Cambell, Robert(1982), "Prospects for Siberian Economic Development", Donald Zagoria, eds.. *Soviet Policy in East Asia*. New Haven: Yale University Press.

Davis, Sue(2003), *The Russian Far East: The Last frontier?*, London and New York: Routledge.

Dienes, Leslie(1987), *Soviet Asia: Economic Development and National Policy Choices*, Boulder and London: Westrive Press.

Goskomstat of Russia, *Russian in Figures Official Publication* (1999). Moscow: Goskomstat of Russia.

Okada, Kunio(2002), "The Japanese Economic Presence in the Russian Far East", Judith Thornton and Charles E. Ziegler. *Russia's Far East: A Region At Risk*. Seattle and London: University of Washington Press.

Taffe, Robert(1980). "Soviet Regional Develoment", Stephen Cohen, Alexander Rabinowittch and Robert Sharlet, eds., *The Soviet Union Since Stalin*. Bloomington: Indiana University Press.

Pravda. July 20, 2001.

Госкомстат России (1999). *Россия в цифрах 1998*. Москва: Госкомстат России.
Госкомстат России (2000). *Россия в цифрах 1999*. Москва: Госкомстат России.

Ⅱ 부

음모와 경쟁의 지정학

지정학의 시대와 러일관계의 전개*

남기정
일본 도호쿠대학 법문학부 교수

I. 서 론

러시아는 일본과 지리적으로 가장 가까운 나라이다. 대개의 한국인은, 그리고 아마도 이른바 '4개도서'[1]에 그다지 관심을 두지 않는 대부분의 일본인마저도, 일본과 가장 가까운 나라로 한국을 꼽을 것이지만, 홋까이도 시레토꼬(知床)반도나 네무로(根

* 이 논문은 2002년도 한국학술진흥재단의 지원에 의하여 연구되었으며 (KRF-2002-042-B00019), 2003년 8월 1일 고려대학교 평화연구소 주최 이르쿠츠크 국제학술회의 "한-일-러 삼각구도 속의 시베리아와 연해주"에서 발표한 것을 수정, 보완한 것임.

1) 일본 명칭은 북방4도, 러시아 명칭은 남쿠릴 4개도서, 이하에서는 일반명사 '4개도서'를 이 지역을 가리키는 고유명사로 사용함.

室)반도에서 현재 러시아의 영토가 되어 있는 '4개도서'까지는 부산에서 쓰시마간 거리보다 가깝다. 러일전쟁의 결과로 맺어진 포츠머스조약으로 북위 50도 이남의 남부 사할린(南樺太)을 할양 받아 일본의 영토로 편입한 이래 제2차 세계대전에 패배함으로 써 이를 포기할 때까지 일본은 이곳에서 국경선을 사이에 두고 러시아와 대치하였다. 일본은 이때 역사상 처음으로 바다가 아닌 육지 위에 국경선을 가져볼 수 있었다.

그러나 이러한 '지리적 근접성(географическая близость)'에도 불구하고 러시아와 일본은 오랫동안 소원한 관계였다. 러일관계 연구에 종사하는 많은 식자들은 이러한 관계를 '먼 이웃(遠い隣 國, distant neighbors, близкие соседи)'[2]으로 표현한다. 지리적 근접성은, 대부분의 지역에서 그러하듯이, 근접한 국가들 간의 우호와 협력뿐만 아니라 갈등과 투쟁의 원인이 되기도 한다.

특히 러일전쟁으로부터 제2차 세계대전까지, 20세기 전반 50 년의 러일관계사는, 보다 직접적인 분쟁과 전쟁의 역사였다. 1904 ~5년의 러일전쟁, 1918~22년의 시베리아 간섭전쟁, 1938년의 장고봉사건, 1939년의 노몬한사건, 1945년 8월의 소일전쟁 등, 20 세기 러일관계사는 불신과 대립과 분쟁으로 점철된 역사였다.

본고는 러시아 극동, 일본 북방에서의 러일간의 최초의 만남 이래, 제2차 세계대전의 종료에 이르기까지 분쟁과 전쟁으로 점 철한 러일관계(이하, 소일관계를 포괄하는 개념으로 사용)의 전 개를, '지정학'적 요인을 중심축으로 하고, 주로 일본에서의 지정 학적 인식의 전개를 배경으로 하여 설명해보고자 하는 것이다. 구체적으로는 '19세기 러일관계와 국경획정분쟁', '20세기 초의

---

2) 木村汎, 『遠い隣国—ロシアと日本』(世界思想社, 2002), p. 7.

한반도를 둘러싼 러일간의 충돌', '시베리아 간섭전쟁과 일본의 만몽정책', '스탈린의 대일전쟁 참전과 영토적 관심' 등의 문제군을 다루게 될 것이다. 이러한 개별 주제들은 전통적으로 러일관계를 규정한 사건들이 '국경분쟁', '세력권 확보경쟁', '영토분쟁' 등, '지리적 요인'을 둘러싸고 전개되었던 역사를 반영하고 있으며, 그러한 의미에서 러일관계를 '지정학'적 분석틀로 설명해 보고자 하는 것은 오히려 자연스러운 발상이라고 할 수 있다. 그러나 연구를 진행하는 과정에서 깨닫게 된 것은, 러일관계의 전개를 '일본에서의 지정학적 인식의 전개'에 주목하여 정리한다는 것이 그리 쉬운 작업이 아니라는 점이었다. 한국의 연구문건에서 흔히 발견할 수 있는 '지정학'이라는 개념틀이 전후 일본에서는 부정되어야 할 유산처럼 인식되어 왔기 때문인 것으로 생각된다.

예컨대, 한국정치학회보 2002년 여름호에 실린 홍완석의 논문 '쿠릴 4도 분쟁 영속화 요인 고찰'이라는 23쪽 짜리 논문에서는 본문 가운데, '지정학'이라는 용어가, 주제어가 아님에도 불구하고 6번(인용까지 포함하면 7번) 등장한다.[3] 반면, 같은 주제를 다룬 하세가와 츠요시(長谷川毅)의 『北方領土問題と日露關係』와 와다 하루키(和田春樹)의 『北方領土問題―歷史と未來』는 둘 다 300쪽을 넘는 저서임에도 불구하고, 적어도 필자가 의식하면서 읽어본 바에 따르면, '지정학'이라는 용어를 찾는 일은 쉽지 않았다.[4] 두 저서가 모두, 대단히 '지정학'적 주제를 다루고 있음에도 불구하고, 이러한 용어가 쉽게 눈에 띠지 않는 까닭은, 저자들이 '지정학'이라는 용어를 의식 무의식으로 피하고 있기 때문인 것

---

3) 홍완석, 「쿠릴 4도 분쟁 영속화 요인 고찰」, 『한국정치학회보』(여름호, 2002).

4) 長谷川毅, 『北方領土問題と日露関係』(筑摩書房, 2000); 和田春樹, 『北方領土問題―歷史と未来』(朝日新聞社, 1999).

으로 생각된다. 물론 그것은 대동아공영권 구상의 실패로 인한 반동으로 제2차 세계대전 이후, 전후의 일본 사회과학이 '지역주의' 일반을 부정적인 것으로 간주했던 지적 분위기 속에서 오히려 일반적인 현상이라고 할 수 있다.[5]

그럼에도 불구하고, 일본에서의 또 다른 대표적 러일관계 전문가 기무라 히로시(木村汎)가 분명히 지적했듯이, 러일관계 전개의 여러 주요규정요인들 가운데 제1차적 요인은 '지리적 근접성'으로 인한 제반 지정학적 요인들이었다.[6]

한편, 탈냉전 이후의 글로벌리제이션의 추세는 지구 각지에서의 지역통합을 촉진하는 결과를 가져와, 동북아시아에서도 여러 가지 명칭과 내용으로 주권국가를 넘어선, 지역 차원에서의 공동체 논의가 활발해졌다.[7] 그것은, 과거 침략과 전쟁으로 얼룩졌던 동아시아의 근현대사를 극복하는 데에는 그 어느 국가가 주체가 된 것이라 하더라도 더 이상 이 지역에서의 패권 다툼을 허용해서는 안된다는 인식의 공유에 기반한 것이다. 현재는 동북아시아 국제사회에서 과거보다는 현저히 존재감이 줄어든 러일 양국이지만, 과거 20세기 전반의 50년 동안 동북아 국제사회는 네 차례에 걸친 러일전쟁을 감당해야 했다.[8] 이들 전쟁의 발발 배경에는

---

5) 和田春樹,『東北アジア共同の家-新地域主義宣言』(平凡社, 2003), pp. 60-64.
6) 木村汎(2002), pp. 14-17.
7) 일본에서의 대표적 논의를 소개하면 다음과 같다. 姜尚中,『東北アジア共同の家をめざして』(平凡社, 2001); 森嶋通夫,『日本にできることは何か—東アジア共同体を提案する』(岩波書店, 2001); 和田春樹(2003).
8) 와다 하루키는, '동북아시아 80년 전쟁사'의 시점에서 전쟁 주체에 의한 명명법을 시도하여, 1904년의 러일전쟁을 제1차 러일전쟁으로, 1918년의 시베리아 간섭전쟁을 제2차 러일전쟁으로, 1939년의 노몬한 사건을 제3차 러일전쟁으로, 1945년의 소일전쟁을 제4차 러일전쟁이라 명명하여, 러일 양국이 모두 4차례에 걸친 전쟁을 치루었다는 사실을 드러내 보여 주었다. 和田春樹(2003), pp. 80-86.

무엇보다도 우선 지정학적 요인이 크게 작용하고 있었다.

본고는 이러한 문제 의식 하에서 과거, 1945년 제2차 세계대전의 종전까지의 러일관계의 전개를, '지정학'적 관점에서 정리 서술해 보고자 하는 것이다. 이를 위해 우선, 제2절에서는 '지정학' 일반에 대해 간단히 소개하고, 제3절에서는 러시아와 일본이 러시아의 극동, 일본의 북방변경에서 최초로 만나게 되기까지의 경위를 정리한 뒤, 이러한 만남이 일본의 지정학적 인식의 기반에 미친 영향에 대해 살펴보기로 한다. 이 시기 러일관계의 최대 과제가 국경선 획정이었다는 점에 주목하여, 이 시기 일본의 지정학적 인식을 '선(線)의 지정학'으로 부르고자 한다. 제4절에서는 시베리아 철도의 완성을 전후로 한 일본의 대러 인식을 '면(面)의 지정학'으로 파악하고, 그것이 러일전쟁으로 귀결하는 과정을 정리해 보고자 한다. 제5절에서는, 독일 지정학의 본격적인 수입 과정과, '대동아공영권'의 건설을 목표로 한 일본적 지정학의 모색을 정리 소개하여, '권(圈)의 지정학'으로의 발전과정을 묘사해 보고자 한다.

Ⅱ. 지정학 일반

지정학이란 포괄적으로 정의하자면 '지구를 연구의 대상으로 한 정치학'이라 할 수 있다.[9] 세계의 정치현상을 연구의 대상으로 한 국제정치학이 미분적이라면, 지정학은 적분적 요소가 강한 학문이다. 그 적분적 요소로 인해, 지정학은 한때 독일과 일본

---

9) 曾村保信, 『地政学入門—外交戦略の政治学』(中央公論社, 2002), p. 4.

에서 팽창주의적 이데올로기로 전락하기도 해, 제2차 세계대전 이후로는 기피학문이 되기도 했다. 그러나 이란혁명과 아프간 침공 등을 거치면서, 특히 중앙아시아와 중동을 중심으로 미소의 냉전이 격화되던 1980년대에 들어 세계정치의 무대에 세력권 (sphere of influence)이라는 말이 다시 등장하기 시작했다. 이는 다름아닌 지정학의 개념이자 용어였다. 그리고 다시 90년대 탈냉전의 시대에 들어서는 지구화(globalization)의 경향 속에 지정학적 인식의 부활을 목도하고 있다. 97년에 미국에서 발간된 즈비그뉴 브레진스키(Zbigniew Brzezinski)의『거대한 체스판』은 지구화시대의 적분적 거대담론으로서 지정학의 부활을 미국의 정책결정론자들에게 조언하는 데에 저술의 목적이 있었다. 더구나 그것은, 유라시아 대륙-현대 지정학의 실질적 창시자인 매킨더가 주목했던-을 미국 세계정책의 중심무대로 할 것을 권고하는 내용이라는 점에서, 지정학의 전통을 고스란히 이어받고 있었다.[10]

지정학적 인식은 비단, 강대국이나 이에 도전한 현상타파국만의 것이 아니었다. 국제사회에서의 생존여부 자체가 최우선 과제였던 신생독립국 한국에서도 한국적 국제정치학의 탄생은 지정학적 인식을 기반으로 하고 있었다. 1962년에 초판본이 간행된 이용희의『국제정치학(상)』은, 국제정치'권역' 및 '권역'간의 전파와 저항을 중심주제의 하나로 삼고 있다.[11] 특히, '권역'이론 또한 다분히 지정학적 개념에 입각한 것이었다. 이처럼, 지정학이라는 학문적 인식의 틀은 어느 정도 보편성을 띤 것이었다고 할 수 있다. 이하에서는 지정학 일반에 대해 간략히 소개하여, 일본에서의 지

---

10) Zbigniew Brzezinski, *The Grand Chessboard: American Primacy and Its Geostrategic Imperatives* (New York: Basic Books, 1997).
11) 이용희,『일반국제정치학(상)』(박영사, 1962).

정학적 인식의 전개를 서술하기 위한 도입부분으로 삼고자 한다.

지정학(goepolitics, Geopolitik)이라는 말은 지리(geography)의 접두사를 정치학(politics)에 붙인 것으로, 정책과학(policy science)의 색채가 강한 학문이다. 용어로서의 지정학의 창시자는 스웨덴의 지리학자 루돌프 첼렌(Rudolf Kjellen, 1864~1922)으로 알려져 있으며, 20세기 초에 등장했다. 그러나 지정학이 학문적 틀을 갖추기 시작하는 데에는 영국의 지리학자 매킨더(Sir Harold J. Mackinder)의 공이 크다고 할 수 있다. 그가 1904년, 즉 동아시아에서 러일전쟁이 발발한 해에, 영국의 왕립지리학협회에서 행한 '역사의 지리학적 회전축(The Geographical Pivot of HIstory)'이라는 강연은 학문으로서의 지정학의 출발점이 되고 있다. 그가 이 강연에서 사용한 '회전축(pivot)'이라는 용어는 대체로 유라시아 대륙의 내륙지방을 지칭하는 말로, 장래 이 지역을 지배하는 자가 세계전체의 운명에 중대한 영향을 미칠 것이라는 내용이 지정학의 대논쟁을 불러일으키게 되었다. 나아가 매킨더는 제1차 세계대전을 기본적으로 유라시아 대륙의 심장부(heartland)를 제패하고자 한 대륙세력(land power)와 이를 저지하고자 한 해양세력(sea power)과의 사이의 사활을 건 투쟁으로 보았다. 그리고, 앞으로 세계 평화를 보증하기 위해서는 동구(와 중앙아시아) 일대를 지배하는 강력한 국가의 출현을 저지해야 한다고 역설했다.[12]

매킨더의 역사적 강연에 3년 앞선 1901년, 지구의 건너편 일본에서도, 세계사의 전개를 대륙세력과 해양세력의 쟁투로서 일반화하여 설명하고자 한 저서가 출판되었다. 우치다 료헤이(內田良平)의 『러시아론』이었다.[13] 후술하듯이, 우치다는 19세기가 마

---

12) 曾村保信(2002), pp. 27-28.

13) 內田良平・吉倉汪聖, 『露西亞論』(黒竜会本部, 1901) [복각판, 內田良平, 『露西亞亡

감되는 1890년대에 러시아를 횡단하여 뻬쩨르부르크에서 체류
하며 러시아와 유럽의 최신 정보에 접했다. 『러시아론』에는 분
명히 이 때의 경험이 반영되어 있다고 볼 수 있는데, 그렇다면
이미 이러한 생각은 유럽의 식자들 사이에서 일반화되어 있었던
것으로 생각된다.

그러나 일본에 본격적으로 지정학이 소개되는 것은 1930년대
에 들어서였다. 특히 40년대에 들어서는 '대동아공영권'을 주창
하고 이데올로기로 포장하는 과정에서 지정학의 유용성이 인식
되었다. 그런데, 그 과정에서 소개된 지정학은 매킨더의 지정학
이 아니라 하우스호퍼의 독일 지정학이었다.

하우스호퍼는 1908년부터 1910년까지, 즉 일본의 한국병합이
본격적으로 진행되고 있던 시기에 육군 무관으로서 일본에 파견
되어 근무했던 경험이 있다. 그의 초기의 저술활동은 이 때의
경험을 기초로 한 것이었다.[14] 귀국 후에 그는 1921년부터 39년
까지 뮌헨대학 교수를 지냈으며, 독일 지정학의 창시자로서 1924
년부터 1944년까지 독일의 월간잡지 『지정학잡지(Zeitschrift fur
Geopolitik)』의 편집을 담당했다.

하우스호퍼의 지정학 관련 저술은 난해하기로 유명하나, 간단
히 그 핵심만을 소개하면 다음과 같다. 그는 지정학을 '국가의
행동과 지리적 한계'의 관계에 대한 학문으로 규정하고, '생활권
(Lebensraum)을 차지하려는 국가의 행동'을 세계사의 기본적인
추동요인으로 보았다.[15] 그것은 자연히, '가진 국가' 영국 프랑스

国論』(大東芸出版部, 1977)].

14) *Japan und die Japaner* (Berlin, 1921); *Das japanische Reich in seiner geographischen Entwicklung* (Wien, 1921).

15) '생활권'이란 원래 생물지리학 용어로 사용되고 있던 개념으로, 생물이 번식하고

등에 대한 '못 가진 국가' 독일의 도전을 의미하는 것으로 해석될 소지가 있었으며, 따라서, 그의 지정학적 개념은 다분히 팽창주의적 요소를 지닌 것이었다. 그러나 그의 저서에는 독일과 소련의 제휴에 기대를 거는 내용이 발견되는 등, 흔히 오해되는 것처럼 그를 일방적으로 나치스 독일의 이데올로그에 불과한 어용학자로 단정할 수만은 없는 내용을 담고 있었다.

한편, 그의 지정학의 핵심을 이루는 '생활권(Lebensraum)' 개념은 다소 애매한 것으로, Lebensraum의 Raum이라는 단어는 독일어 사전에 따르면, 1차적으로는 '분명한 경계가 없이 끝없이 널리 퍼진, 3차원 공간'을 의미한다. 영어로는 space, 러시아어로는 пространство에 해당하는 말이며, 한자어로 하면 '空間(빌 공, 사이 간, 비어 있는 사이)'이 이에 해당될 수 있다. 그런데 이를 일본인들이 번역하는 과정에서 경계 개념이 분명한 '圈(우리 권)'이라는 말이 붙여졌다. 그 배경에는 오랫동안 바다라고 하는 자연경계를 의식하며 살아온 일본인의 사고방식이 반영되어 있다고 할 수 있다. 이쨌긴, 하우스호퍼의 '생활권' 이론은, 내용과 목적의 공허함으로 인해 제3자에 대한 설득력을 결여한 '대동아공영권' 구상에 형식적인 일관성과 지리적 구체성을 부여하고자 부심했던 일본의 식자들에게는 매혹적인 이론이 아닐 수 없었다.

이하 제3절에서는 러시아의 동방진출과 일본의 에조경영이 시베리아의 태평양 연안에서 접촉하면서, 러시아와 일본이 서로의 존재를 지리적으로 근접한 이웃으로 파악하기에 이르는 과정

있거나 번식 가능한 지역을 뜻하는 말이었다. 그러나 지정학에서 사용되는 생활권 개념은 인간 일반을 대상으로 한 것이 아니라 민족을 단위로 한 생활권 형성과 그 지리적 조건과의 관계를 논의의 대상으로 하고 있다. 国松久弥, 『地政学と東亜共栄圏の諸問題』(東京開成館, 1944), pp. 79-82.

을 서술하고, 이를 통해 일본이 새로운 이웃 러시아를 일본의 안전에 가장 위협이 되는 '북문의 강적'으로 간주하게 되는 배경을 살펴보고자 한다. 그러한 과정이야말로, 일본이 중세적 중화질서에 적응하며 일본 열도 안에서 안주해 온 역사를 벗어 던지고, 주인 없는 땅 '무주지'로의 생활권 팽창을 자연스러운 이치로 생각하게 되는 기원이 되고 있다.

Ⅲ. 지리상의 상호발견의 시대: 선(線)의 지정학

1. 최초의 만남, 대항해 시대와 천주교의 세계포교

러시아의 역사에서 일본인이 처음으로 등장하는 것은 17세기 초, 이른바 '스무타'[16]라고 일컬어지는 동란의 시대에 러시아에서 순교한 니콜라스라는 이름의 일본인 신부로 알려져 있다. 1623년 독일의 뮌헨에서 발간된 N. 도리고의『일본 순교록』제3권 제8장, 「모스코비아에서 명예롭게 순교한 일본인 니콜라스에 대해」에 따르면, 어려서 필리핀으로 이주한 니콜라스는 아우구스티노회 소속 포르투갈인 신부 니콜라스 데 메로와 함께 유럽으로 여행하는 도중 모스크바에 잠시 머물게 되었다. 그런데 이곳에서 니콜라스는 당시의 권력자 바실리가 러시아 정교로의 개종을 요구한 데 대해 이를 끝까지 거부하고 화형에 처해졌다는 것이다. 그러나 그는 처형될 때까지 러시아에 10년 이상을

---

16) 스무트노예 브레먀(смутное время), 1598년 뾰뜨르1세의 사후로부터 1613년, 로마노프(Романов)가 로마노프왕조의 초대 짜르로 취임할 때까지의 혼란기. 폴란드와 스웨덴 등의 간섭과 보로뜨니꼬프(Болотников)의 농민전쟁 등이 이어졌다.『露和辭典』(硏究社, 1995), p. 2144.

머물렀으며, 그 동안 모스크바에도 두 번 체류하는 등, 러시아에 일본을 알린 최초의 인물이 되었다.[17]

　러시아와 일본의 역사상 최초의 만남은 이와 같이 종교적인 만남이었으며, 불행한 만남이었다. 그러나 니콜라스의 일본인 이름이 전해지지 않고 있다는 점에서, 러시아인들이 얼마나 그를 일본인으로 취급했는지, 니콜라스 자신이 얼마나 일본인으로서 스스로를 의식했는지는 심히 의심스럽다. 본격적인 의미에서 러일간의 최초의 만남은 그로부터 약 100년 후에 이루어지게 되었다.

2. 러시아의 동방진출과 일본인 표류민들

　니콜라스라는 이름의 일본인이 일본에서 유라시아 대륙을 남쪽으로 우회해서 모스크바에 이르는 동안 대륙의 북쪽에서는 러시아인들의 동방진출이 시작되고 있었다. 코사크의 수령(首領, 아타만) 예르마크(Ермак)가 돈 코사크 일당을 이끌고 우랄 산맥을 넘어 시베리아에 발을 들여놓은 것은 1580년대 초의 일이었다. 이를 시초로 러시아인들에 의한 시베리아 개척과 정복의 역사가 개시되었다. 러시아인들은 1587년에는 또볼리스크(Тобольск)를 개발하여 처음으로 시베리아에 러시아인의 도시를 건설한 데 이어, 1604년에는 똠스크(Томск), 1619년에는 예니세이스크(Енисеиск), 1632년에는 오호츠크(Охотск)와 시베리아 동쪽 끝 아나디리(Анадырь)로의 거점인 야꾸츠크(Якутск)를 개척했다. 이로서, 예르마크가 우랄 산맥을 넘은지 북과 60년 만에 1640년을 전후하여 러시아인은 시베리아의 태평양안에 이르게 되었다. 1652년에는 야꾸츠크

---

17) 中村善和, 『おろしや盆踊唄考 - 日露文化交渉史拾遺』(現代企画實, 1990), pp. 8-13, p. 58.

와 러시아 본국과의 중계 거점으로 이르쿠츠크(Иркутск)를 개발, 본격적인 시베리아 개척에 나섰다. 17세기 말, 시베리아의 러시아인 인구는 약 15만에 이르렀다. 러시아인의 맹렬한 동방진출의 원동력은 모피의 경제적 가치였다.[18]

그런 가운데, 시베리아에서의 러일간의 최초의 만남이 이루어졌다. 1697년, 아나드리의 수비대장 아트라소프는 캄차트카(Камчатка) 반도로의 최초의 탐험 도중에 1명의 일본인과 조우하게 되었다. 기록상 러시아 최초의 일본인 표류민으로 등장하는 오사카(大阪)의 상인 덴베(兵衛)였다. 보고를 받은 뾰뜨르 1세(Петр I)는 덴베를 뻬쩨르부르크로 불러 일본어 교습소를 열게 했다. 이후로 이곳은 러시아에 표착하는 일본인 표류민을 선생으로 한 러일 통역사 양성의 중심이 되었다. 또한 뾰뜨르 1세는 1719년, 예브레이노프와 루진을 시켜 쿠릴 열도[19]를 조사하게 했던 바, 이는 일본으로의 수로를 조사하기 위한 것이었다.[20] 시베리아 정복 프로젝트의 완결을 꿈꾸던 뾰뜨르 1세는 아마도 유럽과 일본 사이에 북방 실크 로드, 즉 세이블 로드(Sable Road, 모피의 길)를 개척하고자 했던 것인지도 모른다.[21]

3. 러시아의 남하와 일본의 북방인식

한편, 아시아와 아메리카가 육로로 연결되었는지 여부를 조사

---

18) 中村善和(1990), pp. 59-65.
19) 일본 명칭으로는 치시마 열도, 이하에서는 현재 이 지역이 러시아 영토로 되어있는 현실을 반영하여 쿠릴 열도로 통일함.
20) 中村善和(1990), p. 66.
21) 山中文夫, 『シベリア五〇〇年史―セーブルロードは語る』(近代文芸社, 1995).

하기 위해 파견되었던 베링탐험대 또한 뾰뜨르 1세가 직접 기획하고 지휘했던 세기의 대탐험이었다. 그 자신은 그 결과를 확인하지 못한 채 세상을 뜨고 말았으나, 탐험대 대원들은 그의 유지를 이어 받았다. 1725년의 제1차 탐험대 파견에 이어 1733년에는 제2차 탐험대가 파견되었는데, 이 때 베링의 부관 스빤베르크(M. П. Спанберг)는 별동대를 조직하여 쿠릴 조사에 나섰다. 스빤베르크 부대는 1739년부터 센다이(仙台) 및 아와(安房) 인근 해역에서 일본의 어민들과 비공식으로 접촉하기도 했다.22) 이 때에 통역으로 동반했던 쉬나늬킨과 페네프는 일본어 교습소 출신이었다고 생각된다. 1736년에는 뻬쩨르부르크에 공식적 교육기관으로서 최초의 일본어학교가 개설되었는데, 1754년에는 이르쿠츠크로 이전되었다. 이는 일본과 러시아 본국 사이의 중계 거점으로서의 이르쿠츠크의 의의와 시베리아의 중요성을 확인해 주는 일이었다.

오호츠크와 베링해로의 동진을 완료한 러시아인들은 1760년대에 이르러서 캄차카 반도 아래로 짐짐이 이어진 열도를 따라 남하하기 시작하여, 1771년에는 우룹프 섬 이북의 대부분의 열도를 점거하게 되었다. 이로써 러시아와 일본의 본격적인 접촉이 시작되었다.

에도(江戶) 시기의 마쓰마에번(松前藩)은 1710년대 이래 에토로프 및 우룹프 섬을 속령으로 간주하고 있었으나, 실질적인 영향력을 행사하고 있었다고는 할 수 없었다. 더구나 마쓰마에번은 우룹프 섬을 무인도로 파악하고 지배관할을 위한 특별한 노력을 기울이지도 않았다. 그러나 러시아인이 우룹프 섬을 전진

---

22) 鹿島守之助, 『日本外交史 1, 幕末外交—開国と維新』(鹿島研究所出版会, 1970), pp. 121-122.

기지로 하여 에토로프 섬으로의 진출을 기도하는 1770년대에 이르러 우룹프 섬을 거주 기반으로 한 러시아인들과 에토로프 에조인들 사이에 어장 쟁탈전이 전개되었다. 이러한 사태를 당시의 나가사키(長崎) 봉행수부(막부시대의 관직명, 奉行手附), 곤도 주조(近藤重藏)가『辺要分界圖考』에 다음과 같이 기록하고 있다. "서기 1768년에 간행된 한 서양서적에 따르면 이를 '쿠림세' 열도라 한다. 큰 섬이 16, 작은 섬은 무수하다. 옛부터 모두 우리 에조(蝦夷)의 속도(屬島)였던 바, 80년 전(正德시기, 1710년대 초반, 필자주), 러시아인이 카무사스카를 병합한 뒤 점차 열도를 잠식하여, (중략) 10년 전부터 우룹프 섬에 토착, 감히 떠나지 않는 사태에 이르렀다. 카무사스카는 원래 쿠림세의 땅이며 모두 에조에 속한 것이다."[23]

이 글에는 에도 막부의 북방한계에 대한 지리적 인식을 엿볼 수 있는데, 실질적인 막부의 영향력이 미친 바 없는 카무사스

---

[23] 鹿島守之助(1970), pp. 122-123. 일본의 사료에는 일본 동북지방과 북해도 쿠릴 사할린 등에 대한 지명으로 에조와 에미시라는 말이 등장한다. 에미시라는 명칭은 사료적으로는 7세기에서 11세기에 나타나고 있다. 나라(奈良) 및 교토(京都)를 중심으로 했던 정권과 교전하며 독자적인 정치공동체를 형성했던 현재의 도호꾸(東北) 지방에 살던 사람들을 지칭하는 용어로 사용되었다. 이들은 9세기 초에 사카노 우에노 타무라마로(坂上田村麻呂, 헤이안(平安) 시대의 무관)를 정이대장군(征夷大將軍)으로 한 이른바 당시의 정부군에 의해 '평정'되었다고 하나, 그 실정에 대해서는 아직도 잘 알려져 있지 않으며, 에미시의 실체에 대해서도 아이누설, 변경일본인설 등이 있어, 이는 일본 중세사의 쟁점 가운데 하나로 남아있다. 에조라는 명칭은 12세기 중엽부터 사료에 등장하고 있다. 아이누 민족을 한정해서 지칭하는 용어로 사용되어 왔으나, 홋까이도(北海道) 지방을 일컫는 용어로 사용되기도 했다. 따라서 에조가 곧바로 아이누라고 하는 통설에 대해서도 이의가 제기되어 논쟁 거리가 되고 있다. '에조'들의 땅을 의미하는 '에조지[蝦夷地]'라는 용어는 17세기 중엽에 이르러 겨우 나타나며, 그 이전의 역사서에는 이 지역에 대해 일관성 있는 지명을 찾아 볼 수 없다. 이에 대해서는 海保嶺夫,『エゾの歴史—北の人びとと「日本」』(講談社, 1996)을 참조.

카(캄차카)까지를 막부의 속령으로 간주하고 있는 점에서 이미 근대 이전의 일본인들의 북방인식에 팽창주의적인 주장이 자리 잡고 있음을 알 수 있다. 에조가 마쓰마에번에 속한 지역인 한 이 모든 지역은 에도 막부의 속령이라는 것이다. 그 결과, 러시아인은 막부의 영토를 잠식하고 침범한 셈이 되었으며, 경계와 구축의 대상이 되었다.

4. 영토와 통상, 경계와 탈경계: 식민지 쟁탈전의 프롤로그

그 와중에 1771년에는, 반러운동의 경력으로 캄차트카에 유형당했던 폴랜드 귀족 모리츠 베뇨프스키(Moritze Benyovsky, 일본의 문건에는 한벤고로우(はんべんごろう)라는 이름으로 등장)가 일본열도를 종단하며 마카오로 탈출을 기도하는 사건이 일어났다. 그 과정에서 베뇨프스키는 나가사키의 통상담당자에 서한을 보내, 러시아가 쿠릴 방면으로부터 일본에 대한 침략을 준비하고 있다고 경고하고, 막부 내부에 대리 경계심과 북방 변경에 대한 관심을 고조시켰다. 모가미 도쿠나이(最上德內)의 에토로프, 구나시리 및 가라후토 탐험조사는 이러한 상황을 시대적 배경으로 하여 이루어진 것이었다.

1778년부터 1779년에 걸쳐서는 이르쿠츠크의 상인 샤바린이 안치삔과 오체레진 등 두 명의 통역을 동반, 에조지방에 입항하여 마쓰마에번(松前藩)에 대해 통상관계 개설을 요구하고 돌아갔다. 막부의 중앙정부는 이러한 북방에서의 사태발전에 대해 독자적으로 정보를 입수하고 있었으며, 1785년에는 막부 정부 최초로 공인 탐험대인 '에조순찰대(蝦夷地巡察隊)'를 조직 파견했다. 탐사 결과를 기록한 사또 겐로꾸로(佐藤玄六郎)의 『蝦夷拾遺』,

모가미의 『蝦夷草紙』등은 이 시기에 일본이 북방의 '신세계'에 대해 본격적인 관심을 나타내기 시작했다는 것을 보여주고 있다. 최초의 에조순찰대 파견으로부터 13년 후인 1798년, 곤도는 에토로프에 건너가 러시아인이 자국령임을 선포하며 세운 표식을 치운 뒤, 그 대신 '대일본 에토로후(大日本惠登呂府)'라는 표식을 세우고 돌아왔다. 일본 정부는 러시아가 이에 대해 이의를 제기하지 않았다고 하여, 에토로프를 포함한 '4개 도서'가 국경논쟁이 없었던 본래의 소유영토였다고 주장하는 근거로 삼고 있다.[24]

한편, 표류민으로서 러시아에 표착했다가 귀국한 최초의 일본인은 이세(伊勢)의 상인 다이코쿠야 고다유(大國屋光太夫)라는 자였다. 고다유는 1782년 이세의 시라스(白子)를 출항 에도로 향하던 중 태풍을 만나 알류산 열도의 아무치뜨카섬에 표착했다. 이후 러시아인에 의해 발견되어 이르쿠츠크를 거쳐 뻬쩨르부르크로 이송되어 예까쩨리나 2세를 알현한 뒤, 귀국 허가를 받고 1792년에 락스만(А. К. Лаксман)과 함께 네무로(根室)에 도착, 귀국했다.[25]

예까쩨리나 2세(Екатерина II)가 고다유 등의 귀환을 결정한 배경에는 에도정부와의 통상 교섭을 본격적으로 개시하고자 하는 의도가 숨어 있었다. 락스만이 일본과의 통상을 요구하자, 고다유를 맞이하기 위해 마쓰마에번에 출장했던 막부 관리는 당시 네덜란드와의 통상을 위해 유일하게 열려있던 나가사키항으로 정식 입항해줄 것을 요구하고 신임장(信牌)을 전했다. 이때까지만 해도 에도 정부내 일부에는 러시아와의 통상에 대해 적극적으로 생각하는 흐름이 있었던 것으로 생각된다. 한편 락스

---

24) 鹿島守之助(1990), p. 124.
25) 木崎良平, 『光太夫とラクスマン―幕末日露交渉史の一側面』(刀水書房, 1992), pp. 65-83.

만도 당장은 신임장을 얻은 데 대해 만족하고 돌아갔으며, 이것으로 보아 러시아 측도 상황을 낙관하고 있었던 것으로 생각된다.

1804년 레자노프(Николай Резанов)를 함장으로 한 러시아 군함 '나제쥬다(Надежда)'호가 나가사키항에 입항했다. 이 때에도 러시아측은 센다이(仙台) 이시노마키(石巻)의 표류어부 쯔다유(津太夫) 등 일본인 표류민 네 명을 데리고 왔다. 그러나 에도정부는 락스만의 입항 때와는 태도를 달리하여, 통상관계 개설을 요구하는 레자노프를 냉대하고, 그 요구를 거절했다.[26]

흐보스토프 사건은 에도 정부에 대한 러시아측의 배신감과 좌절을 배경으로 해서 일어난 사건이었다. 레자노프는 교섭이 실패한 뒤 본국정부에 무력행사를 진언했으나, 명확한 승인을 얻지 못하고 귀국하게 되었다. 그는 귀국 전에 심복인 흐보스토프(Николай А. Хвостов)와 다비도프(Гаврил И. Давидов)에게 서한을 보내 사할린 남부의 일본인 정착촌에 대해 시찰할 것을 명령했다. 이를 자의적으로 해석한 흐보스토프 부대는 1806년 가을, 이 지역을 습격하여 마쓰마에번 상인들의 마을을 약탈히고 주민을 납치해 갔으며, 이듬해에는 에토로프 섬을 급습했다.[27] 이 사건은 일본인들이 러시아를 북방으로부터의 위협으로 인식하는 계기가 되었다.

레자노프의 방일을 계기로, 막부는 사할린에 대해 본격적인 관심을 보이기 시작했다. 막부는 북방 변경지대의 방어 태세 강화가 시급하다는 인식하에 1807년, 쿠릴 열도와 사할린을 막부 직할로 편입하고, 방비태세 정비에 나섰다.

이러한 조치들이 취해지는 가운데, 1811년에는 남구나시리섬

---

26) 鹿島守之助(1990), pp. 128-132.
27) 鹿島守之助(1990), pp. 132-133.

에서 해양측량 중이던 러시아 해군 함정과 해군사관 고로브닌(B асилий М. Головнин) 등 일행이 막부 측에 의해 나포되는 사건이 일어났다. 이에 대응해, 러시아측은 마쓰마에번의 대상 다카다야 가헤이(高田屋嘉兵衛)를 인질로 삼고 고로브닌 석방교섭에 나섰다. 1813년에 사건은 다카다야와 고로브닌의 맞교환 석방으로 일단락되었다.[28] 러일간의 이러한 갈등은 러일 상호간의 미지의 신세계에 대한 지리적 관심이 영토에 대한 배타적 권리인식에 바탕한 영토권 주장으로 발전할 계기를 내포한 것이었음을 보여주는 사건이었다. 그러나 이 지역은 전통적으로 러시아 민족도 일본 민족도 아닌 아이누 민족의 생활의 터전이었다는 점에서 러일간 식민지 쟁탈전의 개시를 알리는 사건이기도 했다.

러시아의 두 번에 걸친 통상관계 체결 요구는 에도 중앙정부의 저항에 부딪혀 실패했다. 그러나 러시아는 미국이 함대를 파견하여 일본의 개국을 요구하려 계획중이라는 사실이 전해지는 가운데, 1853년 급거 뿌차친(Ефимий В. Путятин)을 함장으로 하여 세 번째 방일 통상요구단을 파견했다. 8월, 나가사키항에 입항한 뿌차친은 11월에 통상관계 체결을 위한 교섭 개시를 촉구하는 서한을 전달하고 일단 철수했다가 54년 1월 다시 나가사키항에 입항했다. 러일간의 본격적인 교섭은 1월 18일부터 개시되었다. 사할린과 쿠릴의 귀속 문제로 난항을 거듭한 끝에 시모다에서 '러일통호조약'이 맺어진 것은 1855년 2월이었다. 이로써 일본은 처음으로 아시아의 대륙국가와 근대적인 조약관계를 맺게 되었던 것이다. 그것은 일본이 체결한 최초의 근대적 국경획정 조약이기도 했다.

---

28) 鹿島守之助(1990), pp. 133-134.

5. 북문의 강적, 러시아 위협론의 등장

일본에서 러시아 위협론이 구체적인 국방론의 모습으로 나타나기 시작한 것은 18세기 말, 하야시 시헤이(林子平)의 저술에서 비롯되고 있다. 센다이(仙台) 번사의 아들로 태어난 하야시는 당대의 서양에 관한 정보 및 북방 변경에서 전해지고 있던 러시아의 접근에 대한 정보를 종합 분석하여 『海國兵談(해국병담)』을 저술(1777년부터 저술을 시작하여 1786년에 탈고, 1791년에 간행)하여, 북방으로부터의 러시아의 위협을 경고하고 이에 대한 대처로서 적극적인 해양방위론을 주장했다. 하야시는 정밀한 화기와 견고한 함선으로 무장한 러시아 세력이 '육로로 연결된 이웃국가 없이 사방이 모두 바다에 연한 나라' 일본에 근접해 오고 있는 사실 자체가 일본의 안전에 심각한 위협이 되는 것으로 파악하고, '수전(水戰)'의 중요성을 환기했다. 그러나 하야시는 러시아의 위협을 직접적이며 긴급을 요하는 것으로 보기보다는, 청국이 러시아를 비롯한 서양식 제도와 군사면의 혁신을 받아들일 경우에 현실화할 청국위협론에 부수하여, 간접적인 것으로 파악하고 있었다. 아직은 러시아의 위협이 목전의 현실로 다가와 있지는 않았던 것이다.[29]

『海國兵談』의 간행으로부터 80년이 지난 메이지 초기, 막번 체제를 쓰러뜨리고 근대국가 건설을 과제로 삼은 메이지 신정부 지도자들은 북방의 대국 러시아에 대항해서 일본의 안전보장을 어떻게 확보할 것인가를 대외정책상의 최중요 과제로 삼았다.

---

29) 朴栄濬, 「海軍の誕生と近代日本—東アジアにおける近代国家変容の軍事的基礎に関する一研究」 (未公刊 博士論文東京大学大学院, 2002), pp. 36-42.

그러나 1860~70년대 당시 러시아의 대외정책상의 기본관심은 유럽문제를 향해 있었으며, '극동' 문제는 그에 따른 부차적인 가치를 지닐 뿐이었다. 실제로 시베리아 철도가 기공된 것이 1891년이었다는 점을 고려하면 '극동'에 대한 러시아의 관심은, 적어도 메이지 초기에는, 능력을 뒷받침한 실제상황으로서의 위협이라고는 평가될 만한 것은 아니었다. 그러나 이러한 객관적 정세에도 불구하고, 메이지 정부의 지도자들에게 러시아의 이미지는 처음부터 '북문의 강적(北門の强敵)'[30]으로서, 서구 열강 가운데 가장 경계해야 할 대상이었다.[31]

물론 이러한 인식의 배경에는 전술한 하야시의 대러인식이 영향을 미치고 있었으나, 러시아가 취한 구체적인 행동은 이를 실제로 확인해 주는 것으로 받아들여졌다. 1854년, 일본이 페리 제독의 함포외교에 굴복해 개국한 이래로, 일본의 민중들이 잔뜩 긴장해 있는 상태에서 러시아는 1861년 함정 뽀산드니크호 (Поссандник)를 쓰시마 섬에 파견하여, 요충지의 할양 등 무리한 요구를 내 걸고 장기간 체류하며 쓰시마섬 일부를 점거했다.[32] 러시아의 이러한 일방적인 행동이 일본인 사이에 대러 경계심을 불러일으키고 있었던 것이다.

한편, 유럽과 중동 중앙아시아 등 세계적인 규모에서 러시아와 경쟁적인 관계에 있던 영국은 동아시아에서 자국에 유리한 형세를 만들기 위해 메이지 정부의 지도자들에게 대러 경계심을 주입, 증폭시키고 있었다. 해리 파크스(Harry Parkes) 주일 영국

---

30) 山県有朋他,「陸海軍充実化に関する建議」, 1871년 12월.
31) 細谷千博,「日露・日ソ関係の史的展開」, 日本国際政治学会,『日露・日ソ関係の展開』 (有斐閣, 1965), pp. 1-2.
32) 鹿島守之助(1990), pp. 157-159.

공사는 세계정세를 영국제 여과기로 거른 뒤 일본 지도자들에게 전달하고 있었다.[33]

사가(佐賀) 출신의 유학자 고가 세이리(古賀精里)가 1891년에 『극론시사봉사(極論時事封事)』를 저술하게 된 배경에는 이러한 사태의 전개가 있었다. 하야시가 러시아위협론을 청국위협론과 병행해서 논하고 있는 것과 대조하여, 고가는 러시아로부터 가해지는 위협을 특히 강조하고, 러시아가 일본에 대해 공격적인 정책을 취할 가능성이 높은 것으로 파악했다. 고가는 이에 대한 대처로, 한편으로는 외교적인 화친을 시도하면서, 군사안보적 측면에서는 러시아의 함대에 대항할 만한 대형 함선의 건조를 서둘러 러시아의 침공에 대비해야 한다고 건의했다.[34]

한편, 현안이었던 국경획정문제를 둘러싸고 일본은, 전술한 대로 1855년 러시아와의 사이에 '러일통호조약'을 맺으면서 해결을 시도했다. 이 조약에서는 제2조에서 쿠릴 열도에 대해서는 에토로프섬과 우룹프섬과의 사이에 경계선을 획정하기로 하는 데에 합의했으나, 사할린을 둘러싸고는 의견이 대립, 양국의 공유상태가 계속되게 되었다. 이후 1867년에는 '사할린도 가규칙(가라후토섬에 대한 가규칙, 樺太島假規則)'을 체결했지만, 이러한 상황은 이어졌다. 결국 이 문제는 메이지 신정부 출범 이후 최초의 최대현안이었던 바, 1875년에 이르러 일본은 종래의 일본측 주장이던 북위 50도선을 경계로 한 사할린 분할안 및 북사할린 매수안을 철회하고 러시아측 주장대로 쿠릴 열도와 사할린을 맞교환 하는 방식에 합의, '쿠릴 사할린 교환조약'에 조인하기에 이르렀다. 이후 약 20년간 러일관계는 비교적 안정된 양상을

---

33) 細谷千博(1965), p. 2.
34) 朴榮濬(2002), pp. 42-48.

보였다. 그러나 1890년대 후반부터 1900년에 이르는 기간, 즉 청일전쟁을 전후한 10년 동안, 일본이 대륙진출 방침을 확정하고 한반도에서의 주도권 확보경쟁에 본격적으로 나서면서, 그리고 러시아가 만주에 대해 본격적인 관심을 보이기 시작하면서 러일관계는 다시 긴장과 갈등에 빠지게 되었다. 러일 양국의 확집은 1900년 의화단의 반란의 추후처리를 둘러싸고 표면화되었다.

Ⅳ. 시베리아 철도와 러일전쟁: 면(面)의 지정학

1. 시베리아 철도와 일본의 '이익선'

예카쩨리나 대제 시대까지만 해도 시베리아는 러시아의 영토라기 보다는 식민제국의 일부로 간주되었었다. 러시아의 시베리아가 영국의 미국처럼 될 것을 우려한 러시아의 지배층은 일부러 시베리아를 후진적이고 미개발인 상태로 유지하려는 의식적 결정이 내려지기도 했다. 그러나 1881년 알렉산더 3세(Александр Ⅲ)가 즉위한 뒤, 그가 시베리아를 러시아와 불가분의 일부임을 강조하며 이를 확정하기 위해 시베리아 횡단철도 부설을 구상하면서 상황은 달라졌다. 알렉산더 3세 시대의 재무장관 비테(Сергей Ю. Витте)는 시베리아의 자율성과 독창성보다는 중앙집권화와 러시아화를 열망했으며, 이를 위한 수단으로서 시베리아 횡단철도의 완성을 자신의 최우선 정책으로 간주했다. 철도시대의 온갖 낙관주의가 비테의 생각을 지배하고 있었다. 비테의 머리속에서 시베리아 횡단철도는 세계무역의 새로운 지평을 열고, 모스크바를 세계무역의 중심부로 부상시키는, 러시아 근대화의 상징이 될 사업이었다. 그런 의미에서 제정 러시아의 시베리아 철도 건설은 러시아의 국내적, 경제적 연원을 갖고 있었다고 할 수 있다.

그러나 그것은 한편으로는 동북아 지역에서 러시아 국력의 급속한 증대로 인식될 수밖에 없었고 다른 국가들에 의해서 군사전략적 관점에서 해석되었다. 이에 가장 민감했던 것이, 근대화로의 욕구를 대륙으로 발산하기 시작했던 일본이었다. 일본은 청일전쟁의 승리에서 얻은 자신감과 삼국간섭에 굴복했던 굴욕감이 교차하고 마찰을 일으키면서, 근대화의 가속도를 유지하기 위한 생활공간 확보투쟁의 불을 댕기고 있었던 것이다. 강성학은 러시아에서 시베리아 철도가 완성되는 과정과 일본에서 급속한 근대화를 통해 일본의 지도층이 자신감을 고양시켜 가는 과정을 동시에 보여주면서, 이 두 과정이 러일전쟁이라는 하나의 발화점을 향해 마주 달려가는 모습을 '삶의 공간(Lebensraum) 투쟁의 역사적 예고편'이라고 묘사했다.[35]

이러한 시베리아에서의 사태 발전에 가장 민감하게 반응했던 것은 일본 군부의 대륙팽창론자들이었다. 일본 육군 건설의 제1 공로자 야마가타 아리토모(山縣有朋)는 1890년에 이른바 '야마가타 의견서'를 작성하고, 일본의 '이익선의 초점은 조선에 있다'고 규정했다. 그리고 '조선의 독립 유지를 무엇으로 보증할 것인가'라고 스스로 묻고, 이에 대해 조선의 독립은 '시베리아 철도 완성과 함께, 박빙의 운명에 처하게 될 것'이라고 하여, 다음과 같이 대답하고 있다.[36]

각국의 행동하는 바가 만일 우리에게 불리한 점이 있을 경우,

---

35) 강성학, 『시베리아 횡단열차와 사무라이: 러일전쟁의 외교와 군사전략』(고려대학교 출판부, 1999), pp. 181-207.
36) 藤村道生, 『山県有朋』(吉川弘文館, 1997), pp. 156-157.

우리는 책임을 다하여 이를 배제하고, 불가피한 경우에는 강력(强力)을 써서 우리 의지를 달성하는 데 있다.(各国ノ為ス所苟モ我ニ不利ナルキハ我レ責任ヲ帯ビデ之ヲ排除シ,已ムヲ得ザルトキハ強力ヲ用ヰテ我ガ意思ヲ達スルニ在リ。)

여기에서 강력이란 군사력을 의미하는 것으로, 대륙에서의 사태에 대비해 군사력을 동원할 수 있도록 태세를 정비해야 한다는 점을 강조하고 있다. 야마가타는 1895년, 청일전쟁 종전 직전에도 의견서를 상주하여, 군비확장을 주장했다. 그 의견서의 결론 부분에서는 일본이 '동양의 맹주'가 되기 위해서는 '이익선의 개장(開張)'의 방침을 명확히 제시하고 영토확장을 위한 공세작전을 펼 것을 주장했다.37)

동양의 맹주가 되려고 한다면, 반드시 다시 이익선의 개장을 도모하지 않으면 안될 것이다. 그러나 현재의 병비로써는 금후의 주권선을 유지하는 데 모자라며, 하물며 그 이익선을 개장하여 그로써 동양을 제패하는데 족할 수 있겠는가.(東洋の盟主とならんと欲せば、必ずや又利益線の開張を計らざる可らざるなり。然り而して現在の兵備は以て今後の主権線の維持するに足らず、何ぞ又其の利益線を開場して以て東洋に覇たるに足る可けんや。)

1900년 중국대륙에서 의화단의 난이 발생하고, 러일 양국이 이에 공동으로 개입해 출병한 뒤, 조선을 둘러싼 양국의 세력분할 투쟁은 본격화했다. 먼저 주한 러시아공사 파블로프는 7월,

---

37) 藤村道生(1997), p. 178.

주한 일본공사 하야시 가오루(林薰)에게 조선에서의 러일 양국에 의한 세력범위의 획정을 제안했다. 이와 동시에 러시아는 주일 공사 이즈볼스키를 통해 아오키 슈조(青木周藏) 외상, 야마가타 수상 등에게 같은 내용의 제안을 전했다. 이러한 제안이 전해지자, 8월 20일 야마가타는 북청사변선후책(北淸事變善後策)이라는 의견서를 통해, 조선에서의 러일 양국의 세력범위를, 대동강에서 원산항을 잇는 선을 경계로 하여 설정하는 것이 타당하다고 논했다.[38] 야마가타는 이미 1896년에 뻬쩨르부르크에서 러시아와 교섭을 하는 가운데 38선을 기준으로 한 세력범위 분할을 러시아측에 제안한 바 있었다. 이토 히로부미(伊藤博文)와 이노우에 가오루(井上馨) 등 러일간의 충돌을 회피하고 제휴하는 데에서 이익을 확보할 수 있다는 입장의 러일협상론자들은 러시아의 이와 같은 제안에 긍정적이었다. 그러나 아오키 외상은 러시아가 만주 점령을 계속하는 한, 일본은 조선을 확보해야 한다는 입장에서 '만한교환론(滿韓交換論)'을 주장했다. 아오키의 주장은 당시의 정부 내에서는 소수의견에 속했으나, 주러 일본공사인 고무라 쥬타로(小村壽太郎)의 지지를 받고 있었다. 대러 강경론자이며, 개전론자인 고무라는 10월, 비테와의 회담에서 직접 만한교환론을 주장하기도 했다. 그해 말에는 아오키의 뒤를 이은 가토(加藤 高明) 외상에게 재차 이즈볼스키가 일러 양국에 의한 조선의 중립화와 공동관리(dual control)을 제안했으나, 만주에서의 현상회복, 즉 러시아의 철수를 필수 전제조건으로 생각했던 가토 외상은 이러한 제안을 거부했다.[39]

---

38) 森山茂德, 『近代日韓関係史研究—朝鮮植民地化と国際関係』(東京大学出版会, 2001), pp. 117-120.
39) 森山茂德(2001), pp. 120-121.

조선문제를 둘러싸고 양국관계가 교착하는 가운데, 1903년에 러시아는 다시 새로운 제안을 내 놓았다. 10월 3일 일본측에 제시된 협상안 가운데 러시아는, 조선과 만주를 일본과 러시아가 각각 자신의 세력범위로 하되, 북위 39도선 이북의 조선영토를 중립지대로 할 것을 제안한 것이다. 일본은 러시아의 제안을 한반도에서의 일본의 특수이익에 대한 심각한 도전으로 간주하고, 10월 31일 중립지대를 만한 국경 양측 각각 50킬로미터로 할 것을 역제안했다. 이 제안은, 거꾸로 러시아가 조선 북부에서의 이권을 모두 포기해야 한다는 것을 의미했다. 당연히 러시아는 이에 대해 전혀 반응을 보이지 않고 무시하는 것으로써 거부의 사를 표명했다. 그 후, 일본은 아예 조선의 중립지대안 자체를 거부하는 태도를 보이기에 이르렀다.[40] 이미 러일간의 전쟁은 피할 수 없는 상황으로 치닫고 있었다.

2. 러시아의 위협과 동아연대론

이러한 시대적 분위기를 배경으로 일본에서는 이른바 '대륙낭인'을 중심으로, 아시아 대륙에서 러시아의 패권에 도전하여 일본의 활로를 확보하는 투쟁을 역사의 필연으로 생각하는 전통우익 사상이 탄생했다.

다루이 도키치(樽井藤吉)가 모리모토 도키치(森本藤吉)라는 필명으로 1893년에 발간한『대동합방론』는 백인 우위에 대한 황인 연대론으로서의 한일연대론을 주장한 논저였는데, 그 가운데 무엇보다도 절박한 위기는 러시아로부터의 위협이었다. 다루이는,

---

40) 森山茂德(2001), pp. 125-128.

세계에서 가장 호전적인 러시아제국이 부동항을 찾아 계속 남진하고 있는 가운데, 유럽과 아시아를 연결하는 시베리아 철도가 완성된다면 그 위기는 더욱 절박해질 것이라고 경고했다.41) 러시아의 위협에 대처한 한일연대론이라는 다루이의 구상은 우치다 료헤이(內田良平)에게 이어졌다.

일본 전통우익의 사상적, 이론적, 실천적 선구자인 우치다는 1874년 후쿠오카에서 옛 구로다번 하급무사의 아들로 태어났다. 후쿠오카는 '국권주의와 대륙팽창주의의 요람'이었으며, 우익 국가주의 단체의 효시인 현양사(玄洋社)는 이 지역 출신의 국권론자들을 중심으로 하여 조직된 단체였다. 우치다는 이러한 분위기에서 유소년기를 보내며, 대륙팽창적 국권주의에 크게 영향을 받았다. 청년기에는 청일전쟁 직전, 조선에서의 반청공작을 위해 조직된 천우협(天佑俠)이라는 조직에 가담, 농민군과 접촉하면서 활동하기도 했다. 청일전쟁 직후, 러시아가 독일 프랑스와 함께 청일 간의 전후처리에 간섭하자, 조선과 중국에 쏠렸던 우치다의 1차적 관심은 러시아로 놀려졌다. 1895년 8월, 러시아에 대한 보복의 칼날을 품고 블라디보스톡으로 건너간 우치다는 1897년 8월부터 1년 가까이 시베리아 횡단여행을 단행, 뻬쩨르부르크를 다녀오며 러시아를 구석구석 조사했다. 이를 기초로 1901년에는 『러시아론』을 저술, 대러전쟁 불가피론 필승론을 전개했다.42)

우치다가 『러시아론』을 저술한 목적은, 일본 국민 일반이 청일전쟁 이후의 러시아의 간섭에 분개하면서도 일본의 지도층이 러시아를 실력 이상으로 과대평가하여 러시아와의 직접 대결하

---

41) 한상일, 『아시아 연대와 일본제국주의: 대륙낭인과 대륙팽창』 (오름, 2002), p. 55.
42) 한상일(2002), pp. 72-104; 初瀬竜平, 『伝統的右翼―内田良平の研究』(九州大学出版会 1980), p. 2.

기를 두려워 하고 있는 데 대해, '또 다른 하나의 중국'에 지나지 않는 '노대국(老大國)' 러시아의 실정을 알리고, 대러 개전 분위기를 고취하기 위한 것이었다. 나아가 그는 부패 무능한 '러시아 개도의 지난한 대업'을 담당할 수 있는 것은 '동양의 군자 민족 일본'이며, 일본은 이를 각오하고 준비해야 한다고 역설했다.[43] '흑룡회'는 그의 이러한 꿈을 실현하기 위한 모체로서 탄생했다.

1901년 2월, 대륙팽창주의자 20명이 발기하여 결성한 '흑룡회'는 '시베리아와 만주 사이를 흐르는 흑룡강을 중심으로 대륙경영의 대업을 이룬다는 큰 포부'를 실현하기 위한 행동조직이었다.[44] 창립발기인 대표로서 창립 총회에서 초대 주간으로 추대된 우치다는 1937년 사망할 때까지 이 단체의 회장으로 조직을 이끌었다. '흑룡회'는 영어로는 종종 Black Dragon Society로 번역되어, 음산한 비밀공작 조직체처럼 인식되곤 하지만, 모임의 이름 그 자체는 아무르강의 중국어 명칭인 흑룡강(黑龍江, 헤이룽장)에서 유래하고 있다.

우치다는 블라디보스톡에서 하바로프스크를 향해 가는 길의 배 위에서, 아무르강변에 펼쳐지는 아름다운 경치에 매혹되었다. 이 때의 감상을 시로 옮기면서 우치다는 '아시아의 모든 사회를 이처럼 아름다운 꽃밭으로 가꾸는 것이 일본의 사명'이라 표현했다. 나아가 러시아와 중국의 국경지대에서는 '누가 이 광활한 황야를 러시아의 침략으로부터 지킬 것인가. 그 일은 우리 일본이 해야 하며, 그러려면 일본의 국력을 이곳 흑룡강까지 뻗게 해야' 한다고 다짐했다. 그가 흑룡회 활동을 통해서 이루고자 했던 것은, 일본 국민의 관심을 시베리아로 돌려 넓히고, 이 지역

---

43) 한상일(2002), pp. 134-148.
44) 한상일(2002), p. 106.

을 활동의 터전으로 삼아 웅비하는 꿈을 일본 국민에게 심어주고자 했던 것이다.[45]

한편, 우치다는 러일협회를 조직하여 정계 공작을 시도했다. 친러주의자 이토 히로부미에게 접근하여, 러일협회 설립의 지원을 요청하는 자리에서 우치다는 러일전쟁 개전의 의의를 설득하고, 일본이 승리할 경우 최소한 바이칼호 동쪽은 일본의 새 영토가 될 것이라고 주장하기도 했다.[46]

1904년 2월, 인천 앞바다에서의 일본의 선제공격으로 개시된 러일전쟁은 일본의 우위 속에서 미국의 중재로 1905년 9월, 포츠머스 조약을 체결함으로써 종결되었다. 사할린에서의 국경선 획정문제와 관련해서는, 북위 50도선을 기준으로 남사할린을 일본에 할양하는 데 양국이 합의했다. 이로써 일본은 유사이래 처음으로 육지에서 외국과 대치하는 국경선을 가져보게 되었다.

3. 시베리아 간섭전쟁

조선에서의 러시아 세력 축출과 지배권의 확보는 일본의 대륙정책의 최소한의 요구였던 것이며, 그런 의미에서 일본의 대륙정책은 이제 막 1단계의 성공을 쟁취한 데 불과했다. 일본은 조선에 대한 식민지 경영의 안정화를 위해, 조선 너머로 배후지를 확보하고 본격적인 대륙경영에 나서려는 야심을 갖고 있었다.[47] 이는 한국병합 이후 만주를 무대로 한 한국민중의 의병투쟁을 견제하기 위해서도 긴요한 일이었다. 다만, 한국에서의 식민 지

---

45) 한상일(2002), p. 106.
46) 한상일(2002), p. 152.
47) 古屋哲夫, 『日露戦争』(中央公論社, 1966), pp. 212-227.

배체제를 확실히 구축하기 위해서는 시간이 필요했고, 지나치게 급속한 대륙 내부로의 진입이 중국에 대해 특별한 관심을 표명하고 있던 영국과 미국을 자극하여 불필요한 마찰을 불러일으킬 것을 우려하여 신중한 태도를 취하고 있었을 뿐이었다. 그러나 러시아혁명으로 인한 러시아 국내의 혼란은, 일본에게 절호의 기회로 비쳤다.

1917년 11월 볼셰비키 혁명의 성공 이후, 러시아의 국내정세가 혼란에 빠지고, 러시아 제국의 군사력이 해체되는 상황을 맞이해서, 일본 국내에서는, 한편으로는 볼셰비즘의 파급에 위협을 느끼면서도, 이 기회를 이용해서 동북아시아에서 러시아 세력을 축출하고 러시아에 대신해서 이 지역, 특히 동시베리아에서의 일본의 주도권을 확대할 것을 요구하는 세력이 대두하고 있었다. 혁명 직후부터 이미 군부는 독자적인 출병계획을 세우고 시베리아에서의 친일 괴뢰정부 수립을 전제로 한 첩보와 모략 등 사전 공작을 개시하고 있었다. 1918년 7월, 미온적인 태도를 취하고 있던 미국이 태도를 바꿔, 일본에 대해 공동출병을 제의해 오자, 일본은 이에 동의하는 형태로 시베리아에 출병, 혁명에 대한 간섭전쟁을 개시했다. 이후, 미국 등이 병력을 철수한 뒤에도 일본은 주둔군을 철수시키지 않고, 1922년 10월까지 동시베리아에 눌러 앉아 시베리아 지방 각지에 출현하는 반혁명정부를 지원하며, 소비에트를 지지하는 토착 빨치산 부대와 전투를 벌이고 있었다. 시베리아에서의 혼란이 혁명 이후의 국가건설에 부담이 된다고 판단한 소비에트 정권은 수차례에 걸쳐 여러 경로를 통해 대일강화를 제안해 왔으나, 일본정부는 이를 국교가 없는 나라의 강화 제안이라고 일축, 무시하는 태도를 보였다.[48] 그러나 대부분의 국가가 반혁명 세력 지원을 철회하는 가운데, 명분없는 출병을 계속하는 것도 일본정부로서는 정치적 부담이 되고 있었다. 결국, 1922년에 일본군의 시베리아로부터의 철군을 시작했으며, 이를 계기로 소련과 일본간에 국교정상화를 위한 교섭이 개시되었다.

1923년 2월부터 도쿄에서 소련 특사 요페(A. Eффe)와 도쿄시장 고토 신뻬이(後藤新平) 간의 비공식적인 접촉이 이루어졌다. 당시 일본 국내에서 지배적이던 반대 분위기를 무릅쓰고 고토가 교섭에 임한 배경에는, 어업권익 및 극동 러시아로의 경제진출이라는 경제적 이익에 대한 고려가 있었으며, 또한 중소간 접근과 점증하는 미국의 대일압력을 동시에 견제해 보려는 정치적 계산이 깔려 있었다.49)

1924년 5월, 베이찡에서 정식회담이 개최되었다. 일본측 대표는 요시자와 겐키치(芳澤謙吉) 주중 공사, 소련측 대표는 카라한(L. Karakhan) 주중 소비에트 공사였다. 교섭은, 소련이 혁명이후에 국유화한 일본인 재산의 보상문제 등으로 난항을 거듭했으나, 1925년 1월에는 일소 기본조약을 체결, 일본은 소비에트 러시아를 정식으로 승인하기에 이르렀다. 기본조약에 기초해 체결된 일소 어업조약(1928)은 소련 연해주 근역에서의 일본의 어업활동을 보장하는 내용이었다. 이러한 실리적 경제관계를 배경으로 양국관계는 비교적 안정된 시기를 맞이했다. 그러나 1931년 9월의 만주사변 발발을 계기로 양국은 다시 국경분쟁과 긴장 격화의 시기를 맞이하게 되었다.50)

---

48) 細谷千博(1965), p. 9.
49) 細谷千博(1965), p. 9.
50) 細谷千博(1965), p. 10.

4. 대륙진출과 독일지정학의 수용

일본에서 지정학의 모체학문으로서 정치지리학이 처음으로 체계적으로 소개된 것은 대륙에서의 이와 같은 사태 전개를 배경으로 한 것이었다. 1929년, 이모토 노부유키(飯本信之)의 『정치지리학(政治地理學)』이 개조사(改造社)에서 출판된 것은 일본 지정학의 선구적 작업으로 평가된다. 그러나 그의 『정치지리학』은 지정학과 구분하여 정치지리학을 제창했던 것으로, 과학으로서의 정치지리학을 체계적으로 소개하는 것을 목적으로 한 것었다. 이모토는 지리학 발전의 역사에서 리히트호펜(Ferdinand von Lichthofen), 쉬리터(Otto Schluter), 펭크(Albert Penck) 등의 공적을 높이 평가하여 그 계보를 잇고 있으며, 그의 저서에서 하우스호퍼 등의 '지정학'은 이를 보완한 첨단 이론으로 소개되어 있을 뿐이었다.[51] 이모토는 1935년에는, 『정치지리학』을 보완 발전시켜, 『정치지리학연구(政治地理學研究)』라는 제목의 대저를 상하권으로 나눠, 중흥관(中興館)에서 출판했다. 여기에서 그는 일본에서 당시 일반화되고 있던 지정학이라는 용어를 그 자신이 1925년, 『지정학평론(地政學]論)』에 발표한 「인종쟁투의 사실과 지정학적 고찰」이라는 제목의 논문에서 처음으로 Geopolitik의 번역어로 사용했음을 밝히고 있다. 그러나 여기에서도 그는, 지정학 일반에 대한 이해의 정도가 아직 모자라다는 이유를 들어, 그 자신의 체계를 지정학으로 부르지 않고 정치지리학으로 부르고 그 체계화를 시도하고자 한다고 밝히고 있다.[52] 그러나 그가 자신의 학문체계를 정치지리학으로 소개했다 하더라도, 그가 시

---

51) 飯本信之, 『政治地理学』(改造社, 1929), pp. 1-38.
52) 飯本信之, 『政治地理学研究, (上)』(改造社, 1935), p. 3.

도했던 정치지리학의 체계화는 후에 지정학으로 불릴 인식틀의 계보에 속한 것이었다. 왜냐하면, 그는 러일전쟁 후의 '황화론'이나 제1차 세계대전후의 이민문제를 둘러싼 미일갈등을 인종문제로 파악하고, 아시아 인종의 '생활공간' 확보 문제를 그의 정치지리학의 근본문제로 상정하고 있었기 때문이다.53)

1930년대에 이르러, 만주사변 전후에는 이시바시 고로(石橋五郎)의 「정치지리학과 지정학(政治地理學と地政學)」(『地學雜誌』 第42卷 500号), 요시무라 다다시(吉村正)의 「게오폴리틱의 기원, 발달 및 본질(ゲオポリティックの起源發達及本質)」(『早稲田政治経済學雜誌』 第30号), 아베 이치고로(阿部市五郎)의 「지정학의 사적 발전에 대해(地政學の史的發展に就いて)」(『地理教育』 15卷 3, 4, 5号) 등을 통해 독일 지정학의 본격적인 소개가 활발히 이루어졌는데, 이들 저술에서는 정치지리학으로부터의 지정학의 분리 독립이 명확히 의식되기에 이르렀다.

일본이 국제연맹에서 탈퇴한 1933년에는 아베 이치고로(阿部市五郎)의 『지정학입문(地政學入門)』이 출간되었는데, 이는 최초의 본격적인 독일 지정학의 소개서였다.54) 아베의 관찰에 따르면, 국제연맹을 탈퇴하는 과정에서 드러난 일본외교의 실패는 '인터내셔널리즘이 이미 공상적'인 것으로 전락했음을 말해주고 있는 것으로, 세계 민족의 대다수가 '아우타르키(자급자족경제)'와 '블럭경제'에 집착하고 있는 현실에서 일본이나 독일처럼 '공간없는 민족'은 몰락을 면하기 위해서라도 (생활)공간을 확장하기 위해 분투해야 하며, 따라서 '국가의 번식'을 위해 식민지를 영유하는 것은 당연한 권리로 인정되어야 한다는 것이었다.55)

---

53) 波多野澄雄, 「『東亜新秩序』と地政学」, 三輪公忠編, 『日本の1930年代』(採光社, 1981), p. 17.
54) 阿部市五郎, 『地政學入門』(古今書院, 1933).

이러한 본격적인 지정학의 도입과 함께 이 즈음 일본에서 크게 유행했던 생각이 '만몽분리론', '만몽생명선'의 이데올로기였다. 중국의 동3성(遼寧省, 吉林省, 黑龍江省)에 내몽고의 동부(熱河省)을 더한 이른바 만몽지방의 확보는 메이지 이래, 일관된 일본의 대외정책의 기본적 전략목표였다. 특히 러일전쟁 이후로는, 만몽에서의 특수권익을 유지 확대하는 것이 일본제국주의의 사활을 건 중요문제가 되었다. 또한 만몽은 '제국국방방침(帝國國防方針)'에서 가상적국으로 상정된 이래 러시아에 대한 군사전략상의 전진기지였으나, 러시아혁명 이후로는 '적화방지의 제1선'으로서 그 중요성이 더욱 증대되었다. 나아가 조선에 대한 식민지 지배를 안정 강화시키기 위해서도 만몽문제의 해결은 긴요한 과제였다.

그러나 1920년대를 통해 철도 경영문제를 중심으로 한 일본의 간접적인 만몽지배 체제가 전반적인 위기를 맞이하게 되었다. 1931년 1월, 마츠오카 요스케(松岡洋右), 오카와 슈메이(大川周明) 등이 중심이 되어 개최한 외교간담회에서는, 당시 영미에 대해 온건외교를 펼치던 시데하라(幣原) 외교에 대해 반대 의견과 규탄이 분출했다. 특히 마츠오카는 시데하라 외교를 '절대무위 방관주의'로 규정하고, 만몽문제가 '아국의 존망에 관계하는 문제'이며, '아국의 생명선'이라는 이른바 '만몽생명선론'을 제기했다. 그 연장선 위에 '제국의 생명선'인 만몽을 옹호하는 것은 '자위권의 발동'이라는 논리가 자리잡고 있었다.[56] 나아가 '제국의 생명선' 개념은, 일본의 영향력이 미치는 대륙권과 동남 아시아 일대를 통일적으로 파악하여 대일본제국의 의사(疑似) 영토로 간주하는 '대동아공영권' 구상으로 발전하게 되었다.

---

55) 波多野澄雄(1981), p. 18.
56) 信夫清三郎編『日本外交史 II, 1853-1972』(每日新聞社, 1974), pp. 365-373.

V. 대동아공영권 구상: 권(圈)의 지정학

1. 핵심권과 배양권

'대동아공영권'의 내용과 정의를 내리기는 쉽지 않다. 따라서, 일본정부가 언제부터 공식적으로 대동아공영권의 건설을 목표로 설정하고 실천하려 했는가에 대해서도, 대동아공영권의 내용을 어떻게 설정하는가에 따라 의견이 엇갈린다. 다만, 용어상으로는 1940년 7월, 제2차 고노에 내각의 성립에 즈음해 각의에서 채택된 '기본국책요강(基本國策要綱)' 및 '대본영정부연락회의(大本營政府連絡會議)'에서 채택된 '세계정세의 추이에 따른 시국처리요강'이 대동아 공영권의 건설을 일본 정부가 공식적인 목표로 채택한 기점이 되고 있다.[57] '기본국책요강'에서는 '일만지(日滿支, 일본, 만주, 중국)의 강고한 결합을 근간으로 하는 대동아의 신질서를 건설할 것'이 제시되었다. 또한 같은 날에 발표된 마츠오카 외상 담화는 '황도의 대정신에 따라 우선 일만지를 일환으로 한 대동아공영권의 확립을 도모한다'고 하여, 위의 요강의 내용을 '대동아공영권'이라는 용어로 구체화했다.[58]

구니마츠 히사야(國松久彌)의 『지정학과 동아공영권의 제문제(地政學と東亞共榮圈の諸問題)』(1944년 1월에 출판)는 대동아공영권 구상의 발전과 더불어 지정학이 국방지정학이라는 새로운 틀을 획득하는 과정을 보여주고 있다. 지정학의 연구대상이 국가의 행동, 특히 생활권 확보 수호를 위한 국가의 행동이라는 점에서 이러한 과정은 오히려 자연스러운 것이었다.

국방지정학은 민족의 생활권으로서의 국토 방위(국방)를 문

---

57) 曾村保信(2002), pp. 122.
58) 和田春樹(2003), pp. 56-60.

제삼는 과학으로서 주창되었다. 여기서 국방이란, '전투에서의 방어(防禦)행동'에 국한된 소극적인 개념이 아니라 '전쟁에서의 방위 태세 일반'을 지칭하는 용어로서, 때로는 전투행위를 강요받기 이전에, 즉 평시의 적극적인 공격을 포함한 광범위한 개념으로 사용되었다.[59]

국방지정학이 대동아공영권의 건설이라는 목표에 봉사할 지정학으로 성립하기 위해서는 국방의 범위를 대일본제국의 국토(일본열도)에 한정하지 않고 확대시킬 필요가 있었다. 이를 위해 구니마츠는 '핵심권'과 '배양권'이라는 새로운 개념을 동원했다. 일본민족 고유의 역사와 전통과 운명을 담보한 지역으로서의 일본열도를 '생활권 속의 핵심권(生活圈に於ける核心圈)'으로 규정하고, 이를 '생활권에 포함되는 배양권(生活圈に於ける培養圈)'과 구분했다. 그는 민족이 그 생존과 발전을 위해 생활권을 확장해 가는 행위야말로 민족 일반의 고유한 속성이라고 규정했다. 그런데, 이미 무주지(無主地)가 소멸한 '오늘날'의 현실에서 비춰볼 때, 한 민족이 생활권을 확장해 간다는 것은 원칙적으로 타민족의 생활권 위에 스스로의 생활권을 확장해 간다는 것을 의미한다. 여기에서 '공영권'으로서의 이데올로기가 등장하게 되었다. 구니마츠는 타민족 고유의 생활권, 즉 타민족의 핵심권에 자민족의 생활권을 확장해 가는 행위, 즉 배양권을 건설하는 행위는 '공존공영'의 관계를 건설함으로서 달성된다고 주장했다. 결국, 국방지정학은, 핵심권으로서의 고유의 국토를 방어하고, 배양권으로서의 확대된 생활권을 유지하기 위한 국가의 행동을 설명하고 정당화하기 위한 개념틀로서 마련되어 주창된 것이었다고 할 수 있다.[60]

---

59) 国松久弥(1944), pp. 32-42.
60) 国松久弥(1944), pp. 78-90.

나아가 구니마츠의 국방지정학은, 그 논리의 자연스러운 연장 위에서, 만주국의 완충국으로서의 지위를 부정했다. 그는, 만주국 성립 이전의 만주(중국 동북지방)가 소련 및 중화민국과 대일본제국 사이의 완충지대로서의 의미를 지니고 있었다고 인정했으나, 만주국의 성립은 일본 민족의 '생활권'의 경계가 만주국 국경으로까지 확장된 것을 의미하며, 만주국 국방의 부담을 대일본제국이 실질적으로 감당하고 있는 현실을 고려할 때, 완충국의 필요성이 논의된다면, 그것은 만주국 바깥(동시베리아 또는 중국 화북지방을 염두에 둔 것으로 생각된다)을 대상으로 한 것이어야 한다고 주장했다.61)

2. 독일 지정학의 유행

구니마츠의 '핵심권', '배양권' 논리는, 하우스호퍼의 '생활권' 개념에 입각해 있었다. 일본에서 하우스호퍼를 중심으로 한 독일 지정학은 독일 이탈리아 일본 3국동맹의 성립(1940년 9월)을 전후한 시점부터 제2차세계대전 패전까지의 5년 동안에 걸쳐 유행처럼 소개되었다. 구니마츠의 저작도 그러한 수입 지정학의 일본화의 한 모습이었다.

먼저, 1940년 8월, 하우스호퍼의 주저 Geopolitik des Pazifischen Ozeans: Studien uber die Wechsenbeziehungen zwischen Geopraphie und Geschichte (Heidelberg, Berlin, 1938)가 『태평양지정치학: 지리 역사 상호관계의 연구(太平洋政治學―地理歷史相互關係の研究)』라는 제목의 일본청년외교협회판으로 출판되었다. 실제 번역은

---

61) 国松久弥(1944), pp. 176-184.

핫타 쇼조(服田彰三)라는 자로, 번역 도중에 소집되어 모 보충대에서 번역작업을 완료했다는 단서가 역자 서문에 달려있다. 그는, 하우스호퍼가 저서 서문에서 밝힌 다음과 같은 말에 매료되어 번역에 착수했다고 밝혔다.

대일본도(大日本島) 제국의 이념, 그것은 전방(前方) 인도의 해안으로부터 인도 군도(群島)를 건너 필리핀, 중국하천의 하구, 일본도 전체에 이르는, 현재까지 외관적으로는 단절된 태평양의 서안, 몬순 국토의 통일체 전부를 포괄하는 최초의 법적 보호통일이라는 이념이며, 동남아시아 자결을 위한 재상승(再上昇)의 선구이다.[62]

1941년에는, 이시지마 사카에(石島榮), 기무라 타로(木村太郞) 공역으로 하우스호퍼의 『대동아지정치학』이 출판되었다. 이 단행본은 하우스호퍼가 『지정학잡지(Zeitschrift fur Geopolitik)』에 「인도-태평양권에 관한 보고(Bericht uber den indopaxifischen Raum)」라는 제목으로 연재했던 논문을 하우스호퍼 자신이 편집하고, 위의 역자들이 번역한 것이었다. 역자들은 해제에서 이 책의 편집과 번역의 의도를 다음과 같이 밝히고 있다. 즉, '동아공영권'의 목표가,

---

62) 하우스호퍼의 문장이 워낙 난해한 것이 원인일 것이나, 위의 일본어 번역문 또한 난잡하기 이를 데 없다. 한글로 옮기는 과정에서는 의역을 하여, 의미를 분명히 해 볼 것도 생각해 보았으나, 일본어 번역문의 애매함과 난잡함은 오히려 대동아공영권의 공허함을 간접적으로 시사하고 있는 것으로 생각되어, 가능한 한 본래의 번역문의 분위기를 살리는 방향에서 번역해 보았다. 어쨌거나 이 문장이 암시하는 바는 분명하며, 대동아공영권 구상에 열광한 한 청년이 독일어로 된 이 문장을 접했을 때의 감동이 어땠을지 상상이 간다. 또한 역자는 '신동아 건설의 길 위에 있는 우리 일본의 양식있는 사람 모두에게, 이 뛰어난 노작(勞作)이 깊은 암시를 간직한 선물이 될 것'으로 믿고 있었다. カール・ハウスホーファー, (日本青年外交協会研究部訳),『太平洋地政治学—地理歷史相互関係の研究,(上)』(日本青年外交協会, 1940), 訳序, pp. 8-9.

'일만지(日滿支) 블럭'에 국한되지 않고 프랑스령 인도 및 네덜란드령 인도를 포함하는 남방으로의 발전을 지향하는 동아광역경제의 자급자족을 확립하는 데 있는 한, '그 발전의 이정표와 경향이 공간적으로는 어떠한 지정(치)학정 견지에서 달성될 수 있는가'라는 근본적인 물음에 대한 체계적인 설명이 필요하며, 하우스호퍼의 저간의 저술활동에서 이에 대한 해답을 찾을 수 있다는 것이다.

역자들은, 동적인 해양적 요소와 정적인 대륙적 요소가 (고대의) 건국 이래 일본제국 발전의 기본적인 쌍핵(雙核)을 이루어왔다는 하우스호퍼의 테제를 받아들이고 발전시켜, 현재 일본이 국운을 내걸고 쟁취하고자 하는 동아의 신질서는 일본의 역사발전을 이끌어온 추(錘)활동의 진폭이 태평양과 동아대륙의 양극으로까지 확대되었다는 것을 의미한다고 해석했다. 결국, 역자들이 보기에 일본에게 현재 요구되는 것은, 동아의 실질서 건설을 위한 새롭고 넓은 세계관의 확립인 바, 그것은 분리성과 통합성이라는 모순된 특성에 기초한 태평양을 하나의 공간으로 인식함과 동시에 이를 다시 대륙적 사명과 조화시킬 인식의 틀, 즉 대동아지정학의 구축이었다.[63]

한편, 하우스호퍼가 본문에서 소일관계에 언급하여, 양국간에 사활을 건 문제는 없다고 본 점은 특기할 만하다. 제2차 세계대전 말기, 일본이 마지막까지 소련의 중재에 희망을 걸고 있었던 데에는, 이러한 지정학적 인식이 깔려 있었으며, 바로 이 점이 일본의 전쟁 지도층에 대한 하우스호퍼의 영향력을 짐작할 수 있는 대목이라 생각된다.[64]

---

63) カール・ハウスホーファー, [石島栄・木村太郎訳], 『大東亜地政治学』(投資経済社, 1941), 解題, pp. 9-19.

1942년 2월에는 태평양협회 번역본으로 하우스호퍼의『태평양지정학』이 이와나미 서점에서 출판되었다. 번역은 사토 소이치로(佐藤莊一郎)였다.[65] 핫타의 일본청년외교협회본 번역본이 이미 나와 있는 상황에서 다시 번역본이 출판되었다는 것은, 당시 일본에서의 하우스호퍼의 인기와 그 문장의 난해함을 동시에 확인시켜주고 있다. 그 서문에서 태평양협회는 다음과 같은 문장으로 협회 창립의 의의에 대해 설명하고 있다.

> 지금 '태평양시대'는 인류사상에 바야흐로 서광을 비추이고 있다. (중략) 태평양시대는 동시에 인문사상 획기적인 '태평양문화' 창조의 시대여야 함 또한 쉽게 상상할 수 있다. 이 장엄한 시대야말로 일본민족을 위해 준비되고 있는 황천(皇天)의 섭리이다. 우리는 이에 국사 3천년의 약속을 발견하게 된다. 대동아공영권 완성은 이 민족적 사명 달성의 첫걸음이며, 우리의 숙명은 더욱 요원한 세계사적 의의를 지니는 것이다.[66]

이어서 협회는, 이와 같은 사명이 태평양에 대한 과학적 객관적 연구의 기초 위에서 행동의 결실을 맺어야 함에도 불구하고, 그 연구가 불충분한 현실 속에서 지정학의 시조인 하우스호퍼의 저술을 소개하는 의의를 강조하고, 이 번역본을 '일본민족의 숙명적 진로인 태평양의 제패와 대동아의 건설을 말하는 자'가 반드시 읽어야 할 호저(好著)로 권하고 있다. 또한, 역자 서문에서

---

64) カール・ハウスホーファー, [石島栄・木村太郎訳] (1941), pp. 40-44; 波多野澄雄 (1981), pp. 41-47.
65) カール・ハウスホーファー, [太平洋協会編訳],『太平洋地政学』(岩波書店, 1942).
66) カール・ハウスホーファー, [太平洋協会編訳] (1942), 序文, p. 1

사토는, 본 번역서 여러 곳에서 '대동아공영권'이 지정학적 필연임을 확인할 수 있다고 하여, 그의 비전의 정확함에 놀라지 않을 수 없다고 강조하고 있다.[67]

　1943년에는 구보이 요시미치(窪井義道)가 하우스호퍼의 저서 Kontinentalblock을 일본에 번역 소개했다. 구보이는 마츠오카 전권의 수행원으로 유럽을 방문하여, 독일 이탈리아 등과의 추축국으로서의 제휴를 강화하고, 소련과 중립조약을 체결하는 데 일조한 외교관이었다. 구보이는 하우스호퍼의 상기 저서가, 미영 등 앵글로색슨의 세계지배 야욕에 대항하여, 일본 소련 독일의 연계를 강화하여 일대 대륙블럭을 형성할 것을 주장한 데 공감했다. 하우스호퍼의 눈에 러시아는 이 원대한 꿈(grand design)의 '중간지체(中間肢体)'로 비치고 있었다. 그러나 구보이가 번역 원고를 탈고한 1941년 1월 독일은 소련과 전쟁을 개시하여, 아이러니컬하게도 사태의 전개는 하우스호퍼의 구상을 역행하고 있던 상황이었다. 그럼에도 불구하고, 소련이라는 '중간지체'로서의 러시아 민족국가에 거는 기대를 저버리지 못하고 있었던 것이다.

3. 교토학파의 '윤리적' 지정학

　태평양협회를 중심으로 하우스호퍼 등의 독일 지정학이 본격적으로 소개 번역되고, 이를 무비판적으로 받아들여 '대동아공영권' 구상에 무리하게 적용하려는 시도가 이루어지는 가운데, 이러한 연구경향을 비판하고, 일본적 지정학을 주장하고 나선 학자들이 있다. 주로 교토학파로 불리는 사람들이었다. 이들은

---

67) カール・ハウスホーファー, [太平洋協会編訳] (1942), 訳者寸言, pp. 1-4.

독일 지정학이 서양의 아시아지배를 합리화하는 패권주의에서
벗어나 있는 것이 아니며, 오히려 그 흐름 속에 있는 것이라고
비판하고, 일본적 지정학에 특수하게 필요한 것으로서 '윤리적
근거'를 제공한다는 것을 스스로의 과제로 삼았다.

1942년에 출판된『동아지정학의 구상(東亞地政學の構想)』에서
가와니시 세이칸(川西正鑑)은 다음과 같이 주장했다.68) 그는 당
시 일본에서 대두되었던 '독일류' 지정학이 그 근저에는 '여전히
백색인종의 공리적 침략적 식민지 공략의 대야망을 내포하고
있는' 것으로, 일본이 맹주가 되어 '광모만리(廣袤萬里)에 걸친
대동아 제영역을 지도하기 위한 윤리적 타당성'을 천명할 수 없
다고 비판하고, 이에 대한 대안으로서의 '동아 지정학'을 주장했
다.69) 가와니시의 이러한 비판은 특히 하우스호퍼의 지정학을
염두에 둔 것이었다. 그는, 하우스호퍼가 지정학을 '자연적 생활
공간에서 이루어지는 정치적 생활형태의 과학, 즉 정치적 생활
형태를 그 자체의 지리적 구속성과 역사적 운동에 따른 제약성
안에서 보족하고자 하는 과학'이라 규정하고, 나아가 '지구상에
서 생활공간을 차지하려하는 국가적 생활형태의 생존투쟁에서
필요한 정치행동의 기술을 위한 과학적 기초'로 자리매김하고
있는 데 대해, 이러한 생각이 나치스 독일의 세계관에 조응하여
민족주의적 정치학 또는 국방지리학의 색채가 가미되었다고 비
판했다. 나아가 가와니시는 지정학을 '생명체로서의 국가가 최

---

68) 川西正鑑,『東亜地政治学の構想』(実業之日本社, 1942). 가와니시는 교토대학 경제
   학부에서 「공업입지의 연구(工業立地の研究)」라는 제목의 논문으로 박사학위를
   취득했다. 이 책을 저술할 때에는 척식대학(拓殖大學)에서 교편을 잡고 있었다.
   한편 지정학의 일본화를 주장하는 학자들 가운데 일부는 일본지정학의 창시를 주
   장하기도 했다. 松川二郎,『大東亜地政治学』(霞ヶ関書房, 1942), 序, pp. 1-4.
69) 川西正鑑(1942), 序, p. 1.

고지침으로 하고, 이에 기초하여 행동하게 되는 정치와 지리적 공간과의, 전자 우위의 상호의존성에 관한 이론'이라 규정했다.[70] 그는, 국가가 지리적 환경에 수동적으로 구속되는 것으로 생각하는 환원론적 유물론적 지정학이 아니라, 국가가 지리적 공간으로부터 자율적인 정치적 행위를 영위할 수 있다는 입장에 서 있었다. 따라서 그의 지정학은 자연적 공간개념보다 인위적 공간개념에 입각해 있었다. 그것은 그가 지리학에서 출발한 것이 아니라 경제학에서 출발했기 때문이라 할 수 있다. 그리고 그 점이 일본 민족의 경제활동의 공간으로서의 공영권 구상에 적합하다는 주장의 밑변을 이루고 있는 것으로 생각된다.

한편 가와니시가 상정한 공간 개념상 '대동아(또는 광역동아)'의 지리적 범위(가와니시의 표현에 따르면 '범역[範域]')는, 서남아시아 및 중앙아시아를 제외한 아시아 대륙과 알류산열도, 쿠릴열도, 일본열도, 류큐(오키나와)군도, 필리핀군도 등으로 이어지는 원호 모양의 섬들을 포함하고 있다. 그리고 아시아 대륙과 5개의 열/군도 사이의 베링해, 오호츠크해, 일본해(동해), 동지나해, 남지나해 등의 바다를 동아의 '내해'로 규정하고 있다.[71]

이어서 그는 동아의 북방으로부터의 통로에 대해 특별히 언급하고 있다. 즉, 동아의 북방은 이미 제정러시아 때부터 태평양 진출의 통로의 의미를 지니고 있었는데, 소련이 성립한 이래로는 전혀 새로운 의의를 획득하게 되어, 소련의 동아 '침출(侵出)'을 위한 통로가 되고 있다는 것이다. 시베리아 연해주로부터 만주와 조선에 이르는 길, 동시베리아로부터 외몽고를 거쳐 내몽고에 이르는 길, 그리고 중앙아시아로부터 서북 중국에 이르는 서북 루트 등의 세

---

70) 川西正鑑(1942), pp. 7-8.
71) 川西正鑑(1942), pp. 53-63.

가지가 그 '침출 루트'로 이용될 수 있다고 보고 있다. 이 가운데, 특히 고대와 중세에 유럽과 아시아의 통로가 되었던 서방 지역은 가까운 장래에 동아공영권과 소련과의 접촉점이 될 것이 예상되어, 다른 루트에 비해 상대적으로 미미한 교역량에도 불구하고 중요한 의의를 지니게 될 것이라 주장했다.[72] 하우스호퍼의 지정학이 소련과의 제휴를 주장하고 있는 반면, 가와니시의 지정학은 시베리아와 중국서북부, 중앙아시아 일대에 걸친 광범위한 지역에서 소련과의 경쟁을 필연으로 보고 있는 점이 특징적이다.

그는 또한 지정학 일반이 목표로 삼고 있는 것으로 이른바 '고도 국방국가체제'의 건설을 제시했다. 당시 대동아공영권 건설의 중심 주제어로 등장했던 '광역경제'를 정치적, 군사안보적 측면에서 포착한 '국방국가체제'는 '국가총동원'과 '통제경제'의 결합으로 특징지워지는 '(준)전시체제'가 전시만이 아닌 평시에도 항구화하게 된 현실을 배경으로 등장했다. 그리고 그 전개 발전을 '세계적 대세'로 파악했다.[73]

'고도 국방국가체제'로서의 '대동아 공영권'에 포함되어 국방적 통일성을 기해야 할 '영역'으로서 가와니시는, 만주국, 북중국, 중남중국, 프랑스령 인도차이나, 태국, 영국령 말레이, 네덜란드령 인도네시아, 버마, 영국령 인도, 필리핀, 호주 및 뉴질랜드 등을 들고, 각각의 '국방적 특질'를 나누어 고찰하고 있다.[74]

이 가운데 소련과 접경한 만주국 및 북중국에 대해, 가와니시는 다음과 같이 기술하고 있다. 종래, 만주는 일본의 대륙정책이 지향하는 하나의 목표로 인식되어 왔으나, 만주국이 성립한 이

---

72) 川西正鑑(1942), p. 61.
73) 川西正鑑(1942), pp. 23-24.
74) 川西正鑑(1942), pp. 321-356.

래로는 대륙정책의 전진을 위해 가장 현실적인 정치적, 군사적, 경제적 거점으로 전화하고 있다고 보았다. 1931년 이전에는 일본과 소련의 국경은 조선의 동북단과 사할린 등 지극히 제한적이고 미미한 것이었으나, 만주국 성립과 동시에 급격히 확대되어, 일본의 국경 방위에 대한 군사적 부담이 일거에 증대했다는 것이다. 그 가운데서도, 일본의 대소관계상 가장 민감한 지점의 하나로 블라디보스톡의 남서쪽으로 조선을 향해 길쭉하게 뻗어 있는 지역을 들었다. 한편, 북중국 지역은 소련 지배하의 외몽고와 접하는 지역으로, 만주국의 '전위기지'이자 일본의 대륙정책 수행을 위한 '전진기지'로서 가치를 부여했다. 나아가 북중국은 홍콩과 리스본을 잇는 세계에서 가장 긴 대륙횡단 철도의 일부분을 차지하는 지역으로서, 이러한 교통상의 요지라는 점과 북중국의 자원을 결합해서 사고할 때, 그 위상은 대동아공영권에서 '본원적'인 의미를 지니고 있다고 지적했다.[75]

그의 '국방국가체제'론에서는 반제(Ewald Banse)의 영향력을 엿볼 수 있다. 일본에서는 반제의 국방과학으로서의 '지정학'이 1944년 10월에 『국방의사와 지리학: 풍토와 인간, 공간과 민족, 전쟁과 국방의 제 문제에 대한 종합연구(国防意思と地理学―風土及人間, 空間及民族, 戦争及国防の諸問題に対する綜合研究, Geographie und Wehrwille: Gesammete Studien zu den Problemen Landschaft und Mensch, Raum und Volk, Kreg und Wehr)』가 번역됨으로써 소개되었다. 역자 사토 소이치로(佐藤莊一郎)는 반제에 이르러 지리학은 딱딱하고 건조한 자연과학에서 예술로서의 인문과학으로 다시 탄생하는 혁명을 겪었으며, 비로소 국가의 행동과학으로서

---

75) 川西正鑑(1942), pp. 321-323.

의 지정학이 인간의 영혼의 목소리를 지니게 되었다고 평가하고, 그가 1912년에 창시한 이래 관철해온 '국방과학(Wehrwissenschaft)'의 입장을 소개하는 의미를 강조하고 있다.[76)]

반제가 말하는 국방과학이란, '장래, 자민족의 존속을 위해 감행될 전쟁의 가장 유리한 전제조건을 창조하기 위한 것으로, 국토와 민족, 그 공간성 및 경제업적, 교통력과 심리 등에 관한 학문'이며, 인간이 기왕에 성취한 '모든 지식부문으로부터 무차별적으로 재료를 섭취'하되, 이 재료를 '민족의 방위력'이라는 독자적 관점에서 취급하는 바, 그 관점은 '공간, 경제, 교통, 민족심리, 정책'이라는 다섯 개 방향으로의 보다 먼 관점으로의 확대를 요구받는다고 하였다. 이 가운데 반제는 특히 국방과학적 공간학(Raumlehre)에 대해 '정치적 군사적 조치와 공간의 관계라는 입장에서 공간을 관찰'하는 태도로 규정하고, 공간이야말로 '모든 일어나고 태어남(起生)의 위대하고도 편재적인 기저'를 이룬다고 하여 국방에서의 지정학의 중요성을 강조했다.[77)]

이와 같이 앞서 소개한 가와니시의 '국방국가체제'론에서는 반제의 영향력이 짙게 엿보인다. 한편, 반제의 저서를 일본에 소개한 것은 하우스호퍼의 태평양협회본 태평양지정학을 번역한 사토였다. 결국, 일본에서의 지정학적 인식의 발전은 하우스호퍼의 입장에 서 있거나, 그를 비판하거나에 관계없이 하우스호퍼를 중심으로 전개되고 있었으며, 일본적 지정치학의 확립을 목표로 했던 당대의 지정치학 이데올로그들의 동일한 목표는 일본의 동남아 진출정책과 대륙팽창정책을 결합하는 데 있었다.

---

76) エーヴァルト・バンゼ, [佐藤荘一郎訳], 『国防意思と地理学―風土及人間,空間及民族, 戦争及国防の諸問題に対する綜合研究』(岡倉書房, 1944), 訳者序言, pp. 5-9.
77) エーヴァルト・バンゼ(1944), pp. 265-270.

그리고 그 최대의 과제는 소련과의 관계를 조절하고 소련의 대륙에서의 영향력을 통제하는 데 있었던 것이다. 그러나 그들의 공허한 노력은 스탈린의 대일전 참전으로 실패하게 되었다.

4. 스탈린의 대일전 참전과 지정학적 고려

스탈린의 대일전 참전 논리는 일본의 '대동아공영권'이 목표했던 지정학적 세계관을 거꾸로 세운 것이었다. 이를 스탈린의 대일전 승리 메시지에서 확인할 수 있다. 9월 2일, 일본이 연합국 측에 정식으로 항복한 날, 모스크바에서는 스탈린이 대일전쟁 승리에 즈음한 대 국민 메시지를 발표했다. 스탈린은 '이제야 우리는 세계 평화를 위해 필요한 조건들을 쟁취해 냈다고 말할 수 있게 되었다'고 하여 승리를 선포한 뒤, 그 승리가 러일전쟁에서의 패배로 인해 상실한 국민적 자긍심과 영토적 이권의 회복을 의미하는 것이라는 점을 강조했다. 스탈린은 러일전쟁의 패배가 지니는 지리적 의미를 다음과 같이 정리했다. '일본은 러시아로부터 남부사할린을 약취하고, 쿠릴열도를 확보하여, 러시아에 대해 동방에서의 대양으로의 모든 출구를, 따라서 나아가서는 소비에트 캄차트카와 소비에트 츄코트카의 모든 항구로의 출구까지도 자물쇠로 걸어잠그고 가두어 버리고자' 했던 것이며, '일본은 러시아 극동지방 전체를 떼어내어 차지할 것'을 궁극적인 목표로 삼고 있었다는 것이다. 이후의 시베리아 간섭전쟁, 장고봉 사건, 노몬한 사건 등이 그러한 의도를 뒷받침하는 증거로 예거되었다. 그러나 결국, 소일전쟁의 결과 일본이 패배하여 연합국에 대한 항복문서에 조인함으로써, '남부 사할린과 쿠릴열도가 소련에 귀속되어, 이들 지역이 앞으로는 소련을 대양으로부터 차단하는 수단이나 (소련) 극동에 대한 일본의 공격 기지로서의 역할을 수행하는 것이 아니라, 소련과 대양과의 직접적 연락 수단으로서, 또는 일본의 침략에 대한 우리 나라의 방위 기지로서 역할을 수행하게 될 것으로 의미한다'고 지적하여, 러일전쟁 및 소일전쟁의 귀결이 지니는 지정학적 의미를 역설했다.[78]

Ⅵ. 요약과 결론

러일관계 전개의 여러 주요규정요인들 가운데 제1차적 요인은 '지리적 근접성'으로 인한 제반 지정학적 요인들이었다. 본고는 이점에 착목하여 러일관계의 전개를 지정학적 요인을 중심으로 서술해 보고자 하는 것이었다. 분석의 시기는 러시아와 에도기 일본 양국의 지리적 접근과 상호발견의 시대 이래, 제2차 세계대전의 종언에 이르기까지로 설정했다. 그 이유는 바로 이 시기에 동북아시아에서 전개되었던 역사발전 단계가 '생활권' 확보 투쟁을 정식화한 '지정학'의 시대였다고 볼 수 있기 때문이다.

근세적 상호발견의 전방에 서 있던 러시아의 동방개척자들과 일본의 표류민들은, 서로가 서로에게 '모피 생활권'의 확대와 '어

---

78) 淸水威久, 『ソ連と日露戦争』(原書房, 1973), pp. 1-16. 시미즈는 러일전쟁이 제정러시아의 압제에 신음하던 소수 민족들의 민족주의를 고무한 측면이 있으며, 레닌마저도 이 점을 긍정적으로 평가했다고 하여, 쇼비니스트적 스탈린주의로 변질되기 전의 마르크스 레닌주의의 입장에 서더라도, 러일전쟁은 달리 평가되어야 한다고 주장하고 있다. 스탈린주의 비판이라는 또 다른 정치적 입장에서 러일전쟁을 민족해방전쟁으로 묘사하고 소일전쟁을 스탈린의 대일보복과 영토확장의 전쟁으로 규정하는 등, 그의 모든 주장에 동의할 수는 없으나, 러시아어 원전을 발굴 분석하고 있다는 점에서 그의 작업을 참조했다.

로 생활권'의 존재를 확인시켜 주는 전위들이었다. 오호츠크와 베링해로의 동진을 완료한 러시아인들은 1760년대에 이르러서 쿠릴 열도를 따라 남하하기 시작하여, 1771년에는 우룹프 섬 이북의 대부분의 열도를 점거하게 되었다. 이러한 사태 발전은 일본인에게 자신의 생활권의 범위를 의식하게 했다. 이와 동시에 에도시기 일본의 막연한 북방 경영자 의식은 팽창주의적인 영유권 주장으로 발전하고 있었다. '에조순찰대'의 파견(1785)은 이러한 의식의 발로였다. 락스만과 레자노프의 방일 통상관계 수립 요구(1792, 1804)는 일본의 '생활권' 의식과 영토권 주장을 발전시킨 결정적 계기가 되었다. 이를 배경으로, 일본에서는 북방으로부터의 위협에 대처한 '해양방어론(海防論)'이 제기되었으며, '북문의 강적' 러시아는 경계와 구축의 대상이 되었다. 이 시기의 러일 관계는 영토획정을 최대의 현안으로 한, '선의 지정학'에 기반한 관계였다. 1855년에 체결된 '러일통호조약'은 그 일단락이자 새로운 지정학적 인식의 출발점이기도 했다.

그러한 새로운 지정학적 인식은 시베리아 철도의 기공을 전후로 나타나기 시작했다. 시베리아 철도는 경계선을 향해 달려오는 주축선이었으며, 두 선의 교차는 '면'의 구축을 의미했다. 시베리아 철도의 완공은 일본에서의 지정학적 인식이, '해양방어론'에서 '대륙진출론'으로 확장하는 계기가 되었다. 일본 육군 건설의 제1공로자이며 대륙팽창론자인 야마가타 아리토모는 1890년에 이른바 '야마가타 의견서'를 작성하고, 일본의 '이익선의 초점은 조선에 있다'고 규정했다. 시베리아 철도가 조선에 대한 러시아 생활권의 확대를 목표로 한 것이라는 인식이 그 배경에 깔려 있었다. 야마가타의 '이익선'론은 이어서 '만한교환론'으로 발전하였고, 러일전쟁이후 대륙으로의 진출을 본격화한 뒤에는 '만

몽'을 '생명선'으로 규정하기까지에 이르렀다. 이 시기 대소인식
은 '만몽생명선' 이내의 영역을 통합된 부면으로 간주하여, 그
외부의 소련과 확고히 구별되는 일본의 색으로 물들여가는 '면
의 지정학'에 기반해 있었다.

일본의 지정학자들에게 '대동아공영권' 구상은, '핵심권' 일본
열도의 활로 확보를 위해, 이미 확보한 '대륙면'과 새로 확보한
'해양면'의 결합과 통일을 통해 '배양권'을 구축하기 위한 노력이
었다. 즉, '대동아공영권' 구상은 대륙팽창과 해양진출의 결합을
면과 면의 조합으로 인식한 결과였으며, 이로서 일본 지정학의
완성형으로서 '권의 지정학'의 출현을 보게 되었다. 그 과정에는
태평양협회를 중심으로 한 독일 지정학의 본격 수입과 교토학파
를 중심으로 한 일본 고유의 지정학 확립 노력이라는 엇갈린
움직임이 교차하고 있었다. 몇 가지의 차이점에도 불구하고, 일
본적 지정학의 확립을 목표로 했던 당대의 지정학 이데올로그들
은 하나의 목표를 공유하고 있었으며, 그것은 동남아 진출정책
과 대륙팽창정책을 결합하여 대륙에서는 소련의 영향력을, 해양
에서는 영미의 영향력을 배제하여, 일본을 중심으로 한 새로운
'권역' 질서를 구축하고자 하는 것이었다.

그러나 '대동아공영권' 구상은 제2차 세계대전에서의 일본의
철저한 패배를 거치면서 실패로 귀착했다. 그리고 그것은 일본
지정학의 파탄을 선고하는 것이었다. 팽창주의는 지정학 자체의
속성이기도 했지만, 일본적 지정학은 그 속성을 순화시키는 경
향을 보였다. 그런 의미에서 '대동아공영권' 구상은 폭발의 뇌관을
처음부터 장치하고 있던 것이었다고 할 수 있다. 결국, 일본적 지
정학은 빅뱅을 맞이하게 되었으며, '권'의 파편들이 산재한 전후를
맞이하게 되었다. 그 파편 가운데 하나가, 러일관계에 주목해서

예시하자면, '4개도서'였으며, 독도와 조어도, 오키나와, 오가사와라 등의 전후사는 '점의 지정학'의 도래를 선언하는 것이었다.

그러나 지정학의 역사를 돌이켜 보건대, 지정학에 집착하는 한, 문제의 해결은 요원한 것으로 보인다. 환언하자면, 문제의 해결을 위해서는 지정학의 극복이야말로 가장 긴요한 작업이었던 것이다. 그러한 사정이 전후 일본 사회과학에서 '지정학'이 자취를 감춘 배경이 되고 있었다. '지정학'의 극복인가, 새로운 '지정학'의 확립인가. 이에 대한 해답이, 동북아시아에서 분쟁과 전쟁의 역사를 극복하고 안정과 번영의 미래상을 설정하는 작업에 하나의 시사점을 던지고 있다.

-------------------------------------- ■참고문헌■ --------------------------------------

강성학, 『시베리아 횡단열차와 사무라이: 러일전쟁의 외교와 군사전략』, 서울: 고려대학교 출판부, 1999.
이용희, 『일반국제정치학(상)』, 서울: 박영사, 1983 [초판, 1962].
한상일, 『아시아 연대와 일본제국주의: 대륙낭인과 대륙팽창』, 오름, 2002.
홍완석, "쿠릴 4도 분쟁 영속화 요인 고찰", 『한국정치학회보』, 2002.
Zbigniew Brzezinski, *The Grand Chessboard: American Primacy and Its Geostrategic Imperatives*, New York: Basic Books, 1997.
阿部市五郎, 『地政学入門』, 古今書院, 1933.
飯本信之, 『政治地理学』, 改造社, 1929.
飯本信之, 『政治地理学研究, (上)』, 改造社, 1935
内田良平·吉倉汪聖, 『露西亜論』, 黒竜会本部, 1901. [복각판, 内田良平, 『露西亜亡国論』, 大東芸出版部, 1977].
海保嶺夫, 『エゾの歴史―北の人びとと「日本」』, 講談社, 1996.
鹿島守之助, 『日本外交史 1, 幕末外交―開国と維新』, 鹿島研究所出版会, 1970.

川西正鑑,『東亜地政治学の構想』, 実業之日本社, 1942.

姜尚中,『東北アジア共同の家をめざして』, 平凡社, 2001.

木崎良平,『光太夫とラクスマン―幕末日露交渉史の一側面』, 刀水書房, 1992.

木村汎,『遠い隣国―ロシアと日本』, 世界思想社, 2002.

国松久弥,『地政学と東亜共栄圏の諸問題』, 東京開成館, 1944.

信夫清三郎編,『日本外交史 II, 1853-1972』, 毎日新聞社, 1974.

清水威久,『ソ連と日露戦争』, 原書房, 1973.

曾村保信,『地政学入門―外戦略の政治学』, 中央公論社, 2002.

中村善和,『おろしや盆踊唄考―日露文化交渉史拾遺』, 現代企画室, 1990.

長谷川毅,『北方領土問題と日露関係』筑摩書房, 2000.

波多野澄雄,『東亜新秩序』と地政学」, 三輪公忠編,『日本の
        1930年代』, 採光社, 1981.

初瀬竜平,『伝統的右翼―内田良平の研究』, 九州大学出版会, 1980.

朴栄濬,「海軍の誕生と近代日本―東アジアにおける近代国家変容の軍事的基
        礎に関する一研究」, 未公刊, 東京大学大学院博士論文, 2002.

藤村道生,『山県有朋』, 吉川弘文館, 1997.

古屋哲夫,『日露戦争』, 中央公論社, 1966.

細谷千博,「日露・日ソ関係の史的展開」, 日本国際政治学会,『日露・日ソ
        関係の展開』, 有斐閣, 1965.

松川二郎,『大東亜地政治学』, 霞ヶ関書房, 1942.

森嶋通夫,『日本にできることは何か―東アジア共同体提案する』, 岩波書店, 2001.

森山茂徳,『近代日韓関係史研究―朝鮮植民地化と国際関係』, 東京大学出版会, 2001.

山中文夫,『シベリア五〇〇年史―ゼーブルロードは語る』, 近代文芸社, 1995.

和田春樹,『北方領土問題―歴史と未来』, 朝日新聞社, 1999.

_____,『東北アジア共同の家―新地域主義宣言』, 平凡社, 2003.

エーヴァルト・バンゼ, [佐藤荘一郎訳],『国防意思と地理学―風土及人間,空
        間及民族,戦争及国防の諸問題に対する綜合研究』, 岡倉書房, 1944.

カール・ハウスホーファー, [日本青年外交協会研究部訳],『太平洋地政治学
        ―地理歴史相互関係の研究, (上)』, 日本青年外交協会版, 1940.

カール・ハウスホーファー, [石島栄・村井太郎訳],『大東亜地政治学』, 投資経済社, 1941.

_____, [太平洋協会編訳],『太平洋地政学』, 岩波書店, 1942.

탈소비에트 시기 러시아와 일본의 영토 분쟁: 옐친시대를 중심으로*

윤 영 미

한국외대 러시아지역연구사업단 연구교수

I. 서 론

일반적으로 탈냉전의 과도기적 상황 속에서 형성되고 있는 새로운 국제질서의 주요 특징으로는 이념·체제·제도간의 갈등과 대립이 현저하게 감소된 반면, 종족·민족 대립, 종교 갈등, 영토확장, 권력 쟁탈 등의 분쟁으로 그 원인이 다양해졌다.[1] 한국국방연구원 세계 분쟁 팀이 운영하는 "세계의 분쟁과 전쟁"

---

* 이 논문은 고려대학교 평화연구소 주최 국제학술회의 「転換期の日・露・韓関係: 協調と対立そして紛争要因」(2003年 11月 29日 日本 東北大学)에서 발표한 것을 수정, 보완한 것임

1) 김강녕, "탈냉전 이후 국제분쟁 현황과 전망", 『군사논단』 제27호, 2001 여름호, p. 166.

사이트에 의하면 2003년 전 세계 분쟁지역은 약 37개나 되며 이 중 국가간 분쟁은 12개이고 나머지 25개는 콩고나 앙골라와 같은 아프리카나 중동 지역에서 진행되고 있는 내전형 분쟁이었 다.[2] 구소련 역시 러시아연방과 CIS로 분리되면서 러시아내의 민주화와 시장경제 체제전환기 러시아연방도 그 예외가 될 수 없었고 단적인 예로 지역적 내전형으로 영토적·종교적·민족 적 갈등 잘 드러내 주고 있는 체첸의 분리주의 분쟁을 겪고 있 다.[3] 잘 알려진 바와 같이 구소련의 붕괴로 신생 러시아가 탄생 하고 체첸-잉구쉬 공화국에서 러시아로부터의 분리주의 분쟁이 1990년 11월 연방탈퇴 선언으로 불거지고 1994년 11월 옐친 대 통령의 체첸의 수도 그로즈니 공격을 시작으로[4] 1999년 2차 러 시아·체첸전쟁으로 이어졌고 민간인에 대한 테러가 확대된 민 족적·역사적 반목과 아울러 자원 등을 둘러싼 분쟁으로 알려져 있다.

더욱이 러시아연방의 국가간의 분쟁으로 냉전의 유산인 일본 과의 쿠릴영토 문제를 그 예로 둘 수 있다. 1945년 2차 세계대전 의 종결과 더불어 소련에 귀속된 쿠릴영토 분쟁 해결을 위해

---

2) http://kida.re.kr/limdata/world/KIDA 세계분쟁-전쟁 사이트; 매일경제, 2003년 4월 17일.

3) 역사적으로 체첸민족의 지속적인 분리 투쟁은 18세기 제정러시아의 통치권에 들어 간 이 후부터라 볼 수 있으며 소련연방의 해체 이후 체첸 독립 선언 후 러시아연방과 의 분쟁이 대대적으로 이어졌다. 러시아연방은 1994년부터 평화적인 해결보다는 무력진압으로 독립 요구에 대처하였다. 2차 러시아연방과 체첸 전쟁 이후 체첸 정권 은 협상을 통해 독립을 쟁취하고자 하는 온건파가 집권한 상태이지만 이에 반대하는 강경파 이슬람 근본주의자들은 다게스탄으로 옮겨 무장독립투쟁 및 여성들을 동원 한 자살 테러 형태로 러시아연방 정부와 러시아 시민들을 대상으로 공격하고 저항하 였다. http://www.peace2003.net/country/chechen.02.html

4) 고상두, "러시아 연방주의 현실과 체첸분쟁", 『국제정치논총』 제37집 2호, 1997, pp. 92-93; http://www.peace2003.net/country/chenchen.02.html

후르시초프는 1956년 소-일 공동선언을 통해서 일본과의 평화
조약을 체결하고 네 개의 섬 중 두 개의 섬인 '하보마이와 시코단'
섬들을 반환하기로 시도했으나 일본이 주장하는 네 개 섬의 요
구에 의해서 이루지 못했다. 그 후 1980년 중반에 등장한 고르바
초프는 일본과의 새로운 경제협력관계와 외교관계 개선의 일환
으로 상호영토문제의 존재를 인정하고 1956년 소-일 공동선언
에 입각하여 평화조약을 체결하고 두개의 섬 반환을 일본정부에
제시하고 그 대가로 경제지원을 보장받으려 했으나 일본정부는
두개의 섬 반환 후에 미래에 나머지 두개의 섬마저도 반환을
보장하는 서명을 요구했다. 그의 두개 섬 반환 구상은 뚜렷한
해결방안을 모색하지 못하고 소비에트 연방이 붕괴되고 1990년
초부터 구소련의 국내경제개혁 단행과 구 시스템의 개방이 가속
화를 꾀하고 옐친은 경제적 이유로 인한 일본과의 관계를 더욱
공고히 하고 평화조약을 체결하기 위한 의도를 명백히 하였다.[5]
　특히 옐친은 시베리아와 러시아극동지역과 쿠릴 섬에 대한
일본정부의 적극적인 부자와 경제적 협력관계 강화를 지속적으
로 도모하고자 계속적인 협상을 통해서 일본과의 좀 더 긍정적
인 관계로 발전할 수 있었다.[6] 1998년 11월에는 2000년에 예정된
모스크바 정상회담에서의 평화조약 체결을 위한 제안서도 서로
교환하기로 하였다.[7] 일본은 자국의 통치권이 쿠릴열도지역에
서 인정되어야 하며 평화협정에 상호국경선의 명시를 요구하였

---

5) "Russian Foreign Policy During Yeltsin's Second Term", *Communist and
　Post Communist Studies*, Vol. 30, No. 4, December 1997, p. 342.
6) "Kurils Officials on Relations with Japan", *Tass*, 13 January 1994, as cited in
　FBIS-94-10, 14 January 1994, p. 39; Leszek Buszynski, *Russian Foreign Policy
　after the Cold War* (London: Praeger, 1996), p. 173.
7) *Rossiiskaya gazeta*, 14 November 1998, p. 2.

다. 또한 일본은 러시아는 가까운 미래에 나머지 두개의 섬을 일본에 반환해야 양국의 영토분쟁을 해결할 수 있다는 내용이 포함한 평화협정에의 서명을 지속적으로 고수하였다. 이에 대한 러시아는 국경선은 분리된 협정의 형식이어야 한다는 입장을 고수함으로서 결과적으로 쿠릴영토에 관한 지속적인 협상은 진행되었지만, 러시아와 일본사이의 이를 둘러싼 문제에 관한 어떤 협정도 합의되지 않았다.8) 러시아는 영토문제 해결에 대한 경제적 관계와 정치적인 문제 즉 영토문제를 분리되어야 한다고 접근하며 일본은 정치적 문제해결을 우선적으로 고려하는 외교노선으로 경제관계를 영토문제와 연결을 고수함으로서 경제나 무역에 있어서 매우 다른 접근을 보이고 있다

지속적인 쿠릴섬 영토문제와 둘러싼 협상에도 불구하고 뚜렷한 진전이 없이 여전히 옐친정부에서도 해결하지 못한 일본과의 영토분쟁 해결에는 중요한 세 가지 장애물이 존재하고 있음을 이 논문은 보여주고 있다. 첫째, 경제적으로 이 지역은 러시아의 국내 수산업에서 중요한 위치를 차지하며 둘째, 탈냉전 시에도 여전히 전략적 군사적으로 요충지로 간주되며, 마지막으로 가장 중요한 요소인 쿠릴열도에 관한 국내정치적 태도와 입장이다. 이 요소는 구소련 붕괴이후 체제전환기의 옐친 시대에 민주화의 과정에서 국가의 중요한 의사결정에 대한 러시아 국민들의 의견 반영으로 영토문제를 둘러싼 일본과의 관계에서 가장 중요한 정치적 이슈 중의 하나로 부각되었다.9) 그 기저에는 러시아연방

---

8) *Izvetiya,* 14 January 1999, p. 1.

9) Japan Times, 20 January 1994, p. 3; Roger E. Kanet and Susanne M. Birgerson, "The Domestic-Foreign Policy Linkage in Russian Politics: Nationalist Influences on Russian Foreign Policy", *Communist and Post-Communist studies,* Vol. 30,

내에 부활한 강한 민족주의로 인식해 볼 수 있으며 민족주의를
앞세운 영토분리에 대한 반대는 러시아연방 내의 체첸의 분리주
의에 대해 러시아연방이 보여준 강경함에서 보여주듯이 일본과
의 쿠릴섬 문제의 해결 접근에서도 소연방의 붕괴이후 현대 다
민족국가로 구성된 러시아연방의 민주화 과정에서 중요한 요소
로 인식되고 있다. 현재까지 러시아가 원하는 평화조약도 일본
정부가 원하는 섬 반환 문제에 대한 어떤 형태의 대안이나 해결
점이 제시되지 못한 채 푸틴시대로 이어졌다.

이런 관점에서 본 논문은 경제적, 군사적 장애물을 살펴보고
특히 세 번째 요소인 정치적 이유에 초점을 두고 체제전환기의
네 차례(1991년, 1992년, 1994년, 1998년)에 실시된 러시아연방
과 쿠릴섬 주민들을 대상으로 실시한 영토반환에 대한 여론조사
(1992) 등에 기초하여 일본과의 영토문제를 다루고자 한다. 이런
결과의 분석은 대다수의 러시아 국민들이 영토문제에 대한 그들
의 태도와 입장 아울러 일본에 대한 그들의 인식과 옐친정부와
러시아의 징치가들이 영도문제에 대한 접근 방식과 대일정책에
도 지내한 영향을 미쳤을 알 수 있다.

Ⅱ. 영토문제: 쿠릴섬(북방영토)[10]

<지도 1>에서 보듯이 남쿠릴 지역은 지리상으로 네 개의 작
은 섬들인 에토로후, 쿠나시리, 시코단, 하보마이로 이루어진다.
이 섬들은 10,500평방킬로미터를 차지하고 있다. 첫 번째 두 섬

No. 4, 1997, pp. 335–344.
10) 일본정부는 러시아정부가 칭하는 "쿠릴섬" 대신에 "북방영토"라 부르고 있다.

인 에토로후와 쿠나시리 섬은 쿠릴열도의 가장 남쪽에 위치하고 있다. 이 두 섬들은 홋카이도와 캄차카반도사이에 약 천 킬로미터 정도 길게 뻗어 있다. 나머지 시코단, 하보마이 섬은 홋카이도 지역에서 북동쪽으로 좀 떨어져 있다.11)

역사적으로 이 분쟁지역의 소유에 관한 최초의 국제적 조약은 쿠릴섬의 북반을 러시아영토로 남반을 일본의 영토로 분할한 1855년 쉬모다 협정이 있고.12) 그 후 1875년 세인트 피터스버그 조약에서는 러시아의 사할린섬 지배의 대가로 쿠릴열도의 일본 지배를 승인하였다. 그러나 1905년 러-일 전쟁(1904~1905)후 일본은 사할린섬의 남부에 대한 지배권을 다시 획득하였으며,13) 제2차 세계대전 말 1945년 포츠담 선언으로 사할린섬 및 이 네 개의 쿠릴열도를 소련연방에게 넘겨주게 되었다.14)

1951년 샌프란시스코 평화회의에서 소련연방이 일본과의 평화조약 협정초안을 준비하였으나 일본은 분쟁지역인 네 개의 섬 반환을 요구하였다.15) 그 후 1956년 10월 소련이 소련연방과 일본과의 공동선언을 제안하였다. 여기에서, 후르시초프는 두 나라 사이의 완전한 외교관계 성립과 경제 협력의 가능성을 촉

---

11) Andrew Mack and Martin O'Hare, "Moscow-Tokyo and the Northern Territories Dispute", Asian Survey, Vol. 30, No. 4, April 1990, pp. 380-394; Vitaly Gaidar, "The South Kuriles: A Problem Awaiting Solution", Far Eastern Affairs (Moscow), No. 6, 1994, pp. 43-45.

12) V. Kozhevnikov, Otchet simpoziuma 1995, "Poisk otnoshenii mezhdu khakodate i Rossii, ob ostrove Sakhaline i Kurilskikh ostrovakh", paper presented at a symposium in Hokkaido, 1995, mimeo., p. 13.

13) Yu. V. Georgiev, comp., Kurily-ostrova v okeane problem (Moscow: ROSSPEN, 1998), pp. 88-93.

14) John J. Stephen, The Kuril Islands (Oxford: Clarendon Press, 1974), p. 245; Itogi, 3 December 1996, p. 31.

15) RA Report, No. 16, January 1994, p. 3.

〈지도 1〉 남쿠릴열도

구하였다. 그는 공식적으로 '소-일 공동선언' 체결 후에, 즉 평화
조약 체결 후에 남쪽에 있는 두개의 섬 '시코탄 섬과 하보마이'
섬의 일본반환을 약속하였다.16) 이를 위해 1955년 중반 러시아
외무부와 모스크바주재 일본대사관의 출처에 의하자면 러시아
와 일본의 평화조약 초안을 작성하는데 진척이 있었다고 한
다.17) 1972년 후르시초프의 일본 방문기간 동안18) 소련외무부

---

16) V. Kozhevnikov, "Territorial'nyi vopros k 40-letiyu sovmestnoi Sovetsko-
    yaponskoi deklaratsii 1956 goda", *Rossiya i ATR* (Vladivostok), No. 3, 1996, pp.
    48-49.
17) "General Briefs Japanese Symposium on Relations", *Tass*, 19 March 1992, as
    cited in FBIS-Sov-92-055, 20 March 1992, p. 7; "Certain Progress' in Drafting
    Treaty with Japan", *Tass*, 4 May 1995, as cited in FBIS-Sov-95-086, 4 May
    1995, p. 15.

장관인 안드레이 그로미코는 후르시초프 제안을 다시 한번 강조하였다.19) 그러나 일본은 1956년과 1972년의 제안을 받아들이지 않았으며, 계속해서 소련과의 평화조약에 서명하기 전 남 쿠릴열도 네 개의 모든 섬의 반환을 요구하였다. 그 후 고르바초프시대로 이 문제가 승계되면서 일본은 영토분쟁을 해결하기위한 두 단계 계획을 주장하였다. 우선 러시아가 작은 두 섬을 평화협정에 의거 반환하고 나머지 두개의 큰 섬(에토로후와 쿠나시리)의 반환을 협정서에의 명시할 것을 요구하였다.20) 옐친시기의 영토문제에 대한 일본정부의 변화된 태도와 입장을 보면 러시아와의 북방영토 해결에 있어서 네 개 섬의 동시 반환 주장대신 러시아가 이들 섬에 대한 '일본의 주권'을 인정하면, 반환방법, 시기에 대해 유연하게 대처하겠다는 입장을 보여 주었다.21)

현 러시아 헌법은 러시아에서의 영토의 변동은 국민투표로 모든 러시아인들의 의견 수렴만을 통해서만 가능하다고 규정하고 있다. 한편 1992년 8월 22일 러시아 부총리 미하일 폴토라닌은 옐친과 그의 정부가 일반적으로 1956년 소-일 공동선언에 원칙에 충실 한다고 언급하였다.22) 일본과의 평화조약을 체결하

---

18) "Kozyrev Holds News Conference", *Tass,* 21 March 1992, as cited in FBIS-Sov-92-056, 23 March 1992, p. 2.
19) 1956년 10월 소련과 일본과의 공동선언 제9조항에 따름. V. K. Zilanov, A. A. Koshkin, I. A. Latyshev, A. Ya. Plotnikov, and I. A. Senchenko, *Russkie Kurily: Istoriya i sovremennost'* (Moskva: SAMPO, 1995), p. 13.
20) "Miyazawa on Kurils", Moscow Radio World Service, 23 March 1992, as cited in FBIS-Sov-92-056, 23 March 1992, p. 27; Japan Times, 18 april 1992, p. 1; "Japanese Envoy Visits Sakhalin for First Time", Kyodo(Tokyo), 10 October 1995, as cited in FBIS-Sov-95-195, 10 October 1995, p. 37.
21) *Kommersant-Daily,* 20 October 1998.
22) *RA Report, No. 14,* January 1993, p. 4.

기 위해서 그리고 일본과의 영토문제는 1956년에 근거한다고 하였으나 이틀 후, 러시아 대통령 정부 수반인 유리페트로브는 '러시아와 일본사이의 영토문제에 관해 집중적인 협의가 있었지만 어떤 결정도 아직 내리지 않았다' 고 하였다.[23] 러시아정부 내에서도 서로 다른 의견들이 제시되고 있음을 알 수 있으며 앞서 언급했지만 현재까지도 이 문제와 관련하여 두 나라사이에 지속적인 접촉과 협상이 있었지만 어떤 형태의 평화조약도 체결되지 않았으며 분쟁지역의 섬들은 여전히 러시아의 통치권 아래 있다.

이제 쿠릴열도의 현재의 사회 경제적 상황에 관해 살펴보면, 수산물 가공산업의 퇴보와 경제난으로 인한 생활수준의 쇠퇴로 이 네 섬들의 인구는 주요부분에서 몇 년 동안 감소하였다. 이러한 심각한 문제로 인해 식량과 에너지 부족은 악화되었다.[24] 결국 1998년 4월 옐친행정부 대의원장인 세르게이 야스쳄스키가 열도를 방문하였을 때 주민들이 그들의 비참한 생활상태에 대한 불만을 토로하기에 이르렀다.[25] 1992년 조사에 의하면 쿠릴열도의 어업은 러시아의 '어장' 이라고 할 수 있는 캄차카반도에서의 어획량과 거의 동등한 수준이라고 한다.[26] 이 지역의 어업은 매년 러시아 경제의 약 22%를 차지하였으며,[27] 이러한 이점에도

---

23) "Yeltsin Aide Holds Preparatory Talks in Japan", *Tass,* 24 August 1992, as cited in FBIS-Sov-92-165, 25 August 1992, p. 13.
24) "Economic Crisis Prompts Mass Exodus From Kuril Islands", *Tass,* 11 June 1993, as cited in FBIS-Sov-93-111, 11 June1993, p. 48; Peter Rutland, "Struggle over the Kuril Islands", *Transition,* Vol. 1, No. 17, 22 September 1995, p. 17.
25) "Yeltsin Rep Vists Islands", *Vladivostok News,* No. 166, 30 April 1998, p. 1.
26) "Kuril's Contributions to Economy", *Moscow TV,* 14 October 1991, as cited in FBIS-Sov-91-201, 17 October 1991, p. 74.
27) *Tass,* 8 December 1992, as cited in FBIS-Sov-92-237, 9 December 1992, p. 5.

불구하고 몇몇 수산물 가공공장들의 재정난으로 인해 문을 닫는 사태가 속출해 이 지역 수산업은 퇴보하고 있다. 예를 들어 1993년 쿠나시리의 한 수산물가공 공장은 디젤연료에 대한 금액을 지불 할 수 없었고, 지방은행은 수산물 가공업자들에게 신용대출을 거절하였다. 이와 유사한 상황은 에토로후와 시코단에서도 발생하였다.28) 수산물 생선가공업체인 오스트로브노이는 생선가공에 주로 의존하는 시코탄에서 여섯 개의 가공공장을 가지고 있었으나 1993년에 두개의 공장이 완전히 문을 닫았으며 1993년 이후에는 나머지 네 개의 공장이 모두 조업을 중지하였다.29)

이러한 경영난과 재정난은 상대적으로 그다지 향상되지 않았고 이들 가공공장들은 정부 또는 지방정부의 지원과 외국투자에 의한 합작 벤처를 통해서는 어려움을 개선하기 위해서 많은 노력을 다하고 있다. 예를 들면, 1992년 12월 2일 보리스옐친 대통령이 쿠릴열도의 사회경제 발전을 위한 법령에 서명 하였다.30) 이 법령에는 쿠릴열도에서의 특별경제구역 설정을 포함하고 있으며 1999년까지 이 지역의 임대를 허용하고 아울러 보조금 지급과 사회부조금 지급이 포함되어 있었다.31) 1993년 12월 17일

---

28) "Emergency Declared on Disputed Kuril Island", *Tass*, 5 April 1993; Japan Times, 7 April 1993, as cited in RA Report, No. 15, July 1993, p. 155.

29) Nobuo Arai and Tsuyoshi Hasegawa, "The Russian Far East in Russo-Japanese Relations", in Tsuneo Akaha (ed.), *Politics and Economics in the Russian Far East* (London: Routledge, 1997), p. 179.

30) *Rossiiskaya gazeta*, 23 December 1992.

31) "Draft Development Plan", Kyodo, 26 October 1992, as cited in FBIS-Sov-92-210,29 October 1992, pp. 49-50; 옐친은 1992년 11월17일 초안을 작성하였고 12월에 법령을 발표하였다. "Draft Edict Approves Leasing of Kuril Islands Land", Kommersant-Daily, 2 December 1992, pp. 1-2, as cited in FBIS-Sov-92-235, 7 December 1992, pp. 14-15.

에는 2000년까지 시행될 '쿠릴열도 사회경제발전을 위한 연방정부 프로그램'이 국회의장에 의해 승인되었다.[32] 그러나 알려진 바에 의하면 몇몇 계획만이 진척되었을 뿐 대부분의 연방 프로그램은 자금 부족으로 인해 단순히 계획으로만 남게 되었다.[33]

쿠릴열도의 사회 경제적 상황은 1994년 10월 지진발생으로 인해 더욱더 악화되었다.[34] 이 지진으로 인해 이미 약한 경제적 하부구조는 파괴되었고 시코탄 지역의 주거건물 60퍼센트 이상만이 남아 있을 정도로 완전히 파괴되었다.[35] 이 지진으로 인해 많은 부상자들, 집을 잃은 사람들과 상당한 재산적 피해가 발생하였다. 지진발생 3일 후에 러시아 정부는 이 지역의 피해 복구를 위해 상당한 보조금을 지불하기도 하였다.[36] 이 지진으로 인해 많은 주민들이 해당지역으로부터 타 지역으로의 대량이주가 이어졌다. 러시아 외무부 대변인 드무린에 의하면 10,000명 이상의 주민들이 사할린섬 또는 러시아극동 지역과 러시아연방의 다른 도시로 이주를 신청하였다고 한다.[37]

---

32) Sobranie aktov Prezidenta i Pravitel'stva Rossiiskoi Federatsii, No. 51, 1993, item 5002.
33) RA Report, No. 16, January 1994, p. 66; P. Minakir, "Russian Far East: The History of Reform", Dal'niy Vostok Rossi (Vladivostok), No. 1, 1998, p. 19.
34) "Japanese Officials on Kuril Economic Proposal", Kyodo(Tokyo), 12 October 1994, as cited in EBIS-Sov-94-197, 12 October 1994, p. 8.
35) "Japanese Boat Sunk as Russia Seeks Disaster aid", Izvestiya, 7 October 1994, p. 3, as cited in FBIS-Sov-94-196, 11 October 1994, p. 19.
36) 일본은 해당 섬 주민에게 인도주의적 도움을 제공하기로 하였다. "Japanese To Help in Kuril Islands Relief Efforts", Moscow Radio Moscow, 7 October 1994, as cited in FBIS-Sov-94-196, 11 October 1994, p. 20.
37) "Spokesman Refutes Japanese Reports on Kuril Islanders", Moscow Radio Moscow, 14 October 1994, as cited in FBIS-Sov-94-200, 17 October 1994, p. 18.

Ⅲ. 쿠릴섬 반환문제 해결의 장애물

쿠릴열도는 어업과 항구접근 등 경제적인 이유로 러시아극동에서 아주 중요함을 살펴보았다. 체제전환기의 쿠릴섬의 수산업은 많이 쇠퇴하였지만 많은 주민들은 여전히 어업을 주요 산업으로 삼고 있으며 이 지역의 풍부한 어장과 여름 어획시즌 동안 홋카이도의 일본인들에게도 유인의 대상이 되고 있다. 즉 이 지역은 극동지역에서 가장 큰 어업시장을 해당하며 1990년대에는 약 110만 톤의 어류와 수산물을 제공할 정도의 특별어업지역이다.38) 러시아 연방 어업위원회의 추정에 따르면 만약 쿠릴열도가 일본으로 반환된다면 러시아극동에서의 어업은 연간 10억 달러에서 20억 달러를 잃게 될 것이며, 따라서 이러한 필연적인 부가가치 산업의 손실이 쿠릴열도의 일본반환에 대한 경제적인 걸림돌이 되고 있다. 1994년 러시아 의회는 1995부터 2000년까지의 사할린 쿠릴열도의 발전을 포함하는 '사회 경제적 발전 계획'을 검토하였다.

이곳은 또한 전략적 군사적 중요성을 재고하지 않을 수 없다. 탈냉전 이후 이 지역에서 군의 철수가 있었지만 여전히 해상 공중방어 견제와 오호츠크해와 태평양 사이의 러시아잠수함의 부동항접근에 있어서 중요하게 인식되고 있다.39) 게다가 두개의 큰 섬인, 에토로후와 쿠나시리 섬에서는 러시아 핵미사일 잠수함의 정박이 가능하고 오호츠크해로의 이동이 또한 용이하다.

---

38) "Kuril Population Appeals to Russia and Japan", *Tass* 16 September 1991, as cited in FBIS-Sov-91-181, 18 September 1991, p. 6.
39) "South Kurils Handover Termed Security Risk", *Krasnaya zvezda*, 22 July 1992, p. 3, as cited in FBIS-Sov-92-141, 22 July 1992, pp. 16-17.

이러한 군사적 이유가 러시아가 쿠릴열도의 일본반환을 거절하는 주요 이유 중의 하나이다.[40]

1991년 처음으로 고르바초프는 그의 도쿄 방문기간 동안 소련 군대가 쿠릴열도에서 곧 철수해야 한다고 주장하였다. 또한 옐친의 5단계 군 철수 계획 또한 이 지역에서의 비무장화를 포함하고 있다. 옐친은 국경 경비병만 제외하고 모든 러시아 군대가 이 지역으로부터 물러날 것을 주장하였다. 비록 군대 철수에 관한 본래의 계획은 많은 이유들로 인해 지연되었지만 비무장화를 위한 계획은 계속 유지되고 있다. 1991년 10월에는 소련 국무장관 보리스 판킨이 쿠릴열도에 주둔하는 소련군대의 30%(약 7,000명)가 철수 하여야 한다고 진술하였다. 그러나 1992년 이 계획은 달성되지 않았으며 러시아 국무장관 코지예브의 3월 일본 방문 때 러시아가 이 지역에서 군대를 삭감해야 한다는 판킨의 계획을 다시 한번 확인하였다.[41] 1993년 10월에는 옐친이 주둔 러시아군 중 3,500명에서 10,000명 정도의 철수를 약속하였다.[42] 그러나 옐친의 철수계획은 소위 군국주의자들로부터 강한 반발에 부딪쳤다.[43] 그 후 1994년 10월 러시아 연방국방장관인 파벨 그라체브는 유즈노 사하린스크를 방문한 자리에서 '러시아 군대는 과거도, 현재도, 그리고 미래에도 쿠릴열도에 주둔할 것

---

40) Andrei Krivtsov, "Russia and the Far East", *International Affairs*(Moscow), January 1993, pp. 77–84.
41) "Ends Visit to Japan", *Tass*, 22 March 1992, as cited in FBIS-Sov-92-056, 23 March 1992, p. 28; Kyodo, 20 March 1992, as cited in *SUPAR Report*, No. 13, July 1992, p. 55.
42) "Yeltsin Announces Withdrawal of Troops from Kurils", *Tass*, 13 October 1993, as cited in FBIS-Sov-93-196, p. 14.
43) Zilanov, Koshkin, Latyshev, Plotnikov, and Senchenko, Russkiye Kurily, p. 152.

이다'라고 진술하였으며 '러시아의 안전을 보장하기 위해 러시
아극동지역과 태평양군대에 특히 집중을 기울여야 한다'고 거듭
강조하였다.44)

　위의 경제적 군사적 고려 외에 국내 정치적 이유가 일본과의
영토문제 해결에 최대의 장애가 되고 있다. 1992년 9월 한 일본
신문은 '사할린의 새 통치자인 에브게니 크라스토야로브는 두
나라 사이에 영토문제를 해결하기 위한 어떤 시도도 포기할 것
을 건의하였다'라는 기사를 실었다. 그는 이 문제는 후대세대에
맡겨야 하며 러시아와 일본사이의 생활수준이 좁혀지지 않는
한 해결되지 않을 것이라고 진술하였다. 그의 이러한 주장은 쿠
릴섬 주민들이 더 부유한 일본으로 쉽게 이주할 것을 우려한데
서 나온 것이었다. 러시아극동의 유력한 지방신문인 크라스니
마야크의 논설위원은 약간의 주민들은 만약 일본이 그 섬들의
반환을 획득하게 된다면 일본으로부터 경제적 지원을 기대하고
있으나 대부분의 주민들은 이 섬의 반환을 반대하고 있다고 하
였다.45) 더욱이 전 러시아 수상인 빅토르 체르노미딘이 1993년
8월 하바로브스크를 방문하였을 때 러시아는 쿠릴열도와 일본
사이의 더 많은 상호교환을 희망하고 있으며 일본인의 이 지역
방문을 적극 환영한다고 말하였다.46) 그러나 그는 기자들에게
'현 러시아 내각이 존재하는 한 이 지역의 어떤 영토도 넘겨주지
않을 것'이라고 하였다.47) 전 사할린 행정부 수반인 발렌틴 페도

---

44) "Grachev Says Troops to Remain in Kurils", *Tass*, 24 October 1994, as cited
　　in FBIS-Sov-94-205, 24 October 1994, p. 35.
45) *Japan Times*, 12 September 1992, p. 3.
46) "Aides See Premier's View on Kurils as 'Purely Emotion'", *Izvestiya*, 21 August
　　1993, p. 1, as cited in FBIS-Sov-93-165, 27 August 1993, p. 17.
47) Zilanov, Koshkin, Latyshev, Plotnikov, and Senchenko, *Russkiye Kurily*, p. 157.

브도 쿠릴열도의 반환에 반대하였다.[48]

Ⅳ. 영토문제에 대한 국내 여론조사

체제전환기의 옐친시대에는 정치지도자들이 민주화의 과정에서 연방전체와 지방정부의 의견 수렴에 더 많은 집중을 해야했다. 이제 탈소비에트 시기의 영토문제를 둘러싼 러시아연방과 쿠릴섬 주민들의 여론조사와, 러시아인과 일본인들의 각각의 민족에 대한 여론조사 및 러시아 학자들의 영토 반환에 대한 견해와 관련한 몇 가지 사례를 다루어보고자 한다.

1. 국내 여론조사

〈표 1〉 쿠릴섬의 일본반환에 대한 러시아인의 입장(%)

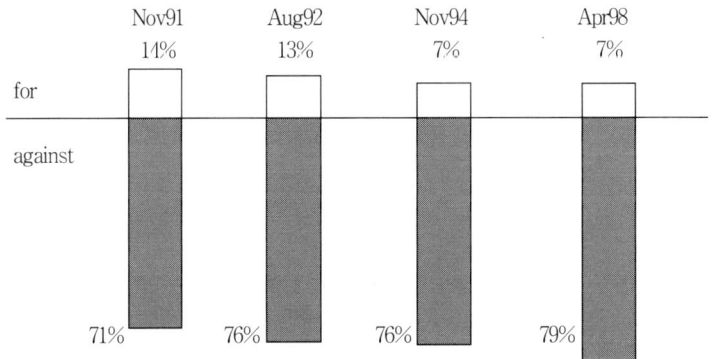

<표 1>은 쿠릴문제와 관련하여 네 번의 여론 조사(1991, 1992, 1994, 1998)에 대한 결과를 보여주고 있다. '당신은 쿠릴열도의

---

48) *Japan Times*, 29 August 1993, p. 2.

일본반환에 관한 전망에 찬성하십니까? 반대하십니까?'라는 질
문에 대한 결과로 매년 조금씩 다른 의견이 수렴되었으며 해가
거듭될수록 점차적으로 반대의 입장이 더욱 강하게 나타났음을
알 수 있다.

1992년 8월과 1991년 11월의 여론조사는 모두 모스크바의 여
론조사기관인 Vow Populi에 의해 조사되었으며 1,590명이 응답
하였다. 1991년과 1992년에는 일본에의 영토반환에 대한 입장차
이가 거의 없어 보인다. 쿠릴열도의 일본반환에 대한 호의적인
지지는 각각 14%와 13%로 모두 매우 낮았다. 비교해 보면 응답
자의 3분의 2 이상이 열도반환에 반대하였다. 영토반환에 대한
반대의견은 1991년 11월부터 1992년 8월 사이에 5%가 증가하였
다. 일반적으로 6대 1의 비율(7명 중 6명 반대와 1명의 찬성)로
네 개의 쿠릴 섬의 일본에의 반환에 반대한 것이다. 여기서 주목
할 만한 것은 세대, 직업, 교육의 정도에 따라서 의견의 차이가
나타남을 알 수 있다. 대부분 60세 이상 노동자로서 연금생활을
하며 고등교육을 받지 않은 사람들의 비율은 10대 1의 비율로
반대 하였으며 반면에 30세 이하 관리직이며 전문직이거나 학생
들은 4대 1의 비율로 반대의사를 표시하였다.[49] 이것은 곧 낮은
교육수준과 고령일수록 그리고 소득 수준이 낮을수록 고등 교육
을 받고 소득이 높은 직종에 종사하는 사람들 보다 더욱 강력하
게 쿠릴열도의 반환에 반대함을 의미한다.

두 번째로 1994년 11월의 결과와 1998년 4월의 결과를 비교해
보면 1998년 4월 옐친과 일본총리 하시모토의 정상회담 바로
전에 여론조사기관인 VTsIOM이 18세 이상 1,600명을 대상으로

---

49) *Mir mnenii i mneniya o mire,* No. 10, October 1992, p. 1.

쿠릴열도반환에 관한 여론조사에 의한 것이다.[50] 표1에서 보듯이 1994년과 1998년 모두 영토반환에 7%만이 찬성하였다. 이것은 1991년과 1992년의 수치와 비교하면 상당히 낮은 수치이다. 1994년 수치를 보면 76%가 열도반환에 반대하였다. 이 수치는 1998년에는 79%로 올라갔으며 1991년과 1998년 사이 8%나 증가한 셈이다(지난 4년간 3% 증가하였다). 이 결과를 종합해 볼 때, 1991년부터 1998년 사이 영토반환의 찬성은 반으로 줄었고 반면에 반대의견은 이 기간 8% 증가(1991년 71%에서 1998년 79%)하였다. 이러한 결과로 볼 때 대다수의 러시아인들은 쿠릴열도의 일본반환에 관한 전망에 대해 강한 반대의견을 가지고 있다고 볼 수 있다.

1994년 VTsIOM에 의해 취해진 또 다른 여론조사에 의하면 약 66%의 러시아인이 일본과의 즉각적인 평화조약 서명에 관심을 보였고, 13%만이 러시아군대의 이 지역 주둔에 찬성하였다. 분쟁지역에서 '영토를 공동으로 사용하는 것'에 관한 의견도 다양하게 나왔는데 30%의 응답자가 호의적인 입장을 나타냈으며 44%는 반대의견을 나타내었다.[51] 1998년 VTsIOM에 의한 두 번째 조사를 보면 '일본이 이 네 개의 섬에 대한 권리를 인정하고 러시아의 관리 하에 두자는 제안'에 관해서는 62%의 러시아인들이 반대하고 있으며 13%만이 이 제안에 호의적인 입장을 취하고 있다.[52]

<표 2>는 러시아인들이 쿠릴섬의 소유권에 관한 질문에 어떻게 대답하였으며, 또 어떻게 해결되어야 하는지에 관해 보여주고 있다. 결과를 분석해 보면 러시아인들은 쿠릴섬 반환, 부분반

---

50) *RIA-Novosti Daily Review*, No. 79, 27 April 1998, p. 10.
51) *RIA-Novosti Daily Review*, 8 December 1997, p. 9.
52) *Izvestiya*, 4 November 1998, p. 4.

환, 또는 통치권 분할에 대해 호의적이지 않음을 보여준다. 1994
년과 1998년에는 단지 2%만이 두 개의 섬(하보마이와 시코단)
반환에 관심을 보였을 뿐이고, 또한 두 국가에 의한 네 개의 섬에
대한 통치에 관해서는 각각 6%와 11%로 낮은 비율을 나타내었
다. 일본의 이 지역에의 투자에 관해서는 4년 사이에 별다른 진
전이 없이 단지 1% 증가하였다.

⟨표 2⟩ "쿠릴섬 분쟁은 어떤 방식으로 해결되어야 하나?"

질 문	Nov.1994	Apr.1998
1. 일본은 쿠릴섬 네 개를 반환 받아야한다	2%	2%
2. 일본은 1950년대에 약속했던 두개의 섬, 하보마이, 시코단은 반드시 반환 받아야 하며, 나머지 두 개의 섬에 관한 논쟁은 분리되어야한다	2%	2%
3. 러시아는 하보마이, 시코단 섬은 일본에 반환해야 하며 다른 두 섬에 관한 소유권은 유지해야한다	1%	2%
4. 쿠릴섬은 러-일 두 정부에 의해 통치되어야한다	6%	11%
5. 이 지역은 일본의 투자를 위해 경제자유지역으로 선정되어야한다	13%	14%
6. 러시아는 이 영토에 대한 일본의 접근을 제한한 채 통치를 해야 한다	36%	30%
7. 어느 일정 기간동안 쿠릴섬 문제는 현재상태를 유지한다	28%	25%
8. 무응답	12%	12%

* 출처: RIA-Novosti Daily Review, 27 April 1998, p.10.

많은 학자들도 일본과의 쿠릴 영토문제에 관해 의견을 냈으며
특히 발러리 티쉬코브와 찰스 지글러가에 초점을 맞추고자 한다.
티쉬코브(인종, 민족주의 그리고 갈등과 구소련이후의 저자)는
1994년 여름 세 명의 주민에게 다음과 같은 질문을 던졌다. '우리
는 정말로 쿠릴열도를 일본에게 포기해야 하나요?' 이 질문에
대한 세 명의 주민은 극동지역에 가본적도 없고 그 중 두 명은
모스크바에 가본적도 없으며 모스크바에서 약 250㎞나 멀리 떨
어져 살고 있다. 그들은 모두 확실하게 '아니오' 라고 대답하였다.

티쉬코브는 쿠릴열도의 일본반환에 관한 가능한 입장을 설명하기 위해 콜튼, 휴고, 리하이먼 그리고 쿠보 글로의 조사 자료를 사용하였다.[53] 이 자료들은 앞서 Vox Populi와 VTsIOM 여론조사와 함께 거의 3분의2 이상이 쿠릴열도반환에 반대한다는 의견을 뒷받침해주고 있다(62%반대, 11%찬성). 티쉬코브에 따르면 대부분의 러시아인들에게 있어서 쿠릴열도 문제는 그들의 국가적 자부심을 상징하는 문제로 러시아인들에게 인식되고 있다고 한다. 또 다른 학자인 지글러는 러시아인에게 있어서 쿠릴열도 영토분쟁은 국가주의의 자부심이자 자존심이라는 민족적인 정서와 연계되어 있다는 티쉬코브의 의견에 동의하였다.[54] 지글러는 또한 러시아인들은 그 땅이 아무리 작다하더라도 자신들의 나라 일부분을 팔거나 반환하는 데에 강력하게 반대하고 있다는 점을 지적하였다.[55]

러시아인과 일본인들이 각각의 나라에 대해 어떻게 생각하는가?에 대한 조사 결과가 있다. 예를 들어 1989년에 행해진 '소련사회과학연구소협회'와 일본신문인 '요미우리신문'에 의한 여론조사를 살펴보자. 결과를 보면 두 나라는 상당히 다른 의견을 보여준다. 응답자 구 소련인의 약 88%는 일본에 대해 '호의적'이며 2.4%만이 '반감'을 가지고 있다. 일본인은 17.6%만이 구소련과 그의 국민들에 대해 '호의적'이며 47.4%는 '반감'을 가지고 있었다.[56] 즉 일본인이 구소련을 생각하는 것 보다 구소련인들

53) Valery Tishkov, Ethnicity, *Nationality and Conflict in and After the Soviet Union*(London: Sage, 1997), p. 254.
54) Charles E. Ziegler, *Foreign Policy and East Asia: Learning and Adaptation in the Gorbachev Era* (Cambridge: Cambridge University Press, 1993), p. 88.
55) *Ibid*, p. 101.
56) *Ibid*, p. 87.

이 일본과 일본인에 대해 더 호의적이었음을 알 수 있다.

2. 쿠릴섬지역에서 여론조사

이번에는 쿠릴섬 주민들의 영토 소유권에 대한 그들의 생각에 초점을 두고자 한다. 일반적으로 일본이 소유권을 가지는 데 반대하고 있다. 1991년 9월에 요즈호노-쿠릴 연방은 러시아정부와 일본 국민에게 결의문을 보냈다. 이것은 15,000 주민들을 대신하여 논쟁의 섬에 대한 그들의 견해를 표방한 것이다. 그 결의문은 다음 2가지 주요한 점을 포함하고 있다. 먼저 여러 세대가 그 섬에 살아왔기 때문에 주민들은 그 땅을 러시아에서 소외할 수 없는 그들 고유의 것이라 여긴다는 점이며, 두 번째로는 옐친, 러시아 정부 그리고 일본국민과 전 세계에 자신들의 권리와 이해를 무시하지 말아달라고 호소하였다.[57]

같은 해 10월에 요즈호노-사할린스크의 집회에서 참가자들은 러시아연방 정부가 일본의 요구에 굴복한다면 그것은 후손들에게 용서받지 못할 죄를 저지르는 것이라는 결의문을 채택했다.[58] 사할린섬 어부들은 러시아 국민과 러시아연방의회가 쿠릴섬을 일본에 양도한다면 러시아극동 경제의 기둥이 되는 어업구역이 파괴되고 말 것이라고 호소했으며 풍부한 어업구역을 공동으로 탐험하자는 제안은 받아들이겠다고 밝혔다.[59]

---

57) *Svobodnyi Sakhalin,* 18 September 1991, p. 1.
58) "Sakhalin Rallies against Return of Kurils", *Interfax,* 6 October 1991, as cited in FBIS-Sov-91-194, 7 October 1991, p. 65.
59) "Sakhalin Fishermen Protest Return of Kurils", *Tass,* 8 October 1991, as cited in FBIS-Sov-91-196, 9 October 1991, p. 60.

쿠릴섬 주민들의 견해에 좀 더 구체적으로 초점을 두어보자. 두 강대국 사이에서의 치열한 전쟁 속에 갇혀 있었던 그리고 이 논쟁의 결론에 의해 가장 영향을 많이 받게 될 그들의 의견에 초점을 돌리는 것이 매우 중요하다고 생각된다. 모스크바에 위치한 중앙 리서치 서비스와 사설 여론 에이전시는 1992년 11월 쿠릴에서 여론 조사를 시행했다. 그들은 섬에 사는 99명의 거주자들을 목표로 했으나 69명이 응답했다. 그들은 각각 쿠나시리 섬에서 27명(남자 5명, 여자 22명), 쉬코탄 섬에서 19명(남자 9명, 여자 10명), 에토로후 섬에서 23명(남자 12명, 여자 11명)으로 이루어져 있다. 응답자의 연령은 평균 44.9살이며 19살에서 67에까지 분포하며 그들의 거주기간은 평균 25.2년이며 3년에서 43년까지 분포한다.

〈표 3〉 "일본정부가 4개의 섬에 대한 반환을 주장하고 있는 것에 대해서 어떻게 생각하는가?"

섬	찬 성	반 대	기 권
쿠나시리	26%	52%	22%
시코단	37%	26%	37%
에토로후	18%	78%	4%
합 계	26%	4%	20%

* 출처: RA Rport No.14, January 1993, p. 43

<표 3>에 의하면 쿠나시리와 에토로후 섬의 주민들은 섬 반환에 대해 시코단섬의 응답자들보다 더 많은 반대를 보였다. 시코단섬 주민들이 모든 네 개의 섬에 대해 일본이 소유권을 가진다는 데에 찬성하는 쪽에 더 긍정적인 태도를 보이고 있는 반면 에토로후섬의 주민들은 거의 4대 1 정도로 반환에 대해 반대했다.

여기서 에토로후 섬 응답자 중 4%만이 불확실한 응답을 했을 뿐 대부분이 반환 반대에 강한 의견을 보였다는 점에 주목할 필요가 있다. 반면 시코단 주민들은 상대적으로 혼합된 의견을 가지고 있으며 응답자들 중 37%는 아무런 견해도 보이지 않았다.

<표 4>는 시코단 주민들이 일본에의 섬 반환에 상당히 높은 지지를 보여 준다(거의 3/4이 찬성하였다). 이 결과는 시코단 주민이 경제적 어려움에 일본으로부터의 적극적인 원조에 대해 희망하고 있음을 부분적으로 보여준다.60) 에토로후와 쿠나시리 섬 주민들은 비교적 많은 사람들이 일본정부에의 반환에 반대의 의견을 보여주고 있음을 알 수 있다. 특히 에토로후 주민들은 특히 10명중 9명이 반대하고 있음을 시사하고 있다.

〈표 4〉 러시아정부는 쿠릴섬을 일본에 반환해야 하나?

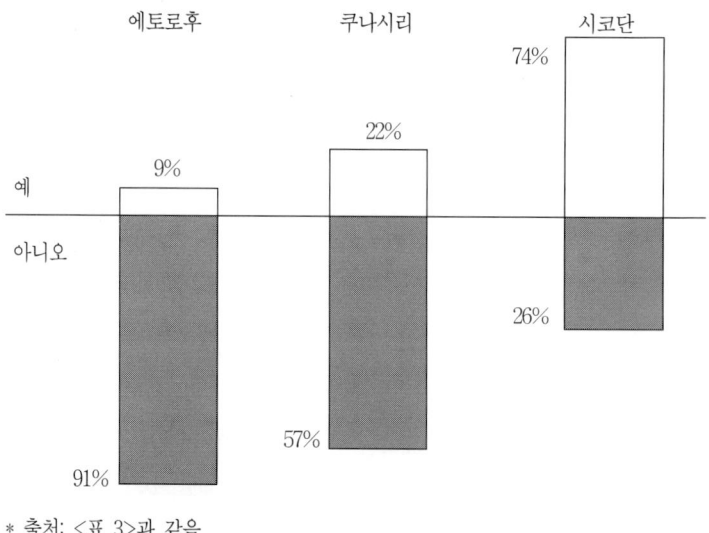

* 출처: <표 3>과 같음

---

60) *Sovobodni Sakhalin*, 3 June 1992, p. 1

<표 3>과 <표 4>에 의하면 대다수의 쿠릴열도 주민들은 일본 반환을 반대하고 있으며 시코단 주민은 다른 나머지 섬들의 주민보다 반환에 관해 좀더 호의적인 태도를 보이고 있다. 이것은 시코단섬 주민들이 러시아 통치권에 철저히 반대하고 있는 것은 아니며 자신들의 요구에 대해 정부가 관심을 가져주기를 바라며 경제적 원조를 일본에게 구하고자 하는 것으로 간주된다. 예를 들면, 1998년 말 시코단 섬의 주민들이 99년 동안 일본에 섬을 임대하자는 제안에 동의한다는 서명을 모으기 시작했다. 이 계획의 시행 이유는 악화되고 있는 경제 상황과 러시아 정부의 우유부단함과 쿠릴섬에 대한 사회적, 경제적 발전에 대한 1992년 옐친의 법령에서 비롯되었다. 시코단섬의 관할행정부대표인 블라디미르 제마에 의하면 5년 전에는 10%의 주민들만이 이 문제에 대해 지지를 보였으나 대다수가 이 계획을 지지하며 러시아로부터의 완전한 분리를 의미하는 것은 아니며 여전히 러시아의 관할권 하에 있으며 우리는 정부가 우리에게 관심을 가져줄 때까지 기다릴 수는 없다고 강조하였다.[61]

V. 맺음말

탈냉전기의 쿠릴섬 문제를 둘러싼 러시아 내에서 논쟁은 옐친이 일본과 새로운 관계를 정립하면서 중앙정부와 러시아극동정부간에 중요한 정치적 이슈로 등장하였다. 러시아극동의 지역신문들은 쿠릴섬에 대한 그들의 의견들과 일부 중앙의 정치가들

---

61) "Residents Want to Rent out Kuril Island", *Vladivostok News*, No. 179, 30 October 1998, pp. 1-2.

에 의한 일본으로 섬을 반환과 관련한 의견에 대해 신랄한 비판을 가하였다. 이 논문에서도 보여 주듯이 정치적으로 쿠릴섬에 대한 러시아인들의 태도는 자신들의 삶의 영토이며 민족주의에 호소하고 있다. 여러 차례 실시된 여론조사 결과에서 보여주듯이 러시아인들은 쿠릴 섬의 일본 반환에 적극적으로 반대의사를 보여주고 있다. 비록 네 개의 섬 중에서 시코단섬 주민들은 다른 섬 주민들보다 일본의 경제적 원조나 일본에의 임대에 다소 찬성을 하고 있으나, 다수의 민족주의 지도자들, 정치가들, 군부, 러시아극동 지역의 정치가들, 섬 주민들은 특히 섬의 반환에 대해 적극적으로 반대하는 부정적인 입장을 잘 드러내고 있다.

1956년부터 두 개의 섬 반환과 더불어 평화조약 서명에 대한 양국간의 협상은 여러 차례 진행되었지만 근본적으로 러시아가 주장하는 '선 경제협력 후 영토 해결'과 일본이 주장하는 '선 영토 해결과 후 경제협력' 간의 입장을 좀처럼 좁히기가 어려워 보인다. 1998년 러-일 정상회담에서 옐친이 기대했던 일본과의 영토문제와 평화조약, 경제협력 강화와 더불어 국제사회에서의 국제관계 모색을 축으로 양국관계의 새로운 발전관계를 모색한 모스크바 선언을 유도하기도 했다. 즉, 평화조약과 경제협력 및 동북아와 국제사회에서의 동반자적 협력증진에는 지지하나 현 러시아헌법에서 영토 분할을 금지하고 있으며 영토 분쟁자체가 존재하지 않는다고 생각한다. 평화조약 교섭에서 영토문제는 제외시켜야한다는 것이 대다수의 러시아인들과 정치가들의 의견이며 특히 러시아극동 지역 특히 쿠릴 섬 지역 주민들의 의견이다. 이런 가운데, 여전히 제기되고 있는 '영토문제 해결에 대한 양국 정부와 국민들의 근본적으로 다른 시각 차이와 접근 방법을 어떻게 극복할 것인가?'

전반적인 러-일 외교관계 개선에 걸림돌이 되고 있는 쿠릴섬 반환에 대해서 영토문제 존재 지체를 인정하지 채 현 러시아정부는 대일 정책에서 현재 거론되는 양국간의 에너지 분야의 협력 확대를 일본정부와 주력하고 있다. 화해와 협력의 시대를 도모하는 동북아 정세와 다변하는 세계 문제에 있어서 동반자적 협력관계 구축을 통한 전략적 파트너십 확대를 펼치고 접근방식을 택하고 있다.

냉전의 유산인 영토문제 해결은 장기적인 차원에서의 러시아 극동 정부 및 쿠릴 섬 주민들과의 지속적인 장기적인 차원에서 외교적, 경제적, 문화적 교류나 지역차원의 교류를 적극적 확대를 통한 양국 국민들 간의 신뢰를 도모해가는 협력관계 증진을 통한 '후세대'의 점진적인 해결책을 모색되어야 함을 강조해본다. 아울러 궁극적으로 두 국가의 현안문제인 영토문제에 대한 외교적 협상이 어떤 형태로든 매듭지어져야 한다면, 앞서 살펴본 쿠릴섬의 경제적, 군사 전략적, 정치적, 민족적인 가치를 지닌 쿠릴섬 반환이 해결되기 위해서는 그에 상응한 즉 러시아 국민들을 충족 시켜 줄 수 있는 일본정부로부터의 실질적인 어떤 형태로든 보상책이 뒤따라야 한다. 이를 위한 양국간의 지속적인 외교적인 채널을 통한 협상이 러시아연방 정부차원과 러시아 극동 지방정부 차원에서 마지막으로 쿠릴섬 주민들 차원에서도 모색이 되고 의견 수렴이 이루어져야한다. 이를 위해서 양국간 지속적으로 외교적 채널을 통한 협상이 러시아 정부와 러시아 극동지방 아울러 쿠릴섬 주민들 차원에서도 모색이 되고 의견수렴이 이루어져야 함을 강조해 본다.

.........................■참고문헌■.........................

고상두, "러시아 연방주의 현실과 체첸분쟁", 『국제정치논총』, 제37집 2호,
    1997.
김강녕, "탈냉전 이후 국제분쟁 현황과 전망", 『군사논단』 제27호, 2001
    여름호.
신양섭, "이슬람권 소수민족 분쟁의 전개과정", 『중동연구』, 제18권 2권,
    1999.
우평균, 『소련의 붕괴와 현대러시아정치』, 서울: 매봉, 2002.
홍완석, "21세기 러·일 관계 발전 전망", 『러시아 지역연구』, 제3호, 한국
    외국어대학교 러시아연구소, 1999.
최태강, "북방영토에 대한 일본정책", 『슬라브연구』, 제18권 2호, 한국외국
    어대학교 러시아연구소.
Akaha, Tsuneo (ed.), Politics and Economics in the Russian Far East,
    London: Routledge, 1997.
Buszynski, Leszek, Russian Foreign Policy after the Cold War, London:
    Praeger, 1996.
Gaidar, Vitaly, "The South Kuriles: A Problem Awaiting Solution", Far
    Eastern Affairs, (Moscow), No. 6, 1994.
http:// kida.re.kr/limdata/world/KIDA 세계분쟁-전쟁 사이트
Kanet, Roger E. and Birgerson, Susanne M., "The Domestic-Foreign
    Policy Linkage in Russian Politics: Nationalist Influences on
    Russian Foreign Policy", Communist and Post-Communist,
    Vol. 30, No. 4, 1997.
Kimura, Hiroshi, Distant Neighbours: Japanese-Russian Relations
    under Gorbachev and Yeltsin, Vol. 2 (Armonk, NY: M.E. Sharpe, 2000)
Krivtsov, Andrei, "Russia and the Far East", International Affairs
    (Moscow), January 1993.
Mack, Andrew and O'Hare, Martin, "Moscow-Tokyo and the Northern
    Territories Dispute", Asian Survey, Vol. 30, No. 4, April 1990.
Minakir, P., "Russian Far East: The History of Reform", Dal'niy Vostok
    Rossii (Vladivostok), No. 1, 1998.

Moscow Radio News, 14 October 1994.
RA Report, No. 14, January 1993.
RA Report, No. 16, January 1994.
RIA-Novosti Daily Review, No. 79, 27 April 1998.
Rutland, Peter, "Struggle over the Kuril Islands", *Transition*, Vol. 1, No. 17, 22 September 1995.
Sarkisov Konstantin, "The Northern Territories Issue after Yeltsin's Re-election: Obstacles to a Resolution from a Russian Perspective", *Communist and Post-Communist Studies*, Vol. 30, No. 4, December 1997.
Stephen, John J., *The Kuril Islands*, Oxford: Clarendon Press, 1974
Suzuki, Muno, "The Process of Deeping Mutual Understanding Lays the Groundwork for New Japanese-Russian Relations", *Far Eastern Affairs*, No. 1, 2001.
Valencia, Mark J. "Cooperation is Key to Ending Northern Territories Impasse", *The Japan Times*, 2 November, 2000.
Vladivostok News, No. 166, 30 April 1998.
Vladivostok News, No. 179, 30 October 1998.
Ziegler, Charles E., *Foreign Policy and East Asia: Learning and Adaptation in the Gorbachev Era*, Cambridge: Cambridge University Press, 1993.
Argumenty i Fakty, No. 8, 8 December 1997.
Diplomaticheskii vestnik, No. 12, 1996.
Georgiev, Yu. V., comp., *Kurily-ostrova v okeane problem*, Moscow: ROSSPEN, 1998.
Itogi, 3 December 1996.
Izvestiya, 7 October 1994.
Kozhevnikov, V., Otchet simpoziuma 1995, "Poisk otnoshenii mezhdu khakodate I Rossii, ob ostrove Sakhaline I Kurilskikh ostrovakh", paper presented at a symposium in Hokkaido, 1995 (mimeo).
Kozhevnikov, V., "Territorial'nyi vopros k 40-letiyu sovmestnoi Sovetsko-

yaponskoi deklartsii 1956 goda", *Rossiya i ATR* (Vladivostok), No. 3, 1996.

Mir mnenii i mneniya o mire, No. 10, October 1992.

Rossiiskaya gazeta, 23 December 1992.

Sobranie aktov Prezidenta i Pravitel'stva Rossiiskoi Federatsii, No. 51, 1993, item 5002.

Svobodnyi Sakhalin, 18 September 1991.

Zilanov, V. K, Koshkin, A. A, Latyshev, I. A., Plotnikov A. Ya, and Senchenko, I. A., *Russkie Kurily: Istoriya i sovremennost'*, Moskva: SAMPO 1995.

한-소 국교수립과 북한:
소련의 대 한반도 정책*

김 성 호

일본 류큐대학 법문학부 조교수

I. 서론

1990년 9월 30일 뉴욕의 국제연합 본부에서 소련 외상 E. 셰바르드나제는 한국과의 국교수립문서에 서명했다. 당시 일본의 각 조간신문들은 일본 시각으로 10월 1일 심야에 행해진 뉴욕에서의 한국과 소련의 국교수립을 보도하지 못하고 "연내 수교"라는 추측기사로 보도하고 있었다. 이것은 9월 30일의 국교수립이 얼마나 전격적으로 이루어졌는가 하는 증좌이기도 했다.

한-소 국교수립 후 소련은 북한과 통상교섭을 추진하여 이후

* 이 논문은 2002년도 한국학술진흥재단의 지원에 의하여 연구되었음. (KRF-2002-042-B00019)

의 무역결제를 국제가격에 의한 외화결제에 따르기로 했다. 이에 따라서 지금까지 소련으로부터 우호가격으로 석유를 수입해 오던 북한의 경제는 커다란 타격을 받았다. 또 한-소 국교수립에 이어서 남북한의 국제연합 동시가입(1991년), 한-중 국교수립 (1992년) 등으로 국제관계가 급회전하는 가운데 북한은 일본, 미국과의 관계개선을 모색하게 되었다. 그러한 의미에서 보면 한-소 국교수립은 그 때까지의 동아시아 냉전구조를 변화시키면서 커다란 영향을 미쳤다고도 할 수 있다. 그러나 그러한 가운데서 한층 더 고립감을 느끼게 된 북한이 핵 개발 의혹 문제를 야기하면서 그 후 현재에 이르기까지 동아시아 국제사회에 커다란 문제를 던져온 것도 사실이다.

본 논문에서는 동아시아 국제관계의 냉전구조의 변화에 다대한 영향을 미친 사건 즉 1990년 9월의 한-소 국교수립에 관해서 소련 측의 한국과의 수교결정과정을 중심으로 다루려고 한다. 특히 소련, 한국, 북한의 삼각관계에 유의하면서 소련붕괴 후 공개된 새로운 자료를 중심으로 이 사건을 다시 살펴봄으로써 한-소 수교가 어떠한 요인에 의해서 이루어지게 되었는가에 관해서 고찰하고자 한다.

Ⅱ. 고르바초프 정권 초기의 대 한반도 정책

1. 블라디보스토크 연설과 고르바초프-김일성회담

M. 고르바초프의 서기장 취임으로부터 아직 1년이 지나지 않은 1986년 1월 30일에 개최된 소련 공산당 정치국 회의에서는 의장인 고르바초프 외에 A. 그로미코, E. 리가초프, 셰바르드나

제, B. 포노마료프, B. 옐친, V. 그리신 등이 참가한 가운데 일본, 북한, 몽골과의 외교관계가 의제로 논의되었다. 이 때 고르바초프는 사회를 보면서 이 세 나라를 방문할 예정으로 있던 셰바르드나제 외상에게 이 문제에 관한 견해를 표명해 줄 것을 요청했다. 셰바르드나제는 이 요청에 따라 아시아 태평양 지역의 발전의 가능성에 관해서 언급하고, 결론으로서 고르바초프의 일본 방문을 검토해야 할 것이라고 말했다. 일본의 최고 수뇌가 네 차례 소련을 방문했던 데 대해서 소련의 수뇌가 일본을 아직 방문하지 않고 있다는 점을 지적하면서 고르바초프의 일본 방문은 역사적인 의미를 지닐 것이라고 말했다. 또한 계속해서 북한에 관해서도 다음과 같이 언급했다.

"소련 외상의 북한 방문의 주요한 목적은 북한의 전체적이고도 적극적인 정치적 이행에 비추어 소련과의 우호협력상황을 고정화시키는 것을 촉진하는 데 있다. 현재 김일성은 여러 가지 내외적 요인에 의해서 소련 및 다른 사회주의 국가들과 접근하려 하고 있다. 이 접근의 기초에는 반제국주의 즉 우선 첫째로 북한 지도부의 반미적 분위기가 있다. 그들의 의도는 이 지역에서 미국의 입장을 약화하는 데 있다. 이것은 우리로서도 중요하다."[1]

---

1) The Papers of Dmitrii Antonovich Volkogonov (Volkogonov Collection), "Gorbachev Mikhail Sergeevich: Kommunischeskaia Partiia Sovetskogo Soiuza(KPSS), Politiburo & Secretariat Session Protocols. April 1983–June 1987", January 30, 1986, Box 25, Folder 12, Washington D. C.: The Library of Congress, Volkogonov Collection은 주로 러시아연방 대통령문서관(Archive of the President of Russian Federation: 약칭 APRF)의 보관문서를 러시아인 역사가로 러시아연방의 아카이브 관리 책임자였던 볼코고노프(고인)이 연구를 위해서 개인적으로 수집한 문서 콜렉션이다. 볼코고노프가 수집한 문서는 현재 미국 의회도서관에 보관되어 있다.

이 회의에서 논의된 것은 한국보다도 소련-북한 관계의 중요
성이었다. 종래의 유럽 중심 외교정책으로부터 전환하여 아시아
지역의 중요성에 관해서 언급하고 있다는 점에서는 고르바초프
의 신사고 외교의 편린이 엿보이지만, 이 시점에서는 그러한 사
고가 한국과의 관계개선이 이르는 단계는 아니었다.

나아가 1986년 5월의 소련공산당 정치국 회의에서는 한반도
에 있어서의 미국의 입장을 약화시키고, 한반도 문제에 있어서
소련의 역할을 강화하기 위한 제안으로서 한국에 대한 어프로치
를 바꿀 필요성에 논의되었다. 이 회의의 문서(5월 11일자)에
의하면 한국은 "세계적인 군사전략 균형의 한 요인이 되고 있다"
고 위치 짓고 있으며, 다음과 같은 대한정책이 제안되었다.[2]

1. 서울이 워싱턴과 도쿄에 대해서 보다 독자적인 노선을 취하는
   것을 (모스크바가) 환영하고 있음을 서울에 보여주는 방책을
   취한다. 처음에는 제3국을 통하여 비공식적으로 이를 행하는
   것이 바람직하다.
2. 남한에 대해 선전을 함에 있어서는 남한 민중에게 반미적인
   분위기를 고무하도록 한다.
3. 우선 남한 경제에 초점을 맞추어 남한에 대한 세력침투를 가능
   하게 하는 대안을 입안한다.

한국을 소련 측으로 끌어들이는 것이 대미, 대일 관계에 있어

---

2) All-Russian Center for Preservation of Contemporary Documents (ARCPCD), File
8, List 6, units of storage 205, p. 162. ARCPCD는 모스크바 소재 공문서관. 이
공문서는 다음의 문헌에서 재인용한 것이다. Eugene Bazhanov, "Soviet Policy
towards South Korea under Gorbachev", *Korea and Russia: Towards the 21st
Century* (Seoul: The Sejong Institute, 1992), p. 95.

서 중요하다는 발상 자체는 아직 구사고의 잔재라고 할 수 있을 것이다. 그러나 그 방법이야 어떠하든 한국에 대한 접근책이 이 단계에서 소련 측에서 논의되고 있었다는 점은 흥미롭다.

이 회의로부터 2개월이 지난 7월 고르바초프는 극동의 블라디보스토크에서 중요한 연설을 했다. 이 블라디보스토크 연설에서 고르바초프는 아프가니스탄으로부터의 철수의 의향을 표명하고, 소련의 아시아 정책에 관해서도 참신한 제안을 하면서, 중국, 일본과의 관계개선에 대해서도 언급했다는 사실은 유명하다. 그러나 북한과의 관계에서는 "우호관계를 강화하고 다면적인 교류를 활발히 한다"고 명시하면서도 고르바초프는 한국에 관해서는 언급하지 않았다. 유일하게 언급한 것은 다음과 같은 문맥에서였다.

"1970년대 후반부터 미국은 태평양에서의 군사력 상황을 목표로 하는 거대한 조치를 강구해 왔다. 미국의 압력 하에 워싱턴-도쿄-서울의 군사 '삼각형'이 형성되고 있다. 그리고 핵무기를 보유하고 있는 지역 국가들 셋 가운데 둘 즉 중국과 소련이 그것을 먼저 사용하지 않는다는 약속을 했음에도 불구하고 미국은 긴박한 지대의 하나인 한반도에 핵무기 운반수단과 핵탄두를 그리고 또한 일본의 영토에 핵무기 운반수단을 배치하고 있다."[3]

즉 당시 미국이 배치하고 있다고 소련이 보고 있던 핵무기 문제에 대한 비판이라는 문맥에서 한국이 언급되고 있는데 지나지 않으며, 1986년 5월의 정치국 문서에서 볼 수 있는 대한정책에 관해서는 구체적으로 언급되지 않았다.

---

3) *Pravda*, July 29, 1986.

그리고 블라디보스토크 연설로부터 3개월 후인 10월 김일성이 소련을 방문했다. 이 때의 회담의 상세한 내용(의사록 등)은 밝혀지지 않았지만, 김일성 환영 만찬 석상에서의 고르바초프의 연설은 다음과 같은 것이었다.

"… 현재 극동과 아시아 태평양 지역에서 어떤 일이 일어나고 있는지 보기 바란다. 그 곳에는 36만 명에 달하는 최대규모의 미군 집단이 배치되어 있다. 일본에는 32개, 남한에는 40개의 미군기지가 있다. 다른 국가들을 끌어들여서 워싱턴-도쿄-서울 블록을 결정하려는 계획에 대해서도 덧붙여 둘 필요가 있다. 모든 점에서 판단컨대 이는 동방의 NATO와 같은 것이 될 것이다. 바로 이러한 점에서 소련과 북한 그리고 다른 다수의 국가들의 평화 사업에는 진정으로 현실적인 위협인 것이다."4)

공개적으로 발표된 연설에서의 한국에 대한 인식은 블라디보스토크 연설 시와 커다란 차이가 없다고 할 수 있다. 사실 김일성은 방소 시에 파격적인 대우를 받았었다. 『프라우다』지는 10월 22일자로 김일성의 약력을 일면에 소개하고, 또 다음 날인 23일자에는 김일성이 모스크바를 방문했다는 사실을 고르바초프와의 기념사진과 함께 일면에 게재했다. 또 10월 25일에는 앞서 언급한 크레믈린에서의 회담내용의 개략 및 만찬석상에서의 고르바초프와 김일성의 연설이 전문 게재되었고, 10월 28일자는 김일성이 평양으로 무사히 귀국했다는 내용이 역시 일면에 보도했다. 이는 다른 아시아-아프리카권 사회주의 국가 지도자의 방

---

4) *Pravda*, October 25, 1986.

소와 비교해도 각별한 대우라고 할 수 있었다.

그러나 두 사람의 회담에서는 김일성과 고르바초프의 불협화음이 있었던 것으로 보인다. 후에 고르바초프가 이 당시의 김일성과의 회담에 관해서 회고한 바에 의하면 회담에서의 고르바초프의 김일성에 대한 인상은 다음과 같은 것이었다.

"김일성은 한반도의 상황과 동아시아 국제관계에 관해 언급하면서 남한이 미 제국주의자들의 식민지가 되어 있다는 점에 경종을 울리면서, 시대착오적인 레닌주의의 용어로 설명하려고 했다. 김일성은 한반도의 교차승인의 방향으로는 움직이지 않도록 나(고르바초프)를 설득하려고 했다. 내가 교차승인에 관해서 김일성을 설명을 요구하자 그는 즉각 그것은 '한반도 분단의 고착화를 노리는 미 제국주의자들에 의해서 주도되고 있는 유명한 국제적 음모'라고 말했다. 그리고 '한반도의 교차승인은 미국과 일본이 북한을 승인하는 댓가로 소련과 중국이 남한을 승인하는 것을 의미하고 있다'고 말했다. 나는 '그것이 좋다고 생각한다. 그것이 사리에 합당하다. 그런데 어째서 당신은 그것을 받아들이지 않는가'하고 물으면서 그러한 생각을 옹호했다. 그리고 두 개의 한국이 국제연합의 승인을 받는 것이 좋다는 생각에 관해서 잘 검토하도록 김일성에게 충고하자 그는 매우 놀라워했다. 김일성은 그것은 서방 제국주의자들의 또 다른 음모라면서 그러한 행동은 한반도의 분단을 항구화할 것이라고 반박했다. 나는 김일성이 치유할 수 없는 도그마티즘과 시대에 뒤떨어진 패러다임 속에 있다고 생각했다. 그리고 그에게 자신의 당과 국가를 개혁하도록 충고했다. 김일성은 나에게 실망했고, 또 나는 김일성에게 실망했다."5)

고르바초프는 김일성의 생각을 탐색하고 김일성은 새로운 서기장 고르바초프의 생각을 탐색했을 것이다. 고르바초프의 회고가 나타내는 바와 같이 상호간에 불신감이 싹텄다는 점은 충분히 추정할 수 있다. 블라디보스토크 연설에서 엿보이는 고르바초프의 신사고는 한국에는 적용되지 않는 것이었다고는 해도 그 발상 자체가 당시의 김일성의 사고와 상통하는 것이 없었다는 점은 충분히 생각할 수 있다. 그러한 의미에서는 이 회담 시부터 소련과 북한 사이에는 미묘한 균열이 깊어지고 있었다고 할 수 있을 것이다.

그러나 그 후의 소련 정부의 공식 성명에서는 어디까지나 블라디보스토크 연설의 문맥에 부합하는 형태의 것이 반복되었다. 1986년 11월 29일자『프라우다』지가 게재한 타스 통신 성명은 미국의 랜스 미사일의 한국 배치를 비난하고, 미국이 한반도의 남부를 "일촉즉발의 핵 교두보로 바꾸어 버렸다"고 비난했다. 또 1987년 1월 고르바초프는 케야르 국제연합 사무총장에게 보내는 서한에서 "한반도 남부의 군사화의 증대를 우려하는 소련은 국가의 평화적 통일을 위한 북한의 노력과 전 한반도에 비핵지대를 설치하자는 북한의 제안을 단호하게 지지한다"면서 북한

5) Kim Hakjoon, "The process leading to the establishment of diplomatic relations between South Korea and the Soviet Union", *Asian Survey*, vol. 37, no. 7 (July, 1997), p. 641. 김학준은 노태우 정권에서 청와대 대변인을 지냈다. 또 고르바초프는 자신의 회고록에서 다음과 같이 술회하면서 대한정책의 수정을 서기장 취임 전부터 가지고 있었다는 점을 밝히고 있다. "내가 아직 농업문제를 담당하고 있던 시절부터 특히 용인하기 어렵다고 생각하고 있던 것은 소련 지도부가 한국에 대한 그리고 나아가서는 부분적이기는 했지만 일본에 대한 북한 지도부의 노선을 사실상 그대로 받아들이고 있었다는 점이다." Mikhail Gorbachev, Zhizn' I reformy, kniga 2 (Moscow, 1995), p. 468. 工藤精一郎他譯,『コルバチョフ回想錄 (下卷)』(東京 : 新潮社, 1996), p. 537.

측에 기우는 자세를 바꾸지 않았다.[6] 뿐만 아니라 1987년 3월 11일부터 13일까지 셰바르드나제 외상의 베트남 방문 시의 소련 -베트남 공동성명에서도 같은 취지의 비판적 문맥으로 한국이 언급되었다는 점에서는 변함이 없었다. 여기서도 "아시아 태평양 지역의 정세발전에 있어서 중대한 위협을 잉태한 워싱턴-도쿄-서울 침략블록의 조직을 목표로 하는 노선에는 우려를 표명하지 않을 수 없다"[7]고 되어 있었으며, 일본의 SDI계획 참여에 경종을 울리고 있었다.

이러한 흐름으로 판단하면 고르바초프-김일성 개인 간에는 위화감이 공유되면서도 소련의 대 북한정책은 1987년 초엽까지 적어도 정부 간 관계에는 변화의 징후는 보이지 않았다고 할 수 있다. 또한 여기에는 한국 측의 사정도 있었다. 한-소 국교수립에는 한국 측으로부터의 이니셔티브도 필요했는데, 아직 소련과의 수교가 본격적으로 모색되는 것은 노태우 정권의 성립을 기다리지 않으면 안되었기 때문이었다.

그러면 도대체 언제 어떤 이유에서 소련의 대한정책에 변화가 나타났던 것일까?

2. 서울 올림픽과 크라스노야르스크 연설

1986년 7월의 블라디보스토크 연설에서는 한국에 관해서는 일체 언급되지 않았을 뿐만 아니라 오히려 한국에 관해서 비판적인 언사가 기재되어 있었지만, 1987년 5월에 들어서자 공식성명문 속에서도 소련의 자세에 미묘한 변화가 보이기 시작했다.

---

6) *Pravda*, January 11, 1987.
7) *Pravda*, March 14, 1987.

김일성이 모스크바를 방문한 지 아직 겨우 반년 정도밖에 지나지 않은 1987년 5월 17일 베트남 공산당 서기장 구엔 반 린이 소련을 방문했을 때의 환영만찬에서 고르바초프가 연설을 했다. 이 연설에서 아시아 정세에 관해 언급한 고르바초프는 블라디보스토크 연설 이후 거듭해서 사용해 온 문맥 즉 미국이 한국에 핵무기를 배치하고 있다는 미국 비난을 계속했지만 다음과 같은 내용도 언급하고 있었다.

"현재 우리나라에서는 소련 극동부의 개발계획의 작성이 완성되려고 하고 있는데, 그 목적은 이 지역에 고능률의 국민경제 종합단지를 만드는 것이다. 여기에는 소련 국내 뿐만 아니라 국제적인 분업의 시스템도 포함된다. 소련은 사회주의 국가는 물론 일본, 오스트레일리아, 인도네시아, 태국 그리고 그 밖의 아시아 태평양 국가들과도 무역, 경제교류를 확대하고자 한."[8]

여기서 언급된 "그 밖의 아시아 태평양 국가들"이란 어떤 나라들인지 구체적으로는 제시되지는 않았지만, 주의 깊게 읽어보면 극동개발에 지리적으로도 유리한 입장에 있는 한국의 존재가 의식되어 있다고도 볼 수 있는 내용이기도 했다.

1988년 1월 11일 소련 올림픽위원회는 서울 올림픽에 정식으로 참가를 표명했고, 3월에는 소련 아시아 태평양 경제협력위원회가 창설되었다. 그리고 소련과 한국과의 민간 교류의 제1보가 된 것은 그 해 3월에 소련 과학아카데미 동양학연구소의 K. 사르키소프, 극동연구소의 게오르기 김 등의 학자들이 서울에 있는

---

8) イワン・コワレンコ編, 『資料集・アジア太平洋地域の安全—ソ連のアプローチ』, アジア書房, p. 211.

한양대학교 중소연구소(현 아시아태평양연구센터) 객원연구원으로서 방한한 것이었다. 서울 올림픽 개최 반년 전의 방한은 한-소 교류의 선구라고 할 수 있는 것이었는데, 그들의 방한은 단순한 민간교류가 아니라 소련 공산당 중앙위원회 결정에 의한 것이었음에 주목할 가치가 있다.9)

이와 같이 소련의 정책변화의 징후가 나타난 것에 대해서 북한 측도 좌시하고 있지만은 않았다. 1988년 5월 4일에는 북한의 외상 겸 부수상 김영남이 모스크바를 방문했다. 김영남은 "신사고 정책 앞에 잠복해 있는 위험"에 관해서 고르바초프를 설득하려고 했다. 그러나 이는 고르바초프의 "우리는 이것(신사고)를 그만 둘 생각은 없다. 평양은 이 사실로부터 출발하지 않으면 안된다"는 반론에 의해 받아들여지지 않았다.10)

다른 한편으로 한국 측으로부터의 소련에 대한 접근정책은 활발해져 갔다. 노태우 정권 성립 약 반년 후인 1988년 7월 7일 노태우는 7.7선언에서 소련과의 수교의사를 명확하게 표명했다. 그리고 8월에는 노태우가 대통령 보좌관인 박철언과 김종휘에게 소련과의 수교에 전념하도록 지시했고, 이를 받아서 9월에는 박철언과 김종휘가 소련을 방문하여 소련 과학아카데미 산하 미-캐나다 연구소의 G. 아르바토프를 통하여 고르바초프에게

---

9) 필자와 K. 사르키소프씨와의 인터뷰(2003년 7월 19일 및 11월 14일). 사르키소프씨와 동행한 것은 니콜라이 바실리에프라는 인물이다. 그 밖에 소련과학아카데미 극동연구소에 근무하는 재소고려인 게오르기 김도 동행할 예정이었지만 병으로 방한하지 못했다. 사르키소프씨 일행은 북한을 배려해서 한국(조선)인명(박, 김 등)으로 방한했다. 서울에서는 노태우 대통령의 보좌관인 박철언과 빈번히 회담했다. 박철언은 사르키소프 일행이 도쿄로 이동한 후에도 도쿄까지 방문하여 한-소 국교수립문제에 관해 타진했다고 한다.

10) Gorbachev(1995), p. 469; 工藤精一郞他訳(1996), p. 538.

친서를 전달, 한국 측으로부터 소련에 대한 관계개선의 의지가 전해졌다.[11] 또 9월 초순에는 노보스티 통신의 저널리스트 등이 방한하는 등 올림픽 개최 전의 한-소 교류가 심화되는 가운데 서울 올림픽 개회식 전날인 1988년 9월 16일 고르바초프는 크라스노야르스크에서 연설을 행했다. 극동의 크라스노야르스크에서 행한 이 연설에서는 한국과의 경제 레벨에서의 교류의사가 소련 측으로부터 제시되었다.

　　"한반도 정세의 전반적인 건전화라는 문맥 속에서 남한과의 경제관계를 조정할 가능성이 열릴지도 모르겠다고 생각된다."[12]

크라스노야르스크 연설은『프라우다』지(9월 18일자)의 1면과 2면의 전면 그리고 3면의 5분의 1정도의 지면을 차지하며 보도되었을 정도로 장문의 연설이었다. 그리고 그 긴 연설문 가운데 불과 다섯줄이 한국에 대한 언급이었지만 이를 위해서 할애된 곳은 연설의 마지막 부분이었고, 뿐만 아니라 돌출된 느낌마저 주는 것이었다. 또 같은 날짜 신문의 제6면에는 3분의 2정도의 지면이 할애되어 9월 17일에 개최된 서울 올림픽에 관한『프라우다』지 특파원의 보고가 게재되어 있었다. 크라스노야르스크 연설에서의 한국에 관한 언급은 그렇다고 하더라도 서울 올림픽에 관해서도 소련 공산당 기관지가 크게 보도했다는 점에서 소련의 정책변화는 명확한 것이라고 북한측이 생각했다고 해도 이상할 것은 없었다.

한-소 국교수립 과정의 정책결정과정에 있어서의 쌍방의 공통점

---

11) Kim Hakjoon(1997), p. 645.
12) *Pravda*, September 18, 1988.

은 통상적인 외무성에 의한 외교절충을 거듭하지 않았다는 점 즉 양쪽 모두 당초에는 외무성 루트에 의한 절충을 피했다는 점이다(물론 최종단계에서는 양국 외상에 의한 외교문서 조인이 있었지만).

예를 들면 노태우는 회고록에서 한국 측에서는 위의 김종휘, 박철언 두 사람의 대통령보좌관을 중심으로 소련과의 수교를 추진해 나아갔다고 술회하고 있다. 고르바초프의 크라스노야르스크 연설을 읽어 본 노태우는 무릎을 치면서 소련이 한국과의 국교수립에 대해서 전향적인 자세에 있다는 점을 직감했다고 한다. 공산권에 대한 한국 외교정책 즉 '북방정책'은 노태우의 말을 빌면 '원교근공(遠交近攻)'이라는 고사(故事)를 그 기본개념으로 한 것이었다. 이것은 중국의 전국시대에 범가(范雎)가 제창한 외교정책에 유래하는 말로서 "먼 나라와 친하게 지내고 가까운 나라를 공격하여 취한다"는 정책을 의미한다. 후일의 노태우는 북방정책은 북한이 교섭에 응하지 않을 수 없는 환경을 만든 것이 그 성과였다면서 "소를 우물가까지 끌고 갔다"고 비유하고 있다.13)

한국 측이 대통령 관저 루트를 통해서 국교수립을 위한 비밀외교를 추진한 것은 정보가 매스 미디어에 누출되어 북한을 자극하는 것을 극력 피하고자 하는 의향이 있었던 것으로 보이지만, 소련 측이 외무성 루트를 피했던 가장 큰 요인은 내부의 노선대립 때문이었다. 서울 올림픽 후 소련 측에서는 외교정책결정 과정에 중요한 역할을 하던 두 개의 기관 즉 당중앙위원회 국제부와 외무성 사이에 한국과의 수교를 둘러싼 의견의 차이가 나타나기 시작했기 때문이었다.

---

13) "노태우 전대통령의 육성회고록", 『월간조선』1999년 5월호, pp. 62-140.

Ⅲ. 소련의 대 한반도정책의 혼란

1. 당 국제부와 외무성의 대립

1988년 9월 말에 소련 공산당 중앙위원회 국제부(이하 당국제부)가 준비한 각서는 "한국의 기술과 제품은 소련 극동부에 도움이 되는 것"이라면서 "소련과 한국이 직접 경제접촉을 갖는 것은 아시아 태평양 지역의 평화와 안정에도 기여한다"고 보고하고 있었다. 그러나 다른 한편으로 한국과의 외교관계에 있어서는 "관계구축을 서두르지는 않을 것이다. 서서히 관계구축을 추진하여 이 지역의 정치적인 흐름에 맞추어 경제면에서의 전진을 도모할 방침이다. 동시에 소련은 북한과의 의무를 준수함에 변함이 없다. 한국과의 정치관계를 맺지는 않을 것"이라고 하여 국교수립은 부정하고 있었다.14)

그러나 이 각서는 1988년 10월 19일 새로이 당국제부를 담당하게 된 A. 야코블레프에 의해서 당국제부가 기획한 정책은 지나치게 조심스럽고 전통적이라는 비판을 받았고,15) 당국제부는 신설 중앙위원회 국제정책위원회(위원장은 A. 야코블레프)의 지도하에 한국과의 외교관계수립을 위해서 종래의 사고를 벗어난 쪽으로 방향타가 잡혀지게 되었다.

계속해서 1988년 11월 10일의 정치국 회의에서는 한국과의 관계확대가 논의되었다. 그러나 이 회의에서는 한국과의 외교관

---

14) Don Oberdorfer, *The Two Koreas: A Contemporary History* (Addison-Wesley, 1997), p. 203; 菱木一美訳, 『二つのコリア―国際政治の中の朝鮮半島 [特別最新版]』 (東京 : 共同通信社, 2002), p. 242.

15) Karen Nersesovich Brutents, *Tridtsat' let na Staroi Proshchadi* (Moskow, 1997), p. 443. 야코블레프는 1988년 9월 말에 신설된 당중앙위원회 국제정책위원회(정원 22명)의 위원장이었고, 당국제부는 이 신설 국제정책위원회의 아래에 위치하게 되었다.

계 수립은 당분간 연기해야 할 현안으로 간주되었고, 정치와 경제를 분리하여 경제관계의 확대를 도모하자는 것만 합의된 것으로 보인다.16) 그것은 그 후 12월에 셰바르드나제가 방북하여 북한측에 한국과의 관계강화는 비공식적인 것에 머물 것이라고 하면서 "공산당원의 이름을 걸고" 그렇게 단언했다고 외상 자신이 술회하고 있는 점에서도 알 수 있다.17)

당국제정책위원회의 야코블레프나 당국제부와는 달리 외무성 특히 외상인 셰바르드나제는 이 때 어디까지나 한국과의 국교수립에는 반대하는 입장에 있었다. 셰바르드나제는 고르바초프의 신사고 외교를 추진하는 오른팔이었지만 대 북한 정책의 급격한 변경에 관해서는 신중한 자세를 취하고 있었다. 셰바르드나제는 "소련에게는 한반도에 동맹국이 있으며, 그 나라는 매력적이지는 않지만 강한 나라"라고 북한을 인식하고 있었고, 동시에 "북한과의 관계를 악화시키는 것은 매우 간단하지만 수복하는 것은 무서울 정도로 어렵다"고 보고 있었다.18) 그리고 셰바르드나제가 빙북한 이 12월에는 소련과학아키데미 극동연구소의 게오르기 김을 통해서 고르바초프가 노태우에게 답신을 보냈다. 여기서 고르바초프는 한국과의 관계개선의 의사를 전달했다. 이 답신의 상세한 내용은 확실하지 않지만 아직 외교관계의 수

---

16) Oberdorfer(1997), pp. 197-199; 菱木一美譯(2002), pp. 236-238. 오버도퍼는 정치국 의사록이 아니라 이 회의에 참석한 체르냐예프의 메모에 기초하여 당시의 정치국 회의에서 한국과의 관계개선이 결정되었다면서 이 회의가 커다란 전환점이 되었다는 뉘앙스로 논의를 진행하고 있다. 그러나 후의 외무성 등의 반대론 분출을 고려하면 여기서의 결의는 외교관계의 수립보다도 경제관계의 확대가 확인된 데에 불과한 것이며, 근본적인 정책변환을 하게된 회의라고 위치 지을 수는 없을 것이다.
17) Oberdorfer(1997), p. 204; 菱木一美訳(2002), p. 244.
18) Oberdorfer(1997), p. 214; 菱木一美訳(2002), p. 255.

립까지 고려한 언급은 없었던 것으로 보인다.[19]

서울 올림픽 이후 한국의 소련에 대한 어프로치는 더욱 세를 더해 갔다. 1989년 1월에는 현대그룹의 정주영 회장이 모스크바를 방문했다. 또 1989년 2월에 한국은 헝가리와의 국교수립에 성공했다. 그리고 4월에는 한-소 쌍방이 상호간에 무역사무소를 개설했고, 6월에는 세계경제국제관계연구소(IMEMO)의 초청으로 한국의 정치가인 김영삼이 모스크바를 방문했다. 이 때 김영삼은 의회대표단의 교환, 대학관계자와 학생의 교환 구상을 표명함과 동시에 사할린 거주 고려인들의 조국방문도 제안했다.[20] 7월에 한-소 양측은 무역사무소에 영사기능을 갖도록 하는 데 합의했다.

이와 같이 한-소간의 교류가 한층 더 활발해져 가는 가운데 1990년 2월 소련 외무성은 대한관계에 관해서 새로운 개념을 제출했다. 이 외무성이 작성한 컨셉트의 전모는 분명하지 않다. 그러나 이미 방침을 전환한 당국제부 제1차장 K. 브루텐쯔와 당국제정책위원회 위원으로 서기장 보좌관도 겸하고 있던 A. 체르냐예프가 이 외무성안에 대해 제기한 반론으로부터 이 외무성안의 내용은 추측할 수 있다. 브루텐쯔 등은 제안된 외무성안에 대한 비판을 고르바초프 앞으로 다음과 같이 보냈다.[21]

---

19) Kim Hakjoon(1997), p. 645. 한국 측과 소련 측에는 '관계개선'이라는 말의 의미를 둘러싸고 상호간에 해석의 차이가 있었던 것으로 보인다. 한국 측은 소련 측으로부터 '국교수립'의 언사를 얻어내는 데에 적극적인 어프로치를 전개하고 있었기 때문에 호의적으로 해석하는 경향이 있었지만, 소련 측은 아직 이 단계에서는 '관계개선'이라는 말을 정경분리에 의한 경제적인 관계의 확대라는 의미로 사용하고 있었던 것 같다.

20) Brutents(1997), p. 443.

21) Brutents(1997), pp. 444-445.

"표명된 안은 그 자체로 일정한 전통주의 또는 보수주의이며 또한 모순조차 발견된다. 문서에서는 남한과의 관계 발전에 관해서 북한의 현 체제와 우리의 관계의 현상유지에 지나치게 종속되어 있다…"

즉 외무성안은 북한과의 관계를 유지하고 한국과는 경제관계의 확대에만 그 관계를 한정하려고 하는 것으로 북한 측을 배려한 것이었다고 추측된다. 나아가 부르텐쯔 등의 비판은 다음과 같이 계속되고 있다.

"북한의 현 체제가 막다른 길에 봉착해 있다는 것은 분명하다. 그러나 여기서 북한과 우리의 관계를 손상시키지 않고 또한 국제여론과 반독재주의 세력의 앞에 우리의 정치적 평판을 추락시키지 않기 위해서는 우리의 방침을 변형시킨 관점만으로는 필요 불가결한 결론이 나오지 않는다. 우리는 평양의 정치적 인질이 될 필요는 없다. 김일성은 한반도에서의 닝진을 종식시킬 수 있는 호기를 살리려고 하지 않는다. 이전과 마찬가지로 강경 노선으로 치닫는 것에 걸고 있다. 북한 지도부는 약소국의 입장에서 긴장완화는 위험하다면서 분명하게 민중에게 '노태우 일당 타도'를 외치고 있다."

당국제부 및 고르바초프의 외교보좌관 체르냐예프가 소련의 외교가 북한을 배려할 필요가 없다고 한 점이 주목된다. 뿐만 아니라 보고서는 북한의 핵 개발 프로그램에 관해서도 다음과 같이 언급했다.

"특히 우리의 원조를 악용하여 북한이 비밀리에 추진해 온 핵

프로그램은 경계심을 환기하는 것이다… 이전과 마찬가지로 평양은 거듭해서 군사적 도발행위를 하고 있으며, 한반도를 전쟁의 벼랑으로 몰고 감으로써 북한의 동맹국인 소련을 전쟁에 끌어들일 수도 있는 위험을 초래하고 있다. 그리고 북한의 핵무기 입수는 제2차 대전 후에 아시아 태평양에서 형성된 안전보장 시스템 전체에 대해서 돌이킬 수 없는 결과를 초래할 것이고 소련의 권위를 상실케 할 것이다. 이러한 사태로 발전하는 것을 예방하기 위해서 우리나라로부터의 확고한 일보가 필요불가결하다.

아시아에서 군사적 상황이 복잡해질 경우에 북한에게 우리의 전략적 동맹국으로서의 역할을 기대하는 것은 전혀 시의에 맞지 않는다. 우리는 거기에서 누구를 지키기 위해서 집결한다는 것인가? 김일성의 사회주의인가? 우리의 현재의 모든 정책을 기본으로 하자는 것인가 아니면 이 지역에서는 다른 태도를 견지하자는 것인가? 어느 것을 토대로 하여 평화를 전망할 것인가?"

이 문언에는 악화되고 있는 소련의 대 북한 인식이 엿보인다. 사실 이 즈음 고르바초프가 추진하는 글라스노스트(공개) 정책에 의해서 소련의 매스 미디어에서는 북한식 사회주의에 대해서 준엄한 평가를 내리는 보도가 늘어나고 있었다. 특히 소련 국내에서도 활발해진 스탈린이즘 비판은 그대로 북한체제에 대한 비판으로 연결되어 갔다. 이 보고서가 작성되기 1년 전인 1989년에는 소련의 신문, 잡지에 게재된 북한 비판 그리고 한국과의 관계정상화를 바라는 논조의 기사들이 백 건을 넘어섰다.[22]

그리고 당국제부의 보고서는 다음과 같이 결론지으면서 한국

---

22) Bazhanov(1992), p. 94.

과의 국교수립을 제언하고 있다.

"한반도 정세에 대한 소련 측의 행동의 기본적인 추진력의 하나
는 남한과 우리나라와의 관계구축에 있다. 현재 당면한 일보는 완
전한 형태로 남한과의 영사관계를 확립하는 날짜를 분명하게 앞당
기는 일이다. 네 개의 사회주의 국가 헝가리, 폴란드, 유고슬라비아,
체코슬로바키아는 남한을 승인했다. 이르던 늦던 우리도 이러한 .
형태를 취할 필요가 도래할 것이다. 그러나 만일 이것이 너무 늦어
지면 우리는 정치적으로나 경제적으로 이익을 향유하지 못하고 필
요에 쫓겨 움직일 수밖에 없게 될 것이다."

그러나 실은 같은 무렵 공산권 국가들과의 당 관계의 강화를
추진하라는 지시가 당중앙위원회 명의로 하달되어 있기도 했다.
이 지시에는 북한 로동당과의 관계강화를 도모해야 할 것이라는
지시도 포함되어 있었다.[23] 뿐만 아니라 같은 시기에 KGB는 소
련 지도부에 보고서를 제출하고 있었다. 다음은 1990년 2월 22일
자로 당시 KGB 의장 V. 크류치코프가 소련 지도부 앞으로 보낸
보고서이다.

"… KGB는 북한이 핵무기 개발에 관한 학술적이고 실험적인
설계작업을 계속하고 있다는 사실을 관련 정보 소스로부터 정보를
입수했다. 북한 지도부 특히 상기의 연구를 개인적으로 총괄하고

---

23) The Papers of Dmitrii Antonovich Volkogonov (Volkogonov Collection), "Gorbachev
Mikhail Sergeevich: Kommunischeskaia Partiia Sovetskogo Soiuza(KPSS),
Politburo & Secretariat Session Protocols July 1986-Aug. 1991", February 22,
1990, Box 25, Folder 13, Washington D. C.: The Library of Congress.

있는 김정일은 이러한 군비를 보유함으로써 남한에 대해서 군사적인 선수를 치는 것을 노림과 동시에 핵보유국의 멤버가 되려는 목적을 추구하고 있다. 입수된 정보에 의하면 평안북도 영변시에 있는 북한의 핵 연구시설에서는 최초의 핵 폭발장치의 개발이 완료되었다…"24)

　실제로 북한의 핵 개발이 이미 이 시기에 KGB가 이 문서에서 지적한 단계까지 사태가 진전되어 있었는지는 분명하지 않다. 다음에서 언급하는 바와 같이 당시의 KBG가 한국과의 수교에는 반대했다는 점 그리고 소련이 한국과의 국교수립을 추진하는 과정에 있어서 이 시기가 매우 중요한 시기였다는 점을 고려하면 이 문서가 소련 지도부에 의도적으로 제시되었을 가능성도 배제할 수 없다. 또 하나 지적할 수 있는 것은 소련 지도부가 이 문서를 어떻게 취급했는지 알 수 없지만 소련 지도부는 적어도 북한의 핵 개발이 문제화되어 가고 있다는 점을 이 단계에서 알고 있었다는 점이다.
　이와 같이 한-소 국교수립문제는 당시 소련 국내의 보수파와 개혁파의 정치적 대립과 밀접하게 연계되어 있었다. 후일 고르바초프가 자신의 회고록에서 당시의 상황을 다음과 같이 회상하고 있다.

　"적지 않은 저항을 극복하지 않으면 안되었다. 그 가운데서도 가장 컸던 것은 우리의 모종의 제안이 평양에 소동을 일으킬지도 모른다고 생각해서 공포감에 휩싸인 고참 외무성 간부들의 저항이

---

24) *Izvestiya*, June 24, 1994.

었다. 경직화라는 것이 정치에 뿌리를 내리면 스테레오타입적 사고를 얼마나 뿌리뽑기 어렵게 만드는지 놀라울 지경이다!"[25]

그러나 고르바초프의 지적대로 한-소 국교수립에 반대하는 것을 '저항세력'이라고 비판하는 시각은 그 후의 한반도 정세가 국제적으로 궁지에 몰린 북한의 핵 개발 의혹문제로 일대 분규에 휩싸인 사실을 고려하면 고르바초프가 말하는 것처럼 그렇게 간단히 평가할 수는 없을 것이다. 그 후 북한이 소련을 '끌고 가는 방식'이 동아시아 국제관계에 커다란 영향을 미쳤기 때문이다.

2. 샌프란시스코 회의

앞의 당국제부의 제언이 고르바초프에게 상달된 다음 달인 1990년 3월 김영삼과 박철언이 모스크바를 방문했다. 노태우 대통령의 정무보좌관인 박철언은 노태우의 친서를 휴대하고 있었다. 여기에는 "한반도 및 동북아시아의 안정과 평화 그리고 양국의 경제협력관계의 확대를 위해서 한-소 관계의 신속한 정상화의 필요성"이 있으며 "이를 실현할 때가 도래했다"면서 다시 한번 소련 측에 대한 국교수립에 관한 강한 메시지가 담겨져 있었다.[26]

---

25) Gorbachev(1995), p. 469; 工藤精一郎他訳(1996), p. 537.
26) Brutents(1997), p. 445. 또 김영삼의 방소 후인 1990년 4월에 세계기독교통일심령협회(통일교회)의 문선명 목사가 노보스티 통신사와 공동으로 당시 모스크바에서 개최되고 있던 세계언론인회의의 창설자의 자격으로 크레믈린에서 고르바초프와 만났다. 이 자리에서 고르바초프는 "한-소 수교는 시간문제"라고 말했다. 『시사저널』 1990년 4월 29일자.

또 한국과 소련의 수교에는 미국의 중재도 있었다. 1990년 4월 7일 미 국무장관 슐츠는 노태우에게 고르바초프가 6월 초순에 부시와의 회담을 위해서 미국을 방문할 것이라고 전했다. 또한 슐츠는 부시와의 회담이 끝난 후에 고르바초프가 샌프란시스코의 스탠포드에서 자기와 만날 것이라고 알려 주었다. 이에 한국 측은 미국에서 고르바초프와 만날 계획을 세우고, 그 계획을 '5%'라는 코드네임으로 불렀다. 이는 당초 한국 측에서는 이 작전의 성공확률을 5% 정도일 것이라고 보았기 때문이었다.[27]

결과적으로 샌프란시스코에서의 한-소 정상회담은 실현되었지만, 여기에는 다음과 같은 이유가 크게 작용했다고도 할 수 있다.

우선 첫째로 이 시기 한국과의 국교수립에 반대하는 소련 외무성의 입장은 당국제부 및 고르바초프의 보좌관들의 반론에 직면해 있었다는 점이다. 그리고 이 반론은 소련 경제의 악화에 따라 한층 더 힘을 얻고 있었다는 점을 들 수 있다.

둘째로 일-소 관계의 침체이다. 이미 많은 연구가 지적하고 있는 바와 같이 이 시기의 고르바초프는 국내 사정 때문에 영토 문제에서 일본에 양보할 수 있는 상황이 아니었다. 결국 일본으로부터의 대규모 경제원조가 무망해진 이상 당연히 대안으로서 한국으로부터의 원조가 떠올랐다고 해도 이상할 것은 없었다.[28]

셋째로 소련의 정책결정과정의 패턴이 변화했다는 점이다.

---

27) Kim Hakjoon(1997), pp. 645-646.
28) 이 시기의 소련의 대한정책과 대일정책의 관련성에 관해 연구된 논문으로서는 다음과 같은 것들이 있다. 横手慎二,「ソ連の北東アジア政策(一九八六～一九九一)ー'ソ韓関係を中心にして」; 西村明・渡辺利夫編『環黄海経済圏―東アジアの未来を探る』(九州大学出版会, 1991), pp. 29-44.

1990년 3월에 성립된 대통령제는 전통적인 소련외교의 정책결정 패턴을 바꾸어 놓았다. 통상적인 절차라면 소련 공산당 정치국의 회의에서 고도의 정치적 결정이 이루어진다. 그리고 소련 외교의 정책결정 과정에 정치국에서는 어떻게 해서든 의견의 차이에 따른 논전을 회피하려는 경향이 있었다.

일반적으로는 고도의 외교문제에 관해서는 정치국의 하부기관에 소위원회가 설치되어 정책의 위임이 이루어진다. 예를 들면 1968년의 체코슬로바키아 침공 시에는 체코슬로바키아 위원회가 그리고 1979년의 아프가니스탄 침공 시에는 아프가니스탄 위원회가, 1981년의 폴란드 '자유노조' 문제에서는 폴란드 위원회가 설치되었다. 이들 위원회는 해당 문제와 관련된 부처의 책임자급 즉 대개의 경우에는 외무성, KGB, 군, 당국제부 등의 장이나 차장급으로 구성되어 정치국에 정책을 제언하는데, 실질적인 문제로서 소위원회가 제언한 내용은 정치국에서 추인되는 경향을 가지고 있었다.[29]

만일 이러한 전통적 정책결정 스타일이 한-소 수교문제에도 적용되었다면, 이 문제는 외무성과 KGB 등의 강경한 반대에 의해서 합의를 이루지 못했을 것이다. 그러나 1990년 3월부터 시작된 대통령제에 따라서 고르바초프는 종래와 같은 정책결정과정의 스타일에 묶이지 않아도 되었다. 고르바초프가 소련 '대통령'이 됨으로써 소련 외무성을 통하지 않고 대통령의 밀사를 파견함으로써 외교를 추진하는 것이 가능해졌기 때문으로, 이와 같

---

29) 브레즈네프 시기의 외교정책결정구조와 정치국 소위원회에 관해서는 다음을 참조할 것. 金成浩, 「ブレジネフ政治局と政治局小委員会—対アフガンと対ポーランド外交政策決定構造の比較」, 『スラヴ研究』第四五号 (北海道大学スラヴ研究センター, 1998), pp. 263-285.

이 종래의 전통적인 외교정책결정의 스타일이 변화되었다는 사실이 한국 측으로서는 다행이었다.

실제적인 상황의 전개도 이러한 경로를 밟고 있다.[30] 노태우의 지시를 받은 박철언과 그 비서인 염동재는 1990년 4월 하순에 비밀리에 일본을 방문하여 노보스티 통신사 도쿄지국장 두나예프와 만났다. 아타미(熱海)의 온천에서 열린 회합에서 고르바초프와 미국에서 만나고 싶다는 노태우의 희망이 전달되었다. 두나예프와 염동재는 모스크바로 향했는데, 소련 외무성과 KGB가 한국과 소련의 국교수립에 반대하고 있었기 때문에 두나예프는 이 두 기관을 통하지 않고 크레믈린에서 고르바초프와 만났다. 고르바초프의 회답은 서울에서 열리는 IAC(Inter Action Council) 회의 이른바 OB 정상회담(5월 23~25일)에 자신의 외교고문인 A. 도브리닌(전 주미대사)을 소련 대표로 파견하여 노태우와 회담하도록 하는 것이었다. 도브리닌은 5월 21일 서울에 도착하여 신라호텔에 투숙했다. 청와대는 도브리닌 방한의 진정한 의미에 관해서 외무부나 안전기획부에도 알리지 않았던 것으로 보인다.

다음 날인 5월 22일 노태우는 청와대의 상춘재에서 도브리닌을 맞이했다. 이 자리에서 도브리닌은 고르바초프의 "6월 5일에 샌프란시스코에서 노태우와 만난다"는 메시지를 전달했다. 도브리닌은 문서가 아닌 구두로만 전달했고, 한국 측에 고르바초프의 구두 메시지를 확인하기 위해서 다른 어떠한 채널도 이용해서는 안 된다는 점을 분명히 했다. 이는 고르바초프와 대통령부의 보좌관들만이 고르바초프의 의지를 알고 있었기 때문이었다. 도브리닌은 한국 측이 소련 외무성이나 KGB에 접근할 경우 정

---

30) Kim Hakjoon(1997), pp. 645-646.

상회담 자체가 방해받을 가능성이 있다고 그 이유를 밝혔다.

6월 4일 고르바초프와의 회담이 노태우의 숙소이기도 한 샌프란시스코의 호텔에서 이루어졌다.[31] 회담이 시작될 때 고르바초프가 던진 농담이 소련 측의 관심과 이 회담에서의 소련 측의 요구를 말해주고 있다고 할 수 있다. 외교안보담당 보좌관 김종휘가 안고 있던 자료에 비해서 김종인 경제담당 수석비서관이 가지고 있던 자료가 적은 것을 보고 고르바초프가 어째서 그쪽은 그렇게 얇은가 하며 조크를 했기 때문이다.

그리고 국교수립은 동아시아의 평화에 공헌할 것이라고 말한 노태우의 말을 받아서 고르바초프는 "양이 늘어나면 질적인 변화를 초래하기 때문에 한 걸음 한 걸음 접근하는 것이 바람직하다"고 대답했다. 이 생각 자체는 공산주의 이론에 기초한 말인데, 한-소 국교수립에 대한 소련 측의 사고방식을 보여주고 있었다. 고르바초프의 의도는 경제문화교류의 실적을 쌓아 가면 반드시 정치적 교류로 이어질 것임과 동시에 국교수립에는 조금 더 시간이 필요하다는 의미를 지니고 있는 것이기도 했다.

그리고 고르바초프는 "과일은 익지 않았을 때 먹으면 맛도 좋지 않을 뿐만 아니라 배앓이를 하게 된다"면서 은연중에 국교수립에 아직 더 시간이 필요하다는 점을 암시했고, 노태우는 "나는 참고 기다리는 것으로 유명한 사람이다. 내가 익었다고 하면 참지 말고 같이 먹읍시다"고 응답했다고 한다. 그리고 회담 종료

---

31) 샌프란시스코 회담에 관한 한국 측의 증언으로서는 노태우(1999), pp. 96-99. 또한 최호중, "한-소 수교의 막후비화" 『월간조선』 1992년 9월호, pp. 452-455를 참조할 것. 또한 다음도 참조할 것. Oberdorfer Korea Collection, "A Summit between South Korea and the Soviet Union" and "Opening Remarks by President Roh on his meeting with President Gorbachev", Box 1, Washington D. C.: National Security Archive.

후 한국 측으로부터 사진 촬영의 제안이 있자 고르바초프는 일단 난색을 표했지만, 노태우의 "태평양의 저 건너편에서 전 세계가 주목하고 있는데 사진 한 장 내놓지 못하면 회담이 실패한 것처럼 보일 수도 있는 것 아닌가"라는 말에 고르바초프는 잠시 생각한 후에 동의했다.

그러나 이 회담에서 고르바초프는 수교 일자를 분명하게 언급하지 않았다. 이는 "타이밍을 조절할 필요" 즉 특히 북한에 대해서 한국과의 수교를 어떻게 설명할 것인가 하는 문제가 남아 있기 때문이었을 것이다. 또한 한국과의 수교에 소극적인 소련 외무성과의 조정문제도 남아 있었다. 그러나 한-소 양국 수뇌가 회담했다는 사실은 소련 외무성, KGB의 반론을 누르는 효과를 가지고 있었다고도 할 수 있다. 사실상 한-소 수교에 소극적이었던 셰바르드나제 자신이 9월 초순에 한국과의 국교수립을 설명하기 위해서 직접 평양을 방문했기 때문이다.

IV. 북한의 반발과 한-소 국교수립

1. 셰바르드나제의 방북

샌프란시스코의 회담에 끝난 후인 1990년 9월 상순에 한국과의 수교에 관해서 평양에 설명하기 위해 도착한 셰바르드나제는 북한의 맹렬한 반발에 직면했다. 평양에서 김일성과의 회견은 이루어지지 않았고 대신 외상 김영남과의 회담이 이루어졌다. 이 회담에서의 김영남의 항의 내용은 다음의 세 가지로 집약된다.[32]

---

32) Aleksandr Kapto, *Na Perekrestkakh Zizni: Politicheskie Memuary* (Moskow, 1996), pp. 434-435.

북한 측의 항의의 첫 번째 요점은 남한과 소련의 국교회복은 중대한 약속 위반이라는 점이었다. 김영남이 1986년 10월에 고르바초프와의 최고위급 회담에서 "여하한 경우에도 남한과의 관계에서 원칙적인 입장의 변화는 없다"고 고르바초프가 말했었다는 점 그리고 1988년 12월의 셰바르드나제 외상의 방북 시 회담에서 셰바르드나제가 "남한과의 정치, 외교, 국가 관계를 수립하는 것과 같은 변화는 없다"는 말을 남겼다는 사실, 뿐만 아니라 셰바르드나제 자신이 "나는 공산주의자의 절실한 언어로 말하고 있다"고까지 말하면서 북한 측의 의심을 불식시키려 했다는 점 등을 예로 들면서 지적했다. 또한 당시의 공동커뮤니케에 "소련은 남한을 공식적으로 승인하여 남한과의 정치적 외교적 관계를 수립하려는 의도는 없다"고 언급되어 있다는 사실을 거론하면서 소련의 약속 위반을 비판했다.

항의의 두 번째 내용은 소련과 남한과의 외교관계 수립은 조-소 우호협력상호원조조약(1961년 체결)의 위반이라는 것이었다. 이 조약의 제3조에는 "평화와 안전의 형성을 바람과 동시에 양국의 이익과 관련되는 모든 중요한 국제문제를 심의한다"고 되어 있는데, 소련 측은 1988년 9월의 크라스노야르스크 성명에서 어떠한 사전 협의도 없이 한국에 대한 정치적 태도의 변화에 관해서 언급한 바 있다. 또 샌프란시스코의 한-소 정상회담에 관해서도 사전에 협의가 없었다면서 소련의 태도를 비판했다. 뿐만 아니라 소련이 조-소우호협력상호원조조약에 관해서는 주의를 기울이지 않고, 남한과의 외교관계를 수립함으로써 조약을 파기할 경우에는 북한은 독자적인 힘으로 문제 해결의 길을 찾지 않으면 안 된다는 점이 언급되었다. 그리고 남한에 미국의 핵무기가 존재하는 이상 그 무기에 대항하기 위한 무기 개발을 모색할 필요가 있다고 다그쳤다. 한반도에서 이러한 상황으로까지 사태를 진전시키면 핵무기 경쟁으로 사태가 긴박해질 것이라고 하면서 도리 없이 핵확산금지조약으로부터 탈퇴해야 할 운명으로 치닫게 될 것이라는 주장이 전개되었다.

북한 측의 세 번째 지적은 소련의 행동이 한국과 미국의 음모에 가담하고 있는 것에 다름아니라는 것이었다. 미국과 한국은 정치적, 경제적, 군사적으로 북한을 약체화하고 고립시키면서 북한의 '문을 열어' 사회주의체제의 전복을 기도하고 있다고 비난했다. 그리고 샌프란시스코 회담에서 노태우가 고르바초프에게 '북한의 문'을 여는 데 협력해 달라고 요청한 사실이 지적되었다. 또한 동시에 소련과 미국이 공동으로 38도선을 분단한 데 대한 책임에 관해서도 언급되었다.

교섭이 끝난 후 셰바르드나제가 동행한 기자들에게 "우리는 필요하다고 생각하면 행동한다. 외교관계의 수립은 각 국가의 주권적 권리"라고 말한 데서도 알 수 있는 것처럼33) 이 회담은 완전한 결별을 의미하는 것으로 끝이 났다.

2. 국제연합에서의 한-소 외상회담과 그 후

1990년 6월의 샌프란시스코 회담 이후 한국과 소련의 국교수립을 위한 절충은 모스크바 주재 한국 영사사무소 대표 공노명을 통해서 이루어져 갔다. 모스크바 현지로부터의 공노명의 보고에 의하면 소련 측은 국교수립의 원칙에는 합의할 가능성이 있지만 그 발효의 시기는 다음 해로 넘길 공상이 큰 것으로 되어

---

33) 橫手愼二(1991), p. 39.

있었다. 이는 연내 수교와 대통령의 연내 소련방문을 희망하는 한국의 입장과는 차이가 있었다. 그러나 이것이 9월 30일의 국교 수립으로 이어진 것은 한국 측으로부터의 적극적인 어프로치가 있었기 때문이었다.[34]

한-소 외상회담이 있기 3일 전인 9월 27일에 일본과 인도네시아 외상이 공동으로 주최한 아시아 태평양 지역 외상 만찬에는 한국 외상을 포함하여 15개국의 외상이 참석했는데, 거기에는 소련의 셰바르드나제 외상도 참석했다. 이 자리를 이용하여 한-소 두 외상의 비공식 회담이 이루어졌다.

한국 외무장관이 "9월 30일에 회담하고 당일 국교수립의 발효에도 합의를 보자는 것이 우리의 입장이며, 이를 받아들여 주기 바란다"고 말하자 셰바르드나제는 "수교에는 이의가 없지만, 새해가 시작되는 1991년 1월 1일을 발효일로 하는 것이 새 출발하는 양국 관계로 보면 보다 더 어울린다는 것이 우리의 입장"이라고 답했다.

9월 30일의 회담에서도 발효일에 관한 양측의 주장은 평행선을 유지했다. 이 날도 셰바르드나제는 본부의 훈령이기 때문에 "어쩔 수 없다"면서 "새로운 해에 새로운 출발을 하는 것도 나쁘지 않으며, 또 그렇게 서두를 필요는 없는 것이 아닌가"라는 말을 되풀이했다. 설득할 수 있는 근거를 상실한 한국의 외무장관은 "오늘은 새로운 세대를 이끌어 갈 유니세프의 모임이기도 하기 때문에 이 날을 선택한 것은 의미 깊은 일"이라며 끈기 있게 설득했다. 그러자 셰바르드나제는 선뜻 "그렇게 하자"고 말했다. 자신의 귀를 의심한 한국 외무장관이 "오늘 날짜로 수교에 합의

---

34) 최호중(1992), p. 458.

한다는 것인가?"라고 반문하자 셰바르드나제는 그렇다고 대답했다. 나아가 셰바르드나제는 국교수립의 문서에 서명하면서 "이만하면 우리의 친구도 알아들을 터"라는 말을 흘렸다.[35] 이것은 북한 측의 격한 반발에 대한 셰바르드나제의 개인적인 감정의 표출이었을 것이다. 서명의 경위로 추측하건대 신년 1월 1일부터의 수교하는 노선은 이미 소련 지도부의 규정노선으로 되어 있었겠지만, 이를 앞당겨 9월 30일 당일 수교를 강행한 것은 셰바르드나제 외상은 단독 판단이었던 것으로 보인다.

10월에 들어서자 소련은 평양 주재 신임 소련대사로서 A. 카프토를 부임토록 했다. 이 때 카프토는 고르바초프가 김일성에게 보내는 친서를 휴대하고 있었다. 이 서한은 한–소 국교수립으로 흔들리기 시작한 소련–북한 관계를 수복하려는 고르바초프의 의도가 표명된 것이었다. 그러나 카프토가 김일성과 만났을 때 김일성은 '고르바초프'라는 이름조차 입에 올리지 않았고, 이 서한에 대한 회신조차도 보내지지 않았다.[36]

북한의 반발은 소련으로서는 예상을 넘어선 것이었을 것이다. 나아가 소련–북한 관계는 1991년 4월 고르바초프가 일본을 방문하고 귀국하는 길에 한국 남부의 제주도에 들러 노태우와 회담함으로써 더욱 험악해졌다. 이 회담은 전 해 12월에 노태우가 모스크바를 방문한 데 대한 답방의 의미를 지니고 있었지만, 당초 소련 외무성에는 고르바초프가 북한을 방문하지 않고 한국만을 방문하는 것에 대한 반대론이 존재했다.

고르바초프가 방일 스케줄에 맞추어 한국과 북한을 방문하는 것이 어떤지에 관해서는 당초 세 가지 안이 검토되고 있었다.

---

35) Oberdorfer(1997), p. 217; 菱木一美訳(2002), p. 259.
36) Kapto(1996), p. 441.

제1안은 도쿄 방문 후에 서울만을 방문하는 것이었고, 제2안은 도쿄 방문 후에 남북한의 수도를 방문하는 것이었다. 그리고 제3안은 남북한을 방문하지 않고 도쿄만을 방문하는 것으로 되어 있었다.

평양 주재 대사 카프토는 평양과 서울 모두를 방문할 것을 제안하고 있었다. 이는 한국만을 방문하는 것은 북한 측에게는 불에 기름을 끼얹는 것과 같다는 이유 때문이었다. 또한 소련 외무성에서도 카프토의 안을 지지하는 의견이 많은 상황이었다. 외무성에 대한 카프토의 조회에 대해서 "고르바초프는 도쿄만을 방문할 것"이라는 회신이 있었고, 카프토는 북한 측에 이렇게 전달하고 있었다. 카프토가 고르바초프의 제주도 방문 사실을 알게 된 것은 하루 전 날이었고, 그것도 카프토의 지인인 외교관으로부터 개인적인 루트를 통한 것이었다고 한다.[37]

고르바초프가 평양을 방문하지 않은 이유에 관해서는 이미 몇 가지의 지적이 있다. 카프토 자신은 "한국에는 가고 싶었지만 북한에는 가고 싶지 않았다"고 고르바초프 자신이 (북한 방문을) 원하지 않았다는 사실을 지적하고 있다. 또 고르바초프의 보좌관이었던 체르냐예프는 평양을 방문할 경우에 개혁파로서의 자신의 명성이 손상되는 것을 우려했다고 설명한다.[38] 전술한 바와 같이 1986년에 고르바초프가 김일성과 회담했을 때를 묘사한 고르바초프의 회고를 보아도 고르바초프의 김일성에 대한 인상은 좋지 않았다는 점은 분명하다.

---

37) Kapto(1996), p. 452.
38) Oberdorfer(1997), p. 207; 菱木一美訳(2002), p. 247.

V. 결 론

이상과 같이 시계열적으로 고르바초프 시기 소련의 대한반도 정책의 변화를 추적해 보았다. 마지막으로 정책의 변화가 일어난 이유를 정리해 보고자 한다. 정리함에 있어서 '국제관계 레벨', '국내정치 레벨', '정책결정자 개인 레벨'의 세 가지 레벨로 크게 나우어 각각의 레벨에서 소련의 정책을 변화시킨 요인을 고찰해 보기로 한다.

우선 첫째로 국제관계 레벨에서의 설명이다. 이미 서술한 바와 같이 한국과의 국교수립에 있어서 소련 측이 가장 관심을 표명하고 있었던 것은 한국으로부터의 경제원조였다. 이것이 국교수립의 커다란 요인이 되었다는 점에 관해서는 본고에서도 소련 측의 문서를 기초로 하여 서술하였다. 또 한국 측의 적극적인 어프로치의 존재 역시 한-소 수교를 성공시킨 한 요인이기도 했다. 뿐만 아니라 본론에서도 언급한 것은 한-소 수교에 있어서 일-소 관계가 연동하고 있었다는 점이다. 소련의 최대 관심사가 경제원조였다는 점에서 북방영토문제에 의해 일본으로부터의 대규모 원조를 기대할 수 없는 소련이 그 대안으로서 한국을 선택했다는 본고의 주장은 충분히 성립할 수 있는 추론이라고 생각된다. 그러나 이 점에 관해서는 소련 공산당의 정치국 의사록과 당시의 회고록 등으로부터 '한-소 수교와 일-소 관계'라는 연동에 관한 자료를 충분히 포착할 수 없었다는 점이 있다는 사실을 부인할 수는 없으며, 본고에서는 어디까지나 추론에 그치고 있다. 향후 새로운 추가 자료를 수집하지 않으면 안되는 부분이다.

둘째로 국내정치 레벨에서의 설명이다. 소련 국내정치에 있어서는 한국과의 수교를 둘러싸고 소련 외무성과 당국제부의 주장과 고집들이 있었다. 이러한 주장과 고집을 극복하고 소련이 한국과의 수교를 추진할 수 있었던 데에는 1990년 3월에 소련에 대통령제가 도입되어 종래의 소련 외교정책결정 스타일이 변화했다는 점이 크게 작용했다. 한국과의 수교에 전향적이었던 소련 대통령 고르바초프 자신이 수교 반대론이 강했던 외무성을 통하지 않고 특사를 파견할 수 있었기 때문이다. 이 특사 파견은 1990년 6월 한-소 수뇌회담으로 이어졌다.

셋째로 정책결정자 개인 레벨에서의 설명이다. 고르바초프 자신은 서기장 취임 전부터 한국과의 종래의 관계를 변화시킬 필요성을 느끼고 있었다.(각주 5번 참조) 또 더 나아가 1986년 김일성과의 회담 시에도 김일성에 대해서 위화감을 느끼고 있었다는 사실은 앞서 서술한 대로이다. 고르바초프의 이러한 대북한 인식의 변화가 한국과의 수교에 긍정적인 영향을 주었다고도 할 수 있을 것이다. 이러한 인식의 변화에는 당시 소련에서 진행되고 있던 글라스노스찌의 결과 매스컴에서 신행뇌고 있던 북한에 대한 엄격한 비판도 가세했을 것으로 생각된다. 한-소 국교수립은 이러한 각 레벨에서의 요인들이 중층적으로 혼합되어 타결된 것이었다.

마지막으로 한-소 수교에 관한 역사적 평가의 문제에 관해서 약간의 코멘트를 하면서 본고를 마무리하고자 한다. 한-소 수교에 관새서는 동아시아 냉전구조를 대폭 변화시킨 사건으로 적극적으로 평가하는 견해가 일반적이다. 그러나 소련 측의 정책결정과정을 분석하는 가운데 부각된 것은 한-소 국교수립에 있어서 그 이후의 한반도 전체 및 북한에 미친 영향을 우려하는 의견은 소련 지도부에 존재했지만 그 정책결정과정에서 무시되어 사라져 버렸다는 사실이다. 최종적으로는 소련의 국가이익 특히 경제적 이익이 우선되었다. 소련은 한-소 수교에 의해서 한국으로부터 30억 달러 규모의 경제원조를 끌어내는 데 성공했다. 또 소련으로부터 북한에 대한 전투기 등의 군사원조 등도 정지되었다. 그러나 이것은 결과적으로 소련이라는 보호막이 사라진 북한이 핵 개발로 경도되어 가는 계기를 만들어 준 것이었다고도 할 수 있다. 그리고 이 문제는 현재까지도 동아시아 안전보장에 커다란 문제를 던지고 있다는 점을 감안하면 이 시기에 서둘러 체결된 한-소 국교수립의 역사적 의의는 그 부정적 의미도 포함하여 검토되지 않으면 안될 것이다. 그런 의미에서는 "북한과의 관계를 악화시키는 것은 매우 간단하지만 수복하는 것은 무서울 정도로 어렵다"면서 한국과의 국교수립에는 신중한 자세를 취했던 소련 외무성의 주장에는 경청할 만한 내용이 포함되어 있었던 것으로 생각된다. 한-소 국교수립에 의해서 거꾸로 악화된 북한과의 관계개선을 위해 소련(러시아)은 실제로 거의 10년 후의 푸틴 정권의 성립을 기다리지 않으면 안 되었던 것이다.

- 이 웅 현(고려대학교 평화연구소 연구교수) 옮김

■참고문헌■

"노태우 전대통령의 육성회고록", 『월간조선』, 1999년 5월호.
최호중, "한-소 수교의 막후비화", 『월간조선』, 1992년 9월호.
Aleksandr Kapto, *Na Perekrestkakh Zizni: Politicheskie Memuary*, Moskow, 1996.
Don Oberdorfer, *The Two Koreas: A Contemporary History*, Addison-Wesley, 1997.

Eugene Bazhanov, "Soviet Policy towards South Korea under Gorbachev", *Korea and Russia: Towards the 21st Century*, Seoul: The Sejong Institute, 1992.

Mikhail Gorbachev, *Zhizn' I reformy*, kniga 2, Moscow, 1995.

Karen Nersesovich Brutents, *Tridtsat' let na Staroi Proshchadi*, Moskow, 1997.

Kim Hakjoon, "The process leading to the establishment of diplomatic relations between South Korea and the Soviet Union", *Asian Survey* (July, 1997).

Oberdorfer Korea Collection, *"A Summit between South Korea and the Soviet Union" and "Opening Remarks by President Roh on his meeting with President Gorbachev"*, Box 1, Washington D. C.: National Security Archive.

The Papers of Dmitrii Antonovich Volkogonov (Volkogonov Collection), *"Gorbachev Mikhail Sergeevich: Kommunischeskaia Partiia Sovetskogo Soiuza(KPSS), Politiburo & Secretariat Session Protocols. April 1983-June 1987"*, January 30, 1986.

菱木一美訳, 『二つのコリア—国際政治の中の朝鮮半島 [特別最新版] 』, 東京: 共同通信社, 2002.

金成浩, 「ブレジネフ政治局と政治局小委員会—対アフガンと対ポーランド外交政策決定構造の比較」, 『スラヴ研究』第四五号, 北海道大学スラヴ研究センター, 1998.

イワン・コワレンコ編, 『資料集・アジア太平洋地域の安全—ソ連のアプローチ』, 東京: アジア書房, 1988.

工藤精一郎他訳, 『コルバチョフ回想録 (下巻)』, 東京: 新潮社, 1996.

横手慎二, 「ソ連の北東アジア政策(一九八六〜一九九一)—ソ韓関係を中心にして」; 西村明・渡辺利夫編, 『環黄海経済圏—東アジアの未来を探る』 (九州大学出版会, 1991).

Pravda

Izvestiya

III 부

협조와 갈등의 경제학

한 · 러관계의 안보동학:
시베리아 · 극동 에너지개발과 지역안보*

김 경 순

국방대학교 안보문제연구소 전문연구원

I. 서 론

1990년 한 · 소수교 이후 한국과 러시아 양국의 경제관계는 기대만큼 활발히 진전되지 못했다. 풍부한 자원을 보유하고 있음에도 불구하고 러시아의 정치 · 경제적 불안정과 기반시설의 미비 등으로 교역이나 투자부문을 비롯한 한-러간의 제반 경제협력은 부침을 거듭해 왔다. 하지만 최근 제기되고 있는 아시아에서 유럽을 잇는 TKR과 TSR의 연계 및 시베리아 · 극동지역의

* 이 논문은 2002년도 한국학술진흥재단의 지원에 의하여 연구되었으며(KRF-2002-042-B00019), 2003년 8월 1일 고려대학교 평화연구소 주최 이르쿠츠크 국제학술회의 "한-일-러 삼각구도 속의 시베리아와 연해주"에서 발표한 것을 수정, 보완한 것임.

에너지개발과 파이프라인 건설은 경제협력 자체로서의 중요성 뿐 아니라 동북아지역 안보에 중요한 영향을 미칠 수 있다는 점에서 주목받고 있다.

냉전 종결이후 10여 년이 경과되었음에도 불구하고 한반도를 둘러싼 긴장은 완화되지 않고 있으며, 북한의 핵과 미사일 개발 문제로 오히려 그 위험이 증대되는 양상을 보이고 있다. 동북아 에서 전략적으로 중요한 위치를 차지하고 있는 한반도의 안정은 동북아지역 전체의 평화와 안보에 있어서 중요하며, 지리적으로 북한을 사이에 두고 있는 한·러간의 경제협력은 필연적으로 지역안보에서 중요한 몫을 차지하고 있다. 북한을 참여시키는 한·러간의 경제협력이 한반도 안보에 기여하기보다는 새로운 위협의 불씨가 될 수 있다는 입장도 제기되지만, 현실적으로 에 너지와 자본을 절실히 원하고 있는 북한이 현재 한·러간에 모 색 중인 철도연계와 에너지개발 분야에 함께 참여할 수 있도록 추진된다면 고려해야 할 불안정 요인이 있을지라도 한반도와 동북아지역 차원의 안보에 전반적으로 긍정적인 효과를 갖게 될 것으로 보인다.

따라서 이 논문은 러시아 시베리아·극동지역의 에너지개발 을 중심으로 전개되고 있는 한·러간의 경제협력 확대 가능성과 그것이 지역안보에 미치는 영향을 분석해보고자 한다. 특히 경 제적 상호의존이 안보에 어떤 영향을 미치는가에 대한 시각을 검토하고, 한·러간의 경제협력은 안보에 어떤 영향을 미칠 것 인가를 살펴본다. 그를 위해 구체적인 사례로 최근 활발한 논의 중인 한-러경협의 대상이 되고 있는 동시베리아·극동지역의 에너지 개발현황과 협력의 진전과정을 조망한다. 그리고 이러한 에너지협력이 한반도와 동북아지역 차원에서 지니는 안보효과를 분석해 본다.

Ⅱ. 경제협력과 안보의 상호관계에 대한 시각

국가간 경제교류에 의한 상호의존 증대는 갈등과 불안정 대신 평화와 안정을 촉진하는가? 그 반대로 국가간 경제적 상호의존이 적대성을 보다 심화시키고 국가간 분쟁처리를 보다 어렵게 만들 것인가에 대한 논란이 존재한다. 상호의존이 안보에 긍정적인 효과를 초래할 것이라는 자유주의적 시각(liberal perspective)과 경제적 상호의존이 안정과 평화유지에 기여할 수 없다는 현실주의적 시각(realist perspective)의 차이를 살펴보고, 한·러간 경협이 안보에서 갖는 의미를 평가해본다.

1. 자유주의적 시각

인간의 도덕적 선과 정의를 신뢰하는 자유주의자들은 경제협력이 국가나 지역의 안정과 평화를 증진시킬 것이라고 경협과 안보를 긍정적 상관관계로 본다. 현대는 상호의존의 시대이며, 이 '상호의존'은 화폐·상품·사람의 유동을 의미하는 국제적 교류에서 비롯되는 상호작용의 효과로 이루어진다.[1] 경제적 상호의존의 기반인 국제교역은 교역 상대국 쌍방에 상호이익이 된다는 전제하에 국가간 자유로운 거래와 투자가 보다 효율적으로 자원을 분배하고 생산하게 만들어 전체적으로 국가의 부를

---

1) Robert O. Keohane and Joseph S. Nye, *Power and Interdependence: World Politics in Transition* (Boston: Little, Brown and Co., 1977), pp. 8-9.

증대시킨다.[2] 국제교역과 투자에서 국가간의 경쟁은 제로섬이 아닌 긍정적 합(positive sum)을 만들어낸다는 것이다.

물론 경제적 상호의존이 반드시 상호 호혜적이거나 엄밀한 의미에서 균형적인 것은 아니다. 상호의존의 역학은 구조적으로 비대칭성(asymmetry)을 특징으로 하며, 상호의존 상황에서 각국이 향유하는 이익이나 비용도 항상 균형잡혀 있지 않다.[3] 하지만 이는 상호의존의 의미를 부정하는 것이 아니라 명확한 계산을 통해 문제에 접근해야 함을 의미한다. 경제적 상호의존은 그에 따른 비용과 이익(cost and benefit)이 존재한다. 더욱이 이러한 상호의존이 諸국가간 엄밀한 균등분배가 아니기 때문에 비용과 이익의 계산 뿐 아니라 당사국간의 이해관계의 분배상태도 고려해야 한다. 전체적으로는 상호관계에서 이익을 얻을지라도, 상대적 이익에 차이가 발생할 수 있다. 즉 한 국가가 다른 국가에 비해 더 많은 권한과 혜택을 누릴 수 있다는 것이다.

따라서 이러한 경제적 상호의존과 안보와의 상관관계 역시 협력을 통한 비용과 이익을 계산하는 한 방법인 것이다. 이익의 측면에서 경제협력은 경제 자체의 이익을 증대시킬 뿐 아니라 안보증진이라는 혜택을 유발할 수 있다. 국가간의 경제적 상호의존이 심화되면, 군사적 경쟁이나 도전에 비해 평화적 교역관계가 이루어내는 경제적 이익이 증대한다.[4] 즉 상호의존이 증대되면 지역갈등이 발생했을 경우 전쟁수행 비용이 상당히 증가하

---

2) 이는 일반균형이론(theory of general equilibrium)을 강조하고 있는 전통적 경제이론에 근거하고 있다.

3) 최종기, 『현대국제관계론』(서울: 박영사, 1988), chap. 7, p. 148.

4) John J. Weltman, "On the Obsolescence of War: An Essay in Policy and Theory", *International Studies Quarterly*, vol. 18, no. 4 (December, 1974), pp. 395-416.

게 된다. 따라서 어떤 논쟁이나 분쟁의 해결방안으로서 군사적 대안의 가능성은 축소된다는 것이다.5) 경제적으로 국가가 상호 의존하게 되면 될수록, 관련국들에게 경제적 상호관계의 중요성이 보다 커지게 된다. 그러므로 보다 많은 이익을 얻기 위해 안정적이고 평화적인 관계를 유지하고자 한다. 다시 말해 어떤 행동에 대한 비용이 얻는 이익보다 크다고 판단하면, 국가는 상대국과의 정치적 관계를 악화시키려고 하지 않는다는 것이다.

이렇듯 경제적 상호의존이 안보에 긍정적인 의미를 갖는다는 사실이 국가간 상호의존 수준에 따른 전쟁과 평화에 관한 비용-이익이라는 단순계산에 의한 것만은 아니다. 경제적 상호의존은 협력과 협상에 있어서 국제적 규범에 익숙해지게 만드는 기회를 제공한다. 더욱이 경제적 자유화에 따른 문제를 해결하기 위해 교역과 투자규칙을 설정하는 다국적 협의제도도 강화되어 왔다.6) 이러한 다국적 경제협력 경험이 안보분야에도 적용될 수 있다. 경제적 문제를 어떻게 해결하고 협력해나갈 것인가를 경험한 지도자들은 안보문제에 대해서도 같은 태도를 보일 수 있다. 지도자들은 안보논쟁을 실제적인 군사적 갈등으로 점증되지 않도록 협상해나가는 기회를 얻게 되며, 초국가적(trans-national) 경제적 상호관계의 국제적 조정이나 협력이 안보영역에서도 적용

---

5) Mataka Kamiya, "Hopeful Uncertainty: Asia-Pacific Security in Transition", *Asia-Pacific Review*, vol. 3, no. 1 (Spring/Summer, 1996), p. 114.

6) John Ikenberry, "The Myth of Post-Cold War Chaos", *Foreign Affairs*, vol. 75. no. 3 (May/June, 1996), pp. 79-91. 이러한 상호의존적인 경제질서는 탈냉전의 시대인 현 시점에서도 중요한 원칙으로 작용하고 있다. 탈냉전 이후 국제질서는 세계경제의 개방화와 그에 대한 다국적 관리를 원칙으로 하고 있으며, 그러한 질서의 경제적 이익을 보장하기 위한 정치적 제도로서 유엔과 그 부속기구, GATT나 WTO 등이 민주주의를 단결시키고, 갈등을 억제하고, 정치적 공동체를 작동케 하고 있다.

되도록 국가의 태도와 이해관계를 정의하게 되고, 궁극적으로 이렇게 형성된 집단적 안보질서가 평화를 유지하게 된다는 것이다.[7]

더욱이 국제적 자본주의를 경험한 국가들은 대내적으로 민주정부를 지지하는 국민들의 요구에 직면하게 되며, 점차 민주정부로 진전될 가능성이 크다. 세계경제에 통합된 국가가 경제성장을 하려면 성장에 도움이 되는 국제환경을 필요로 하고, 그것을 원하는 국내정치가들의 세력이 증대하여 보다 합리적인 국가지도력을 확보하게 된다. 또한 자유 민주국가는 상호간 전쟁을 하지 않는다. 국민의 견제를 받는 민주국가는 때로 비민주국가와는 싸울지라도 민주주의 국가 상호간에는 전쟁을 하지 않으므로, 자유 민주국가의 국제적 공동체가 확대될수록 군사적 갈등의 위험은 축소된다.[8] 이렇듯 경제적 협력과 안보는 상호 긍정적 상관관계를 지닌다는 것이다.

2. 현실주의적 시각

무정부주의적 국제체제하에서 국가는 잠재적인 적을 제거하기 위해 충분한 군사력 획득을 우선적인 목표로 상정하고 있다고 보는 현실주의자들은 경제적 상호의존이 국가안보와 국제적 안정에 긍정적인 영향을 미친다는 자유주의적 입장을 부정한다. 경제력은 국력과 국가위상 확보의 수단이며, 국가안보에 있어서

---

7) Mike M. Mochizuki, "Security and Economic Interdependence in Northeast Asia", *CIAO Working Paper* (May, 1998), http://www.ciaonet.org/wps/mom02/ (검색일: 2003. 7. 19), p. 2

8) Michael W. Doyle, *Ways of War and Peace: Realism, Liberalism, and Socialism* (New York: W. W. Norton & Company, 1997), pp. 205-300.

는 경제력에 비해 군사력이 더 중요하다. 현실주의자들에게 국제적 안정은 상호의존이 아니라 세력균형의 유지를 바탕으로 한다. 국제정치도 권력투쟁이며, 이 가운데에서 국제법과 국제조직은 평화를 보장할 수 없다. 따라서 군사력에 기반해 현상유지의 변화를 도모하는 세력에 대한 억제능력과 의지가 전쟁과 평화를 결정짓는 요인이다.[9]

현실주의자들은 자유주의자들이 강조하는 절대적인 이익의 총계보다는 상대적 이익이 자국의 안보에 더 중요하다고 본다. 상호의존은 절대적인 경제적 견지에서 모든 국가에 혜택을 줄 수 있으나, 이러한 혜택은 불공평하게 분배된다. 상호의존이란 수사적 표현에 불과한 것으로 국가간 능력의 불균형을 모호하게 만들고, 국가간 호혜적 상호의존관계를 지니고 있으며, 모든 국가가 동등하게 상호의존하고 있다는 착각을 부여한다.[10]

현실주의자들은 덜 발전한 국가가 산업·기술적 향상을 위해 자유주의적 국제 경제교류 전략을 취할 수 있는데, 이의 궁극적 목표는 군사적 세력균형의 이행이라고 본다. 또한 전쟁과 평화의 결정요인을 세력분배와 구조변화에서 찾고 있다. 세력분배의 구도에서 볼 때, 안정적이고 평화로운 질서의 유지는 체제에 의해 좌우된다. 어떤 체제가 안정적 질서를 초래하는가에 대한 합의는 이루어지지 않았을지라도, 평화는 국제체제가 안정을 훼손하지 않을 때 유지될 수 있다.[11] 세력분배 상태의 구조변화도

9) Charles W. Kegley, Jr. & Gregory A. Raymond, 김경순 역, 『평화를 어떻게 구축할 것인가?』(서울: 국방대학교 안보문제연구소, 2001), p. 48.

10) Kenneth Waltz, *The Theory of International Politics* (London: Addison-Wesley Publishing Co., 1979), pp. 104-107.

11) Kenneth Waltz(1979), 양극체제가 상호간 오판(miscalculation) 가능성을 최소화하기 때문에 보다 안정적이다; Arnold Wolfers, *Discord and Collaboration: Essays*

평화를 위협하는 주요한 요인이 된다. 더욱이 구조변화가 급격히 이루어질 때는 세력균형 상태를 크게 훼손하게 된다. 안정추구 세력이 새로이 부상하는 국가와 균형을 이루지 못하거나, 새로이 등장하는 세력에 대한 과도한 대응이 위험을 발생시킬 수 있다. 즉 세력의 변화가 이루어질 때, 새로이 부상하는 세력과 기존의 세력간에 세력경쟁이 발생하고, 군비경쟁을 촉진시키게 된다. 이러한 상황 하에서 각국은 자국의 안보를 극대화시키기 위해 자원을 군사력에 집중시키게 되고, 이러한 움직임이 궁극적으로 안보환경을 보다 불안전하게 만들게 된다.12)

이러한 상황에서는 자유주의자들과 같이 손익에 대한 냉철한 계산에 기반한 상호의존적 협력은 불가능해지며, 그 문제점이 부각된다. 즉 무정부적인 국제체제 하에서 경제적 상호의존이 국가를 보다 취약하게 만들 수도 있다. 경제적 이익을 위해 다른 국가에 의존한다는 것은 그 혜택을 버려야 하는 상황이 된다면 국가가 치루어야 하는 비용이 더 커진다는 것을 의미한다. 자유주의자들은 경제적으로 상호의존하고 있는 국가들은 서로 고통을 받지 않기 위해 서로 노력할 것이라고 확신한다. 그러나 현실주의자들은 상호의존은 결코 공평하지도 균등하지도 않다는 점에 주목한다. 그러므로 우월한 위치에 있는 국가는 상대국을 희생해서라도 이익을 극대화하고자 한다. 역으로 상대적으로 약한

---

on International Politics (Boltimore: The Johns Hopkins University Press, 1962), pp. 117-131. 강대국간 평등한 세력분배가 어떤 국가도 다른 국가와 동맹하지 않고는 침략하거나 제재할 수 없기 때문에 다극체제가 유리하다; Robert Gilpin, *War and Change in World Politics* (Cambridge: Cambridge University Press, 1981) 패권체제가 위협국가에 대한 안보문제를 적절한 시점에 최소화시킬 수 있다.

12) Robert Jervis, "Cooperation under the Security Dilemma", *World Politics*, vol. 30, no. 1 (January, 1978), pp. 167-214.

국가는 교역상대국이 어떠한 전략을 추구할 것인지를 확신할 수 없고, 의심하게 되는 것이다.

이 경우 상대적으로 약한 국가가 취약성문제를 해결하기 위한 적절한 대응은 대외시장과 자원공급원의 다변화(diversification)일 것이다. 그러나 다변화가 대안이 될 수 없다면, 국가는 교역상대국을 군사적으로 위협해 상호의존의 경제적 이익을 억제하지 않도록 하거나, 중대한 자원이나 시장에 대한 접근을 안정화시키기 위해 정치·군사적 힘을 추구할 수밖에 없다. 이러한 움직임이 군비경쟁을 추구하게 만든다. 따라서 경제적 상호의존이 증대함에도 전쟁과 같은 불안정이 초래될 수 있는 것이다.

3. 한·러경협과 안보와의 상관관계

경제협력이 평화와 안정에 긍정적인 영향을 미친다는 자유주의시각이나 경제적 상호의존이 안정을 유도할 수 없다는 현실주의적 입장 가운데 어느 것이 이론직으로 우월하다고 할 수는 없다. 하지만 한-러 경제협력을 안보적 차원과 연계시켜 살펴봄에 있어 어떤 시각이 보다 적실성이 있는가하는 면은 조망해볼 수 있다. 탈냉전의 현 국제질서는 자본주의를 바탕으로 한 세계경제 질서이며, 그것을 최상으로 작동하도록 하는 정치질서가 유지되고 있다. 자유민주주의 질서가 탈냉전의 시대에도 국제질서의 핵심을 형성하고 있다면 이를 바탕으로 하는 원칙이나 정책도 변하기 어렵다.13) 한-러관계를 규정하는 테두리도 그 범위

---

13) John Ikenberry(1993), 제2차 대전이후 자유민주주의질서는 공산주의와의 투쟁이나 전후 미국경제회복을 위한 단순한 계획이 아니라 서방 산업자본주의의 내적 문제를 해결하도록 기획된 것이다. 경제개방과 공동의 정치적 통제를 통한 서방세

에서 벗어나 있지 않은 것으로 보인다.

냉전이후 한·러관계의 무대인 동북아지역의 국제환경은 상당한 변화를 겪어 왔다. 중국의 경제개방을 바탕으로 한 급성장과 더불어 러시아도 세계자본주의 경제질서로 편입하기 위해 적극적인 경제개방정책을 취하고 있다. 특히 러시아의 극동, 중국의 동북부, 한반도, 일본은 지리적 근접성(proximity)으로 지경학적 측면에서 경제협력을 통한 협력의 기반이 형성되어 있다. 스칼라피노는 정치적 노선과 관계없이 중국남부의 광동성·홍콩·대만, 중국 산둥성과 한국, 사할린·쿠릴·일본북부, 블라디보스톡과 나호트카 등과 같은 자연적 경제지대(natural economic territories)의 형성을 예견하고 있듯이,14) 동북아는 자연적 경제지대의 형성과 지역국가간의 복잡한 상호의존관계가 형성될 수 있는 지역이다. 그러한 구도하에서 러시아 동시베리아·극동, 중국, 남북한, 일본을 포괄하는 경제지대의 형성이 가능하며, 그 가운데에서 한-러경협이 주요한 축으로 작용, 동북아지역의 다국간 경협으로 한 차원 높이는 역할을 할 수 있다. 더욱이 개방경제와 폐쇄된 정치체제는 장기간 공존할 수 없다15)는 시각에서 볼 때 이 지역 국가의 민주화로의 진전도 촉진시킬 수 있다.

계의 연대구축 전략이었다. 이러한 질서를 위한 4가지 원칙으로 첫째, 차별 없는 교역과 투자체계의 형성에 기초가 되는 경제개방, 둘째, 서방의 정치-경제질서의 공동의 관리, 셋째, 서방세계 경제의 규칙과 제도의 국내 경제안정과 사회안보 지원, 넷째, 서방국가들이 이 원칙과 연계된 제도적 메커니즘에서 공동으로 책임지도록 만든다는 의미의 입헌주의(constitutionalism)이다.

14) Robert A. Scalapino, "The United States and Asia: Future Prospects", *Foreign Affairs*, vol. 70, no. 5 (Winter, 1991/1992), p. 21.

15) Robert A. Scalapino(1991/1992), p. 23. 권위주의국가가 경제적으로 자본·기술·시장을 위해 외부를 지향하게 되고, 정치권력이 보다 기술지향적이고 교육받은 젊은층에게로 넘어가면, 권위주의적 구질서는 유지할 수 없다.

하지만 이러한 지리적 조건과 환경변화가 동북아에서 긍정적 기능만 한 것은 아니다. 97~98년 아시아 경제위기는 지역의 경제적 변화에 따른 구조적 취약성을 명확히 드러냈다. 더욱이 국부의 증가가 불안정의 요인이 되는 방위비, 군사건설, 무기경쟁의 증대를 약화시키지도 못했다. 또한 국가간의 잠재적 갈등요소로부터도 불안정이 파생될 수 있다.

동북아지역에는 남북한간의 갈등과 미래전망의 불확실성, 영토·해역 등에 대한 논쟁, 역사적 불신과 적대성, 제도화된 국제적 안보기구의 부재, 각국의 국내정치의 변화와 각 정부의 대내적 취약성, 국내 지역간 경제발전의 불균형, 난민과 같은 통제되지 않은 대량이민 문제, 뿌리깊은 민족적·종교적 긴장 등 잠재적 갈등요인들이 아직도 산적해 있다.[16]

국력변화에 따른 세력균형이 변화하는 상황에서 이러한 잠재적 불안정 요인이 초래할 군사적 충돌 가능성을 완전히 배제할 수 없다. 그러나 자유주의적 시각에서 보듯이 경제협력에 근거한 상호의존이 난순히 비용과 이익이라는 정확한 계산에 의해 결징되지는 않을지라도, 현 시점에서 상호의존이 커지면 잠재적 불안정 요인에 대한 논쟁이나 분쟁의 해소방안으로서 군사적 대안을 선택할 가능성은 보다 축소될 것이다. 더욱이 현실주의자들의 국제정치의 무정부성과 세력추구가 경제적 상호의존의 의미를 극도로 제한할 것이라는 주장은 세계화에 따른 경제적 국경의 의미가 점차 무의미해지고 있는 현 상황에서 받아들이기 어려운 측면을 지닌다.

따라서 시베리아·극동지역을 중심으로 동북아지역국가들의

16) Vladimir Baranovsky, "Russia and Asia: Challenges and Opportunities for National and International Security", Gennady Chufrin (ed.), *Russia and Asia: The Emerging Security Agenda* (Oxford University Press, 1999), p. 27.

협력과 한·러 경제협력을 조망함에 있어 안보에 대한 경제적 상호의존의 효과는 자유주의적 시각과 현실주의적 시각을 어느 정도 조합시킬 필요가 있다. 즉 경제적 상호의존이 안정과 평화를 촉진한다는 자유주의적 주장은 교역과 그에 따른 이익이 앞으로 증가할 것이라는 기대가 있을 때는 설득력을 지닌다. 반면 미래에 대한 전망이 비관적이라면 자국의 경제적 취약성을 축소시키기 위해 공격적인 입장을 취하도록 할 것이라는 현실주의자들의 논리도 고려해야 한다.17) 동북아 평화를 위협하는 불안정 요인으로서 북한의 위협도 북한 스스로가 미래전망을 어떻게 하는가에 따라 그 위협의 정도를 살펴볼 수 있다. 북한의 위협을 비롯해 동북아에 잠재된 위협은 미래를 비관적으로 보는 구도에서는 안정과 평화를 위협하는 불안정 요인인 반면, 낙관적인 전망이 도출될 때에는 안정에 위협적이지 않다. 한·러간의 경제협력은 미래 이익증대를 내다볼 수 있다는 견지에서 동북아의 안정과 평화를 촉진시킬 수 있다는 관점에서 조망해볼 수 있을 것이다. 즉 북한문제를 비롯한 동북아지역의 안정을 위협하는 잠재적 요인들을 미래에 대한 비관적인 전망이 아닌 낙관적인 전망의 범주로 끌어들인다면, 위협의 수준을 약화시킬 수 있을 것이다.

Ⅲ. 시베리아·극동지역의 에너지개발과 협력가능성

1. 동시베리아·극동 에너지 협력 배경

전통적으로 유럽국가임을 자처해온 러시아의 대외정책에 있

---

17) Dale C. Copeland, "Economic Interdependence and War: A Theory of Trade Expectation", *International Security,* vol. 20, no. 4 (Spring, 1996), pp. 5-41.

어 아시아의 중요성이 유럽에 비해 상대적 중요성을 갖고 있지 못한다고 할지라도, 러시아의 대아시아정책 중요성은 보다 강화 되고 있다. 대서양시대에서 태평양시대로의 이행이라고 할 만큼 태평양국가들의 경제·정치적 역동성이 확대되고 있는 상황에 서 러시아도 아태지역에 대한 전략적 가치를 중요시하면서 전략 적 배려와 외교활동을 강화하고 있다.[18] 외무장관 이바노프(Igor Ivanov)가 "러시아 땅의 2/3가 아시아에 위치하고 있다는 지리적 의미로서 뿐만 아니라 아시아는 거대한 핵잠재력, 대규모 군사 력, 거대한 경제력을 지닌 강국들의 이해관계가 교차하는 지역 이며, 이해관계의 차원에서 러시아의 아시아문제에 대한 개입은 당연하다"[19]라고 하듯이 러시아의 대외정책에 있어 아태지역에 대한 전략적 중요성은 지정학적·지경학적 측면에서 결코 등한 시할 수 없다.

이렇듯 지정학적 상황과 전략적 이해관계를 고려할 때, 러시 아는 세계경제의 중심으로 부상하고 있는 아태지역에서의 역할 확대를 희망하고 있다.[20] 하지만 러시아에서 대아시아정책의 주 요 역할을 담당해야 할 시베리아·극동지역은 지극히 낙후되어 있다. 사실 시베리아·극동지역은 발전잠재력은 큰 반면, 인적 자원 부족[21]과 러시아의 투자력 부재로 지역개발이 이루어지지

---

18) 홍현익, "러시아의 다극화외교와 한러의 전략적 협력방안", 홍현익(편)『전환기 러시아의 대외정책』, (성남: 세종연구소, 2000), pp. 114-129.

19) Igor S. Ivanov, *The New Russian Diplomacy* (Washington D. C.: The Nixon Center and Brookings Institution Press, 2002), pp. 119-129.

20) Alexandre Y. Mansourov, "Russian President Putin's Policy Towards East Asia", *The Journal of East Asian Affairs*, vol. 15, no. 1 (Spring/Summer, 2001), pp. 42-71.

21) 시베리아·극동지역은 인구는 약 3,000만 명이며, 면적은 러시아연방 총면적의 3/4 를 차지하고 있다. 넓은 면적에 비해 인구는 극히 희소해서 인구밀도는 1㎢당 2.44명 에 불과하다.

못하고 있다. 실제로 석유와 가스자원이 풍부한 것으로 알려진 극동지역은 발전동력을 주로 석탄에 의존하고 있으며,[22] 에너지 자원의 개발이 극히 열악한 상태이다. 전력공급도 부족하고, 발전시설 대부분도 낙후되어 대규모 개보수가 요구되고 있다. 인적·물적 자본이 부족한 러시아는 이 지역 개발을 위해서 에너지개발과 기간산업의 발전을 중요한 기회로 보고 있다. 이렇듯 시베리아·극동지역의 개발 필요성과 더불어 러시아 국가 전체적인 차원에서도 국가 경제의 재건을 위해 필요한 주요 수출품을 전적으로 에너지에 의존하고 있음으로 해서, 그 개발과 수출의 중요성이 증대하고 있다.

이러한 러시아의 입장과 더불어 동북아지역은 에너지원의 확보와 공급확대의 필요성에 직면하고 있다. 특히 중국은 경제적 급성장에 따라 에너지 수요도 급증하고 있다. 중국은 세계 5위의 원유산출국임에도 불구하고 1993년부터 원유수입국이 되었다. 전문가들은 현재 중국의 원유 수입량이 일일 160만 배럴이지만, 2010년에는 4백만 배럴, 2015년 7백만 배럴로 증대할 것으로 예측하고 있다. 천연가스의 경우에도 중국은 주요한 가스전을 보유하고 있음에도 불구하고 아직은 에너지 구성비의 약 2.5% 정도만을 차지하고 있으나, 매장지와 사용자를 연계할 국내 파이프라인망이 발달하고, 가스가격이 조정된다면 급증하게 될 것이다.[23] 더욱이 석탄에 과도하게 의존하고 있어 초래된 환경오염

---

22) 『동북아에너지협력 연구』, 산업자원부·에너지경제연구원 보고서(2002. 5), p. 31. 하바로프스크주는 3천km 떨어진 야쿠츠크에서 석탄을 수송하여 활용하고 있으며, 블라디보스톡은 220km 정도 떨어진 우수리스크지역의 저질탄(2,500/kg)을 사용하고 있다.

23) Michael May, "Energy and Security in East Asia", *Asia/Pacific Research Center Working Paper* (January, 1998). http://www.ciaonet.org/wps/mom02(검색일: 2003.

을 해소하기 위해 천연가스에 대한 수요가 증가할 것이며, 2020
년에는 에너지구성비의 10%까지 증대될 것으로 추정된다.[24]
　일본과 한국은 세계 2위와 4위의 석유 수입국이며, 가스 소비
도 큰 몫을 차지하고 있다. 일본은 에너지사용의 10.8%를, 한국
은 5%정도를 가스에 의존하고 있으며, 이는 앞으로 더욱 증가할
것으로 예상된다. 더욱이 일본과 한국은 에너지를 전적으로 수
입에 의존하고 있는 상황이어서 시베리아·극동의 에너지 개발
은 멀리 떨어진 위험지역인 아랍산유국에 대한 의존을 축소할
수 있는 수입선 다변화를 추구할 수 있다. 또한 해상로를 이용한
이들 수입로의 불안정성도 제거할 수 있다. 동북아국가들이 에
너지원의 다변화와 안전한 공급로의 확보를 모색하고 있는 상황
에서 원유와 가스 수출국으로서 러시아의 출현은 매우 중요한
의미를 갖고 있다.
　한반도긴장의 직접적인 피해자가 될 수 있는 한국의 경우 러
시아와의 에너지개발과 협력은 경제적 측면 뿐 아니라 안보라는
차원에서도 고려될 수 있다. 즉 한·러간의 에너지 개발과 파이
프라인 건설 및 통과루트의 결정에 이르는 일련의 문제에 대한
참가는 북한과의 협력하에서 진행될 가능성이 있고, 이 경우 북
한을 개혁·개방으로 나오게 하는 레버리지가 될 수 있다는 관
점에서의 접근도 필요하다. 이러한 동북아 각국의 이해관계를
배경으로 에너지 협력논의는 보다 구체적으로 진전되고 있다.

7. 19), p. 12.
24) Paik Keun-Wook, "Sino-Russian Oil and Gas Cooperative Relationship: The
　　Implications to the Korean Peninsula", 국방대 안보문제연구소 세미나 발표자료
　　(2003. 6. 11).

2. 시베리아 · 극동 에너지개발 현황

러시아의 에너지매장량의 규모는 매우 크다. 석유는 세계 7위의 매장량을 갖고 있으며, 가스전은 전세계 매장량의 31% 차지하는 세계 최대 국가이다. 이미 유럽지역에 대한 가장 큰 가스 공급국이다. 그러나 동시베리아와 극동지역에서의 석유와 가스 산업은 빠르게 진전을 이루지 못했다. 러시아 국가통계위(Goskomstat)에 따르면 러시아는 2001년 석유 총 3억 4천 9백만 톤을 산출했는데, 그 가운데 66.2%인 2억 3천 1백만 톤이 우랄지역, 2.3%인 7백 9십만톤이 시베리아지역, 그리고 1.2%인 4백 3십만톤이 극동지역에서 산출되었다. 천연가스의 경우에도 총 5천 8백 12억㎥ 가운데, 90.6%인 5천 2백 64억㎥은 우랄지역, 0.7%인 41억㎥을 시베리아, 0.6%인 35억㎥이 극동지역에서 산출되었다. 이렇듯 산출량에서뿐 아니라 러시아석유와 가스는 수송인프라측면에서도 유럽으로 집중되어 있다.[25] 이렇듯 과도히 서시베리아 우랄지역에 집중된 에너지 개발은 동부로의 이행을 재촉하고 있다. 따라서 동시베리아와 극동지역의 주요 에너지 개발지역인 이르쿠츠크와 사할린프로젝트를 중심으로 살펴본다. 만일 논의되고 있는 동시베리아와 사할린과의 가스 파이프라인 협상이 결실을 거둔다면 10년 이내에 동북아지역의 대부분에 주요한 에너지 공급원이 될 것이다.

1) 이르쿠츠크가스전 개발

이르쿠츠크 가스전은 지분의 33%를 확보한 영 · 미의 석유메

---

25) Michael Bradshaw, "Prospects for Russian Oil and Gas Exports to Northeast Asia from East to the Urals", 한국외국어대학교 러시아지역연구사업단,『21세기 동북아지역협력과 러시아의 세계화』(2003. 6. 22-24), pp. 2-5.

이저인 BP(British Petroleum)사를 중심으로 활발한 탐색작업이 진행 중이다. 그 중 가장 큰 6개 가스전의 복합체인 코비친스코 예는 바이칼 호수 서쪽의 이르쿠츠크 북방 225마일 떨어진 지역에 위치해 있다. 매장량 1조 5천억㎥로 추정되고 있는 이르쿠츠크가스전의 개발과 동북아지역으로 가스 파이프라인을 건설해서 동시베리아지역과 중국 및 한국으로 가스를 수출할 계획으로 있다.[26] 이 가스전에서 연간 300~350억㎥를 생산해서 내수로 100억㎥, 약 200~250억㎥의 수출을 계획하고 있다. 가스전의 개발비용은 20억 달러, 파이프라인 건설비는 80억 달러로 추정하고 있으며, 한국은 이 가스전으로부터 연간 100억㎥를 30년간 공급받을 것으로 예상하고 있다.

현재 BP사가 1997년 5억 7천 1백만 달러를 투자하여 33%의 지분을 획득하고, 유코스(Yukos) 등 러시아회사와 합작투자로 개발하고 있다. 한국은 이르쿠츠크로부터의 LNG가격이 중동이나 동남아에서 들여오는 가격에 비해 20% 정도 저렴할 것으로 판단하고 있다. 더불어 가스진 개발사업과 파이프라인 건설 사업에 한국기업의 참여가 가능하기 때문에 한국으로서는 경제적 효과가 크다고 할 수 있으며, 시베리아의 자원확보를 위한 교두보를 마련한다는 점에서 개발사업의 진출에 의미를 두고 있다.[27]

이 프로젝트에 한국의 참여는 1997년말 한·러·중·일·몽골의 동북아 5개국이 이르쿠츠크 가스전개발·파이프라인 프로

26) Stanislav Z. Zhiznin, "Gas Priorities of Russia Diplomacy in North-East Asia", 한국외대 러시아지역연구사업단 국제학술회의 논문 23, (June, 2003). p. 13.
27) 한종만, "한러경제협력과 시베리아·극동러시아", 한국슬라브학회 연례학술대회 발표논문(2002. 11. 15-16), p. 124.

젝트를 위한 양해각서(MOU) 교환으로 구체화되었다. 그러나 러시아 경제위기로 협상이 중단되는 등 진전을 이루지 못한 채 부침을 거듭해오다가, 1999년 2월 주룽지 중국총리의 방러시 러시아와 중국이 합작으로 개발한다는 협정이 체결되면서 다시금 급진전되었다. 한국도 러·중 타탕성조사에 관심 표명하고, 2000년 12월 한국가스공사가 9개사로 콘소시움28)을 구성해서 중국 국가석유가스회사(China National Petroleum Company: CNPC), 러시아석유(RP)와 타당성조사에 대한 합의안에 서명하였다.

2003년으로 예정된 가스전의 타당성검토 결과가 확실히 발표되면 가스구매계약과 관련국 정부간의 사업보장 체결이 필요할 것이며, 앞으로 5~6년이 소요될 것으로 보이는 가스파이프라인 건설 노선도 확정될 것이다. 한-중-러간 가스관 건설계획 합의했다는 보도29)에 의하면 한·중·러 3개회사가 참여하는 120억 달러 규모의 4900km에 이르는 시베리아 가스수송관 건설계획이 10월에 최종 합의, 서명될 것이라고 한다. 러시아석유의 해리 그리피스 부이사는 공사가 시작되면 2008년부터 한국과 중국에 가스공급이 시작될 것이며, 그 루트는 코비친스코예—하얼빈—대련—서해—한국으로 이어지는 북한을 통과하지 않는 해저방식을 이용한다고 언급했다. 초대형 프로젝트인 이 사업은 지분을 가지고 있는 여러 개발 주체와 다국간의 협력이 필수적인 사업으로 한국은 개발과 수송망 건설 및 시장으로서의 참여가 가능할 것으로 보인다.

---

28) 구성비율은 Kogas 27.3%, LG 14.8%, KNOC 14.0%, 효성 12.8%, 대우건설 7.7%, 대성산업 6.7%, 현대 6.7%, 대우인터내셔널 5.0%, 한화 5.0%.
29) 『중앙일보』, 2003년 8월 14일.

2) 사할린 프로젝트

러시아 극동지역 오호츠크해에 있는 사할린섬 주변에는 총 7억 톤의 석유와 컨덴세이트, 2.5조㎥의 천연가스가 해저에 매장되어 있어 매장량에서는 북해지역과 맞먹는 것으로 평가되고 있다. 섬의 동쪽에 길게 늘어선 광구들을 따라 6개의 프로젝트가 제시되고 있다. 현재 개발이 진행중인 프로젝트 I, II, III과 개발권 입찰을 진행할 프로젝트 IV, V, VI 등이 있다.

우리와 협력 가능성이 높은 I, II를 중심으로 살펴보면, 사할린 I은 사할린 북동부 해상에 위치한 오돕투(Odoptu), 차이보(Chaivo), 아르쿠툰-다기(Arkutun-Dagi)광구의 석유와 가스를 개발하는 프로젝트이다. 석유와 가스가 고르게 분포되어 있는 사할린I 프로젝트로 알려진 동북연안의 매장지는 Exxon-Mobil사에 의한 다국적 콘소시움으로 개발되고 있다. 일본의 SODECO사도 30%의 지분을 갖고 있는 이 사업은 150억 달러의 개발비용을 투자할 계획으로 있다. 1990년 중반 이 프로젝트에 한국의 주식회사 '고합'이 투자를 시도하였으나, 일본의 SODECO와 Rosneft의 거부로 투자가 이루어지지 못했다. 1998년 이후 러시아측에서 재원조달을 위한 투자요청이 있었고, 현재는 가스공사 등이 사업참여의 타당성을 검토하고 있는 것으로 알려져 있다. 현재 2005~2006년에 사할린I의 석유생산이 가능할 것으로 보고 있으며, 사할린I의 주력 기업인 Exxon-Mobil사는 한국과 일본이 장기적 베이스에서 적절한 가격으로 가스시장을 열 것을 합의한다면 가스생산을 시작하겠다는 입장을 표명하고 있다.

사할린II프로젝트는 사할린 북동부에 위치한 런스코예(Lunskoye)광구와 필툰-아스토흐(Piltun-Astokh)광구의 석유와 가스를 개발하여 가스는 LNG의 형태로 공급하려는 프로젝트이다. Shell

(55%), Mitsui(25%), Mitsubish(20%)가 지분을 공유하고 있는 사할린에너지투자사(Sakhalin Energy Investment Company)가 개발을 추진하고 있는데,[30] 100억 달러를 투자할 계획으로 있다. 사할린개발은 1978년부터 일본이 가담해서 추진해왔으나, 제반 법적 조건의 미비와 정치적 문제로 지속적인 개발이 추진되지 못했다. 가스 5천억-7천억㎥를 매장한 것으로 추정하는 사할린II 프로젝트는 2단계에 진입, 러시아의 아태지역으로 가스수출프로젝트로는 가장 발전된 계획이다. 가장 먼저 에너지 영역에서 한·러간의 호혜적인 협력 기회를 제공할 수 있을 것으로 보인다. 이미 1999년 최초의 해저 석유생산이 이루어졌으며, 이 중 가장 많은 양의 가스를 한국이 수입했다. 현재 추진중인 사할린 남단에 위치한 포르드고니예에 액화기지를 건설하여 일본, 한국, 중국 등에 액화천연가스(LNG)를 공급할 예정으로 있다.

사할린지역에서 석유와 가스는 수출 뿐 아니라 자체적으로도 필요함에도 불구하고 프로젝트는 계속 지연되고 있다. 그 원인으로는 러시아정부의 생산물공유협정(PSA)과 관련된 입법화의 불완전성, 중앙의 부처간 갈등, 중앙과 지방간의 갈등, 최근에는 하바로프스크와 사할린주와 같이 각 지방 당국간의 갈등이 빠른 프로젝트의 추진에 걸림돌로 작용하고 있다.[31] 또한 사할린에서의 해저석유와 가스개발은 수송서비스의 발전도 요구하고 있다. 대략 앞으로 20년 내에 생산과 수송인프라에 250~450억 달러를 사용할 것으로 본다.[32] 이러한 석유와 가스의 수송, 굴착장비,

---

30) "Oil and Gas Projects on the Sakhalin Shelf", http://www.bisnis.doc.gov/bisnis/020702projectchart.htm(검색일: 2003.10.25).
31) Michael Bradshow(2003), p. 6.
32) Elena Sabiroba, "Russian Far East Sakhalin Island: Transportation Overview",

서비스 등도 중요한 협력대상이 될 수 있다. 극동러시아의 에너지개발은 에너지 공급 뿐 아니라 인프라와 서비스 구축에서의 협력이라는 면에서 러시아극동과 주변국에 큰 영향을 미치게 될 것으로 보인다.

Ⅳ. 에너지 협력과 안보

시베리아 극동지역의 에너지 개발과 수송망 구축에 있어 한·러간의 협력 전망은 밝다. 지리적으로 근접한 러시아 동시베리아와 극동지방으로부터 파이프라인을 통해 한국에 원유와 가스 공급이 이루어진다면 에너지 공급의 안정성, 수입선 다변화, 파이프라인 건설에 수반된 건설 협력 등에서 바람직한 상호 호혜적 협력이 가능한 것이다. 더욱이 한국과 러시아가 동북아에서 원유와 천연가스의 신뢰할만한 공급자와 소비시장의 관계를 구축하는 것은 한·러간 경세협력이라는 차원에서 뿐 아니라 동북아지역의 통합체계 구축과 북한과의 공동의 협력모색 가능성이 제기됨으로써 안보적 차원에서도 중요한 역할을 할 것이다.

1. 한반도안보에 미치는 영향

한·러간 자원협력을 통해 한국이 관심을 갖는 부분은 크게 두 가지로 정리해 볼 수 있다. 첫째는 에너지를 전적으로 외국에 의존하는 한국으로서는 안정적이고 저렴한 에너지원을 확보할

(September, 2001), http://www.bisnis.doc.gov/bisnis/country/010906transov.htm (검색일: 2003. 10. 27).

수 있다는 것이다. 러시아에서 한국으로 이어지는 가스파이프라인이 연계된다면 대략 20%가량 저렴한 가격에 가스가 공급될 것으로 전망하고 있는데, 근접지역에서의 에너지 공급원 확보와 더불어 에너지 공급루트의 다변화가 가져다주는 경제적인 이점을 확보할 수 있을 것이다. 둘째는 이러한 경제적 측면 외에 한반도 안보와의 연계성이다. 러시아는 한·러수교 이후 한국의 경제발전이라는 입장에서 상대적으로 큰 중요성을 갖지 못했다. 오히려 국교 수립에서 현재의 이르는 동안 외교·안보적 차원에서의 접근이 이루어져 왔다고 할 수 있다.33) 특히 러시아와의 경제적 관계가 불투명하고 큰 진전을 이루지 못한 반면 남북한 간의 긴장이 지속되는 가운데 안보적 중요성이 대두했으므로 한러경협을 한반도 긴장완화라는 안보적 구도에서 조망하는 것이다. 북한이라는 변수를 고려한 한·러 간의 에너지개발과 수송망 건설협력은 양국 간의 경제협력이 지니는 안보적 의미를 명확히 드러내고 있다.

현재 직면한 북한의 경제적 어려움은 주로 공산권 해체시 중국과 러시아로부터 제공받았던 석유공급의 좌절에서 기인한다. 냉전기 북한은 경제적으로 주변 강대국인 구소련과 중국에 의존해왔다. 특히 경제활동의 기반이 되는 에너지를 전적으로 양국에 의존해왔다. 그러나 90년대 들어 소련방이 붕괴되고 중국과 러시아가 원유에 대해 국제가격과 경화결제를 요구하기 시작하

---

33) Georgii Toloraia, "Korean Peninsula and Russia", *International Affairs* (Moscow), vol. 49, no. 1 (Feb, 2003), pp. 24-35. 김대중 대통령집권 이전 90년대 후반 한국은 러시아와의 공동 경제협력 약속을 주로 북한에 대한 압력 행사의 기회를 이용하려고 했기 때문에 러시아당국이 불편한 입장이었다고 한다. 러시아에서는 90년대 후반 한국과의 일방적 관계강화보다는 남북한과 균형정책 필요성을 제기하는 견해가 널리 퍼져 있었다.

자, 북한 원유수입이 85% 하락하였다. 이는 북한 산업 전반의 동력을 끊는 것이었다. 운송시스템의 가동 중단과 농업관련 산업의 동력제공 단절이 결국은 농업에 영향을 미쳐 95~96년의 대기근을 초래하였다.

결국 북한은 미국과 핵카드로 협상을 시도하였고, 핵을 포기하는 대신 중유와 원자력 경수로 2기 공급을 보장하는 1994년 제네바 합의에 도달하였다. 합의하에서 북한의 핵동결과 궁극적인 핵프로그램 포기를 대가로 미국은 2기의 1,000㎿의 경수로와 원자로 1기가 완성될 때까지 50만 톤의 중유를 제공하도록 되었다. 그러나 북한경제는 근본적인 해결이 어려운 상태로 악화되었다. 한국이 중국·러시아와 외교적·경제적 관계를 발전시키는 반면 북한은 일본·미국과의 관계정상화를 이끌어내지 못하고 경제적 개방·개혁을 하지 못한 채 고립되었다. 이러한 고립이 북한의 지도부를 보다 취약하게 만들었고, 생존을 위한 '벼랑 끝 외교'를 시도하게 만들었다.

북한의 위협외교가 한반도 내에서 폭력적 상황으로 진행되지 않도록 통제하는 데 있어 한러 에너지협력이 어떤 기능을 할 수 있는가? 북한의 위협—핵과 미사일 등 대량살상무기—이 상당부분 에너지부족과 관련되어 있다는 점에서 볼 때, 시베리아·극동 에너지개발과 파이프라인의 북한 통과는 위협을 축소하기 위한 중요한 대안이 될 수 있을 것이다. 러시아의 천연가스가 북한지역에 공급된다면 북한 경제구축에 있어 큰 도움이 될 수 있다. 북한도 KEDO 프로젝트 추진 이후에도 장거리 미사일 발사 등 일련의 위험한 전략을 구사해왔지만 미국, 일본과의 대화에 관심을 표명했으며, 중국과 러시아의 반응을 살펴왔다.[34] 또한 실제로 북한당국은 동북아 국제적 가스파이프라인 프로젝트의 진전에 많은 관심을 보여왔다. 북한은 동북아의 가스 파이프라인 프로젝트 진전을 관찰하기 위해 1998년 아태평화위원회 산하에 김경봉을 의장으로 하는 천연가스연구협회(Natural Gas Research Society)를 설립하였다. 이 협회는 가스이용촉진 정책과 가스 파이프라인 개발에 관한 연구를 시작했고, 1998년 이래 동북아 6개국(중국, 러시아, 몽골, 일본, 한국, 북한)의 비정부기구에 의해 조직된 동북아 가스·파이프라인 포럼(Northeast Asian Gas & Pipeline Forum) 후원하에 개최되는 국제회의에 대표를 파견하고 있으며, 이를 통해 가스 파이프라인 분야에서의 정보를 수집하고 있다.[35] 또한 협회는 2001년 4월 6일에 3개사로 구성된 네덜란드 콘소시움과 러시아에서 한국에 이르는 북한내 파이프라인 건설의 배타적 권리를 부여하는 비공개 양해각서를 체결했다. 한국의 우려를 염두에 둔 이 양해각서는 콘소시움이 남한국경까지 천연가스의 흐름을 차단하지 않을 것을 보장하는 것을 약속했다고 한다. 더욱이 이 양해각서에 따르면 특별히 가스파이프라인 선상에 3개의 500㎿ 용량의 가스발전소 건설을 계획하고 있다. 발전소를 가동하기 위해 필요한 가스는 북한이 남한으로 가는 가스관을 허용하는 조건이라는 것이다.[36] 사실 동북아 가스파이프라인은 북한 위치상 상당 부분 무임승차가 가능한 상태

---

34) Kengo Asakura, "Trans-Korean Gas Pipeline Could Help Asia Energy Security, Environmental Problems", *Oil & Gas Journal*, vol. 98, no. 20 (May 15, 2000), pp. 74-78. 필자는 이러한 북한의 입장이 국제 가스파이프라인 망에 북한을 포함시킬 가능성이 있는 환경을 조성했다고 본다.

35) Kengo Asakura(2000), p. 75.

36) Selig S. Harrison, "Gas and Geopolitics in Northeast Asia: Pipelines, Regional Stability and the Korean Nuclear Crisis", *World Policy* (Winter, 2002/2003), pp. 23-36.

이다. 기술과 자본이 없는 북한에게 이러한 방식의 에너지난 해소는 최대로 유리한 협력방식인 것이다.

이러한 사실을 고려해 볼 때 에너지를 전제로 한 북한위협에 대한 협상의 가능성은 충분히 제시될 수 있을 것이다. 노랜드 (Marcus Noland)는 북한의 전략으로 3가지 선택지를 제시하고 있다: 1) 정권의 훼손이라는 위험부담을 안고 경제를 활성화하는 전면적 개혁 2) 후에 체제붕괴를 재촉할 위험성이 있지만, 무대응으로 현재의 경제적 위기를 견디는 것 3) 최소한의 조정을 통해 경제적 어려움을 해소하는 것이다.37) 이 가운데 북한은 가능한 정치적 위기를 피하기 위해 세 번째 방안을 선호할 것이다. 그것은 정권 차원의 안전을 유지하기 위해 개혁과 개방을 최소화하면서, 경제난국을 극복하려는 것이다. 그를 위해서 외부에 전면적인 개방을 하지 않는 구도의 에너지 도입이 매우 중요하다. 이러한 각도에서 천연가스 영토 통과 노선의 선호도를 볼 수 있는데, 북한은 현재 코빈친스크 가스전으로부터 연계되는 노선보다 사할린에서 리시아 극동지역을 거쳐 북한의 동부를 통과하는 파이프라인의 연계를 원하고 있다.

파이프라인의 북한 영토 통과는 그 대가로 회화를 벌어들일 수 있을 뿐 아니라 파이프라인을 따라 가스연료 발전소의 건설을 가능케 할 수 있다. 전력공급을 위한 KEDO프로젝트가 완성되어 2000㎿의 전력이 생산된다고 할지라도 북한의 고압전력 송신시설 문제로 북한 경제에 큰 도움을 주기 어렵다. 북한의 송전시설은 낙후되어 있는데 전국적으로 새로운 송신체계의 건설비용은 막대할 뿐 아니라, 94년 제네바 합의에 포함되어 있지 않기

---

37) Marcus Noland, "Why North Korea Will Muddle Through", *Foreign Affairs*, vol. 76, no. 4 (July-August 1997), pp. 110-117.

때문에 KEDO 참가국들은 이 비용을 거부하고 있기 때문이다.[38] 북한이 가장 원하는 것은 정권에 위협이 되지 않는 지원이며, 이를 담보로 위협에 대한 협상의 가능성이 가장 크다고 할 수 있다. 이를 위해서 한국과 러시아가 참여하는 여러 가지 노력이 전개될 수 있다. 이러한 노력이 북한정권의 개방화와 민주화로의 진전을 유도하고, 남북대화의 진전·남북한간의 신뢰구축·군사적 긴장완화조치로 구체화될 수 있다면 바람직하다.

물론 이에 대한 현실적인 비판도 존재한다. 북한의 에너지 부족문제는 장기적 관점에서보다는 현재 시급하게 해결되어야 하는 사항이므로 구체적이며 단기적으로 실현 가능하고 충분한 예측이 가능한 방법으로 추진되어야 한다는 점도 중요하다.[39] 하지만 북한에게 최소한의 위험부담을 주는 형태로의 에너지 협력이 북한으로 하여금 앞으로 이익이 증대할 것이라는 낙관적인 전망을 부여함으로써 긴장고조나 무력충돌보다는 평화와 안정을 추구하는 기회를 제공해줄 것이다.

2. 동북아 지역안보에 미치는 영향

현 동북아는 경제적 상호의존의 영향력이 지대한 지역구도를 형성하고 있다. 동북아지역은 경제 성장력이 매우 큰 지역이다. 뿐만 아니라 미국을 포함한 경제구도로 볼 때, 지역국가들은 상호 경제적으로 밀접한 교류관계를 형성하고 있다. 교역관계로

---

38) Paik Keun-Wook(2003).
39) 김명남, 동북아 에너지 협력사업 현황, (사)한러시아협회 외 주최 제1차 한러정책 포럼,『참여정부에서의 한·러 교류협력의 현황과 과제 및 추진방향』(2003. 7. 30), pp. 73-87.

볼 때 한, 미, 일, 중은 상호의존관계가 매우 높다. 교역액의 규모에서 보면 일본에게 미국은 가장 큰 교역상대국이며, 미국에게 일본은 제2위의 상대국이다. 중국에게 있어 미국과 일본이 제1, 2위의 교역파트너이다. 중국의 교역은 미국과 캐나다를 포함한 아태지역에 집중되어 있고,[40] 특히 중일교역은 2002년 900억 달러에 달한다. 한국에게도 중, 일, 미 3국은 최대교역파트너이다. 단순히 교역액 뿐만 아니라 이들 국가간에는 상호협력의 비중이 매우 크다. 일본에게 미국은 주요한 수출시장이며, 농산물 수입국이고, 과학·기술혁신 분야의 협력국가이다. 미국에게 일본은 주요한 자본투자국가이며, 미국의 제조업은 일본의 제조업 부품을 강력히 필요로 하고 있다.

급성장하고 있는 중국은 제발전과 근대화를 위해 지역과 세계경제에 적극적으로 참여하여야만 한다는 입장이다.[41] 최근 중국의 경제성장에 있어 미국과 일본이 지니는 추동력을 배제할 수 없다. 미국과 일본회사의 직접투자가 중국 제조업의 시장에 크게 기여했으며, 기술혁신과 수출증대에 있어서도 중요한 역할을 하고 있다. 일본의 대중 직접투자도 94년 25억 5천만 달러에서 2002년에는 200억 달러에 이를 정도로 급등하고 있다. 중국에 대한 일본의 정부개발원조(ODA)에 대한 논란[42]이 있음에도 불

---

40) Weixing Hu, "Economic and Security Cooperation in Northeast Asia: A Chinese perspective", Tsuneo Akaha, *Politics and Economics in Northeast Asia: Nationalism and Regionalism in Connection* (New York: St.Martin's Press, 1999), p. 111. 1997년 대외교역에서 미국과 캐나다를 포함하면 80%이상이고 북미를 제외하면 아시아가 60% 이상, 그 가운데 동북아가 50% 이상을 차지하고 있다.
41) Weixing Hu(1999), pp. 109-133.
42) James J. Pryzstup, "Japan-China Relations: Toward the 30th Anniversary", *Comparative Connections, E-journal on East Asia Bilateral Relations from Pacific Forum CSIS,* 2003, http://www.csis.org/facfor/cc/0203Qjapan_china.html(검색

구하고 일본의 대중국 경제원조도 중국의 인프라발전에 중요하다. 일본에 비해서 크지 않지만 미국이 중국에게 갖는 경제적 이해관계도 증대하고 있다. 중국시장의 잠재성은 미국에게도 상당히 매력적인 것이다. 한국에게도 중국의 등장은 투자처와 시장으로서 큰 의미를 지닌다. 이러한 국가간의 경제적 상호의존은 동북아국가들간의 안정적이고 우호적 관계를 유지하도록 하는데 기여하고 있다. 미국과 일본의 사업가들은 경제적 이해관계를 해치는 국가간의 대립을 저지하고자 하며, 최근 미국 내에서도 대만문제, 인권문제, 핵실험문제가 대두되어 중국과의 긴장이 높아질 때도 대응태도를 완화하라는 주장을 제기하게 되는 것이다.

한, 중, 일, 미간의 상업적 관계와 비교해볼 때, 아직까지 동북아경제체계에 있어서 러시아의 존재는 극히 미약하다. 미국과 일본이 러시아와의 교역에서 지니는 이해관계는 미미하다. 러시아와 중국의 관계도 마찬가지로, 양국 간 교역은 1996년 중국 GDP의 0.83%에 불과했다.[43] 이렇듯 경제적 관점에서 볼 때 아직 러시아는 큰 역할을 차지하고 있지 못하다. 하지만 러시아는 동

일: 2003. 10. 30). 중국에 대한 개발원조에 대한 검토보고서가 7월 25일 자민당에 제출되었다. ODA 정책에 대한 검토 끝에 중국의 안정이 일본에 유익하며, 적절한 원조의 지속필요성이 언급되었다. 하지만 3일 후 후지TV와의 인터뷰에서 가와구치 외상은 자민당내에서의 중국 ODA프로그램에 대한 논의를 언급하면서 중국의 군사프로그램의 투명성 없이는 지속적인 ODA 프로그램은 어렵다는 입장을 보였으며, 2002년 9월 중국부총리와의 회담에서도 그러한 입장을 피력했다. 일본에서는 전반적으로 중국에 대한 ODA의 종료나 삭감에 대한 견해가 비등해지고 있다.

43) I. Korkunov, "Rossiisko-kitaiskie vneshneekonomichekie sviazi: itogi I perspekktivy", (러-중 대외경제관계: 총괄과 전망) *Problemy Dal'nego Vostoka,* no. 6 (1996), pp. 69-80. 하지만 중국과 러시아는 경제적 상호의존성도 존재한다. 1950년대 소련의 지원을 받아 건설된 많은 공장들이 러시아의 지원을 받아 재건되어야 하며, 중국은 러시아의 산업제품, 핵원자로에 이르는 제품의 수출을 위한 잠재적 시장이다.

북아국가들로 하여금 관심을 갖게 만드는 중요한 자원인 에너지 자원을 보유하고 있다. 즉 러시아 에너지자원의 개발과 동북아 국가로의 공급이 지역 내에서 갖는 경제적 의미는 매우 크다. 러시아연방 외무부 참사관인 지즈닌(S. Zhiznin)은 동북아국가들과의 러시아 에너지개발에 관한 양국 또는 다국간 협력의 모색은 정치적, 경제적 차원에서 중요하다고 한다. 그 이유로는 첫째, 시베리아와 극동지역은 미개발된 에너지자원을 보유하고 있는 반면, 동북아국가들의 가스와 원유 수요량이 급증하고 있어, 에너지 공급국으로서의 러시아와 러시아자원의 소비국으로 동북아지역국가들은 상호협력을 통해 공동의 이익을 추구할 수 있다. 둘째, 역내 국가들이 지역수준의 에너지 프로젝트를 추진하는데 투자할 수 있는 거대한 자본잠재력을 지니고 있다. 셋째, 러시아는 에너지자원의 수출 뿐 아니라 장비와 전문가들의 활용과 같은 분야에서 일정한 이익을 확보할 수 있다. 넷째, 러시아는 에너지 안보문제를 포함한 동북아에서의 능동적인 에너지 협력에 관심을 지니고 있다.[44] 이처럼 러시아는 경제적, 정치적 측면에서 그 역할 확대를 위해서 개발의 중요성을 인식하고 있다.

실제로 중국과 러시아의 전략적 화해도 상당히 에너지와 관련되어 있다. 중국은 연료확보를 위해 러시아와 카자흐스탄과 거래를 하고 있으며, 수력과 핵플랜트에 대한 기술적 원조를 위해 러시아와 거래하고 있다.[45] 중국은 경제성장을 지속하기 위한 에너지 수요를 충족해야 한다는 필요성과 더불어 상대적으로 낙후된 동북부지역의 발전을 위해서도 시베리아·극동지역의

---

44) Stanislav Z. Zhiznin(2003), pp. 10-11.
45) Rajan Menon, "The Strategic Convergence between Russia and China", *Survival*, vol. 39, no. 2 (Summer, 1997), p. 104.

에너지개발과 협력이 중요하다. 아직은 동북 3성의 수요자들이 가격 때문에 가스수요가 빠르게 증대하지 않을지라도 장기적으로 수요증대는 명확하다. 그래서 중국은 대러 에너지협력에 적극적인 태도를 보여왔다. 1994년 중·러간 석유와 가스협력 협상을 시작한 이후 현재까지 3가지 주요 합의에 이르렀다. 1994년 CNPC와 Minopenerga간 동시베리아에서 중국에 이르는 석유와 가스 수출을 위한 장거리 파이프라인 건설 대한 각서를 체결했고, 1997년에는 체르노미르딘총리의 북경방문시 동시베리아에서 중국에 이르는 천연가스와 전력수출을 위한 중·러 정부간 기본합의에 서명했으며,46) 1999년에는 중국의 주룽지총리와 러시아의 프리마꼬프 총리가 석유·가스와 관련된 11개 합의에 서명하였다. 2000년 6월 푸틴과 장쩌민은 시베리아와 극동지역에서 중국으로의 에너지 수출에 관한 협정에 조인하였다.47)

일본에게도 러시아에 대한 가장 주요한 이해관계는 석유와 가스의 공급자라는 점이다. 일본은 수입원유의 4/5이상을 중동으로부터 구입하고 있는데, 이에 대한 의존을 축소시키고자 한다. 따라서 일본은 에너지공급에 대한 중국과의 힘겨루기에 들

---

46) Yuri V. Tsyganov, "Russia and China: What is in the Pipeline?", Gennady Chufrin(ed.), pp. 312-313. 러시아는 1997년 6월 당시 총리인 체르노미르딘(Victor Chernomyrdin)과 러시아 연료 에너지장관이며 부총리였던 넴쵸프(Boris Nemtsov)의 방러시 CNPC와 원유와 가스생산에 대한 협력협정에 서명했다. 그리고 이때 이미 이르쿠츠크프로젝트의 개발과 이르쿠츠크에서 몽골, 중국에 이르는 가스관로에 대한 논의가 있었다.

47) "Russia and China to Boost Energy Cooperation", RFE/RL Security Watch (31 July, 2000), http://www.rferl.org/securitywatch/2000/07/2-310700.htm(검색일: 2000. 10. 5) 이에 의하면 러시아의 천연가스를 이르쿠츠크에서 중국으로 수출하고, 중국은 이 가스를 제3국으로 재수출 할 수 있으며, 러시아의 송유관을 이용해서 서시베리아와 카자흐스탄에서 중국으로 석유를 공급하게 된다.

어서면서 2003년 1월 19~21일 고이즈미 수상이 러시아에 방문, 영토문제에 대한 논란을 종결짓지 않은 채 에너지협력을 포함하는 양국간 경제·외교부문에서의 협력을 촉진하는 6개 조항 "실행계획(action plan)"에 서명하였다.[48] 한국 역시 에너지를 전적으로 수입하는 입장에서 러시아에너지에 대한 관심은 지대하다. 1994년부터 여러 기업이 협력의지를 표명해왔으며, 2000년부터 한국가스공사를 중심으로 이르쿠츠크가스전의 타당성조사를 진행, 최근 가스파이프라인 노선 결정에 들어섰다. 미국도 러시아에 대한 가장 중요한 이해관계는 석유와 가스이다. 미국의 관리와 사업가들은 러시아의 중요한 에너지 출구인 무르만스크와 사할린지역에 미국의 관리와 사업가들이 방문하고 있다. 현재는 서시베리아를 중심으로 하는 에너지개발과 무르만스크항의 근대화 프로젝트를 중심으로 미러간의 에너지 협상이 이루어지고 있지만 사할린 대륙붕 개발 역시 미국의 Exxon-Mobil사와 Texaco 등 미국회사들의 참여를 통한 프로젝트가 이루어질 수 있다.[49]

국제교역에 의한 상호의존이 강화된 동북아에서 러시아 시베리아와 극동의 에너지 개발과 다국간의 수송망 건설은 안보에 어떠한 영향을 미칠 수 있는가? 첫째, 분쟁의 해결에 있어 군사적 해결을 어렵게 하는 비용을 증대시키는 역할을 할 것이다. 현재 동북아지역은 남북한, 중·대만간의 분단에서 비롯된 불안

---

48) Andrew Jack, David Pilling, "Oil Fuels Japan's Drive to Bring a Thaw to Relations with Russia", *Financial Times,* Jan. 10, 2003.
49) Joseph Ferguson, "US-Russia Relation: Energizing the Relationship, Comparative Connections", *E-journal on East Asia Bilateral Relations from Pacific Forum CSIS,* (October, 2003), vol. 5, no. 3 (3rd Quarter, 2003), p. 59-60. http://www.csis.org/facfor/ccjournal.html#over(검색일: 2003. 10. 20).

정 요인 뿐 아니라 한·일, 중·일, 러·일간의 영토문제를 비롯해 많은 갈등적 속성을 지니고 있다. 이러한 분쟁적 요소가 지역 내 불안정이나 군사적 충돌로 진전되려면 그 효과가 안정과 평화유지의 이익을 상회한다는 평가가 가능한 선상에서 이루어질 가능성이 있다. 현재 북한의 핵 개발 문제가 동북아에 미치는 중요한 영향으로 지역안보 뿐 아니라 동북아경제발전에 있어 치명적인 것으로 판단하고 있다.50) 즉 현재의 구도에서도 지역의 안보위협은 큰 비용을 산출하게 된다. 더욱이 에너지협력이 진행되면, 이러한 사안을 비롯한 갈등적 상황이 무력적인 조치로 해결되기에는 더 많은 비용을 산출하게 된다는 것이다. 따라서 러시아와의 에너지협력은 바로 이러한 문제들에 있어서 국가간 상호 상당한 양보를 가능하게 만들 수 있다. 최근에 나타난 일본의 평화조약 체결없는 에너지 협력의사의 표출도 이러한 시각에서 볼 수 있다.

둘째, 동북아지역의 통합을 촉진시킬 것이다. 한반도를 종단하는 수송망이 아닐지라도 대부분의 시베리아 극동지역에서 동북아지역으로의 수송망은 북한과 인접한 러시아극동지역을 거치게 될 것으로 보인다. 즉 이는 두만강지역으로부터 중국, 러시아, 북한, 일본, 한국으로 안정적인 에너지 공급의 기반을 강화하는데 기여할 수 있을 것이다. 결과적으로 두만강지역의 지역발전이 보다 빠르게 진전될 수 있으며, 궁극적으로는 남북한간 통합하기 쉬운 환경을 구축하는데 도움이 될 것이다. 더욱이 동북아 주요 4국의 주요 지역을 통과하는 '환파이프라인'이 구축된다면51) 지역의 통합은 보다 광범위하고 긴밀하게 이루어질 수 있

---

50) Joseph Ferguson, (2003).
51) Kenko Asakura(2000), p. 76. 에너지 수요가 증대할 것으로 보이는 지역인 한국과

을 것이다. 따라서 이 프로젝트는 "아시아에너지공동체" 보다 더 큰 구상을 실현시키는 기회를 제공할 수 있을 것이다.[52]

셋째, 러시아와 중국의 대내 불균형 해소에 기여할 수 있다. 에너지협력이 진행될 가능성이 있는 시베리아와 극동지역은 러시아내에서 상대적으로 낙후되어 있다. 러시아의 오랜 중앙위주의 지역정책이 이들 지방을 낙후하게 만들었고, 투자도 빈약하다.[53] 서시베리아에 집중된 에너지 개발이 동시베리아와 극동지역에서 이루어진다면, 이들 지역의 에너지문제 해소에 기여하고, 모스크바를 중심으로 하는 지역과 이들 극동지역의 소득격차를 줄이고 생활수준을 향상, 이 지역을 떠나려는 이주문제를 비롯한 사회문제를 상당부분 해소할 수 있을 것이다. 더불어 러시아 에너지 개발은 필연적으로 중국에서 낙후한 지역인 동북3성 지역에 에너지를 공급할 것이며, 이는 이 지역개발의 동인이 될 것이라는 점이다. 이는 각국의 대내적 안정에 기여한다는 차원에서 지역안보에 중요한 기여를 할 수 있다.

넷째, 에너지협력은 안보협력을 위한 국제적 규범이나 제도에 익숙하게 만드는 기회를 제공할 수 있다. 유럽에 비해 국제협력이 제도화되지 못한 동북아에서 다국간 에너지협력은 동북아 국가간의 경제·안보와 관련된 제도형성의 실험적 무대가 될 수 있을 것이다. 특히 에너지협력을 위한 다국간에 걸친 파이프라인의 형성은 필연적으로 국제적 규약과 그것을 집행할 기구를

일본, 연해주, 하바로프스크, 아무르, 극동의 사할린 및 중국의 동북 3성 지역을 전체적으로 관통하는 파이프라인이다.

52) Kengo Asakura(2000).

53) 김우준, "러시아 연방의 중앙과 시베리아·러시아극동지방간의 관계: 정치·경제·사회적 측면", 한국정치학회 연례 학술회의 자료, 1999.

필요로 할 것이다, 유럽의 제 국가들은 유럽에너지헌장(European Energy Charter Treaty)을 그 규약으로 하고 있는데, 동북아도 이에 상응하는 규범과 제도가 필요할 것이다. 이 기구는 상호간에 발생하는 경제적 논쟁 뿐 아니라 공급량과 파이프라인을 둘러싼 갈등을 해소하기 위한 안보적 의미의 규범도 설정될 수 있다. 이는 동북아국가간에 발생할 수 있는 논란을 해소하는 기능과 더불어 동북아 관련대상국간에 국제적 규약에 대한 순응과 이 지역질서에 대한 제도화 기능을 담당할 수 있다.

다섯째, 에너지사용과 관련된 불안정의 근원인 초국가적 환경오염을 완화시킬 수 있다는 점이다. 시베리아·극동에서 개발된 천연가스가 수송망을 통해 공급되면, 그 사용량은 크게 증대될 것이다. 이는 환경면에서 큰 혜택이다. 석탄에서 천연가스로 에너지원을 변동시키면 현재 문제시되고 있는 중국의 동북부·북한을 비롯한 동북아 전지역의 오염을 완화시킬 수 있을 것이며, 산성비문제를 해결하는데 도움이 될 수 있을 것이다. 중국의 경제발전에 따라 에너지소비가 보다 증대될 것이므로 지속적인 환경악화를 피하기 위해 석탄에서 천연가스와 같은 오염이 덜한 자원으로의 이동이 중요하며, 이는 국가간의 중요한 분쟁거리의 하나를 축소시키는 것이다.

3. 협력과 경쟁의 딜레마

위에서 언급했듯이 시베리아·극동의 에너지 개발과 연계수송망의 건설은 한반도안보를 위한 북한과의 협력가능성 못지않게 동북아지역에서의 협력가능성도 열어 놓고 있다. 무엇보다도 시베리아·극동에너지개발이 일국이 아닌 다국간 관계를 바탕으로 하고 있으며, 동북아시장을 목표로 하고 있기 때문이다. 더욱이 에너지 수송을 위한 파이프라인도 다국간 연계를 필요로 하고 있다. 이를 위해 동북아국가들간에는 상호 협력이 전제되어야 하지만, 그러한 협력 내에는 상호간의 경쟁을 내포하고 있음을 간과할 수 없다. 시베리아·극동에너지 개발에 이해관계를 같이 하고 있는 동북아국가들도 근본적인 경쟁의 함수관계하에 놓여 있다.

　동북아 국가들간에는 에너지 개발을 위한 협력을 전제하고 있지만 그 내용은 상당히 불안정적인 요소를 내포하고 있다. 우선 동북아시아의 에너지 수요 증대가 막대하다는 점이다. 특히 중국이 경제성장을 위해서는 석유를 수입해야 한다. 2002년 중국의 에너지 수입의 1/4(2억 톤)은 외국에서 수입되었다. 중국은 일본을 제치고 세계 제2의 석유수입국이 되었다. 따라서 이웃 러시아로부터의 안정적이고 저렴한 석유의 수입은 중국의 발전에 있어서 중대하다. 또한 경제성장에 따른 수요증대 못지 않은 불안정 원인은 에너지를 선섬하려는 행위에서 비롯된다. 에너지를 수입해야만 하는 국가들은 에너지 수출입과 관련해서 먼저 에너지를 확보하려는 행위를 취할 가능성이 높다. 이러한 현상은 최근 벌어지고 있는 앙가르스크유전으로부터의 송유관 루트를 둘러싼 갈등에서도 볼 수 있다. 시장 확보를 우선적으로 필요로 하는 가스전 개발과 파이프라인 건설 사업이 동북아 국가들간의 협력을 필요로 하는 측면이 있는 반면 노선의 결정에서 에너지수요 증대와 고갈이 예상되는 시점에서의 분배문제 등 상호간의 갈등적 요인이 존재한다.

　러시아는 2002년 12월 푸틴-장쩌민, 2003년 5월 푸틴-후진타오간의 2차례에 걸친 정상회담을 포함한 여러 차례 정상간 코뮤니케나 관료, 석유회사간의 문서에 서명했음에도 불구하고 확실한 최종적 노선을 결정하지 못하고 있다. 더욱이 2003년 9월 러시아 중국 양국 총리의 8차 회담에 앞선 8월 25일 양국 정부간의 분과별회의에서 9개 분과—교역, 과학 및 기술, 교통, 핵에너지, 우주, 은행, 통신 및 정보기술, 인적교류, 에너지—가운데 유일하게 에너지분과회의가 러시아측에 의해 취소되었다.[54] 이러한 상황은 러시아의 중국 다칭으로의 송유관 건설에 대한 대안으로 일본이 나호트카노선을 제기하고 나왔기 때문이다. 일본의 갑작스럽고 치밀한 나호트카노선 건설에 대한 로비는 러시아로 하여금 노선에 대한 재고를 하게 만들었다. 2002년말을 시작으로 일본의 최고층 인사들이 모스크바와 러시아 극동의 도시들을 방문하면서 수십억 달러의 일본 차관과 여러 가지 제의를 했다.[55] 러시아도 이에 대해 명백한 결론을 내리지 않은 채 계속 결정을 지연시켜왔다. 지난 5월 일본총리 고이즈미의 방러시 러시아가 일본이 제안한 루트를 선택할 수 있는 기회가 있다고 믿는다는 입장을 보였으며,[56] 7월 러시아를 방문한 일본 에너지청장은 나호트카라인으로의 결정 가능성이 한층 진전된 것으로 언급했다.[57]

---

54) Yu Bin, "China-Russia Relations: the Russia-Chinese Oil Politik, Comparative Connections", *E-journal on East Asia Bilateral Relations from Pacific Forum CSIS*, (October, 2003), vol. 5, no. 3 (3rd Quarter, 2003), p. 137. http://www.csis.org/facfor/ccjournal.html#over(검색일: 2003. 10. 20).
55) Yu Bin(2003), p. 139. 일본은 파이프라인 건설비용으로 50억 달러의 재정지원, 덧붙여 나호트카로 이어지는 주변의 러시아극동도시들의 재건을 위한 비용으로 10억 달러를 제공한다고 제안했다. 또한 일본은 75억 달러를 동시베리아의 석유개발에 투자하겠다고 제의하고 있다고 한다.
56) "Siberian Pipeline Plea", *The Japan Times*, May 25, 2003.
57) 『국민일보』, 2003년 7월 10일. 모스크바를 방문한 일본의 오카모토 이와오 일본에너

러시아측으로서는 앙가르스크-나호트카 파이프라인이 갖는 이점이 있다. 이 노선은 우선 다칭노선이 중국 단일시장을 지향하고 있는데[58] 비해 한, 일, 중, 미에 이르는 대규모 시장에 접근하기 용이하며, 석유 수출과 관련된 항구와 선적 업무에서 비롯되는 새로운 수많은 일자리 창출을 가능하게 해준다. 더욱이 경제적 지원도 매력적인 제안이었다. 하지만 중국도 러시아에게는 무시할 수 없는 국가이다. 지정·지경학적 입장에서 볼 때 중국은 러시아에게 장기적인 이해관계를 갖는 전략적 의미를 지니고 있다. 이러한 입장 때문에 러시아는 최종결정을 미룬 채 노선변경 가능성을 통해 일본의 투자유인책 뿐 아니라 중국과의 코빅친스크 가스가격의 협상칩으로 이용하고자 하는 것이다. 에너지 개발 특성상 생산량과 가격, 설비건설비 등을 종합적으로 고려한 경제성 확보를 위해, 개발 이전에 시장과 가격을 결정할 것을 요구하고 있는 개발 주체의 투자를 위한 러시아측의 행보인 것이다.

뿐만 아니라 에너지자원의 제한성에 따른 중장기적 경쟁은 보다 심화될 것이다. 경제성장과 상대적으로 낙후된 동북부지역의 발전을 위해 시베리아·극동의 에너지 개발 협력을 중요시하고 있는 중국과 1990년대 초부터 아태지역에 거대한 에너지 수송관의 건설을 제안할 만큼 극동에너지 개발의 중요성을 인식하

지 장관은 러시아 에너지부장관인 이고리 유수포프장관을 맞나 회담하고 "러-일 에너지 협력회담은 이제 필요한 추진력을 얻었으며, 구체적 목표를 갖게 되었다"고 강조했는데, 이는 양국에너지 분야 협력의 핵심인 앙가르스크와 극동 나호트카간의 송유관 건설문제에 있어 일본 쪽에 유리한 진전이 있었음을 시사하는 것으로 해석되었다.

58) "Japan is Ready to Invest USD 7 Billion to Build Oil Pipeline in Russia", (RIC"FIS"/News, 2003. 10. 14), http://www.engl.fis.ru/news/?nid=7354(검색일: 2003. 10. 20).

고 있는 일본, 사기업인 유코스와 국영기업인 가스프롬-트랜스네프찌의 갈등으로 비추어지는 러시아 국내정치적 갈등[59]등의 불안정 요인이 그 경쟁을 보다 촉진시킬 것이다. 이렇듯 동북아 국가들 상호간에는 지역적 인접성이 만들어내는 협력적 조건과 더불어 상호경쟁과 갈등의 요소가 존재한다. 시베리아·극동에너지 개발과 수송관 건설이라는 동북아에너지 협력은 동북아와 한반도 안보에 일정한 기여를 할 것으로 보인다. 에너지협력이 북한의 안보위협을 완화하는 매개체로 작동할 수 있다는 점과 다자간 경협이 상호간의 신뢰를 바탕으로 하고 있으며, 협력을 추진하면서 국제적 규약에 익숙해진다는 측면에서 동북아 안보에 도움이 될 수 있다. 반면 파이프라인 노선의 결정과 에너지 수요증대와 자원고갈이 예상되는 시점에서의 분배문제 등의 갈등적 요인이 여전히 존재하며, 자원을 둘러싼 동북아국가들간의 세력경쟁과 같은 부정적 요인이 새로운 안보위협으로 등장할 가능성이 있다.

V. 결 론

한·러간 교역과 직접투자는 기대처럼 빠른 진전을 가져오지 못했다. 러시아 시베리아·극동지역의 에너지·자원 개발협력도 1990년대 중반부터 추진되어 왔으나 아직 구체적인 결실을 이루지 못하고 있다. 현재 에너지개발과 가스관 건설부문에서의

---

59) Michael Lelyveld, "Russia: Moscow Clears Way For Oil Pipeline to China", *CDI Russia Weekly #255 Contents*, http://www.cdi.org/russia/255-15-pr.cfm (검색일: 2003. 7. 14).

한·러간 협력은 2000년 한·중·러 3국간의 이르쿠츠크가스전에 대한 타당성조사에 합의함으로써 본격적으로 진행되고 있다. 한국가스공사가 참여하는 이르쿠츠크 가스전 개발프로젝트가 추진되기 시작하면 협력은 빠르게 진행될 것이다.

한·러 에너지개발 협력이 한반도와 동북아지역 안보에 긍정적인 영향을 미칠 것인가? 중단기적으로 에너지협력의 순조로운 진행은 그 자체로서 동북아와 한반도안정을 의미한다고 할 수 있다. 한반도와 동북아지역 상호국가간의 신뢰를 바탕으로 하지 않는다면 이러한 협력 가능성은 지극히 희박하다. 따라서 안정이 전제되지 않는다면 개발에 따른 위험부담이 과도하게 클 수 있다. 실제로 경제적 이익에 기초하고 있는 대규모 석유국제자본들의 개발투자도 정치적 안정 가능성을 주시하고 있다. 150억 달러를 개발비로 계획되어 있는 사할린 I 프로젝트의 경우, 푸틴 러시아대통령의 2000년 미국방문 이후 Exxon-Mobil사가 투자계획 가운데 40억 달러를 투자하겠다고 발표했다.[60] 이는 투자위험을 최소화하려는 노력으로 안전보장이 전제되어야 한다는 것이다.

역으로 에너지협력은 지역안보에 기여할 수 있다. 동북아에 비해 훨씬 일찍 구소련과 에너지협력을 추진한 유럽의 경우에 서시베리아의 천연가스를 수입하는 파이프라인 건설을 가능하게 했던 것은 1960년대 말 서독의 '동방정책(Ostpolitik)'이었다. 이에 근거해 서독정부는 냉전기에 구소련에서 유럽으로의 국제가스파이프라인을 건설하였다. 이는 경제적 상호의존관계를 증대시켰고, 이것이 국가의 안보와 정치체계에 큰 영향을 미쳤다.

---

60) Selig S. Harrison(2002/2003).

이러한 움직임은 동북아에서도 가능하다. 예를 들어 한-러를 포함한 통합적인 동북아에너지 협력체의 구축은 외교와 안보의 견지에서 국가간의 상호관계의 개선과 활성화를 초래할 수 있다. 동시베리아·극동지역으로부터의 파이프라인 건설의 구도는 안보적 관점에서도 주도적인 역할을 할 수 있을 것이다.

더욱이 한·러간의 에너지협력은 북한의 안보위협을 완화하는 매개체로 작동할 수 있다. 물론 이를 위해서는 북미간의 협상이 전제되어야 하겠지만, 에너지부족이 북한 경제난국을 초래하고 있다는 사실에 기초해볼 때, 사할린 석유와 가스의 북한 공급의 가능성을 열어주는 것이 유력한 대안이 될 수 있다. 더불어 동북아 국가들간의 에너지를 둘러싼 다자간 경협은 상호간 신뢰를 바탕으로 하고 있으나, 앞서 지적했듯이 동북아지역의 에너지 확보와 지역내 국가간의 세력경쟁을 위한 상호갈등이라는 불안정요인도 존재하고 있다. 따라서 이를 조정할 수 있는 국제협력 기구와 제도의 형성 및 강화가 과제로 주어진다고 하겠다.

━━━━━━━━━━━━━━━━━━━━━━━ ▪참고문헌▪ ━━━━━━━━━━━━━━━━━━━━━━━

김명남, "동북아 에너지 협력사업 현황", 『참여정부에서의 한·러 교류협력의 현황과 과제 및 추진방향』, 한러시아협회 외 주최 제1차 한러 정책 포럼, 2003.7.30.

김경순 역, Kegley, Jr. Charles W. & Raymond, Gregory A,『평화를 어떻게 구축할 것인가?』, 서울: 국방대학교 안보문제연구소, 2001.

김우준, "러시아 연방의 중앙과 시베리아·러시아극동지방간의 관계: 정치·경제·사회적 측면", 한국정치학회 연례 학술회의, 1999.

최종기, 『현대국제관계론』 서울: 박영사, 1988.

한종만, "한러경제협력과 시베리아·극동러시아" 한국슬라브학회 연례학
술대회, 2002. 11. 15-16.

홍현익, "러시아의 다극화외교와 한러의 전략적 협력방안", 홍현익(편)
『전환기 러시아의 대외정책』, 성남: 세종연구소, 2000.

산업자원부·에너지경제연구원 보고서, 『동북아에너지협력 연구』(2002. 5).

Asakura, Kengo, "Trans-Korean Gas Pipeline Could Help Asia Energy
    Security, Environmental Problems", *Oil & Gas Journal*, 98-20
    (May 15, 2000.

Baranovsky, Vladimir, "Russia and Asia: Challenges and Opportunities
    for National and International Security", Chufrin, Gennady (ed.),
    Russia and Asia: the Emerging Security Agenda, Oxford
    University Press, 1999.

Bin, Yu, "China-Russia Relations: the Russia-Chinese Oil Politik",
    Comparative Connections, vol. 5, no. 3 (October, 2003), http://www.csis.org/
    facfor/ccjournal.html#over(검색일: 2003. 10. 20).

Bradshaw, Michael, "Prospects for Russian Oil and Gas Exports to
    Northeast Asia from East to the Urals", *RPGRR, HUFS, The
    Regional Cooperation of Northeast Asia and Russia's
    Globalization for the 21st Century*, 22-24, June, 2003.

Copeland, Dale C., "Economic Interdependence and War: A Theory of
    Trade Expectation", *International Security*, vol. 20, no. 4 (Spring,
    1996).

Doyle, Michael W., *Ways of War and Peace: Realism, Liberalism, and
    Socialism*, New York: W. W. Norton & Company, 1997.

Ferguson, Joseph, "US-Russia Relation: Energizing the Relationship",
    Comparative Connections, vol. 5, no. 3 (October, 2003).

Gilpin, Robert, *War and Change in World Politics*, Cambridge University
    Press, 1981.

Harrison, Selig S., "Gas and Geopolitics in Northeast Asia: Pipelines,
    Regional Stability and the Korean Nuclear Crisis", *World Policy*

(2002/2003).

Hu, Weixing, "Economic and Security Cooperation in Northeast Asia: A Chinese perspective", in Akaha, Tsuneo, *Politics and Economics in Northeast Asia: Nationalism and Regionalism in Connection,* St. Martin's Press, 1999.

Ikenberry, John, "The Myth of Post-Cold War Chaos", *Foreign Affairs,* vol. 75, no. 3 (May/June, 1996).

Ivanov, Igor S., *The New Russian Diplomacy,* The Nixon Center and Brookings Institution Press, 2002.

Jervis, Robert, "Cooperation under the Security Dilemma", *World Politics,* vol. 30, no. 1 (January, 1978).

Jianzhong, Zhuang, "The Impacts of Nuclearized North Korea on the Northeast Asia", Paper presented in International Security Workshop by *RINSA,* Korea National Defense University, October 2, 2003.

Kamiya, Mataka, "Hopeful Uncertainty: Asia-Pacific Security in Transition", *Asia-Pacific Review,* vol. 3, no. 1 (Spring/Summer, 1996).

Keohane, Robert O. and Nye, Joseph S., *Power and Interdependence: World Politics in Transition,* Little, Brown and Co., 1977.

Korkunov, I., "Rossiisko-kitaiskie vneshneekonomichekie sviazi: itogi I perspekktivy", *Problemy Dal'nego Vostoka* (January, 1996).

Mansourov, Alexandre Y., "Russian President Putin's Policy Towards East Asia", *East Asian Affairs,* vol. 15, no. 1 (Spring/Summer 2001).

May, Michael, "Energy and Security in East Asia", *Asia/Pacific Research Center Working Paper* (January, 1998).

Menon, Rajan, "The Strategic Convergence between Russia and China", *Survival,* vol. 39, no. 2 (Summer, 1997).

Mochizuki, Mike M., "Security and Economic Interdependence in Northeast Asia", *CIAO Working Paper* (May, 1998), http://www.ciaonet.org/wps/mom02(검색일: 2003. 7. 19)

Noland, Marcus, "Why North Korea Will Muddle Through", *Foreign Affairs*, vol. 76, no. 4 (July/August, 1997).

Paik, Keun-Wook, "Sino-Russian Oil and Gas Cooperative Relationship: The Implications to the Korean Peninsula", 국방대 안보문제연구소 세미나 발표자료 (2003. 6. 11).

Scalapino, Robert A., "The United States and Asia: Future Prospects", *Foreign Affairs,* vol. 70, no 5 (Winter, 1991/1992).

Toloraia, Georgii, "Korean Peninsula and Russia", *International Affairs*, vol. 49, no. 1 (February, 2003).

Waltz, Kenneth, *The Theory of International Politics*, Addison-Wesley Publishing Co., 1979.

Weltman, John J., "On the Obsolescence of War: An Essay in Policy and Theory", *International Studies Quarterly*, vol. 18, no. 4 (December, 1974).

Wolfers, Arnold, *Discord and Collaboration: Essays on International Politics*, The Johns Hopkins University Press, 1962.

Zhiznin, Stanislav Z., "Gas Priorities of Russia Diplomacy in North-East Asia", *RPGRR, HUFS, The Regional Cooperation of Northeast Asia and Russia's Globalization for the 21st Century*, vol. 22, no 24 (June, 2003).

"Japan is Ready to Invest USD 7 Billion to Build Oil Pipeline in Russia", RIC"FIS"/News, 2003. 10. 14., http://www. engl.fis.ru/news/ ?nid=7354(검색일: 2003. 10. 20).

"Oil and Gas Projects on the Sakhalin Shelf", http://www.bisnis.doc. gov/bisnis020702projectchart.htm(검색일: 2003. 10. 25)

"Russian Far East Sakhalin Island: Transportation Overview", September, 2001, http:// www.bisnis.doc.gov/ bisnis/country/ 010906transov. htm(검색일: 2003. 10. 27)

"Russia and China to Boost Energy Cooperation", *RFE/RL Security Watch*, 31, July, 2000, http://www.rferl.org/securitywatch/2000/ 07/2-310700.htm (검색일: 2000. 10. 5).

"Russia: Moscow Clears Way For Oil Pipeline to China", *CDI Russia*
　　　Weekly #255 Contents, http://www.cdi.org/russia/255-15-pr.cfm
　　　(검색일: 2003.7.14).

『중앙일보』
『국민일보』
Financial Times
The Japan Times

연해주의 문화 인류학[1]과 한·러 관계: 여러 민족간의 관계와 한·러 경제협력*

문 명 식

서경대학교 유럽어학부 교수

I. 서 론

연해주(沿海州; Приморский край)의 주도(主都)는 블라디보스토크이고, 면적은 16만 5900㎢, 인구 약 230만 명이고,[2] 북서쪽

---

* 이 논문은 2002년도 한국학술진흥재단의 지원에 의하여 연구되었으며(KRF-2002-042-B00019), 2003년 8월 1일 고려대학교 평화연구소 주최 이르쿠츠크 국제 학술회의 「한-일-러 삼각구도 속의 시베리아와 연해주」에서 발표한 것을 수정·보완한 것임.
1) 보통 자연인류학과 대치되는 용어로서 넓은 뜻으로는 선사적 고고학(先史的考古學), 인류학적 언어학, 민족학(民族學)·민속학·민족지(民族誌) 등 여러 분야가 포함되지만, 좁은 뜻으로는 사회인류학과 민족학의 두 분야를 가리킨다. 인류가 걸어온 역사와 현존의 인류에 의한 각종 소산(所産)을 대상으로 문화를 관찰·분석하고 그것을 종합하여 문화의 법칙성 또는 규칙성과 변이(變異)를 탐구하는 과학이다. 문화 인류학이라는 용어를 사용하는 것은 미국의 경우이며, 영국에서는 그와 같은 내용을

은 중국 동북(東北)지방, 남서쪽은 북한에 접하고, 남동쪽은 동해에 면해 있다.3) 러시아 연해주는 중국·북한과 국경을 접하고 있는 지역으로서 냉전시대에는 중·소 국경분쟁이 일어났던 지역으로서 러시아의 안보에 전략적으로 중요한 지역으로서 블라디보스톡을 기항으로 하는 구소련의 극동함대가 주둔하여 중·미·일본의 군사력에 대치했었던 군사적으로 긴장이 고조되었던 지역이었다.

구소련 말에 고르바초프가 개혁·개방정책을 실시한 이후 군사적 긴장이 완화되고 연해주 지역은 구소련 경제회생을 위한 한·중·일 삼국과의 경제 협력을 위한 전초기지로서 위상이 바뀌기 시작했다. 러시아연방이 수립된 이후에도 이 지역의 경제개발정책은 지속적으로 추진되어 왔다. 오호츠크 해 연안의 석유와 가스를 북한을 통한 남한에 이르는 송유관 건설프로젝트, 그 지역의 삼림 개발과 자원 개발 등 사업이 우리나라 기업들과 러시아 극동지방의 지방정부들과 협력으로 추진되기 시작했다.

사회인류학, 독일·오스트리아 그 밖의 유럽 여러 나라에서는 민족학이라고 부른다. 문화 인류학의 정의에 대한 상세한 설명은 다음 문헌을 참조: 김주희 『문화인류학의 이해』 pp. 17-30; Conrad Kottak, *Cultural Anthropology*. (New York: Random House. 1974); Marvin Harris, *Cultural Anthropology* (New York: Harper & Row, Publishers. 1983). 문화인류학의 대상은 광범위하기 때문에 연해주 지방에 과거부터 현재까지 거주해온 모든 민족의 풍속, 관습, 문화, 사회, 정치, 경제생활 등을 모두 다루는 것은 이 논문의 한계를 넘는다. 따라서 이 논문에서는 연해주의 경제활동의 주역중인 하나인 여러 갈래의 한민족간의 관계와 한민족과 타 민족관계의 역사와 실태를 분석한 후에 한·러 간의 경제협력 관계를 분석하는데 초점이 모아질 것이다.

2) 러시아어에서 '프리'는 '연안'이라는 뜻이며 '모르스키'는 '바다의'라는 뜻이다.

3) 처음의 행정구분은 하바로프스크에서 아무르강 하류지역, 후의 사할린 주와 캄차카 주의 전역을 포함하고 있었으나, 1909년에 이 두주가 분리되어 1914년에는 아무르강 하류지역이 사할린 주로 이관되었다. 1938년에 확정된 현재의 프리모르스키 지방은 하바로프스크와 그 주변지역은 포함되지 않는다. http://yonhj.net/febnews6.htm (검색일: 2003. 6. 10).

1997년 IMF 이후 연해주를 포함한 러시아 극동지역과 우리나라 기업들 간의 경제적 협력이 위축되었지만 국민의 정부가 출발한 후 대북포용정책과 남북경제 협력이 증대는 추세 속에서 남북철도 연결과 시베리아 철도 연결 사업계획이 논의되기 시작함에 따라 연해주 지방을 포함한 러시아 극동지역과의 경제협력 문제가 다시 부각되고 있다.

특히 연해주 지방은 남북 철도가 연결되는 핫산역과 시베리아 철도의 출발역인 블라디보스톡이 있어서 이 지역과의 경제협력과 문화교류는 더욱더 활발해질 것으로 예상된다. 최근에는 북핵 문제 해결의 한 가지 방안으로서 북한이 당면한 에너지 문제의 해소를 위한 방안으로 러시아 극동지역의 가스와 석유를 송유관을 통해서 북한으로 공급하는 방안이 논의되고 있다. 이러한 여러 가지 경제·안보적 이유로 연해주는 한국에 중요한 지역이다.

뿐만 아니라 연해주는 한민족이 역사적으로 민족적으로 중요한 연고를 가져온 지역이기도 하다. 고조선 시대에는 두만강 유역과 연해주 지역에 퍼져서 살았던 숙신이라고 불렸던 종족과 접촉했었고, 고구려 때는 그 지역에까지 살았던 숙신의 후손인 말갈족을 지배했고, 고구려가 멸망한 후에는 고구려 유민들이 세운 발해에서 말갈족들과 어울려 살았고, 고려와 조선 때에는 두만강과 연해주 일대에 살았던 여진족과 때로는 싸우고 때로는 교역을 하면서 살았다.

발해가 멸망 후에 이 지역은 중국의 여러 왕조의 지배를 받아오다가 청나라 때까지 중국의 영토로 남아 있었다. 1858년 아이훈(愛琿)조약에 의해 청(淸)·러시아의 공동 관리하에 놓였다가 1860년의 베이징 조약에 의해 러시아령이 되었다. 한편 연해주

지방은 구한말부터 한민족이 도강하고 월경하여 연해주 지역에서 농사를 지으며 살다가 나라가 패망하면서 많은 동포들이 이주하여 살면서 독립운동의 본거지가 되었다.

1936년 스탈린 치하에서 연해주 지방의 교포들이 중앙아시아로 강제 이주 당해서 그곳에 살다가 구소련의 해체 이후에 러시아연방이 수립되면서 중앙아시아 고려인들이 이 지역으로 이주해 와서 모여 살고 있으며, 현재 우리 몇몇 중소기업체들이 그곳에서 진출한 상태이고, 향후 남북철도가 연결되어 시베리아 철도와 연결되는 경우 연해주 지역은 한국과 경제적 문화적 교류가 더욱 더 활발해지라고 예상된다.

이러한 지정학적 · 역사적 · 경제적 · 문화적 · 안보적 중요성을 고려할 때 여러 가지 측면에서 연해주 지방의 심층 분석은 의미가 있다. 따라서 이 논문에서 연해주 지방의 지정학적, 지리적 환경, 한민족의 역사적 · 민족적 연고, 여러 민족간의 협력과 갈등, 연해주 지방에서의 한 · 러 정치 · 경제 협력이 분석될 것이다.

Ⅱ. 연해주 지역의 자연환경과 지리적 특징

연해주는 몬순 기후지역에 있다. 공기 흐름의 계절적 변화는 내륙과 대양 사이의 기온변화의 영향하에서 일어난다. 11월부터 3월까지 연해주 지방은 아시아 고기압권의 영향을 받아 북풍과 북서풍을 동반한 건조한 차가운 날씨가 지배적이다. 태평양 연안은 부분적이지만 연안과 나란히 뻗쳐 있는 산맥으로 차단되어 있다. 겨울은 서유럽지역은 말할 것도 없이 같은 위도 상에 있는 러시아의 유럽지역보다 더 춥다. 1월의 월평균 기온은 내륙에서 영하 20℃까지 떨어지면 남쪽 해안지방에서는 기온은 영하 10℃에서 12℃ 사이에 머무른다. 블라디보스톡에서의 최저온도는 영하 31℃이고 우스리스크에서는 영하 46℃이고 북쪽지방은 영하 54℃까지 기록된 적이 있었다.

그러나 가장 혹독한 겨울에 해안지역에서도 3~4일간 해빙이 일어날 수 있다. 1월에서 2월까지 해빙기에 온도는 영상 8도까지 올라갈 수도 있다. 11월부터 3월까지 해안지역의 평균강수량은 100㎜ 이상이고, 다른 지역에서는 50㎜ 이하이다. 3월경에 연해주 지방의 대부분지역에서는 평균 영상온도에 머문다. 4월과 5월에 평균온도는 영상 2℃, 6℃, 12℃로 상승한다. 이 기간은 비 오는 경우가 드물다. 5월에 기온이 24℃와 30℃까지 올라가는 날이 있을 수 있다.

6월과 7월에 해안지역은 날씨가 시원하고, 흐리고, 가랑비가 내리고, 중부지역이 훨씬 더 건조하고 따뜻하다. 남풍과 남동풍이 주로 불어온다. 7월의 평균 기온은 여러 지역에서 영상 14℃와 21℃이다. 연중 이때쯤에 지속적인 안개의 원인이 되는 차가운 공기가 연안을 따라 흐른다. 그러나 연해주 지역은 구소련 지역에서 흑해연안이나 자까르파티에 다음으로 해가 비추는 날이 많다.

여름 후반 8월부터 9월 사이에 태풍이 분다. 이 기간동안 폭우와 높은 습도 기온은 25℃ 이상이다. 해안지역과 남부지역에서는 8월이 가장 더워서 낮 평균기온이 24℃이지만 35℃까지 올라갈 경우도 있다. 최고 35℃까지 올라갈 때도 있지만 낮 평균온도는 24℃이다. 봄보다 가을이 훨씬 더 따듯하기 때문에 가을이 가장 좋은 계절이다. 9월의 연평균온도는 +12°(54°F), +16℃(61°F), 10

월의 평균온도는 영상 8℃(46°F) to +10℃(40°F)이고 맑은 날씨이고 미풍이 분다. 연평균 강우량은 720㎜인데, 내륙지방은 480㎜이고 해안지방은 800㎜이다.

지형은 남단지방을 제외하고 동해안과 나란히 뻗어 있는 시호테알린 산맥의 남서부 절반이 연해주 지방의 대부분을 차지하고 있는 해안 일대가 산지이고, 서쪽 내륙부의 중소 국경을 따라 우수리강과 싱카이호(興凱湖)연안에 약간의 평야가 있을 뿐이다. 기후는 대륙성이지만 여름철에는 몬순의 영향이 크기 때문에 비가 많으며, 겨울철은 비교적 짧고, 해면은 겨울에 결빙하고, 산지는 침엽수림으로 덮여 있다.

가장 잘 개발되고 인구가 많은 곳은 우수리 강 유역이며, 젖소와 육우 사육, 곡물·해바라기 재배 등이 활발하다. 특히 한국인이 시작한 벼농사는 재배의 북한(北限: 북위 47°부근)을 이루고 있고, 연안에는 어항이 있다. 최근의 개발로 도시인구 증가율이 크게 높아졌다. 주요 도시로는 블라디보스토크·나홋카(무역항)·수찬(석탄)·우수리스크(각종공업)·테튜헤(납·아연·주석·제련소가 있는 신흥도시) 등이 있다. 교통기관은 우수리 하곡(河谷)의 철도와 수운(水運), 연안부의 블라디보스토크·나홋카를 중심으로 한 해상교통 등이 있다.

러시아인과 우크라이나인의 연해주로의 이민은 처음에는 1883년에 개설된 오데사-블라디보스토크간의 의용함대 항로로, 이어서 1891년 착공되어 1903년 개통된 시베리아철도를 이용해서 이 지방에 들어왔는데, 오늘날에는 이 두 민족이 인구의 95%를 차지하고 있다. 또한 중국, 한국, 일본에서 건너온 이민이나 취업자도 과거에는 꽤 많았다.[4] 한국인과 중국인은 평야지역에, 아무르 강과 송화강 유역에는 원주민인 퉁구스계의 나나이족(골

리드인)과 우데헤족, 북쪽에는 엔벤크족이 살고 있다.5)

본래 중국 고대왕조인 주나라 때 숙신(肅愼)6)이라고 불리는 종족이 연해주 지방에서 살았고 그들의 후예라 추정되는 말갈(靺鞨)7)족은 수·당조 때 그 지역에 살았고 고구려의 지배를 받

---

4) http://yonhj.net/febnews6.htm(검색일 2003. 6. 15)에서 인용함.

5) 동쪽은 사할린으로부터 서쪽으로는 예니세이 강에 걸치고, 또 북쪽은 야쿠티아자치공화국의 극한(極寒) 툰드라 지대로부터 남쪽으로는 중국 동북(만주) 지방에 이르는 넓은 지역에 살고 있는 민족을 퉁구스라고 한다. 많은 그룹이 있는데, 그 중의 시베리아 분파(북방)에는 에벤크·라무트·네기달·솔론이 속하며, 아무르(남방)파에는 나나이(골드)·올차·오로크·오로치·우데헤 등이 포함된다. 에벤크는 위에 예거한 거의 모든 지역에 걸쳐 조금씩 분포하여 약 4만에 이르며, 인종학적으로는 몽골인종에 속한다. 퉁구스족에 대한 상세한 것은 다음 논문을 참조: 남상긍, "중국 동북지방의 몽골, 퉁구스족의 역사와 분포과정", 『몽골학』, 10권 (서울: 한국 몽골학회, 2000), pp. 215-250.

6) 고조선 시대에 만주 북동방면에서 수렵생활을 하였다. 숙신이라는 호칭은 중국의 《국어(國語)》《사어(史語)》 및 그 밖의 고전에서 볼 수 있고, 특히 《국어》의 숙신공시(肅愼貢矢)는 전설로도 유명하여 성천자(聖天子)의 출현과 그들의 입조공헌(入朝貢獻)을 결부시켜 설명하기도 한다. 중국의 《사기》에는 식신(息愼)·직신(稷愼) 등으로 기록되어 있다. 고구려 서천왕(西川王) 때 일부가 고구려에 복속되었으며, 398년(광개토대왕 8) 완전히 병합되었다. 뒤에 일어난 읍루(婁)·말갈(靺鞨) 종족이 숙신의 후예로 추측되기도 한다. 한편 당(唐)나라 때는 선진(先秦)시대의 북동방면 거주민족의 총칭으로 쓰였다. * 이 주석은 두산 동아 사이버 백과사전에서 인용함.

7) 6~7세기경 중국 수·당 시대에 만주 북동부에서 한반도 북부에 거주한 퉁구스계민족. 주(周)나라 때에는 숙신(肅愼), 한(漢)나라 때에는 읍루(婁)라 불렸다. 본래쑹화 강(松花江) 유역의 물길(勿吉)이 지배하였으나 6세기 중엽 물길의 세력이 약화되자 각 부족들이 자립하였는데, 이들을 총칭하여 말갈이라 부른다. 이들 부족 중대표적인 것은 예맥(濊貊) 계통으로 농업을 주로 하던 속말(粟末), 백산(白山)과 순수퉁구스계로 수렵에 의존하던 백돌(伯)·불녈(拂涅)·호실(號室)·흑수(黑水)·안차골(安車骨) 등 7개 부족이었다. 그 중에 속말과 백산부족은 고구려에 복속하였다가고구려가 멸망하자 영주(營州: 遼寧省朝陽)로 이주하였고, 후에 발해가 성립되자대부분의 말갈족이 발해의 지배를 받았다. 그러나 흑수부족만은 쑹화강과 헤이룽강(黑龍江) 하류 지역에 근거를 두고 발해에 대항하였고 발해 멸망 이후 흑수 말갈은거란에 복속되어 여진(女眞)이라 불렸으며, 그 후 생여진(生女眞)과 숙여진(熟女眞)으로 나뉘었다가 생여진은 금(金)나라를 건국시킨 주체가 되었다. * 이 주석은 두산동아사이버백과사전에서 인용함 숙신에 대한 상세한 것은 다음 문헌을 참조: 李純根,

왔다. 고구려가 멸망한 후에 고구려 유민들이 세운 발해의 지배를 받았고, 고려 초기부터 그들의 후손으로 추정된 여진(女眞)족들이 조선시대까지 한민족과 때로는 싸우고 때로는 협력하면서 지내왔다. 그들과 혈연적으로 밀접한 관계가 있는 만주족이 세운 청 왕조가 건립되면서 연해주 지역은 중국의 땅으로 중국의 지배하에 있었다.

Ⅲ. 러시아 연해주에 대한 한민족의 역사적 · 민족적 연고

고조선, 고구려, 발해시대까지 연해주는 만주와 함께 한민족의 고토(故土)였다. 고구려를 계승한 발해는 서기 698년부터 926년까지 만주와 한반도 북부뿐만 아니라 연해주 일대를 영토로 하여 훗날의 여진족의 조상인 말갈족 등 여러 민족을 지배했다. 그래서 연해주에는 발해의 유적이 많이 남아 있다. 우스리스크와 자동차로 1시간 거리에 있는 코르사코프의 절터와 그리고 크라스키노의 고분 등이 발견되고 있다. 한 · 러 합동 연해주 발해유적 발굴단이 구성되어 활동한 바 있다.[8] 발해가 멸망한 후 여진족이 지배했다가 고려 말과 조선 초기에 다시 한민족의 영

"靺鞨의 種族 正體性에 대한 - 硏究"; 韓圭哲,『高句麗時代의 靺鞨 硏究』, 14 · 15합 (釜山史學, 1988); 韓圭哲,『渤海의 對外關係史』(1994); 金賢淑, "高句麗의 靺鞨支配에 관한 試論的 考察",『韓國古代史硏究』(1992).

8) 1994년 8월 한국과 러시아 학자들로 구성된 연해주 발해유물발굴조사단은 크라스키노 지역에서 발해의 찬란한 문화수준을 보여주는 1,000여 점의 유물을 대량 발굴하였다. 이 발굴은 1993년에 이은 제2차 발굴로 금동보살입상 · 아미타수인(手印) 등 진귀품이 1000여 년 만에 햇빛을 보았다. 이상룡, "역동적 연해주는 피안의 땅이 아니었다",『한국논단』8월호, p. 216.

토로 편입되었다. 1860년 청이 러시아와 북경조약을 맺어 연해주를 러시아로 넘겨주기까지 연해주는 우리나라의 영토였을 보여주는 많은 역사적 자료들이 있다.

1627년 청이 계승한 금나라와 조선이 맺은 조약인 강도회맹(江都會盟)에서 연해주 지역을 공동관할지역으로 규정하고 이 지역에 사람의 출입을 금지하여 도강 및 개척민들의 출입을 통제하고 있었다.9) 약 1세기 후 1712년 청황제의 강희제의 지시에 따라 청과 조선의 국경을 획정하는 석비가 백두산에 세워졌는데, 그 석비의 비문 "東爲土門 西爲鴨綠"처럼 토문강을 양국간의 국경으로 삼고 있었다. 이 토문강의 원류위치를 놓고 조선과 청은 분쟁을 한 적이 있었는데 조선은 토문강이 송화강의 지류로서 원천이 동에서 발원하여 동북방향으로 흘려 송화강으로 유입되어 흑룡강에서 합류되어 동해로 흘러가므로 당시 조선의 입장은 토문강, 송화강, 흑룡강 이동(以東:오늘날 중국 동북지방의 길링성·요령성·흑룡강성 일대)인 간도지역뿐만 아니라 연해주 일대가 조선의 영토로 인식해왔다.10) 이에 대하여 청은 백두산정계비의 토문은 도문강(두만강)이라 하여 두만강 이북의 땅을 자국의 영토로 주장하여 조선과 국경분쟁을 일으켰다.11) 1905년

---

9) 이일걸, "러시아의 연해주 불법취득과 연해주 한인자치주 설립문제", 『국제정치논총』, Vol. 36, No. 3, 1997, p. 310.

10) 이일걸, 313쪽에서 재인용. 이일걸 뿐만 아니라 양태식이 그의 논문 "연해주 지역의 한인이민과 녹둔독의 영속문제" 223쪽에서 백두산정계비의 토문강의 흐름을 근거로 연해주가 우리 민족의 고토였음을 주장하고 있다.

11) 간도는 본래 여진족(女眞族)의 거주지였으며, 고구려 때에는 파루(把婁)의 땅으로 고구려에 속하였다. 고구려가 멸망한 후 그 유민과 말갈족이 세운 발해가 5경(五京)을 두었을 때에는 동경(東京)의 용원부(龍原府)에 속하기도 하였다. 발해가 멸망한 후 여진족이 살면서 이 땅을 자주 침범하므로 고려 시대에는 윤관(尹瓘), 조선시대에는 김종서(金宗瑞) 등이 정벌하였다. 세종은 이 지방에 6진(六鎭)을 두었고, 여진

조선으로부터 외교권을 박탈한 일본은 처음에는 간도의 조선영
유권을 주장하다가 노일전쟁 이후 러시아로부터 양도받은 만주
의 철도와 탄광에 대한 이권과 교환하여 청과 간도협약을 맺고
간도를 청국의 영토로 인정하여 넘겨준 이후 간도지역에 대한
조선의 영유권은 상실하고 말았다.[12]

족은 번호(藩胡)라 칭하여 조공을 바쳤다. 그러나 청나라 건국과 함께 여진족이
중국본토로 이주하자 청나라는 간도를 봉금지(封禁地)로 설정하여 주민의 이주를
금하였으나, 산둥[山東]지방 등의 유민과 조선 사람들이 많이 잠입하여 청국인과의
대립이 잦았다. 1710년(숙종 36) 조선인이 청국인을 살해한 사건이 일어나자, 청나
라는 양국의 불분명한 땅을 조사시키기 위하여 오라총관(烏喇摠管: 吉林) 목극등
(穆克登)을 이 지방에 파견하고 국경실사(國境實査)를 명하였다. 목극등은 12년
조선의 접반사(接伴使) 박권(朴權)과 회담하고, 압록·토문(土門: 松花江의 지류)
두 강의 분수령인 백두산 산정 동남방 약 4km, 해발고도 2,200m 지점에 정계비(定
界碑)를 세워 그 비문에 "서쪽으로는 압록, 동쪽으로는 토문이 있으니, 그 분수령
위에 돌을 세우고 기록한다…" 라고 새겼다. 여기에 지칭한 토문강은 분명히 송화
강의 지류로서, 두만강의 상류가 아님에도 후일 청나라는 이것이 두만강을 지칭한
것이라 하여 간도귀속을 둘러싼 양국의 분쟁의 씨가 되게 하였다. 그 후에도 조선인
은 계속 봉금(封禁)을 무시하고 간도에 이주하여 개척하였으며, 한인(漢人)도 이
지방에 이주하여 서로 섞여 살게 되었다. 그러자 청국은 1882년(고종 19), 토문강
이북·이서에 거주하는 조선인을 청국인으로 간주하겠다고 통고하고, 그 이듬해
간도를 개간한다는 명분을 내세워 대부분의 조선인을 철수하도록 요구하였다. 이에
서북경략사(西北經略使) 어윤중(魚允中)은 간도국경문제 해결을 청나라에 제의,
토문강 이남은 조선영토임을 주장하였으나, 청나라는 '토문강이 곧 도문강(圖們
江:두만강)'이니 두만강 이북은 자국영토라 주장하여 3차에 걸친 회담이 모두 결
렬되었다. 이와 같은 분쟁은 1894~95년 청·일전쟁으로 소강상태에 들어갔으나,
1900년(광무 4) 청나라의 약세를 틈타 러시아가 간도를 점령하였다. 정부에서는
1902년 이범윤(李範允)을 간도에 파견하여 주민을 위무하게 하고, 이듬해에는 그를
북간도 관리사로 임명하며 이를 주한 청국공사에 통고하는 한편, 포병을 양성하고
조세를 올려 받아 계속해서 간도영유권을 관철하여 나갔다. 백두산정계비의 비문에
대한 상세한 것은 다음 논문을 참조: 신영길, "백두산정계비", 『상서』 13권 서울:
한국장서가회, 1995; 이상태, " 백두산정계비 설치에 관한 연구", 『실학사상연구』
7권, 서울: 무학실학회, 1996.

12) 일본이 1905년 을사조약으로 한국의 외교권을 박탈함에 따라 간도문제는 청·일
간의 현안문제로 넘어가고, 일본은 1907년(융희 1) 간도에 통감부(統監府) 출장소를

아이훈 조약으로 흑룡강 좌안의 광대한 지역을 취득한 러시아
는 1860년 강압적인 분위기에서 체결된 북경조약을 통해서 청과
의 조선의 공동 관할 지역이었던 연해주를 획득하였다. 북경조
약 체결당시 조약의 내용의 부당함을 일부 지식인과 북방지역에
근무했던 관리들이 정부에 보고했지만, 위정자들이 묵살하였고,
그 후 1884년에 조로 수호통상조약을 체결할 때도 조선의 연해
주에 대한 연고권을 주장할 기회가 있었는데도 영유권을 제기하
지 않았다. 청이 조선의 동의 없이 조선의 주권을 침해하여 공동
관할지역을 북경조약을 체결하여 러시아에 양도하였기 때문에
러시아의 연해주 획득은 국제법상 불법이라는 주장을 제기하는

설치하여 군대·헌병·경찰관을 파견하였다. 이것은 '한국인의 재산과 생명을 보
호한다'는 명분이었으나 그 근본목적은 한국인의 독립운동을 억압하기 위한 수단
이었다. 그러나 일본은 남만주철도 부설권과 푸순(撫順) 탄광 개발 등 4대 이권을
얻는 대가로 한국 영토인 간도를 청나라에 넘겨주는 간도협약을 1909년 9월4일
체결하였다. 이 협약은 전문 7조로 되어 있는데, 그 내용은 ① 한·청 양국의 국경은
도문강(圖們江:두만강)으로써 경계를 이루되, 일본정부는 간도를 청나라의 영토로
인정하는 동시에 청나라는 도문강 이북의 간지(墾地)를 한국민의 잡거(雜居)구역
으로 인정하며, ② 잡거구역 내에 거주하는 한국민은 청나라의 법률에 복종하고,
생명·재산의 보호와 납세, 기타 일체의 행정상의 처우는 청국민과 같은 대우를
받으며, ③ 청국정부는 간도 내에 외국인의 거주 또는 무역지 4개처를 개방하며,
④ 장래 지린[吉林]·창춘[長春] 철도를 옌지[延吉] 남쪽까지 연장하여 한국의 회령
(會寧) 철도와 연결한다는 것 등이었다. 이것으로 일본은 만주 침략을 위한 기지를
마련하는 동시에, 남만주에서의 이권을 장악하고, 조선통감부 임시간도파출소를
폐쇄하는 대신 일본총영사관을 두어 한국인의 민족적 항쟁운동을 방해하는 공작을
하게 되었다. * 두산동아 사이버 백과사전에서 참조하여 인용함. 그러나 을사조약이
강압에 의한 것이므로 무효이므로 이 조약에 근거하여 조선의 외교권을 박탈하여
체결한 간도협약도 당연히 무효라는 주장이 제기되었다. 이러한 주장에 대해서
다음 논문을 참조: 이성환, "간도협약과 한일합방", 『대한정치회보』 8권 1호 (서울:
대학정치학회, 2000); 『경향신문』, "아, 간도! 되찾아야 할 우리 땅", 2004년 01월
18일; http://www.yeongnam.com/series/east/east-20001122.html(검색일: 2003.
8. 1, 이윤기, "청일 간도협약").

학자들이 있다. 이러한 불법성을 근거로 연해주에 대한 연고권와 영유권을 제기하여한다고 이일걸은 자신의 논문에서 주장하면서 한·소 수교와 한·러 정상회담에서 이러한 문제를 언급하지 않았음을 비판하고 있으며 지금이라도 중앙아시아에 이주해오는 한인들을 위한 한인자치주 설립을 추진하여 장기적으로 연해주를 되찾는 전략을 세워야 한다는 주장을 하고 있다.[13]

그러나 구소련 시절부터 중국과 국경분쟁을 겪었고 러시아가 등장한 후에 중국과의 국경문제를 해결한 러시아는 이 지역으로 유입되는 대량의 중국인들이 또 다시 국경분쟁의 원인이 될 수도 있다고 불안하게 생각하고 있을 뿐만 아니라 연해주에 대한 남북한의 연고권이나 영유권을 고려해줄 리가 없고 연해주 지역에서의 민족분쟁의 단초가 될 수 있는 한인 자치주의 설립을 허용해주지 않을 것이다. 오히려 이런 움직임이 러시아 연해주 정부의 우려를 자극하여 한인들의 정착에 불리한 정책의 실시를 유발할 수도 있다. 한인들 간의 경제적·문화적으로 공유하고 협력하는 자연스런 한인 문화공동체가 형성되도록 지원해주는 정책이 바람직할 것이다.

IV. 러시아의 동북아 진출과 연해주

이반 4세 때 가짜크인 예르마크가 1581년 우랄산맥을 넘어 시베리아의 개척을 시작한 이후 러시아는 동진정책을 계속하여 점령지역을 따라가면서 톰스크시, 투루한스크시, 예니쎄이스크

---

13) 이일걸, "러시아의 연해주 불법취득과 연해주 한인 자치주 설립문제" 참조.

시 등의 도시를 건설하였고 흑룡강(아무르강) 일대에 이르렀을 때 청과 충돌하게 되자 1689년 뾰뜨르 대제 치세 때 청과 네르친스크 조약을 맺어 몽골을 통한 대상 교역권을 확보하는 조건으로 아무르강 유역에서 물러나기로 합의했다.[14] 17세기 초 러시아인이 극동으로 진출했을 때 그 지역에는 다양한 토착 원주민들이 대략 3만 6천 명 정도 거주하고 있었다.[15] 아무르 지역에는 목축을 생업으로 하는 골디족이 살고 있었고, 연해주 북부와 사할린 산악 지대에는 수렵과 순록 사육을 주로 한 퉁구스족이 거주하고 있었다.[16] 그 후 잠시 주춤했던 러시아는 동방정복을 다시 개시하여 1700과 1702년 캄차카를 점령하였고 1719년에 시베리아의 토볼스크, 예니세이스크, 이르쿠츠크의 개발에 착수하였고 1754년에는 유형수들에 의한 시베리아 개발을 시작하였고 오호츠크해 연안과 알래스카로 진출했다.

1754년부터 거의 100년 동안 러시아는 유럽의 강대국으로 유럽과 중동지역으로의 영토와 영향력 확대를 위한 수많은 국제전쟁에 개입하느라 동방의 개척과 진출에 신경 쓸 국력의 여력이 없었다. 7년전쟁에 참가, 여러 차례의 걸친 터키와의 전쟁, 3차에 걸친 폴란드 분할에 참가, 나폴레옹 침략 등에 러시아는 전력을 다할 수밖에 없었다. 나폴레옹 침략을 격퇴한 후에 유럽의 구질서 회복을 주도하는 강대국으로서 입지를 다진 러시아는 1855년 터키 영토내의 정교도들의 보호권을 명분으로 터키와의 전쟁을

---

14) 정한구, "극동지방: 병방 초소에서 동방의 창구로?", 『러시아 극동지방: 개방과 발전 전망』, (세종연구소), p. 19.

15) James Forsyth, *A History of the People of Siberia: Russia's North Asian Colony* 1581-1900 (Cambridge: Cambridge Univ. Press, 1992), p. 48.

16) Y. Slezkine, Artic Mirrors: *Russia and the Small Peoples of the North* (Ithaca: Cornell Univ. Press, 1994), pp. 2-7.

벌려 발칸지역과 흑해지역으로 진출하려 시도하는 데 이것을 저지하려는 영국과 프랑스가 연합군과의 크림전쟁에서 패하여 이쪽지역으로의 진출이 좌절된다. 따라서 러시아는 다시 동방으로 눈을 돌릴 수밖에 없었다.

거의 1세기가 지난 후에 러시아는 다시 니꼴라이 1세가 무라비예프를 동부 시베리아 총독에 임명하여 러시아의 흑룡강(아무르강) 일대의 개발을 재개하였다. 무라비예프는 아무르강 입구를 탐험하여 1850년에 페트로푸스코에와 니콜라이데브스크 요새를 건설하기까지 하였다.17)

러시아는 1858년 청과 아이훈 조약을 체결하여 아무르강 서안을 차지하게 되었으나, 우수리강 이동의 지역은 러시아와 중국 청조의 공동소유로 합의했다. 그러나 러시아는 우수리강 이동을 자의적으로 해석 연해주 해안선을 두만강 하구로까지 확장함으로써 한반도와 국경을 접하게 되었다.

1858년에 러시아가 연아무르 변경주를 병합하였을 당시 중국인들은 300여 농가구만 산재되어 있었고 퉁구스계 원주민들만이 거주하고 있었다. 중국은 동북지역에로의 이주를 법으로 금지하였기 때문에 중국인들의 수는 극소수였고 그들은 한인들처럼 정착하는 경우는 없었고 일시적인 목적으로 왕래하는 정도였다. 1860년에 연해주가 러시아에 할양된 이후부터 중국정부는 국경을 강화하기 위한 후방기지의 건설할 군사적 목적으로 일반주민들의 만주지역으로의 이주를 허용하기 시작했다.18)

---

17) Juri Semjonow, *Die Eroberung Sibiriens,* 김우현 역, 경북대학교 출판부, 1992, p. 489.
18) 심헌용, "러시아 극동 지역의 민족관계와 유입 이주민의 민족적 특성",『아시아문화』 제17호 (한림대학교 아시아문화연구소), p. 158.

1860년에는 중국과 영국·프랑스 사이의 분쟁을 중재해 주는 강압적인 조건으로 북경조약을 체결하여 연해주를 포함한 우수리 강의 동쪽지역을 차지하게 되었다. 러시아가 북경조약을 체결하여 연해주를 획득하기 이전에 이 지역은 청조의 발생지였고, 국경분쟁 지역으로 청과 조선이 공동관리 구역으로서 이주민을 금하는 지역이이서 거주하는 사람이 드물었는데 북경조약으로 연해주가 러시아영토로 편입된 전후에 한인들이 연해주 지역으로 이주하기 시작했다.

1853년 함경북도 무산인 韓一家의 가족이 남부 우수리 포세이트에 정착해 살았다고 하며, 1862년 겨울에 13가구가 노우 그르드만 연안 포세이트 지역으로 이주했다.[19] 1863년에는 남우스리 찌전허 강가에 10여 가구가 이주해 농사를 지었고 1864년에는 60여 가구가 이주했고, 1868년에는 165가구가 이주해서 이때 연해주 지역의 한인 수는 1800명이 넘어서 그 지역 총인구의 35%를 차지하였다. 1869년과 1870년에 흉년이 들어 수천 명이 무작정 고향을 등지고 연해주 지역으로 이주하여 조선인 거주자가 8,400명으로 늘어났다.[20]

당시 러시아 정부는 연해주를 개발하기 위하여 이민 장려책을 실시하여서 이주자에게 비상식량을 제공해주는 등 생활을 지원해주었다. 1880년경에 러시아인 2만 3800명의 군복무자가 거주하게 되었고, 영농이주가 장려되면서 슬라브계 주민수의 이주는 계속 늘어갔다. 이러한 상황 하에서 조선인 대량 이주가 계속되자 조선정부는 러시아 측에 항의를 제기함에 따라 러시아 정부

---

19) 해외교포문제연구소, "재소한인의 사적 고찰", 『교포정책자료』 13집 (동소간, 1972), p. 56; 양태진, "연해주 지역의 한인이민과 녹둔도의 영속문제", p. 224.
20) 이일걸, p. 321; 양태진, pp. 224-225.

도 조선인 이민자에 대한 정책을 전환하기 시작했다.

1884년 한로통상수호조약이 체결된 이후 러시아는 자국 영토 내에 있는 조선인들을 세 부류로 구분하여 통제하였다. 첫째 부류는 1884년 이전에 이주한 자로서 러시아 국적취득을 전제로 정착허가를 받은 자들의 수는 1,845가구 9,000명으로 이들은 러시아인이 되어 가구당 약 500평의 토지를 부여받았고 향후 20년간 지세를 면제받았고, 둘째 부류에 속하는 본국으로 귀한을 요구받는 자들에게는 2년간의 유예기간이 주어졌고 경작하던 토지는 몰수되었고, 셋째부류에 속하는 일시적으로 러시아령에 입국한 자들에게는 조선정부 및 러시아 정부의 여권을 발급 받도록 하고 여권세를 징수하였다.[21]

이러한 조치가 취해진 이후에도 조선인 이민수가 증가하여 1904년경에는 연해주에 32개의 조선인 거주지가 생겨났다. 1905년에 3만 4,399명의 조선인들이 연해주 지역에 거주하였다.[22] 한일합방이후에 정치적 망명의 성격을 띠면서 한인들의 연해주 유입은 점차적으로 증대되어 1914년에는 6만 4,039명으로 늘어났고, 1917년에는 17만 명, 1920대에는 매년 1만 명 이상이 두만강을 건넜고 1923년에는 16만 6,800명, 1926년에는 12만 3,000명으로 늘어났다.[23]

이렇게 한인 이주민이 늘어나자 연해주 일대는 무장 항일투쟁 근거지가 되어 소·만 국경을 넘나들며 일본군을 괴롭혔다. 그러자 일본 측이 조선인들의 반일활동을 통제해줄 것을 요청하자

---

21) 대한민국 국사편찬위원회, 한국독립운동사 권2 자료편 참조.
22) Kim sung-hwa, *Essays on the History of Soviet Koreans* (Alma Ata: Nauka, 1965) 정태수 편역, 『소련한족사』, (서울 대한 교과서주식회사, 1989), pp. 26-27.
23) Kim sung-hwa(1989), pp. 26-27.

연해주 정부는 조선인들의 반입된 무기를 압수하고 탄압하기 시작했다.[24] 1935년 이래 한·소 국경 지대에 분쟁이 자주 일어나자 소련과 일본이 첨예하게 대립하여 있는 상황에서 스탈린은 1917년부터 1922년까지 시베리아 내전에서 공을 세웠거나 소비에트화에 앞장섰던 한인 지도자들을 일본을 위한 간첩활동을 했다는 혐의를 씌워서 출당하고, 체포·처형하면서 숙청했고, 소련군대에서 복무하는 한인 군인들을 전부 제대시켰다. 이 때 숙청된 한인은 2,500명이었다.[25]

이와 같은 연해주의 한인지도자들의 숙청은 1937년 한인 강제 이주를 예고해주는 것이었다. 35,442가구 171,781명의 한인들이 142대의 수송열차로 우즈베크와 카자흐스탄으로 이주되었다.[26] 스탈린과 몰로토프가 서명한 1937년 8월 21일자 극비문서에 의하면 일본을 위한 한인들의 간첩행위를 차단하기 위하여 한인을 강제 이주시키는 것이라고 하였다.[27]

그러나 이것은 한인들의 강제이주를 정당화하기 위한 부분적인 이유에 지니지 않는다. 이 외에도 여러 가지 복합적인 이유들이 있었다. 당시 스탈린은 소련의 유럽지역의 국경에서 독일에 등장한 히틀러 정권이 군비 증강에 대한 침략의 위협에 직면하고 있어서 유사시 유럽전선에서 전쟁이 일어났을 때 전력을 집중시키기 위해서 소·만 국경지역에서 항일 운동을 벌이고 있는 것으로 인한 일본과의 긴장관계를 완화시켜서 훗날에 일·소

---

24) 양태식, p. 229.
25) 이일백, p. 322.에서 재인용.
26) 허진, "재소 고려인의 사상의식의 변화", 『한민족공영체』 제4호 (해외한민족연구소, 1996), p. 39.
27) 박영석, "1937년 재소한인의 강제 이주에 관한 사료", 『박영석 교수 화갑기념 한민족 독립운동사 논총』 (1992), pp. 1311-1312.

불가침 조약을 맺기 위한 대일 유화정책의 주된 원인이고 부차적인 이유로는 연해주 지역의 점증하는 한인들의 민족의식을 약화시킴과 동시에 한인들을 카자흐스탄과 우즈베키스탄의 민족의식을 희석시키기 위한 스탈린의 민족정책의 목적을 달성하기 위한 것이었다.

삭풍이 몰아치는 중앙아시아의 황야에서 겨울을 보내야 하는 등 초기에 많은 고초를 겪은 한인들은 타고난 근면성으로 황무지를 옥토로 바꾸어 중앙아시아를 러시아의 곡창으로 만들고 50년 동안 살아왔다. 그런데 1991년 구소련이 붕괴되고 중앙아시아 5개국이 독립국이 된 이후 자국어를 러시아어 대신 공용어로 채택하고 자국민 우선 정책을 실시함에 따라 토착 언어를 모르는 한인들을 많은 불이익과 탄압을 받았다. 토착어인 공식 언어를 구사하지 못한다는 이유로 주로 공무원, 교사, 의사, 연구종사자, 집단 농장장 등 사무직 또는 관리직에 종사하는 한인들이 실직했다.[28] 신변상의 위협과 미래에 대한 불확실성과 불안을 두려워 한 한인들이 대거 연해주로 재이주했고 그 숫자는 날로 증대하고 있다. 소련이 해체된 초기에 1993년 3월말 러시아 연방 최고회의는 「재러시아 한인 명예회복에 관한 법안」을 통과시켰다. 이 법안은 중앙아시아 한인들의 연해주로의 이주할 합법적 권리를 인정한 것이었다.[29] 이후부터 연해주로 이주가 본

---

28) 이종훈, p. 142.
29) 이 법안의 주요내용은 다음과 같다. 1) 강제이주와 그 이후의 탄압을 불법적 범죄적인 조치로 인정, 한인의 명예를 회복시킨다. 2) 강제이주 전 원래 거주지로 귀환할 권리를 부여한다. 3) 러시아의 독립국가연합 각국에 거주하는 한인이 원할 경우 러시아 국적 취득권을 준다. 4) 원거주지로 귀환하는 한인에게 납세특전 등 제방 생계대책을 마련해준다. 5) 구소련 내 한인의 법적 지위를 확고히 하는 독립국가연합 차원의 방안을 마련한다. (문화일보 1993년 10월 20일, 중앙일보 1993년 1월

격적으로 시작되었다. 그리고 아직 이주하지 않은 중앙아시아 한인 대다수가 연해주 재이주를 희망하고 있으나, 거처와 일자리의 마련이 어려워 주저하고 있다고 한다.[30] 또한 중앙아시아와 국가들과 러시아 연방간의 관계가 국가간의 관계로 변화됨에 따라 출국허가와 입국비자를 얻는 절차의 까다로움이 한인들의 이주를 어렵게 만드는 또 다른 이유로 작용한다.

V. 연해주 일대의 민족관계의 실태와 전망

1. 연해주 민족 구성의 변화

구소련이 붕괴된 이후부터 연해주를 포함한 극동지역에서의 총인구수는 감소되어 왔다. 구 소련시절에 경제 개발을 위한 고임금, 세제상의 혜택, 보조금 지급 등과 같은 인구 유인정책이 폐지되어 혜택이 줄어들고 군사·안보적 이유로 설치했던 군기지가 폐쇄되고 철수됨에 따라 총인구수는 줄어들었다. 1992년 이후 구소련을 구성했던 중앙아시아, 카프카스 이남의 비 슬라브계 공화국에서 민족분쟁이나 토착민족 우대정책에 따른 이민족에게 불리한 정책을 피해서 난민의 신세가 되어 연해주를 포함한 러시아 극동지역으로 인구유입이 증가하기 시작했다. 여기에는 슬라브계, 터키계, 한인들이 포함되어 있었다. 최근에 타 지역에서 이 지역으로 이주해 온 슬라브계는 다시 이 지역을 떠나고 있다.

21일). 그러나 이 법안은 러시아연방의 재정난과 연해주 정부가 연해주내의 민족갈등을 심화시킨다는 이유로 수정을 요구해서 일부조항만 실시되었다.

30) 이종훈, "러시아 연해주 일대 한인 실태와 향후과제", 『동북아연구』 제1집, p. 132.

연해주로 이주해온 이주민들을 공화국 별로 살펴보면, 중앙아
시아 5개국(1999년 현재 타지키스탄 1169명, 카자흐스탄 974명,
우즈베키스탄 767명, 끼르기지야 440명, 투르크메니아 49명)과
발트 3국(라트비아 57명, 에스토니아 28명, 리투아니아 8명) 그
리고 트란스 코카서스 3국(그루지야 207명, 아제르바이쟌 161명,
아르메니아 27명)들로부터 유입되었다. 1999년 현재 난민과 강
요된 이민 합쳐서 총 4,258명이 연해주로 이주해왔다.[31]

연해주의 경우 1992~1998년간에 슬라브계 주민들은 상당수가
연해주를 떠나갔다. 러시아인은 1990~1991년 당시 13,276명이 유
입되어 왔다가 그 후 1992년부터 1998년 초까지 유출되어 27,632
명이 연해주를 떠났다. 우크라이나인 역시 1992년부터 10,128명이
유출했다. 벨라루스인은 1998년 238명이 유입되었지만, 1992년 이
래 1997년까지 계속인구가 감소하여 전체적으로 약 2,203명이 연
해주지역을 떠났다. 슬라브계 민족의 인구가 3만 2,203명이 연해
주를 떠났다.[32] 이와 달리 아시아계 한인과 중국인의 유입은 크게
증가되어 유출된 슬라브계 인구의 공백을 메워주고 있다. 연해주
통계국의 자료에 따르면 1990년 이후 한인의 유입은 8,786명이고
1994년 이후 중국인의 유입은 5,866명이다.

연해주지역에서 인구유출에 따른 노동인력의 감소를 보충하
기 위해 1992년 이후 외국인 노동자의 유입이 허용되었다. 1998년
연해주에 거주하는 외국인 노동자는 약 1만 333명으로 이들은
건설현장에 약 2,815명, 농촌에 약 4,208명, 상업 현장에 1,938명,
산업현장에 약 834명이 활동하고 있다.[33] 이들 외국인 노동자의

---

31) 심헌용, "러시아 극동지역의 민족관계와 유입 이주민의 민족적 특성", 『아시아 문화』
제17호 (한림대학교 아시아문화연구소), p. 162.
32) 심헌영, p. 166.

다수는 중국인이다. 1994년 이후 중국인 노동자의 유입은 늘기 시작하여 1996년 이후에는 한인들의 이주 숫자보다 많았다.[34]

이러한 중국인 노동자의 증대는 중국 동북지방의 사회적 경제적 여건에도 원인이 있고, 제정 러시아 때 이 지역을 부당하게 빼앗겼다는 중국인의 인식에서도 기인한다. 한 러시아학자의 분석에 따르면 시베리아와 극동 지역에 대한 현재의 침투를 중국인들은 일자리를 찾기 위한 일시적인 이주로 생각하지 않고 자신들의 고토로의 정당한 귀환으로 생각한다.[35] 중국의 동북지방의 인구밀도는 러시아 극동지역에 비해 15~30배가 크다.[36] 길림성에만 해도 실업자가 10만여 명을 넘는다고 한다. 중국 동북부 지방의 실업의 해결책으로서 노동력의 부족한 연해주 지방을 포함한 러시아 극동지역으로 진출한 것이다. 중국인의 다량 유입은 부족한 소비재와 생필품과 노동력을 제공함으로써 연해주 지역경제에 활력을 제공하고 있다. 그러나 부정적인 사회문제도 일어나고 있다. 중국인들은 대부분 경제적인 목적으로 일시적으로 머물고 있고 연해주를 러시아 유럽지역이나 유럽으로 향하는 중간거점으로 여기기도 한다. 중국인 불법 체류자의 수도 상당한 숫자에 이르고 있고 범죄조직을 조직하여 불법 벌목 과 밀렵 · 밀무역 등 불법적인 경제 활동에 종사하고 있다.[37]

---

33) текущий архив миграционной службы Приморского края, Паспорт. с. 18.
34) 심헌용, p. 169.
35) Yakovlev, A. G., "Russia and China: The Current State and Outlook of Relations", in *China in World and Regional Politics*(History and Modernity), IFES RAS Information Bulletin, No. 3, 1995, p. 41.
36) 러시아 극동지역에는 622만㎢에 약 800만 명이 거주하고 있는데 반하여 중국의 동북지방에는 190만㎢에 약 1억 명의 인구가 살고 있다. 임현수, "연해주에서 한 · 중 · 러 사이의 협력확대를 위한 공동체 확충방안 연구", 제18집 『배재대학교 사회과학연구』, p. 377.

러시아연방 내부로부터의 이주와 구 소련공화국에서의 난민과 이민의 수의 증대, 중국인과 북한인과 같은 외국인 노동자의 수의 증감은 기존의 슬라브계 주민을 우위로 하는 연해주 주민의 민족 구성의 변화를 초래했다. 이들은 공유하는 언어·문화·종교를 바탕으로 민족별로 집단을 형성하여 거주하고 각기 민족문화 공동체를 형성하면서 경제적으로 서로 상부상조하는 생활을 해오고 있다. 이러한 유입되어 오는 새로운 이주민에 대한 기존의 주민들의 민감한 반응과 지역경제의 상황이 서로 맞물려 민족간의 갈등이 조짐이 나타날 수도 있다. 경제적 상황이 악화되어 일자리, 주택, 문화시설 등이 부족해질 때 모자란 경제적·사회적 자원을 놓고 더 많이 차지하기 위한 민족간의 경쟁이 벌어지고 이것이 심화될 때 민족간의 갈등과 더 나아가서 무력 충돌이 발생할 수도 있다. 이러할 경우 연해주 지역은 구소련 지역의 어떤 지역보다 심각한 민족문제가 발생할 수 는 잠재적 가능성이 있다.

남북한 경협이 활발해지고 남북 횡단 철도와 시베리아 철도가 연결되어 남한과 중국의 동북지방과 일본의 공산품 농산물 상품 등이 연해주 지역으로 몰리고 이 지역을 통해서 시베리아 철도로 러시아의 유럽지역과 유럽으로 운송되는 등 경제적 환경이 획기적으로 개선될 때 연해주 지역은 동북아 경제의 중심지로 부상될 것이고 많은 일자리와 노동력의 수요와 상품의 수요가 창출되어 경제적 기회가 많은 지역으로 발전될 것이다. 그럴 경우에 연해주 주민을 구성하는 다양한 민족들은 자신들 모국의 이 지역으로 경제 진출을 위한 협력자로 활동함으로써 자신의

---

37) В. Михайлов, "Лес лубятдоллары в Китай летят", *Конкурент*, Но 40(497), 10-15 Октября 2000 года с. 9.

경제·사회적 지위를 향상시킬 수 있는 기회를 가질 수 있을 것이다. 따라서 연해주는 동북아의 국제적인 경제활동의 중심지로 될 것이며 민족갈등이나 민족문제는 민족간의 협력이나 조화로운 관계로 발전할 수 있을 것이다.

동북아는 지금 급격한 변화를 겪고 있는 가운데 연해주 일대 지역에서 민족간의 교류가 급속히 증가하고 있다. 북한이 개발될 경우 민족간의 인적교류는 더 활성화 될 것이다. 국경무역이나 합작사업이 증가할 때 한반도 북단과, 중국 동북 3성, 그리고 러시아 연해주 일대의 민족 구성을 더 복잡하게 만들 것이다.

이미 많은 수의 중국인과 연변 조선족이 장사와 농사를 목적으로 연해주를 빈번히 출입하고 있고, 이들 중 상당한 수가 이주·정착을 시도하고 있어서 현지 러시아인 사이에서 경계의 소리가 높다.[38] 이곳에 장단기로 체류하는 중국인들은 러시아인들의 생활에 필요한 필수품을 중국으로부터 들여와 시장에서 판매하면서 일대의 상권을 행사하고 있다. 이 지역에 체류하는 중국인들은 연해주 일대의 주민들에게 필요한 곡식과 과일야채, 의복과 경공업품 등을 공급하면 시장을 주도하고 있다. 중국인 거주자 인구의 상당수를 차지하고 있는 조선족들은 동북삼성의 길림성 흑룡강성 출신들로서 최근에 한국으로 진출이 어렵게 되자 이 지역을 출입하면서 중국인들과 경쟁을 벌이고 있다. 이들의 수는 대략 3만 명 정도로 추산된다.[39] 그리고 소연방 붕괴 이후 각 민족 공화국에서 이주해온 러시아인과 한인들의 수도 증대되고 있고 연해주 일대가 한국·일본·중국 등과의 교류가

---

38) 이들의 숫자는 약 200만 명으로 추정된다. 이종훈, p. 146.
39) http://kcm.co.kr/mission/map/Asia/Russia/data980322.html 러시아 연해주의 선교전략 가치와 러시아교회의 전망에 대하여서 재인용.

확대됨에 따라서 이 지역으로 인구유입은 계속될 전망이다.

2. 연해주 일대 한민족간의 교류실태

1990년 이후 중앙아시아로부터 고려인들이 이 지역으로 재주이주하기 이전에 연해주 일대 살던 한인들은 출신별로 세 부류로 분류될 수 있다. 사할린 출신, 중앙아시아 출신, 북한 출신으로 나눌 수 있다. 사할린 출신은 주로 20년 전부터 유학 등의 목적으로 이 지역으로 나온 자녀들을 따라 나와 정착한 경우가 대부분이다. 중앙아시아 출신은 1937년 강제이주로 이 지역을 떠났던 사람 가운데 직장 땜에 온 경우가 대부분이다. 북한출신은 1946년부터 1948년 사이에 파견노동자 형태로 북한에서 이 지역으로 나왔다가 이 지역 한인들과 혼인관계를 통해서 정착한 경우이다. 사할린 출신 가운데 청·장년층과 중앙아시아 출신은 주로 교수, 연구원, 의사, 기술자, 공무원 등의 전문직의 직업을 가지고 있었고 북한출신은 주로 농업과 상업에 종사하고 있었다.[40]

1997년 연해주고려인협회가 제공한 자료에 따르면 당시 연해주 일대에는 약3만여 명의 한인 살고 있는 것으로 추정했다. 1992년 구소련이 해체된 이후에 중앙아시아 5개국에서 이슬람 민족주의가 부활에 따른 이민족 차별 정책이 실시되어 자국민 우선과 자국어를 공용어로 채택함으로써 구소련 시절에 중앙아시아 토착어를 배울 기회가 없어서 현지어에 서툰 고려인들이 실직과 여러 가지 불이익 등을 당하고, 생명의 위협을 받는 경우도 있어서 어려워진 생활여건을 피해서 연해주 일대로 대거 이주해왔고,

---

40) 이광규, "연해주 한인자치주는 왜 필요한가", 해외동포 50 (1993. 9), pp. 18-22.

지금도 이주가 진행되고 있고 미래에도 계속 늘어날 것으로 전망된다.[41] 연해주 정부는 2000년경에는 6만 5천 명에서 7만 명 정도의 중앙아시아 한인이 연해주로 재이주할 것으로 내다보고 있으며, 1,000~1,500명이 거주하는 정착촌을 35~40개 정도 조성하려는 계획을 세우고 있다.[42]

중앙아시아로부터 재이주한 고려인들은 과거의 직업에 상관없이 주로 농사와 장사에 종사하고 있으며 이주시기에 따라 정도의 차이가 있지만 정착에 어려움을 겪고 있다. 농사를 짓는 고려인들은 채소농사를 지어 사장에 내다 팔거나 채소를 원료로 반찬을 만들어 시장에서 팔고, 장사를 하는 고려인들은 옷 장사를 많이 하는데 주로 러시아산 의류와 한국산 의류를 취급하고 있고 점차로 고려인들의 업종이 다양해지는 추세에 있다.

연해주로 진출하는 중국 노동인력은 연간 8,000여 명으로 추정되는데 연해주에 출입하는 외국인 가운데 가장 높은 숫자를 차지하고 있으며, 이외에도 중국의 여행자와 불법체류가 많은 것으로 알려지고 있다. 이들 중국인의 70~80% 정도가 조선족으로 추정된다. 실제로 연해주 일대 즉, 블라디보스톡, 우스리스크, 아르좀, 빨치산스크 등의 재래식 중국시장에서 장사를 하는 상인 가운데 70~80%가 조선족이다.[43] 이들은 주로 중국산 의류와 신발류를 취급하며 한국산도 일부 취급하며, 이들 중 일부는 채소와 과일 장사를 한다.

41) 연해주 일대의 고려인의 실태에 대한 자세한 것은 이광규, 『러시아 연해주의 한인사회』 (집문당, 1998).

42) 자이카 지아이나, "러시아 연해주 정부의 소수민족 정책", 제7호 『재외한인연구』 (1988), pp. 30-31.

43) 박진환, 『극동러시아의 벼농사, 국영농장, 그리고 조선족-러시아인들』 (농협대학 농촌개발연구소, 1998), p. 142.

장사 외에 건설노동자와 농업 노동자로 일하는 조선족들도 상당수에 이른다. 이들은 연해주 일대의 농장에서 계약영농 형태로 일한다. 이들은 중국에서 종자를 가지고 와서 러시아인 또 고려인 소유의 농장에서 농사를 지어 수확한 다음 수익을 농장주와 나누었고, 이들은 주로 수박, 양배추, 배추 같은 채소종류를 재배했다. 이들은 농사가 불가능한 10월 이후 4월까지는 중국으로 되돌아 갔다가 다음 해에 다시 들어오는 계절 영농에 종사하였고, 농장내의 축사나 창고의 내부에 칸막이를 치고 생활을 했다.[44]

연해주의 북한 노동자는 외국인 노동자 가운데 조선족을 포함한 중국 노동자 다음으로 높은 비중을 차지하고 있으며 그 숫자가 증대되고 있는 실정이다. 이러한 추세는 연해주 정부와 러시아 정부의 중국인 유입 견제정책과 관련이 있는 것 같다. 러시아 정부는 연해주 일대로 중국인 유입이 증대되는 것을 우려해왔다. 중국의 값싼 공산품과 농산물의 대량유입이 연해주의 지역경제에 타격을 주고 있어서 중국인의 유입을 억제하기 위하여 비자발급 요건을 강화한 이후 중국인 불법체류자의 수가 늘고 있어서 연해주 정부를 괴롭히고 있다.

벌목공과 농장과 건설 노동자로 노동하고 있는 북한 노동자의 수도 상당한 수에 이른다. 북한에서는 달러벌이를 위해 오래 전부터 연해주나 시베리아 지역에서 벌목공들을 투입하여 노역을 시켜왔으나, 근래에 와서는 벌목뿐만 아니라 농장과 공사장 또는 개인장사를 통해 다양한 형태로 돈벌이를 하고 있다. 벌목공들은 제한된 지역에서 단체 생활을 하지만 그 외의 노동자들은 몇 사람씩 짝을 지워 노동과 행상을 하고 있다. 이들 대부분 1년

---

44) 박진환(1998), p. 143.

정도의 노동계약을 하여 노동에 종사하고 있으며 받은 임금의 일정액을 상부에 상납을 하고 난 차액을 자신의 수입으로 만들어 1년 후에 돌아갈 때는 약 2백 불 정도를 챙길 수 있다고 한다.[45] 이 돈을 통해 한 가족이 몇 년은 살 수 있는 생활비가 된다고 한다. 북한에서 노동자들의 한달 수입이 약 칠팔십 원이나 달러 암시장에서 미화 1백 불에 북한 돈으로 약1만4천에서 1만8천 원 정도로 교환되며, 농촌에서는 조그만 집 한 채를 살수 있는 가치가 있다고 한다. 연해주의 북한 노동자들의 수는 약 1만 명 정도로 추산되며 수시로 교체되고 있다.[46]

북한 노동자는 북한과 러시아 연해주 정부간의 공식적인 계약에 따른 공식적인 인력송출이기 때문에 잘 통제되어 불법체류의 확률도 낮아서 연해주 정부가 북한노동자를 중국인보다 선호한다. 북한과 러시아는 1993년 11월 북한과 연해주 정부간에 「건설협력의정서」를 1995년 3월 연해지방과 북한 간 농업·건설협력의정서를 체결하였다.[47] 이러한 계약에 따라 많은 북한의 농업·선설 노동사가 언해주 지역 일대에서 활동하고 있다. 1996년의 자료에 따르면 1만9천명에서 2만 명에 이를 것으로 추정되지만 6년이 지난 지금은 그 수가 훨씬 증가했을 것으로 생각된다. 블라디보스톡을 포함한 여러 도시의 건설현장에서 북한 노동자를 많이 볼 수 있다.

연해주 일대에 거주하는 한국인은 상사주재원과 공관원 그리고 러시아인들, 고려인, 조선족 등을 대상으로 선교활동에 종사하는 목사와 그 가족 그리고 현지에 진출한 기업인들이 대부분

45) 국가안전기획부(1977), p. 412.
46) 이재창(1966), p. 67.
47) 국가안전기획부(1997), p. 412.

이다. 한국인들은 블라디보스톡 인근의 비교적 주거환경이 좋은 곳에서 거주하고 있다. 한국인 기업인들은 무역업과 수산업을 중심으로 여러 다양한 직종에 종사하고 있다.

연해주에 거주하는 고려인, 조선족, 북한인, 그리고 한국인들 사이에 다양한 관계가 이루어진다. 고려인들과 조선족들은 서로 같은 시장에서 상품을 팔고 사고 임대업주와 세입자 사이로 관계를 맺는다. 고려인들은 러시아산과 한국산을 주로 파는데 비하여 조선족들은 중국산 소비재와 생필품과 의류를 판매한다. 그리고 고려인이 소유한 가계를 동족인 조선족들에게 임대한다. 고려인들의 농장에서 조선족들이 농업 노동자로 일하면서 양배추, 수박, 당근, 토마토, 가지, 고추, 오이, 옥수수, 호박, 무우 등을 재배하여 시장에 내다 팔아 수익을 나누어 가지기도 한다. 이들은 한국인 출신 목사나 선교사가 운영하는 교회에서 서로 친교를 맺는다.[48]

고려인 건설업자들은 손재주가 좋고 열심히 일하고 언어가 소통되는 이점 때문에 북한인 건설노동자를 많이 고용한다. 북한인들이 필요한 소비재나 생필품을 고려인이나 조선족이 경영하는 상점에서 구입하는 시장에서 이들 세 집단간의 교류가 이루어진다.

고려인들과 한국인들 간의 교류는 현지에 진출한 기업의 고용인과 채용인간의 관계로 이루어진다. 현지에 진출한 한국 기업의 숫자가 적기 때문에 이러한 교류는 비교적 활발하지 못하고 연해주 일대에 수출하는 한국인 수출업자와 고려인 수입상과 도매상간의 물품을 매개로 교류가 이루어진다. 고려인 수입상은

---

48) 이광규, 『러시아 연해주의 한인사회』(집문당, 1988), p. 186.

수입한 한국 상품을 고려인과 조선족 소매상들에게 판매한다. 이들 또한 한인 교회에서 개인적 친교가 이루어진다.

농장과 건설현장에서 노동자로 일하는 북한인과 조선족 사이에 접촉이 이루어지나 북한인들의 대부분은 집단으로 일하기 때문에 교류가 빈번히 이루어지는 편은 아니다. 한국인들과 조선족과의 접촉도 한국기업들이 저임금의 조선족 노동자를 일시적으로 고용하는 경우가 있지만 드문 경우이고 양측간의 상거래를 맺는 경우도 흔하지 않지만 한인 교회에서 같은 교우로서 친교가 이루어진다.

이들 한민족의 3집단 상호간에 불신이 존재한다. 같은 출신끼리 모이면 다른 출신의 한인들에 대한 불신을 표현한다. 고려인이나 조선족은 북한동포에 대해 근면하긴 하지만, 불결하고 가난하며 속마음을 잘 드러내지 않는다고 말하고, 조선족은 고려인에 대해 러시아인에 비해 그다지 친절하지 않고 신뢰하기도 어렵다고 말한다. 조선족과 고려인들은 한국인들에 대해 돈이 있는 척하고 사업관련 약속은 잘하지만 실제로 지키는 일은 드물다고 말하고 있다. 여기에 대해 한국인들은 고려인과 중국인데 대해 우월감을 나타내고 가난하고 불결하며 그다지 근면하지도 않다고 말한다.

게다가 상호간에 상거래 과정에서 사기사건도 발생한다. 현지의 사정과 언어가 서투른 한국인들과 조선족을 상대로 한 고려인의 사기사건도 많으며 이것보다 적지만 조선족이 고려인과 한국인을 대상으로 사기 쳐서 중국으로 도주하는 경우도 있고 한국인이 고려인과 조선족을 상대로 사기 쳐서 본국으로 도주한 경우도 드물게 일어났다.[49]

이렇게 형성된 3집단간의 불신의 주된 원인은 각 집단이 성장과정에서 익숙해진 문화적 차이에서 유래한다. 자본주의 문화에 젖은 한국인들과 자본주의 문화에 노출된 정도에 따라 조선족, 고려인, 북한동포들 사이에 문화적 차이가 존재한다. 사회주의 문화를 경험한 조선족, 고려인, 북한 동포 사이에 문화적 공감대가 존재한다. 게다가 남북한 대결구조가 한인 사회의 분열을 가중시키는 경향이 있다. 고려인과 조선족 사이에도 친한 층과 친북 층으로 나누어져 내부의 갈등구조를 심화시키기도 한다.50)

민족문화의 영향이나 보존도 출신이 다른 한민족 집단간에 불신을 증대시킨다. 러시아 문화와 중국문화에 익숙해진 고려인과 조선족들은 한국인들과 북한인들에게 다소 이질감을 느끼게 한다. 그리고 비교적 민족문화의 보존도가 높은 조선족들 역시 상대적으로 민족문화의 보존이 낮은 고려인들에 대하여 다소 이질감을 느낀다. 그리고 출신 국가의 경제력에 따라 계층이 형성된다. 이러한 상호 불신과 갈등을 방치할 경우에 한민족 공동체의 형성에 나쁜 영향을 끼치고 남북한 통일에도 부정적 영향을 미칠 것이다. 그러므로 이렇게 형성된 불신을 극복하는 데에는 문화적 차이의 해소를 위한 문화적 언어적 동질성 회복이 가장 급선무이다. 세 집단간의 교류증진을 통한 이해증진을 위한 노력이 있어야 할 것이다.51)

연해주 일대의 한민족간 교류는 계속 확대될 것이다. 한국-러시아간 그리고 한국-연해주간 경제교류가 확대됨에 따라 한국의 대연해주 투자와 교역이 증가함에 따라 한국인의 이 지역

---

49) 이종훈, "러시아 연해주 일대의 한민족간 교류협력 실태에 관한 연구", 제8호 『재외한인연구』, p. 170.
50) 이종훈, pp. 172-173.
51) Ibid.

진출이 증가될 것이다. 북한-연해주간 경제협력 협정체결에 따라 북한동포들이 연해주 진출도 증가할 것이다. 중국 국적의 조선족들의 진출도 증대할 것이다. 이미 중앙아시아로부터 이주한 고려인들이 경제적으로 안정됨에 따라 더 많은 고려인들이 이주해올 것이다.

무엇보다도 북한이 경제적 개방정책을 본격적으로 실시하고 남북 경제협력이 활성화되고 TKR과 TSR이 연결될 경우에 TSR의 시발점이 연해주 일대는 러시아와 유럽지역으로 수출되는 한국과 일본의 화물과 중국 동북지방의 화물이 몰려들어 물동량이 급격히 증가되어 이 지역은 경제적으로 번창할 것이다. 이와 관련된 많은 사업과 인력의 수요가 창출됨에 따라 각 지역의 한인들이 이 지역으로 더욱 더 몰려들 것이다 다른 민족들도 몰려 올 것이다. 동북아 경제권의 중심지로 발전할 가능성이 많은 연해주 지역 일대에 한민족경제 문화 공동체를 형성하는 것은 이 지역의 한인들뿐만 아니라 한국의 기업들에게 많은 이점을 가셔나 줄 것이다.

연해주 일대의 한민족간 교류와 협력을 활성화하기 위해서 우리 정부가 해야 할 일은 중앙아시아로부터 연해주로 재이주한 동포의 성공적 정착을 지원해주는 일이다. 숫자도 많고 동질성도 비교적 강하고 연해주 정부의 공인 하에 정착촌과 인근의 토지를 확보하고 있으므로 이들이 한민족간 교류와 협력의 중심 역할을 할 것이다. 이들을 중심으로 한 조선족, 북한인, 한국인 간의 교류와 협력을 촉진시켜 나가야 할 것이다.

이주해온 고려인들의 정착촌의 주거환경의 개선과 식량자급 자족을 위한 농·축·수산업에 필요한 경제적 지원과 한국어 교육과 민족문화 전수를 위한 문화적 지원이 이루어져야 한다.

연해주 일대에서 이루어지고 있는 한인들 간의 단순한 상거래 수준을 넘어 합작사업을 벌이도록 도와주는 것이다. 각 지역 출신의 동포를 망라한 다자간 합작 사업의 추진도 생각해 볼 수 있다. 연해주의 경우 현지 사정에 밝은 고려인들인 현지경영을 담당하고 남한 동포가 자본과 기술을 담당하며, 재중동포와 북한 동포가 노동을 담당하는 방식의 합작사업이 이상적인 형태가 될 것이다.[52]

이러한 합작 사업은 농업분야에서 우선 시범적으로 착수될 수 있다. 고려인이 농지와 현지경영을 담당하고, 남한 동포가 영농기술과 자본 그리고 수출을 담당하고, 재중동포가 노동력과 종자를 담당하고, 북한동포가 노동을 담당하는 형태를 생각해 볼 수 있다.[53] 이러한 합작사업은 농업분야 이외에 건설, 수산, 경공업 분야로 확대 될 수 있을 것이다.

VI. 한 · 러 관계

연해주 일대의 경제교류의 활성화, 동북아 경제협력의 중심지로 연해주의 발전, 여러 민족간의 협력과 갈등, 한민족 경제 · 문화 공동체의 순조로운 형성 등은 남북한 관계와 한 · 러 관계의 발전수준에 따라 달라질 것이다. 그리고 북핵문제로 고조된 동북아의 긴장완화가 해소되어야 연해주 일대를 중심으로 한 한민

---

52) 이종훈, p. 181.
53) 연해주 고려인협회 회장은 연해주 정부가 제공한 한인촌을 중심으로 북한노동자를 활용하여 벼농사를 지은 다음 다시 이를 북한 식량지원에 활용할 수 있도록 하겠다는 의사를 밝힌 바 있다.

족 경제 문화 공동체와 남북철도와 시베리아 철도 연결의 경제적 파급효과를 한국과 러시아 정부는 누릴 수 있을 것이다. 그리고 한국과 러시아 정부간의 연해주를 중심으로 한 경제 문화교류가 많은 성과가 나을 것이다. 그러므로 한·러 관계의 발전을 간단히 회고하고 미래의 한·러 관계를 전망해 볼 필요가 있다.

1. 한·러 관계의 개관과 전망

1986년 7월 '블라디보스톡 선언'에서 구소련 공산당 서기장 고르바초프는 아·태 지역 국가들과 경제적 협력을 추구할 필요성을 역설하였고, 1988년 9월 그는 크라스노야르스크 연설에서 한국과의 경제교류를 할 의사를 구체적으로 시사하였다. 한국의 노태우 정권도 1988년 7.7에 발표된 '북방정책'의 목표를 달성하기 위해서는 공산권의 맹주인 소련과의 관계개선이 필요했다.[54] 이러한 양국의 외교정책 노선이 발표된 이후인 1980대 말에 한국기업가들이 모스크바를 빙문하여 경제교류의 가능성을 탐색하였고, 소련은 북한의 반발을 묵살하고 1988년 서울 올림픽에 참가하였다. 1989년 4월에 서울에 무역대표부가 개설되었고, 1990년 2월에 한-소양국은 영사관계를 수립하였다. 1990년 9월 30일에 양국 외무장관은 국교수립에 합의했다. 국교수립 협상과정에서 한국은 소련에 30억 달러 차관제공을 약속했다.

한국은 30억 달러 경협차관을 제공한 대가로 소련으로부터 한국의 국제적 존재인정이라는 정치적 양보뿐만 아니라 많은

---

54) 공산권 국가들과의 관계개선을 통해 한국의 국제적 지위획득, 남북한 문제에 있어 대북 우위확보, 한반도의 안정 및 평화통일 위한 국제적 환경 조성이 북방정책이 달성하려는 목표이다.

외교적 이익을 얻을 수 있었다. 소련과의 국교정상화를 이룩한 후에 한국은 동유럽 공산국가들과 잇달아 외교관계를 수립함으로써 안보와 통일을 위한 유리한 대외적 환경을 조성할 수 있었고, 구소련과 동유럽으로 경제적 진출을 확보할 수 있었고, 남북 대결 구도에서 북한에 비해 유리한 외교적 고지를 점유할 수 있게 되었다.[55]

1991년 8월 공산당 보수 강경파의 쿠데타와 소련의 붕괴에 뒤이은 러시아연방이 출범한 후에도 노태우 정권은 러시와의 외교수교의 과시를 통해 중국의 한국승인과 한·중 수교를 촉진시킬 수 있었고, 대러 경협 확대를 지렛대로 하여 러-북간 정치·군사적 연결고리의 제거와 친 서울 노선을 유도할 수 있었다.[56] 1992년 11월 옐친 러시아 대통령이 서울 방문 시 27개항의 한-러 공동성명이 발표되었고 뒤이어 한국과 러시아 양국은 기본 관계조약을 체결하여 선린우호관계의 법적 제도적 토대를 마련하였다. 방문기간 중에 옐친대통령은 '1983년 KAL 격추사건에 대한 유감표명, 한국의 대북정책에 대한 전폭적인 지지, 군사교류 합의 등과 같은 우호적인 여러 가지 외교적 약속을 하였다. 이러한 친 남한 노선은 북한과의 관계를 소원하게 했다.

러시아의 친 남한 경사 노선에 힘입어 김영삼 정권 초기까지 한·러 관계는 전반적으로 밀월 협력체제를 유지하였다. 북한의 핵개발 저지와 흡수 통일의 유리한 대외적 여건 조성 차원에서 노태우 정권 시 구축한 한·러 우호관계를 더욱 발전시켰다.

---

55) 홍완석, "탈냉전시대 한국의 대러 정책에 관한 일 고찰·과정·평가·과제", 제18권 1호『슬라브연구』(한국외국어대학교 외국학종합연구센터 러시아 연구소, 2002), p. 48.

56) *Ibid.*

1994년 6월에 김영삼 대통령은 러시아를 방문하여 한·러 관계를 '상호보안적인 건설적 동반자' 관계로 규정하고 양국 정상간 핫라인 설치합의와 정치, 경제, 군사 분야에 이르는 전면적 협력 확대에 합의하였다. 한반도에서 핵무기 확산금지, 유엔안보위원회 비상임 회원으로 한국 선출에 대한 러시아의 지지확보와 러시아의 아시아·태평양(APEC)협력회의의 가입에 한국의 협력 등에 합의하였다. 그리고 김 대통령은 1961년에 체결한 조·소 우호 상호방위조약의 중립화를 요청하였다.

1994년 6월 귀국 길에 김 대통령은 고려인들이 많이 살고 있는 연해주를 방문하여 연해주지사의 나즈라텐토와 한·러 협력의 중심지로 연해주의 역할에 대해서 논의를 했다. 김 대통령을 수반한 한국의 기업인들은 연해주의 투자 여건을 살펴본 결과 과도한 관세와 불명확한 투자보호법 등 투자여건의 충분치 못하다고 판단하여 연해주 지역에 대한 대규모 투자를 자제하게 되었다.

그러나 모스크바 정상회담 이후 한국은 대북관계에서 러시아의 중요성과 효용성을 망각하는 대러 정책을 시도하였다. 러시아의 자발적인 친한 외교노선에도 불구하고 한국정부는 러시아가 기대하는 대가를 지불하기는커녕 러시아를 홀대하고 무시하는 정책을 보여주었다. 예를 들면, 러시아가 희망하는 북한경수로 사업 참여를 저지했고, 북한 핵문제 해결 위한 러시아가 주장하는 6자회담을 반대하고 4자 회담에 찬성했고, 대러 투자 및 경협에 소극적 태도, 경협차관의 상환 독촉 등으로 러시아를 실망시켰다.

1995년 9월 러시아 체르노미르딘 총리의 서울방문은 양국관계의 활성화의 계기가 되었다. 양국간 경제·과학·기술협력의 활성화, 러시아에 대한 한국 기업의 투자 확대에 관한 방법을 협의하였고 러시아의 아·태경제협력회의 가입에 한국의 지원을 약속했다. 이 자리에서 체르노미르딘 총리는 북한의 값싼 노동력, 러시아의 풍부한 자원, 한국의 자본과 기술을 이용한 "3개국 경제협력체" 구성을 제의한 바 있다.

러시아는 한반도를 둘러싼 동북아 국제문제를 해결하기 위한 이해 당사자들이 모두 참여하는 다자주의 원칙을 일관되게 주장해왔다.[57] 1994년 북한의 핵개발로 야기된 한반도의 긴장의 해소를 위한 4자 회담에서 러시아가 배제된 것에 불만을 표시하고 대신 '6자회담'을 대안으로 제시했고 경수로 건설에서 러시아형 경수로가 채택되기를 원하는 러시아의 입장이 받아들여지지 않고 소외되었던 러시아는 한국 정부에 강한 불만을 표시했다. 그 이후 1995년 말부터 러시아 내부에서 기존의 대한반도 정책에 대한 반성과 수정의 움직임이 일어나고 있었다. 한국에 경사된 친한 정책은 러시아가 한반도에서의 영향력의 상실을 가져왔고 한국으로부터도 푸대접을 받게 되었고 나아가서 동북아에서 새로 형성되는 경제와 안보 상황에서 러시아의 영향력을 약화시켰다는 비판이 제기 되었다. 1996년 후반부터 러시아는 친 남한 외교 정책에서 이탈하여 남북한 균형외교를 시도하였고 양국은 서서히 갈등을 빚게 되었다. 그리고 러시아는 북한과의 관계를 개선하는 외교적 노력을 강화해 갔다. 예를 들면, '3차례의 러-북 경제무역 공동위원회의 개최, 탈북자들의 남한 인도 중단, 북한의 인권문제 거론 자제, 1997년 2차례에 걸친 인도적 차원의 대북 식량 및 물자 지원, 북한 핵 개발의혹과 관련하여 유엔의 제제 반대 등과 같은 일련의 대북 우호적 조치를 취했다.[58] 게다가,

---

57) 장덕준, "한·러 수교 10년의 성과와 새로운 한·러 관계의 전망", 제13집 『사회과학 연구』 (국민대학교, 2000), p. 491.

58) 홍완석, p. 54.

1997년 IMF로 경제 위기를 겪게 된 대러시아 교역 및 투자가 감소한 데 이어 1998년 8월에 러시아가 모라토리움을 선언한 이후에 양국간 경제 협력은 더욱 어렵게 되었다.

1998년 7월 상호 외교관 맞추방 사건이 발생하여 양국관계는 수교 이후 최악의 상황을 맞이하였다. 외교 갈등의 장기화는 상호 국익에 전혀 도움이 되지 않는다는 점을 인식한 양국은 김대중 대통령의 러시아 방문에 합의하여 양국관계의 개선을 모색했다. 1999년 5월 27일 김대중 대통령의 러시아 방문은 한·러 양국의 관계의 재활성화의 계기가 되었다. 김 대통령은 대북포용정책에 대한 러시아 측의 지지와 협조를 얻었고 한반도 냉전구조의 해체와 평화안착에 대한 러시아 측의 협력기반을 확보하였다.

한·러 정상회담에서는 양국의 상호보안적인 경제구조와 지리적 인접성을 고려한 실질적인 경제협력 가능성을 개발해 나갈 것에 합의하였다. 나호드카 한·러 공단 설립합의, 구상무역 추진 등 양국간 교역투자 확대방안 및 대규모 협력사업을 논의했다. 양국이 경제 위기로 무역규모가 급감하고 있는 점을 감안, 교역 증진을 위해 양국 민간차원에서 구상무역이 이루어질 수 있도록 양국 정부가 지원하기로 합의했다. 그 밖에도 양국은 군사협력, 형사사법 공조조약, 원자력 협력협정, 나호드카 한·러 공단 설립협정 및 한·러 산업협력 양해각서도 체결했고, 문화협력을 강화를 내용으로 하는 8개항의 공동성명을 발표하였다. 이리하여 5년 만에 열린 한·러 정상회담은 외교관 맞추방으로 표출된 양국관계의 앙금을 해소하고 미래의 양국관계의 질적 발전의 기반을 마련하였다.

1995년 이후 한반도 문제논의에서 다자주의 원칙을 주장하면서 남북한 등거리 외교를 펼쳐온 러시아는 2000년 2월에 조-소 우호 상호방위조약을 대체하는 북한과 새로운 우호조약을 체결함으로써 1995년까지 소원했던 대 북한 관계를 복원시켜 남북한간의 등거리 외교 정책을 뒷받침했다. 러시아는 친한 정책에 바탕을 둔 대한 외교노선을 수정하여 북한과의 관계개선을 이루어 동북아시아에서의 자신의 발언권을 강화하고 북한에 대한 영향력을 확보함으로써 간접적으로 한국 및 일본의 러시아와의 경제협력을 촉진시킬 수 있다고 보았고, 핵문제, 미사일 문제 등 동북아 국제안보의 쟁점들이 북·미간 직접대화의 형태로 진행되어 온 구도를 흔들어서 러시아가 참여할 수 있는 기회를 찾고자 하였다.

2000년 7월 러시아 최고 지도자로서는 역사상 처음으로 푸틴 대통령이 북한을 방문한 것은 러시아의 대 북한 관계개선의 의지를 분명하게 보여준 것이었다. 푸틴 대통령은 김정일 북한위원장과의 회담에서 남북정상회담에서 합의된 남북한간의 적대적 관계 종식과 화해협력의 원칙을 지지를 밝혔을 뿐만 아니라 미국이 추진하고 있는 국가 미사일 방어체제(NMD)와 전역 미사일 방위체제(TMD)계획은 국제 안보의 질서를 해칠 것이라는 이유로 공동으로 반대할 것에 합의하였고, 미국이 NMD 구축의 명분으로 삼고 있는 북한의 미사일 개발에 대해 방어적이고 평화적인 성격을 띠고 있는 것이라고 말하여 평양의 입장을 두둔해주었다.59)

2000년 6월 남북 정상회담 후에 푸틴 대통령은 취임에 앞서 김대중 대통령에게 보낸 친서에서 러시아는 한반도의 정치적 안정을 희망한도고 밝히고 한·러 수교 10주년을 맞아 양국간의 관계를 건설적으로 만들어 나가기 위해 협력할 것을 제의했

---

59) 장덕준, p. 492.

다.[60] 러시아는 남북한이 복원하기로 합의한 경의선이나 경원선 철도를 이용해 시베리아 횡단철도(TSR)와 연결하는 방안에 대한 관심이 푸틴과 김정일 정상회담에서 논의되었고 김대중 대통령도 2001년 2월에 방한한 푸틴 대통령에게 한국종단철도와 시베리아 철도연결 사업을 제의했다. 철도 문제는 시베리아 가스 파이프 라인의 북한 통과 문제와 함께 한국, 북한, 러시아 사이의 3국간의 경제 협력의 가능성을 열어 놓았다.

러시아는 북한과 심각한 연료 부족과 시설의 노후화로 사실상 가동이 중단된 상태에 있는 과거 구소련의 원조로 건설된 북한의 화력발전소, 화학공장, 제철소를 현대화하기 위해 합의하였다. 러시아는 이 계획의 추진을 위해 러시아의 기술과 한국의 자본이 결합해서 추진하는 한국·북한·러시아 3국의 협력을 제의한 바 있다.[61] 이것은 아직도 논의 차원에서 머물러 있고 구체적인 실현방법이 그간의 북한의 핵문제로 야기된 한반도의 긴장고조로 진전되고 있지 않다.

2000년 6·15 남북정상회남 이후 달라진 한반도와 동북아 징세의 변화를 이용하여 러시아는 한반도의 평화안착과 동북아 지역 안정화의 조정자의 역할을 자임하면서 남북한을 상대로 정치 및 안보상의 영향력과 경제적 실리를 추구하는 외교정책을 시도해왔고 한반도 문제에서 자국의 영향력을 부각시킬 수 있었다. 남북한의 화해와 협력을 바탕으로 한반도의 냉전의 유산인 대결구조를 청산하고 평화를 안착시키려는 한국정부는 러시아와의 외교적 경제적 협력이 필요하고 또한 러시아도 자국의 연해주를 포함한 극동지방과 시베리아의 경제 개발을 위해서 그리

---

60) 『동아일보』, 2000년 4월 21일.
61) *Korea Herald*, July 3, 2000.

고 한반도와 동북아지역에서의 영향력 유지를 위해서는 한국과 정치·안보적 경제적 협력을 필요로 한다.

　러시아와 한국 양국은 지난 10년간의 미진한 양국관계를 반성하고 양국의 상호이익을 증진하는 상호보완적 관계의 발전을 위해 노력해야 할 것이다. 지난 10년간의 관계는 양국의 기대에 못 미쳤다. 한국 측에서 볼 때 구소련/러시아와의 관계개선을 통하여 북한에 대해 일정한 영향력을 갖고 있던 러시아가 남북한간의 긴장완화와 대화를 위해 상대한 역할을 해주기를 기대했다. 그러나 구소련의 붕괴와 뒤이은 동유럽 공산국가들의 몰락과 일본과 미국과의 관계정상화를 실현하지 못하고 있던 북한은 외교적으로 고립되어 북한의 러시아에 대한 의존도는 냉전시기에 비해 크게 줄었고 1993년 북한 핵 위기의 해결을 위한 논의 과정에서 러시아가 소외된 것으로 보아 대 북한관계에서 러시아의 효용이나 영향력은 제한적일 수밖에 없었다. 그리고 러시아의 국내의 정치적 혼란과 시장경제로의 개혁의 미진하여 투자를 위한 제반여건의 미비로 한국의 기업들의 러시아에 대한 투자의욕이 감소할 수밖에 없었다.

　러시아측에 볼 때 한국과의 교류와 외교정상화는 외교·안보적 동기보다는 경제난 타개를 위한 한국과의 경제협력과 한국기업의 투자유치가 필요해서 추진되었다. 그러나 러시아의 그러한 경제적 기대는 국내 관세 법률적 제도의 미미로 한국 기업의 투자와 한국과의 경제 협력은 기대에 못 미쳤다. 뿐만 아니라 제공하기로 약속했던 경협차관의 추가 제공중단, 집행된 경협차관에 대한 원리금 상환독촉 등으로 러시아는 한국에 대하여 실망하기 시작하였다.

2. 한·러 경제 협력과 연해주

한·러 간의 경제협력이 양국의 기대에 못 미치지만 10년 전 미수교 시절에 비하면 상당히 발전해왔다. 한·소 수교 첫해인 1990년도의 양국의 전체 교역량은 10억 달러밖에 안되었지만 1996년에는 약 38억 달러에 이르렀다. 1997년에 한국이 외환위기를 겪었고 뒤이어 1998에 러시아가 모라토리움을 겪은 후에 경제가 침체되어 양국의 교역량은 크게 줄었다.[62] 1997년 이후 감소해왔던 한·러 간의 교역량은 1999년도부터 크게 다시 증가하기 시작했다.

러시아의 투자환경이 열악하고 대러 경협차관 상환문제가 해결되지 않아 당초 기대와는 달리 한국기업들의 대러 투자활동은 위축되었다. 게다가 한국기업들이 단기적 이익극대화에 치중해 대러 투자는 큰 성과를 거두지 못했다.[63] 한·러 정부간 수준의 경협은 매우 저조한 편이다. 이르크츠크 가스전 개발은 한·중·러 3국이 참여하는 장기간이 소요되고 막대한 자금이 필요한 대형 국제프로젝트라 경제적 타당성의 조사는 끝났지만 가스관의 북한을 통과하는 문제가 북핵 문제로 야기된 한반도와 동북아의 긴장으로 불투명 한 실정이어서 언제 실질적으로 착수될 수 있을지 불확실하다.[64] 북한 핵문제가 해결되어 한반도와

---

62) 성원용, "한·러 경제협력 10년: 회고와 전망", 『아시아 문화』 제17호 (한림대학교 아시아문화연구소), p. 107.

63) 성원용, p. 107.

64) 한국은 중국과 함께 이르쿠츠크 천연가스전 개발 및 파이프라인 건설프로젝트에 참여하고 있다. 이르쿠츠크시 북방 약 450Km에 위치한 코빅틴스크 가스전을 개발하여 일부는 러시아 국내 소비로 공급하고 나지는 총연장 4,115km 파이프라인(러시아-몽골-북경-산둥반도-해저-평택)을 통하여 중국과 한국 및 인근 국가에 천연가

동북아에 평화와 안정이 정착되어 동북아 국가들의 경제협력의
분위기가 성숙되어 이 사업이 추진되면 에너지 부족으로 어려움
을 겪는 북한이 핵발전소를 건설을 통한 에너지 확보하려는 정
책에 따르는 핵개발로 인한 한반도 긴장의 원인의 일부가 해소
되는 국제 정치적·안보적 효과도 유발될 수 있다.

나호트카 한·러 공단 건설 계획도 한·러 간의 경제적 타당
성 조사가 완료되고 여러 가지 법적인 제반제도가 갖추어졌지만

스를 공급하는 프로젝트이다. 코빅틴스크 가스전은 현재 확인 매장량만 약 8,700억㎥
달하고. 1996년 12월부터 1997년 7월까지 진행된 예비 타당성 조사결과 지리적
여건, 경제성, 인프라 구축 면에서 경제적 실현성이 높은 것으로 평가되었다. 그러나
이 프로젝트는 개발주체가 모호한 상태에서 몇 차례의 실무회의를 통해 이 사업의
공동추진에 대한 합의만 하였을 뿐 더 이상 진전이 없었다. 그러던 중 1999년 5월
김대중 대통령의 러시아 방문 시 이르쿠츠크 가스전 개발타당성 조사사업에 한국의
참여를 요청을 받은 후에 러·중·한 3국 대표간 협상이 진행되어 왔고 2000년
9월 모스크바에서 열린 한·중·러 사업주체간 제5차 실무회의에서 3자간의 협정
에 서명하여 한국이 이르쿠츠크 천연가스전의 공동개발 참여가 확정되었다. 한국,
중국, 러시아는 2001년 말까지 타당성조사사업을 끝내고 가스전 개발 및 배관 공사
를 실시할 예정이다. 2008년 내지 2010년에는 전체 생산량의 3분의 1 수준인 연간
700만 톤 규모의 가스를 한국에 도입할 수 있을 것이다. 가스전의 총 개발비는
약 110억불로 한국측 부담액은 40억 달러 선으로 예상되고 한국가스공사를 주간사
로 석유공사, 고합물산, LG상사, 대우, 효성물산, 한화, 현대상사 등 총 9개사가
컨소시엄으로 참여할 계획이다. 이 사업이 실행되면 현재 동남아 및 중동지역에
집중된 가스공급선을 다변화시켜 가스공급의 안정을 확보할 수 있을 것이고, 국내
에 공급되는 액화천연가스(LNG)의 일부를 상대적으로 저렴한 배관망 천연가스
(PNG)로 전환함으로써 에너지 비용의 절감을 가져올 수 있다. 그리고 이러한 한·
중·러 3국간의 에너지 협력사업을 계기로 동북아 지역에서의 다자간 경제협력이
활성활 될 것이다. 남북화해와 경제협력이 진행됨에 따라 이르쿠츠크 가스배관망이
북한을 통과할 가능성이 높아져 가스분야에서 남북협력이 이루어질 것으로 기대
된다. 본래 몽골-중국-해저를 통한 한국에 이르는 배관망이 계획되었지만 몽고를
우회하여 중국의 만주와 북한을 거쳐 한국으로 이어지는 노선이 가능해지면 당초
거리보다 180여㎞가 늘어나지만 서해해저를 통과할 필요가 없어져 공사비 절감이
예상되고 남북경협에도 도움이 될 것이다. * 이 주석은 성원용의 책 p. 133과 p. 134에
서 재인용하였습니다.

아직 착수되지 못하고 있다.[65] 건설이 된다면 나호트카 한·러 공단은 러시아 극동최대의 컨테이너 화물 처리항인 보스토치니 항구와 러시아 전역과 유럽으로 연결되는 시베리아횡단철도 (TSR)역에 근접한 임해지역에 위치하고 있다. 따라서 화물의 수출입이 용이하여 러시아 및 유럽시장 진출을 위한 물류기지로서의 역할이 기대될 뿐만 아니라 장차 동북아 경제권의 중심지로서의 무한한 잠재력을 가진 연해주 지역에 우리 기업의 전진기지로서의 역할을 수행할 것으로 기대된다.[66]

---

65) 한국과 러시아는 1992년 11월 양국 정상회담에서 러시아 연해주에 위치한 나호트카 자유경제 지역 내에 100만평에 달하는 한·러 공단을 조성하는 계획에 합의했다. 1995년 3월에는 한국의 토지공사와 러시아의 나호트카 자유경제지대 행정위원회 간의 기본합의서가 체결되었다. 기본합의서에서 토개공은 총 100만평에 달하는 부지를 70년 또는 50년간 임차하여 공단을 개발하고, 러시아 측에서는 공단에 필요한 전력, 용수. 통신 및 교통시설 등 사회 간접 자본 시설을 제공하며 입주기업에 대한 법적투자보장 및 세제우대조치, 관세 특혜, 간소화된 통관절차, 자유로운 노동자 및 전문가 고용, 바스토치니 항만 내 전용부두 사용권을 한-러 공단에 입주하는 기업에게 제공하기로 합의를 하였다. 양측이 사전준비를 하는 과정에서 한국이 투자보장과 양호한 경영환경의 구비를 위한 법령개선을 러시아 측에 요구하였지만 진척되지 않아 사업시행이 계속 연기되어 왔다. 1997년 7월 한-러 양국은 100만 명의 나호트카 한·러공단의 33만평을 1단계를 우선적으로 3년 이내에 완공키로 정부간 협정에 가서명했었다. 그러나 그 후에 양국이 외한 금융위기로 인한 경제적 어려움에 처한 상황을 고려하여 양국은 공단건설 규모와 기간을 조정하기로 1999년 5월 28일 모스크바에서 열린 협상에서 합의를 보고 최종 협정에 서명했다.[1] 이 협정에서 양국은 6만평을 1단계를 우선 개발하고 공단 지역을 자유 관세지역으로 지정하여 입주기업에 대해서 각종 세제상의 우대조치를 제공하기로 합의했다. 이 협정은 아직 기본 윤곽만 제시되었을 뿐 사업을 시행하기 위한 구체적인 움직임은 아직 없다. 양국의 정치-경제적 여건이 호전되어 러시아에 대한 투자수요가 증대될 것이라는 판단되는 시기에 이르러서야 본격적인 사업이 착수될 수 있을 것이다. * 이 주석은 다음의 자료를 참조함: 이동진, "러시아 나호트카 한러공단 조성사업 추진현황", 『협력증진을 위한 국제세미나』(한·러시아극동 시베리아협회, 1999. 11. 22)발표문.
66) 성원용 p. 131.

〈표 1〉 연해주 진출 한국기업 및 민간단체의 농업투자 현황

한국회사 및 단체명	현지법인(형태)	진출시기	주요 영농활동
(주)고합상사	(주) 프림코(현지합작)	1991	콩·메밀·채소
(주) 대아산업	(주) 대아산업(현지단독)	1991	벼·콩·옥수수
(주)대경	(주) 대경(현지단독)	1996	콩
(주)한농복구회	(주) 한농복구회	1996	채소
(사)새마을운동 중앙협의회	(주)새마을운동연해주개발지사	1997	벼, 콩 생산
(주)남양알로에	(주) 유니베라 러시아	1998	농업(위탁)–벼
농촌지도자중앙연합회		1998	벼(위탁영농)
(주)대한주택건설	우정마을(현지법인)	1998	쌀, 메밀 생산
두레마을		추진중	향후예정
순복음교회	(주)선한사람들	추진중	향후예정
발해영농사업단		추진중	향후: 쌀·콩

* 출처: 박래경 외, "극동러시아 연해주에서 한국 민간단체 추자 및 직영농장의 경작실
황", 『북방농업연구』, 제8권(1999), p. 33의 〈표 1〉과 KOTRA 블라디보스톡
무역관에서 제공하는 현지진출기업현황에 관한 인터넷 자료에서 참조하여 작
성 http://www.kotra.or.kr/ktc/company/TC600S.jsp?tradecd=953

이렇게 한·러 정부간 수준에서 합의된 일련의 경제 협력 프
로젝트들이 착수되고 있지 못하고 대기업들의 대러 대규모 투자
는 활발하지 못하지만 연해주 일대를 중심으로 한 중소기업의
진출과 농업협력은 실질적으로 꾸준히 진행되어 왔다. 아무르,
하바로브스크, 연해주 지역을 중심으로 농업투자가 진행되어 왔
다. 식량안보를 확보하는 차원에서 대러 농업투자가 이루어졌다.
전체 곡물 소비량의 70% 이상을 수입에 의존하는 한국의 식량
자급 자족율의 급격한 하락에 직면한 상태에서 여러 가지 요인
으로 곡물생산에 채산성이 맞지 않아서 생산성이 하락으로 장기
적·안정적인 식량 공급처를 확보할 목적으로 러시아 연해주
지역의 농업개발에 착수하기 시작했다.[67]

연해주 지역은 기후조건이 벼농사 북부한계지역에 속하고 주

변에 항카호 등 수자원이 풍부하고 지형이 평탄해 적은 비용으로 물길을 내고 논밭을 갈아 농작물을 재배하기에 적합하고, 중앙아시아 지역에서 대규모로 이주한 고려인들에게 정착에 필요한 일자리를 제공하고, 북한식량난과 관련하여 북한과 인접한 이 지역에서 러시아의 토지, 북한의 노동력, 한국의 농업기술과 자본을 이용하여 곡물, 채소류를 경작하여 생산된 농산물의 일부를 북한에 공급함으로써 북한식량난의 해결을 위한 대안으로도 고려되고 있다.[68]

광대한 농경지를 갖고 있으나 노동생산성의 하락과, 노동력의 부족, 농업생산에 필요한 사회간접자본의 미비, 농업생산 지원을 위한 재원의 부족 등으로 농업생산이 감소에 직면한 연해주 정부는 한국 기업이나 영농단체들의 대러 농업투자를 반기고 있다. 고합상사, 남양알로에 등 기업과 새마을 운동중앙협의회 등 민간단체들이 연해주 지역에 진출하여 1999년 현재 합작 또는 직영형태로 영농을 하는 곳은 11개소가 된다. 고합상사는 연해주의 순얀센이라 불리는 약 3,400만평 규모의 농장에서 1998년 콩, 밀, 보리, 귀리 농사를 지어 2만 2천통을 수확하였고, 연해주 호롤군 루가보에 농장에서 남양알로에와 농촌지도자 중앙연합회가 시험 경작한 벼 186톤이 북한에 인도되었고 대신 북한 콩 130톤을 인수하는 교역이 이루어졌다.[69]

이렇게 한국정부는 연해주에서 남한의 자본과 북한의 노동력

---

67) 구천서-이병화, 『연해주 농업개발과 환경여건』(서울: 책 만드는 집, 1997); 한국
　　농촌경제연구원, 『러시아 연해주 지역의 농업투자관련 법령과 제도』(서울: 한국농
　　촌경제연구원, 1997).

68) 성원용, p. 120.

69) 『한겨레 21』, 제240호, 1999년 1월 7일.

을 결합한 남북 간 해외농장 합작투자를 권장하고 지원하고 있다. 지금은 현지 북한 노동자들이 이탈할 우려 때문에 우리 기업이 북한노동자들을 고용하기가 어렵지만 향후 남북경제교류가 활성화되면 북한노동자를 이용한 남북한 농업합작 사업이 활발하게 진행될 수 있을 것이다.[70] 이런 사업이 실현되면 연해주의 토지, 북한 노동력, 한국의 농업기술과 자본이 결합하는 동북아 3국간의 다자간 경제협력사업의 모델이 될 수도 있다. 이러한 3국간의 합작사업은 한국기업이 참여하는 삼림개발에도 이루어질 수 있으며, 삼림벌목에 북한의 벌목공 등의 노동력을 이용할 수가 있을 것이다.[71]

농업분야의 투자 외에도 <표 2>에서 보듯이 무역업, 무선기술 업체, 인쇄업, 의류 업체 등이 현지 합작이나 단독 법인으로, 지사 등의 형태로 많은 중소기업들이 진출해 있다. 도-소매를 업하는 무역업체나 봉제공장 등 투자액의 규모가 작은 1차 산업 분야에 한국의 중소기업들이 많이 진출해 있다.

연해주는 동북아 국가들-한국(21%), 싱가포르(19%), 중국(18%), 일본(17%)과의 무역량이 전체 무역의 99%를 차지한다. 한국은 동북아 국가 중에서 연해주의 최대 무역국이다. 한국은 아래 표에서 보는 바와 같이 2001년 현재 1억7천만 달러를 수출하였고 2억1백만 달러를 수입하였다.

---

70) 『한겨레신문』, 1999년 1월 19일.
71) 1990년 9월에 현대그룹이 연해주 스베틀라야 지역 삼림개발 사업에 착수한 이후에 한국기업들의 러시아 산림개발에 참여해왔다. 1998년 9월말 현재 총 3개업체(현대 자원개발, 한·러산업, 삼성자원)가 단독 또는 합작형태로 총 1,775만 달러를 투자하여 임지개발과 제림목, 칩 생산을 하고 있다. 산림청, "해외산림개발업체현황", http://www.foa.go.kr/est/kh/develope.htm.

〈표 2〉 연해주 진출 한국기업의 현황

한국회사 및 단체명	현지법인(형태)	진출시기	주요 업종
미진양행	미진 (현지 단독)	1993	의류
	(주) 휘닉스현지법인	1994	제조업-가구
다도	다도지사	1994	무역-목재
다우스틸	다우스틸지사	1996	무역-고철
	베료자-퍼시픽(현지단독)	1996	제재목
	주) 양진양행	1997	(위탁가공)-의류
로만무역	(주) 로만(현지단독)	1997	가구
금강개발	호텔현대 블라디보스톡 비즈니스센터 (현지합작)	1997	호텔 사무실임대
성한물산	성한인터네셔날(현지단독)	1997	의류
한국통신	(주)NTC(현지합작)	1998	유무선 통신
	뉴맥스(현지단독)	1998	제조업-의류
약진통상	러시아 미시간(현지단독)	1999	의류
리무역	록키(현지단독)	1999	무역업(중고차)
삼일프린트	삼일프린트(현지단독)	1999	인쇄업
정명물산	제이엠 인터내셔널(단독)	1999	의 류
리무역	코메스 (단독)	1999	의 류
동춘항운	동춘항운연락사무소	2000	해상운송
진세 인터내셔널	PARSE(현지단독)	2000	의류 제조
SK해운	SK SHIPPING연락사무소	2000	선박용 기름 수출
고려 어패럴	고려법인-단독	2000	의류
성진	성진(현지단독)	2000	의류
	(주) 업 카이트(현지지사)	2000	무역업-각종 식료품
일양	SOLTEX(현지단독)	2001	의 류
	SH BOLSHOI(현지단독)	2001	티 셔츠 생산
	극동개발법인-단독	2001	무선통신 기술
희라	코스라(현지단독)	2001	의류

* 출처: KOTRA 블라디보스톡 무역관에서 제공하는 현지 진출기업 현황에 관한 인터넷 자료에서 참조하여 작성 http://www.kotra.or.kr/ktc/company/TC600.jsp?traded=953

〈표 3〉 한국의 연해주 수출실적   (단위: 백만 달러)

	1996	1997	1998	1999	2000	2001
수출	143.4	187.0	113.0	100.0	127	171
수입	163.4	179.3	105.0	134.0	150	201

* 출처: 각 주정부 대외경제위원회 발표 자료는 http://www.kotra.or.kr/ktc/vvo/
　　market/read.php3을 참조하여 작성됨

　연해주는 동북아의 물류 중심지로 발전한 무한한 가능성을
가지고 있는 지역이다. 서쪽으로 중국과 남쪽으로는 북한의 두
만강과 연해주의 하산지역과 국경을 맞대고 있다. 이 하산은 인
근에 있는 부동항인 자루비노항과 포시에트 항구를 통해 북한의
나진, 청진, 함흥, 원산 등과 육로 및 해로 연결될 수 있고, 남한의
동해의 여러 항구와 부산항과 연결되며 일본의 니이카타, 아키
타, 오타루 등과도 연결된다. 동해남부선이 북의 철도와 연결되
면 육로와 철도로 연결될 것이다. 이 두 항구는 목재, 석탄, 철강,
시멘트 등을 한국 및 일본으로 수출하는데 이용되고, 일본에서
수입되는 중고차를 하역하는 곳이다. 중국의 훈춘까지를 연결하
는 철도가 건설될 경우에 중국의 동북 3성에서 한국, 일본, 미국
등으로 수출되고, 이들 나라에서 중국으로 수입되는 화물을 운
송하는데 이용되어 중국이 동해로 나아갈 수 있는 출구가 될
것이다.
　중국의 훈춘과 북한을 연해주의 하산을 통하여 시베리아 횡단
철도와 연결시켜주는 철도와 도로망이 건설될 경우에 남북횡단
철도를 통해서 수송된 한국의 유럽으로 수출되는 화물과 해운으
로 운반된 유럽의 수출되는 일본산 제품들이 시베리아 횡단철도
로 운반될 경우 경제적 파급효과는 매우 클 것이다.
　이러한 막대한 경제적 이익을 계산한 러시아는 연해주 하산

지역을 동북아의 물류 중심지로 발전시키기 위한 여러 가지 프로젝트를 계획하고 있다. 하산과 중국의 훈춘을 연결하는 철도와 도로를 건설하려 하고 있고, 북한의 철도와 연결되는 하산-우스리스크 노선을 관통하는 TSR 노선을 활성화하기 위해 러시아는 북한과 2000년 10월 북-러 경제 공동위 운수분과 4차 회의에서 평양-원산-하산간 철도연결 협력의정서를 맺었으며 2001년 9월 하산-두만강-원산-평강 철도노선에 광궤철도를 부설해 TSR과 연결하기로 북한과 합의하였다.72)

이러한 동북아의 물류를 운송하기 위한 항만, 철도, 도로 건설 등의 기반시설을 확충하기 위한 프로젝트가 계획단계에 있지만, 이미 해운 운송로는 개통되어 활발하게 이용되고 있다. 훈춘-부산항간의 정기컨테이너 항로가 이미 개통되어 운영 중에 있고, 러시아 포시에트항을 이용하는 훈춘-일본 아까타간의 정기컨테이너 항로가 1999년 8월에 열렸으며, 러시아 자루비노항을 이용하는 훈춘-속초항간의 정기카페리항로가 2004년 4월에 개통되이 정상운영에 들어갔다.73)

러시아 경제가 호전되고 있고 한반도와 동북아 지역의 경제협력이 활발해질 때 연해주를 중심으로 유통되는 물동량은 엄청나게 늘어나서 동북아의 물류 중심지로서의 연해주는 급격한 경제성장을 이룸에 따라 그에 따른 경제적 파급효과로 2·3차 산업에 대한 한국의 기업들의 대규모 투자가 이루어질 것으로 기대된다.

---

72) 조원호, "한·러 경제협력의 현황과 발전방안모색: 동북아 물류중심지로서의 하산 경제특구 가능성을 중심으로", 『슬라브연구』 제18권 2호 (한국외대 외국학 종합연구센터 러시아 연구소, 2002), p. 165.

73) 조원호, p. 166.

VII. 결 론

문화인류학의 관점에서 연해주의 역사, 기후 및 지리적 환경, 연해주에 대한 한민족의 역사적 연고, 민족간의 관계를 분석한 다음에 한-러 관계의 틀 내에서 동북아 물류 중심지로 발전할 무한한 잠재력을 가진 연해주에 대한 투자와 여러 국가들이 참여하는 다자간 경제협력의 방안들을 살펴보았다.

연해주의 역사는 한국의 고대사, 중세사, 근세사, 현대사, 그리고 오늘에 이르기까지 우리 민족과 밀접한 관련을 맺어왔다. 고구려 때 연해주는 만주와 더불어 우리 민족의 활동 무대였고 숙신이라는 이민족을 지배하고 살았으며, 고구려의 후손들이 세운 발해 역시 만주와 연해주 일대를 통치하고 말갈족을 지배하고 살았고, 고려와 이조 때에는 그 지역에서 살았던 여진족과 갈등과 협력관계에 있었다. 19세기 중엽에 이르러 중국의 흑룡강 이동지역와 더불어 연해주는 중국의 청조와 영유권을 놓고 국경분쟁의 대상이 되었다. 1860 북경조약으로 청조가 분쟁국인 조선의 동의 없이 연해주를 러시아로 양도했다. 러시아가 연해주를 획득한 이후부터 한 민족은 두만강을 건너 연해주 지역에 정착하기 시작하여 촌락을 이루고 살았고 한인들의 거주 수는 1933년 중앙아시아로 강제 이주되기 전에 수십만에 달하였다.

냉전시대와 중소 이념분쟁시대에 연해주는 구소련의 안보상 중요한 군사적 기지와 요충지에 불과했다. 1987년부터 고르바초프의 개혁 개방이 시작되고 중소국경분쟁의 해결되고 한·소, 한·러 국교가 열린 이후부터 연해주는 동북아 국가들과의 경제협력의 중심지로 부각되었을 뿐만 아니라 러시아가 아·태지역으로 진출하기 위한 관문의 역할을 하기 시작했다.

이러한 연해주의 지정학적·지경학적 위상의 변화에 따라 연해주의 민족구성의 변화가 일어났다. 소수민족을 탄압하는 중앙아시아 국가들과 다른 구소련 구성 공화국들로부터 난민과 이민들이 연해주로 유입되기 시작했다. 중앙아시아 한인들이 대거 연해주 지역으로 이주하여 정착촌을 형성하여 살기 시작했고, 빠져나간 슬라브계의 노동력을 보충하기 위해서 중국 동북 3성의 중국인들이 대거 몰려왔고 중국인들에 섞여서 많은 조선족들이 장사와 노동의 목적으로 연해주로 몰려왔고, 북한의 농업과 건설노동자들이 연해주 정부와의 인력협정에 따라 연해주 각 지역에서 집단으로 일하기 시작하였고, 남한의 선교사들은 전도 목적으로 그리고 남한의 기업과 사업가들이 투자와 합작사업, 무역, 한국 상품의 도소매 업을 할 목적으로 연해주로 몰려들자 민족간의 관계는 복잡해졌고, 정치·경제·사회적 변화에 따라 여러 민족간에는 협력과 화합이 이루어 질 수도 있고 반대로 갈등과 분쟁이 일어날 수도 있다. 즉, 여러 갈래의 한인들 간의 화합과 한인 공동체와 다른 민족들 간의 관계는 연해주가 동북아의 경제 협력의 중심지와 물류 중심지로의 발전여부에 달려있다.

이것은 핵 문제로 야기된 한반도의 긴장과 위기가 해소되어 평화가 정착되어 남북한 경협이 활성화되어 한국종단철도가(TSR)가 연해주의 하산을 거쳐 시베리아 철도에 연결되고, 연해주를 중국의 동북지방의 훈춘과 연결하는 도로와 철도망이 건설되고, 동해를 통해서 한국의 동해안의 연안항구들, 일본의 항구들과 해로로 연결되는 항구시설이 확장되는 등 동북아의 물류 중심지로서의 역할을 수행할 수 있는 기반시설이 완비될 때 연해주는 동북아 국가들뿐만 아니라 미국에서 수입되고 수출되는 물동량을 취급하는 등 동북아의 경제교류와 발전의 중심지로의 연해주의 번영은 보장될 것이다. 이럴 경우 연해주에서 뒤섞여 사는 여러 민족들은 증대되는 경제·사회적 자원과 기회를 이용하여 자신들의 삶의 질을 높일 수 있을 것이다. 이러한 경제·사회적 환경의 변화는 민족간의 갈등과 분쟁보다는 화합과 협조의 분위기를 유발할 것이다. 따라서 출신 지역이 다른 여러 갈래의 한민족 사이에도 늘어난 경제적 기회를 이용하기 위해 상부상조하는 분위기가 형성될 것이다.

이러한 날이 올 때에 대비하여 한국정부와 민간단체와 기업들은 단견적인 지원이 아니라 한인들 간의 유대의 토대가 되는 한민족 동질성을 확보하기 위한 민족 문화의 발전과 한글교육에 필요한 시설, 농업분야에서의 합작 사업, 그 밖의 다른 산업에 투자 증대 등에 적극적으로 지원해야 할 것이다.

■참고문헌■

구천서·이병화, 『연해주 농업개발과 환경여건』, 서울: 책만드는 집, 1997.
국가안전기획부, 『러시아 현황』(1997년).
김주희, 『문화인류학의 이해』, 서울: 성신여자대학교 출판부, 1991.
김덕중, "최근한·러 관계의 현황과 전망: 한·러 정상회담을 앞두고", 『주요국제문제분석』, (서울: 외교통상부 외교안보연구원, 1999).
남상긍, "중국 동북지방의 몽골, 퉁구스 족의 역사와 분포과정", 『몽골학』 10권 (서울: 한국 몽골학회, 2000).
두산 동아백과 사이버 사전.
『대한민국 정부와 러시아연방 정부간의 나호트카자유경제구역에서의 한국·러시아공업단지의 설립을 위한 협정』 http://www.mofat.go.kr.
대한민국 국사편찬위원회, 『한국독립운동사』 권2 자료편 참조.
『러시아 연해주 지역의 농업투자관련 법령과 제도』, 서울: 한국농촌경제연구원, 1997.

서대숙,『한국과 러시아 관계: 평가와 전망』, 서울: 경남대학교 극동문제연구소, 2001.

박내경 외, "극동러시아 연해주에서 한국 민간단체 투자 및 직영농장의 경작실황",『북방농업연구』8, 1999.

박영석, "1937년 재소한인의 강제 이주에 관한 사료",「박영석 교수 화갑기념 한민족독립운동사 논총」, 1992.

박진환·남철우 공저, "한국 민간자본이 극동러시아 농업에 투자한 사례들에 관한 연구",『북방농업연구』11, 북방농업연구소, 2001.

박진환,『극동러시아의 벼농사, 국영농장, 그리고 조선족-러시아인들』, 농협대학 농촌개발연구소, 1998.

산림청, "해외산림개발업체현황", http://www.foa.go.kr/est/kh/develope.htm

성원용, "한·러 경제협력 10년: 회고와 전망",『아시아 문화』제17호, 한림대학교 아시아 문화연구소.

『소련한족사』, 서울대한교과서주식회사, 1989.

송기호 역. E. V. Shavkunov·Semennichenko 공저, "소련연해주의 발해 문화 연구", 서울대한 국사론 23, 1990.

신영길, "백두산정계비",『상서』13권, 서울: 한국장서가회, 1995.

심헌용, "러시아 극동 시역의 민족관계와 유입 이주민의 민족적 특성",『아시아 문화』제17호, 한림대학교 아시아문화연구소.

양태식, "연해주 지역의 한인이민과 녹둔도의 영속문제",『한국북방학회 논집』Vol. 3 No. 1, 1997.

여인곤,『러·북관계 추이변화와 푸틴의 대북정책 전망』, 서울: 통일연구원, 2000.

이광규, "연해주 한인자치주는 왜 필요한가",『해외동포』59, 1999.

이광규,『러시아 연해주의 한인사회』, 집문당, 1998.

이동진,「러시아 나호트카 한·러공단 조성사업 추진현황」한·러시아극동 시베리아협회 주최『협력증진을 위한 국제세미나』, 서울: 1999. 11. 22 발표문.

이상덕, "러시아 연해주의 농업자원개발과 북한 노동력 이용방안",『한국 국제농업개발학회지』12. 1, 한국국제농업개발학회, 2000.

이상룡, "역동적 연해주는 피안의 땅이 아니었다", 『한국논단』 8월호.

이상태, " 백두산정계비 설치에 관한 연구", 『실학사상연구』 7권, 서울: 무학실학회, 1996.

이성환, "간도협약과 한일합방", 『대한정치회보』 8권 1호, 서울: 대학정치학회, 2000.

이인호, 「한·러 관계의 현황과 전망」, 『외교』 제51호, 1999년 10월.

이일걸, "러시아의 연해주 불법취득과 연해주 한인자치주 설립문제", 『국제정치논총』 Vol. 36, No. 3, 1997.

이종훈, "러시아 연해주 일대의 한민족간 교류협력 실태에 관한 연구", 『재외한인연구』 제8호.

이정식, "연해주 농업개발과 고려인", 『한민족공동체』 제9권 해외한민족연구소, 2001.

이종훈, "러시아 연해주 일대 한인 실태와 향후과제", 『동북아연구』 제1집.

임현수, "연해주에서 한·중·러 사이의 협력확대를 위한 공동체 확충방안 연구", 배재대학교 사회과학연구 제18집.

자이카 지아이나, "러시아 연해주 정부의 소수민족 정책", 『재외한인연구』 제7호, 1988.

장덕준, "한·러 수교 10년의 성과와 새로운 한·러 관계의 전망", 사회과학연구 제13집 2000, 국민대학교.

정태수 편역, Kim sung-hwa, *Essays on the History of Soviet Koreans*, Alma Ata, Nauka, 1965.

정한구, "극동지방: 변방 초소에서 동방의 창구로?", 『러시아 극동지방: 개방과 발전 전망』, 세종연구소.

조원호, "한·러 경제협력의 현황과 발전방안모색: 동북아 물류중심지로서의 하산경제특구 가능성을 중심으로", 『슬라브연구』, 제18권 2호/2002년 한국외대 외국학 종합연구센터 러시아연구소.

한·러 경제협회, 『러시아CIS 비즈니스 정보』, 1999년 1월호; 2000년 6월호.

허 진, "재소 고려인의 사상의식의 변화", 「한민족공영체」 제4호, 해외한민족연구소, 1996.

해외교포문제연구소, 재소한인의 사적 고찰, <교포정책자료> 13집, 동소간, 1972.

홍완석, "탈냉전시대 한국의 대러 정책에 관한 일 고찰·과정·평가·과제", 『슬라브연구』 제18권 1호, 한국외국어대학교 외국학종합연구센터 러시아 연구소, 2002.

『경향신문』, "아, 간도! 되찾아야 할 우리땅", 2004년 01월 18일.
金賢淑, "高句麗의 靺鞨支配에 관한 試論的 考察", 『韓國古代史研究』, 1992.
韓圭哲, "高句麗時代의 靺鞨 研究", 『釜山史學』 14·15집, 1988.
Korea Herald, July 3, 2000.
http://kcm.co.kr/mission/map/Asia/Russia/data980322.html 러시아 연해주의 선교전략 가치와 러시아교회의 전망.

Аносова Л. А. Матвева Г. С. Южная Корея Взгля из России.м. 1994.
Бугай, Н. Ф. Российские Корейцы: Новый поворит истории 90е годы. Моск-ва: Русское слово, 2000.
Дипломатическая Академия МИД РФ. Внешняя Политика И Дипломатия Стран Азиатско-тихооке анского Региона. Моаква: Научная Книга. 1998.
Л. В. Забровская, "Россия и Республика Корея: от Конфронтации к сотрудни честву(1970-1990-е гг)", (Владивосток Институт Истории Архео-логии и Этнографии Наро дов Дальнего Востока 1996).
Михайлов, в. "Лес лубятдоллары в Китай летят", Конкурент. Но 40(497), 10-15 Октября 2000 года с. 9.
Саркисянц А. "Россия в системе Мирового Долга", Вопросы Экономики, Но. 5, 1999, с. 94-108.
Савоскул, С. С. Руссие в новом зарубежье. Миграционная Ситуация, пересел ение и адаптация в россии, Москва: Ин-т этнологии и антрополог ии РАН, 1997.
текущий архив миграционной службы Приморского края, Паспорт. с. 18.

Boilard, S. D. Russia at the Twenty-First Century: Politics and Social Change in the Soviet Era. Harcourt Brace & Company. 1998.
Bradshaw, M. J. & Kirkow, P. "The Energy Crisis in the Russian Far

East: Origins and Possible Solutions", Europe-Asia Studies. Vol. 50. No. 6, 1998.

Forsyth, James A History of the People of Siberia: Russia's North Asian Colony 1581-1900. Cambridge: Cambridge Univ. Press, 1992.

Kottak, Conrad P, *Cultural Anthropology*(New York: Random House. 1974).

Harris, Marvin, *Cultural Anthropology*(New York: Harper & Row, Publishers. 1983).

Kazakov I., Rodionov A., "The Nakhodak Free Economic Zone as a Center for Drawing Enterprises of the Primorye Region into the Inernational Division of Labour", *Foreign Trade*, No. 7-8, 1995.

Slezkine, Y, *Artic Mirrors: Russia and the Small Peoples of the North* (Ithaca: Cornell Univ. Press, 1994).

Semjonow, Juri. *Die Eroberung Sibiriens*, 김우현 역 경북대학교 출판부, 1992.

Vladimir I. Ivanov, "Prospects for Russia's Energy Diplomacy in Northeast Asia", *Global Economic Review*, Vol. 28, No. 2 1999.

Troyakova, T. "Regional Policy in the Russian Far East and the Rise of Localism in Primorye", *The Journal of East Asian Affairs*, Vol. 9. No. 2, 1995.

Yakovlev, A. G. "Russia and China: The Current State and Outlook of Relations", *China in World and Regional Politics* (History and Modernity). IFES RAS Information Bulletin, No. 3, 1995.

Zaika, A. Interview with the Chiep of the Department for National problems and Religious Organizations in Primorye of Far East, Russian Federation, 2000. 10. 09.

시베리아 개발의 정치경제학과 한국의 참여전략*

문 명 식

서경대학교 유럽어학부 교수

I. 서 론

시베리아는 아시아 총 면적의 1/4이며, 세계 대륙의 1/10에 해당하는 광활한 지역으로서 러시아연방 전체면적의 74.8%을 차지하며, 주민수는 연방전체인구의 21.5%에 지나지 않지만 풍부한 천연자원의 보고이다. 제정 러시아 시대에는 모피 공급지와 정치범들의 유형지였고 구 소련 말기까지는 러시아의 유럽지역을 위한 연료와 원료 공급지로 연료・원료 채취산업과 철광석과 비철금속의 생산지에서 군수산업이 발달했었다. 구 소련 말

* 이 논문은 2002년도 한국학술진흥재단의 지원(KRF-2002-042-B00019)에 의하여 연구되었습니다.

기에 고르바쵸프가 개혁개방정책에 착수하면서 시베리아·극동 지역의 종합적 개발을 위한 아태지역의 국가들의 참여의 필요성을 역설한 후에 한국도 시베리아 개발참여를 위한 구소련과 경협을 위한 여러 가지 프로젝트가 논의되었지만 구소련의 붕괴와 뒤이은 러시아 연방의 시장경제로의 전환과정에서 발생한 정치·경제적 혼란 속에 투자를 위한 법률 제도 정비 등 투자여건의 미비로 시베리아 개발을 위한 한·러경협의 성과는 미진했다.

1999년 12월 대통령이 된 이후에 푸틴이 실용주의적 국익우선 외교정책을 추진하는 과정에서 그는 동북아 국가들과의 외교와 경제협력을 강화하는 정책을 실시하기 시작했다. 푸틴은 북한과의 관계를 구소련 시절의 수준으로 회복하고 동북아 지역국가들과의 정치 외교 경제 협력을 증대시켜 왔다. 시베리아의 자원개발에 동북아 국가들의 투자를 유치하고 시베리아횡단철도(TSR)과 한국종단철도(TKR)를 연결하는 프로젝트의 추진에 강한 의욕을 보였고, 유럽으로 향하는 동북아 국가들의 화물운송을 시베리아 철도로 운송하여 그에 따르는 경제적 파급효과를 얻으려는 전략을 세웠다. 이런 목적을 달성하기 위해서 푸틴 태통령은 남북 정상과의 협상에서 TSR과 TKR연결 프로젝트에 대한 합의를 얻어냈다.

이렇게 형성된 국제적 환경에서 1998년에 출범한 국민의 정부가 대북포용정책을 추진했고, 2000년 6월 역사적인 남북 정상회담 이후에 남북경협이 활성화 되어감에 따라 TSR과 TKR의 연결은 실현 가능성이 높아졌고, 다시 한국과 러시아의 경제협력의 증대방안에 대한 다양한 논의가 진행되어 왔고 한국의 시베리아 개발의 참여문제가 다시 관심의 대상이 되고 있다.

제정 러시아부터 구소련을 거쳐서 현재의 러시아 연방에 이르기까지 시베리아 개발에서 일관된 정책은 현지주민들의 복지향상에는 관심이 없고, 풍부한 천연자원을 개발하여 얻는 경제적 파급효과를 바탕으로 러시아 유럽지역 또는 러시아 전체의 생활 수준을 높이고 경제성장을 성취하자는 것이었다. 그러나 구체적인 개발의 전략에 있어서는 각 시대마다 달랐다. 짜르시대부터 구소련시대까지 시베리아 개발은 경제적 논리나 효율성보다 정치적 목적을 달성하려는 정치적 논리에 입각하여 추진되었다.

시베리아는 러시아 유럽지역의 성장과 윤택한 생활에 필요한 원료와 에너지를 공급하는 지역으로 간주되어 개발되어 왔다. 스탈린 시대에 구축된 시베리아의 원료와 에너지 개발을 위한 기반시설의 바탕 위에서 전후부터 구소련말기까지 시베리아, 주로 서시베리아의 석유와 가스는 러시아 유럽지역으로 보내졌고, 서유럽으로 파이프라인을 통해서 수출되어 부족한 생필품이나 소비재를 서유럽부터 수입하는데 사용되는 경화의 원천이 되었다. 대신 생산지에서는 가스와 석유의 부족으로 고통을 겪었다. 한때 서시베리아의 중심주인 노보시비르스크에서는 가스와 석유가 부족해서 석탄으로 난방을 해야만 했다.

구 소련말에 고르바쵸프의 개혁정책이 실시되면서 동시베리아와 극동 지역의 자원개발에 동북아 지역 국가들의 투자를 유치하려는 계획을 모색했지만 개혁과정에서 유발된 정치·경제적 혼란과 효율과 생산성을 무시하고 계획된 목표달성에 치중하는 정책 때문에 실현되지 못했다. 러시아 연방이 출범한 후 시장경제로의 체제 전환을 시작한 10년간의 혼란과 과도기를 거쳐서 2000년 들어와서 러시아 정부는 시장경제 원리에 입각한 효율성·생산성·경제성을 중시하는 시베리아 개발계획을 입안하여 추진하려 하고 있다.

러시아 연방 전체의 경제성장을 위해서 시베리아 극동지역의 천연자원을 이용한다는 중앙위주의 개발정책에서는 구소련과 다를 바 없다. 그러나 과거와 달리 개발정책의 입안과 추진과정에서 과거에 비해서 훨씬 강력해진 지방정부의 의견과 이익이 반영되었다.[1] 연방차원의 국익을 위한 국제정치적 안보적 논리가 여전히 고려되고 있지만, 시베리아·극동지역을 동북아 지역의 시장경제권에 편입시켜서 그 지역의 경제적 번영을 이루고 거기에 따르는 경제적 파급효과를 러시아의 다른 지역으로 확산시키려는 경제적 논리가 우선시 되고 있다. 현재의 러시아 정부의 시베리아의 개발전력은 시장원리에 입각하기 때문에 과거 어느 시기보다도 구체적이고 실현 가능성이 높다. 그만큼 한국이 시베리아 개발에 참여해서 얻게 될 경제적·정치적 이익도 커질 것으로 예상된다.

따라서 이 논문에서는 시베리아의 지리적 특징, 시베리아 개발정책의 검토, 시베리아의 지경학적·지정학적 중요성, 푸틴 정부의 시베리아 개발전략, 시베리아의 개발에 정치·사회·경제적 장애들을 구체적으로 살펴본 후에 시베리아의 개발의 잠재력과 한국의 바람직한 참여방안을 모색해 볼 것이다.

1. 시베리아의 지리적 특징과 자원의 분포

시베리아는 동양과 서양을 구분하는 우랄산맥의 동쪽 지역에서부터 캄차트카 반도, 사할린 섬과 쿠릴열도를 포함한 북태평양까지의 광대한 지역을 의미한다. 시베리아의 자연지리적 경계선으로 북쪽은 북극해와 맞닿고 있으며, 동쪽은 베링해, 오호츠

---

1) 김우준, "러시아 신정치질서: 중앙과 시베리아·러시아 극동지방 간의 관계", 『국제정치논총』 제 40집 3호, 2000, p. 195.

크해, 동해와 경계를 이루고 있다. 시베리아의 남쪽은 세계의 지붕인 파미르 공원, 천산산맥, 시얀산맥, 알타이산맥, 야블로노비산맥, 스타노보이산맥, 주구주르산맥 등의 높은 산맥과 늪지대와 경계를 이루고 있다. 시베리아 남쪽 국경은 카자흐스탄, 몽골, 중국, 그리고 북한과 맞닿고 있다. 시베리아의 서쪽 경계선은 높지 않은 산과 구릉지대를 형성하고 있으며, 동서양을 구분하는 우랄산맥과 맞닿고 있다.

시베리아는 북극해로 흘러 들어가는 레나 강을 중심으로 서쪽은 서시베리아, 레나 강의 동쪽부터 태평양까지 지역을 동시베리아라고 말한다. 구 소련과 러시아연방의 경제지역 구분을 따르면 시베리아는 세 지역으로 구분된다. 북극해로 흘러 들어가는 예니세이 강의 서쪽부터 우랄산맥사이의 지역을 서시베리아로 부르고, 예니세이 강부터 레나 강의 사이를 서시베리아라고 말한다. 극동지역은 레나 강의 동쪽부터 태평양에 이르는 넓은 영토와 사할린 섬과 쿠릴열도를 포함한다.[2]

시베리아는 다양한 자연지대와 식생대를 보유하고 있다. 시베리아의 북쪽부터 영구동토지대인 툰드라 지대, 타이가 삼림지대, 삼림초원지대, 중앙아시아와 몽골과의 국경지대에 스텝지대를 형성하고 있다. 시베리아의 기후는 일부 지역을 제외한 대부분의 지역이 냉혹한 대륙성 기후의 영향을 받아 겨울이 길며 일년 중 절반 이상의 기간의 기온이 영하로 내려가 있다.

시베리아의 개괄적인 지형의 특징은 남고 북저로 북쪽으로 갈수록 저지를 형성하고 남쪽으로 갈수록 산악지대를 형성하고 있다. 시베리아 남쪽지역에는 국경선을 따라 알타이 산맥, 쿠즈

---

2) 한종만, "시베리아·극동지역의 자연·인문지리적 특성", 『한국시베리아연구』, 창간호. pp. 33-60. 1966, 배재대학교 한국 시베리아 센터.

네츠크-알타이 산맥, 서사얀산맥, 동사얀산맥, 투바산맥, 프리바이칼산맥, 자바이칼산맥, 스타노보이산맥을 형성하고 있으며, 서시베리아는 평지가 주종을 이루고 있으며, 동시베리아는 고원지대를 이루며, 극동지역은 중간 정도 높이의 산악지대를 형성하고 있다. 이러한 지형적 특징 때문에 북태평양의 오호츠크해로 흘러들어가는 아무르강을 제외한 시베리아 강 대부분은 북극해로 흐른다.[3)

서시베리아에는 풍부한 석유와 가스가 매장되어 있다. 특히 튜멘주와 톰스크 주의 소택지와 습지 사이의 광활한 타이가 지대에 매장되어 있다. 알타이 북쪽에는 러시아 이탄 매장량의 약 60%가 매장되어 있는 쿠츠네츠크 탄전이 있고 금과 수은의 매장량이 풍부하며 톰스크 주에 있는 오비강 주변에는 양질의 철광석이 매장되어 있다.[4)

서시베리아와는 달리 동시베리아의 대부분은 산악지대와 고원을 이루고 있다. 동시베리아 평원에는 침전에 의해 형성된 거대한 매장량을 지닌 칸스크-아친스크 탄전과 레나 탄전이 있다. 그리고 대량의 철광석과 금을 비롯한 광물들이 매장되어 있는 앙가리-일름스크 광산이 있다. 이르쿠츠크주 북부 코빅친스코에 천연가스전을 비롯한 풍부한 연료자원 외에 철광, 구리, 니켈, 금, 운모, 흑연 등이 다량으로 매장되어 있지만 혹독한 기후, 영구동토지대, 광산의 분산 등으로 채굴조건은 매우 열악한 상황이다.

동시베리아 지역에는 수자원과 거대한 수력발전자원 잠재력을 지니고 있다. 특히 예니세이 강은 풍부한 수자원의 원천이다. 그 지류인 앙가라 강 주변에는 러시아에서 가장 큰 수력발전소

---

3) И.А Родионова, Экономическая География России, с.5. 1996.
4) И.А Родионова, op. cit., pp. 101-102.

가 건설되어 있다. 그리고 세계 담수자원의 20%가 들어 있는 세계 최대 담수호인 바이칼 호가 앙가라강과 연결되어 있다.[5]

세계 육지면적의 1/20을 차지하는 4,500km나 되는 광활한 지역인 극동지역에는 풍부한 삼림지대가 존재하지만 산악지대에 있기 때문에 벌채하기 어렵다. 레나 광산과 사할린 주에서의 석유와 가스와 석탄, 야쿠티아에 천연가스, 금, 다이아 몬드 등 비철금속 등이 풍부하게 매장되어 있다.[6]

Ⅱ. 시베리아의 인구변동과 사회ㆍ경제적 여건

시베리아의 면적은 세계육지 면적의 1/10 규모이며, 러시아 연방 총면적의 3/4을 차지하고 있으나 인구수는 3천만 명을 약간 상회할 정도이며, 러시아 총인구수의 1/5를 상회하고 있을 뿐이다. 인구수는 감소하는 추세이며, 특이 극동지역의 인구 감소가 두드러진다. 극동지역의 인구는 716만 명으로 그 인구 밀도는 1.15명이다. 러시아인이 시베리아 인구의 다수를 차지하고, 원주민으로 몽골계의 부랴트인, 야쿠트인, 투바인, 타타르인 그리고 고아시안들이 거주하고 있지만 그 수는 상대적으로 적은 약 160만 여명에 지나지 않는다.[7]

1991~2000년 사이에 시베리아의 인구는 124만 명이 감소했고,

5) Марка Сергеева, Это Байкал, Иркутск: Восточносибирское книжное издальство, 1993, с.5.
6) 양정훈, "극동ㆍ시베리아 지역 개발에 따른 TSR(시베리아 횡단철도)-TKR(한반도 종단철도)의 역할", 『한국정책과학학회보』, 제6권 제2호 (2002. 8) p. 259.
7) Госкомстат России, Российский Статистический ежегодник, Официальное издание 2000, pp. 54-58.

같은 기간 서시베리아의 인구는 7만3천명, 동시베리아의 인구는 27만 명, 극동지역의 인구는 89만 7천명이 감소했다. 동시베리아와 극동지역의 슬라브인들이 러시아의 유럽지역으로 이주하는 동-서 인구 이동현상이 두드러지고 있으며, 생활수준의 악화와 혹독한 자연조건을 피해 동시베리아와 극동북부지역의 주민들이 남부지역으로 이주하는 북-남 이동현상도 나타나고 있다. 2010년까지 이 지역의 경제가 향상되지 않을 경우 시베리아의 인구는 약 800~1000만 명으로 감소될 것으로 예상되고 있다.[8]

서시베리아의 면적은 242만 7,200㎢으로 러시아 총면적의 14.2%를 차지하고 있으며, 전체면적의 1/3 이상은 소택지로 구성되어 있다. 행정구역은 알타이자치공화국, 알타이 자치공화국, 알타이 변경주, 케메로보주, 노보시르스크주, 옴스크주, 톰스크주, 튜멘주, 한티-만시자치구, 야말로-네네츠자치구로 구성되어 있다. 인구는 1,504만 명으로 러시아 전체인구의 10.3%로 대다수가 시베리아 철로를 따라 쿠즈바스와 알타이 지역에 거주하고 있다. 이 지역은 석유와 가스 등의 에너지 자원을 기반으로 에너지 자원 가공 산업단지와 기계 및 금속가공 산업단지가 형성되어 있고, 주요산업은 연료, 에너지, 비철금속 야금, 기계제작과 금속가공산업, 화학산업, 목재산업 등이다.[9]

동시베리아의 인구는 897만 명으로 러시아 총인구의 6.1%를 차지하고 있으며, 인구밀도는 1㎢당 2.18명으로 러시아의 다른 지역에 비해 상당히 낮은 편이다.[10] 서시베리아 주민들과 마찬

---

8) 한종만, "러시아 연방의 인구감소 원인과 효과분석에 관한 연구:경제지리적 관점을 중심으로", 『한독사회과학논총』, 제9집 제1호, 1999. pp. 1-35.
9) 양정훈, "극동·시베리아 지역 개발에 따른 TSR(시베리아 횡단철도)-TKR(한반도 종단철도)의 역할", 한국정책과학학회보 제 6권 제2호, pp. 258-259.

가지로 동시베리아 주민들도 열악한 환경과 교통편의 시설의
부재로 철도 부근 지역에 밀집해 살아가고 있다. 행정 구역은
부랴티야 공화국, 하카시야공화국, 투바공화국, 크라스노야르스
크 변경주, 타미르 자치구, 아긴스키-브랴티야자치구, 우스트-
오르딘스크부랴티야자치구, 에벤크자치구, 이루쿠츠크주, 치타
주로 구성되어 있다. 이 지역의 주요 산업으로는 전력생산, 비철
금속가공, 화학산업과 목재산업이다. 동시베리아는 러시아 전역
에너지의 1/3을 공급하는 에너지 자원의 원산지로서 원류, 가스,
동, 니켈, 수은, 금, 석탄, 갈탄 등이 주로 매장되어 있지만 혹독한
기후조건과 운송체계의 하부구조의 미비로 자원채취산업은 활
력을 얻지 못하고 있다.

Ⅲ. 시베리아 개발정책의 검토

이반 4세 때 1581년 예르마크가 우랄 산맥을 넘어 군사원정을
시작한 이후부터 러시아의 시베리아 정복과 개척은 시작되어
1741년에 태평양 연안에 이르렀다. 1689년 중국 청나라와 네르
친스크 조약을 체결하여 아무르 지역에서의 중국과의 국경을
확정하였고, 19세기 중엽 동시베리아의 무라비예프 총독의 건의
로 남하정책과 동진정책을 계속하였다. 1855년 크림전쟁의 패배
로 유럽지역에서의 영토팽창에 좌절당한 러시아는 동쪽으로의
팽창에 집중했다. 그래서 1858년 아이훈 조약, 1859년 천진조약,
1860년 북경조약 등 일련의 불평등 조약을 체결하여 오늘날의

---

10) "Госкомстат Российский Статистический ежегодник", Официальное издание. 2000,
    pp. 54-55.

우스리-아무지역과 연해주지역을 차지했고, 1867년 사힐린 섬을 공동으로 점유하였고, 1875년 상트 페테르부르그 조약 체결로 쿠릴열도와 교환하여 사할린을 독차지하게 되었다.[11]

알렉산드 3세 때 정복된 극동지역의 안정된 유지를 위해 인구를 이주·정착시키고 이 지역에서의 잠재적 전쟁에 대비하여 전략적 물자의 수송을 위해서 시베리아 횡단철도의 건설계획이 세워져 1891년에 건설공사가 시작되어 1903년에 완공되었다. 시베리아 철도가 개통된 이후 많은 슬라브인들이 유럽 러시아에서 시베리아와 극동지역으로 이주·정착함에 따라 전통적인 모피산업 이외에 광산업, 농업, 수산업이 번창하기 시작했다. 따라서 시베리아는 초기의 모피 공급지와 유형지에서 비철금속을 채굴하는 광산업, 농업, 수산업의 번창지로 변화해감에 따라 제정 러시아의 경제에 상당한 기여를 하게 되었다.

시베리아의 러시아 경제에 기여에도 불구하고 러시아 상인의 유통과정에서의 폭리, 그리고 천연자원과 가공품간의 가격차이는 시베리아 개발이 식민지 착취라는 인식을 시베리아 주민들 사이에 확산시켰다. 소수 상인들의 공격적인 착취개발은 시베리아의 대다수 주민의 복지와는 무관한 것이었다.[12] 이러한 박탈감에서 시베리아 지역주의가 발생하여 확산되기 시작했다.

초기의 유형제도는 짜르 체제를 전복하려는 혁명 사상가들이나 지식인들을 러시아의 유럽지역에서 멀리 떨어진 시베리아로

---

11) 1905년 러일전쟁의 패배한 이후 쿠릴 열도와 사할린 남부지역을 일본에 할애했지만, 구소련은 제2차세계대전 말 1945년 8월에 쿠릴열도와 사할린 남부지역을 점령했고, 1951년 양국간에 체결된 샌프란시스코 평화협정을 통해 이 섬들은 법적으로 소련의 영토로 귀속되었다.

12) 김성진, "시베리아 지역주의의 역사적 고찰: 제정말기를 중심으로", 『유라시아 연구』, Vol.1 No.2, 2001 p.36.

유형을 보내어 격리시키는 목적에서 시작되었지만, 시베리아의 경제적 비중이 점차 증대됨에 따라 유형제도는 시베리아 개발에 부족한 노동력을 확보하는 목적으로 이용되었다. 따라서 초기의 정치범들뿐만 아니라 일반 범죄자들도 시베리아로 유배되어 부족한 노동력으로 충원되었다. 그리고 유럽의 러시아지역에서 지주의 수탈을 피하여 많은 농민들이 넓은 토지를 받기 위하여 시베리아로 이주하기 시작함에 따라 시베리아 인구는 증가되었다.

이렇게 늘어난 시베리아 주민들 사이에서 러시아의 유럽지역을 위한 천연자원 공급과 식민지적 수탈에 대한 반감으로 지역주의가 확산되어 갔다. 지역주의는 상트뻬째르부르그로 이주한 시베리아 출신 학생들과 혁명 사상가들이 중심으로 전개되기 시작했다. 상트뻬째르부르그에서 귀향한 유학생들은 시베리아 대학 설립운동을 벌이기도 했다. 1865년 5월에는 '시베리아 독립 선언 사건'이 발생하여 많은 지역주의자들이 중노동 선고를 받거나 시베리아 밖의 지역으로 유배되었다.[13]

그리고 시베리아로 유배된 지식인들은 시베리아의 실태와 문제를 종합적으로 분석한 저술 '식민지로서의 시베리아'를 출판하였다. 여기에서 그들은 시베리아 지역의 전통, 문화, 제도의 특성, 원주민의 생활수준과 러시아인의 경제·문화적인 영향, 이주민, 정착촌, 유형제도 등의 문제, 러시아의 시베리아 지역 착취사 등을 분석하고 이러한 문제들을 해결하기 위해 유럽지역 러시아와 시베리아간의 동등한 행정 구조 및 자치를 주장했지만 당시 짜르 정부는 이를 거절하였다.

짜르시대에 시베리아는 대규모 인구 인동이나 도시화가 이루

---

13) 김성진, p. 42.

어 질 수가 없었다. 소련 시대에 시베리아는 본격적으로 개발되기 시작한다. 소련정권이 수립된 초기에 시베리아는 반혁명세력인 백군의 본거지가 되었고 적군과 백군간의 내전의 치열했던 지역이었다. 소련군이 백군을 토벌하고 시베리아 전역을 장악한 후에 신경제정책 실시시기의 과도기를 거쳐서 1929년에 1차 경제개발이 시작되면서 시베리아는 급속한 산업화에 필요한 자원과 에너지를 채굴하고 대규모 발전소와 공장을 건설하는데 노동력의 공급이 필요해졌다.

소련정부는 시베리아 개발에 필요한 노동력의 충당을 위해서 짜르시대부터 물려받은 유형제도를 발전시킨 형태인 Gulak(강제노동수용소)를 이용했다. 스탈린의 농업집단화를 거부한 부농과 정치범뿐만 아니라 일년 이상의 금고형을 받은 죄수들을 시베리아 여러 지역에 설치된 강제노동수용소에 수용하여 강제노역을 시켰다. 1934년경에 3년 이상의 금고형을 받은 50만 명의 구 소련 시민들이 시베리아 강제 노동수용소에 수용되어 노역을 강요당했다. 1930년 말 대숙청기간에 그 숫자는 2백만 명에 이르렀다.14) 이들의 강제노역이 시베리아 산업화의 근본적인 도구가 되었다. 그들은 견디기 힘든 비인간적인 처우를 받으면서 철도를 놓았고, 도로와 땜, 운하를 건설하였고, 유전을 개발하고 공장을 건설하고 농장을 개척하였다.

이차세계대전의 발발은 시베리아 개발을 촉진시켰다. 나치 독일의 침략했을 때 파괴를 피하기 위해 많은 공장들이 유럽지역에서 우랄산맥과 그 넘어 시베리아 지역으로 이전되었다.15)

---

14) Fiona Hill and Clifford Gaddy, "*THE SIBERIAN CURSE: Does Russia's Geography Doom Its Chances for Market Reform?*" *Brookings Review* 21 no.4 23-7 Fall 2003.

1941년 하반기에 소련의 유럽지역의 1,523개의 공장들이 해체되어 동쪽으로 이전되었는데, 그 중 244개의 공장은 서시베리아로, 78개의 공장은 동시베리아로, 그리고 나머지 대부분의 공장들은 우랄산맥, 볼가강 계곡, 중앙아시아로 이전되었다.16) 이전된 시베리아의 군수안업체에서 만들어진 야포, 탱크, 전투기 같은 무기들은 나치 독일군과 치열한 공방전을 벌이는데 투입되어 대독일 전쟁에서 승리하는데 큰 기여를 했다.

전후 경제개발에도 더욱 더 많은 강제노역이 동원되었다. 1949년 중엽부터 1953년 스탈린이 죽을 때까지 강제노동수용소에는 2백5십만 명이 수용되었고, 그 중 절반이 절도죄와 같은 경범죄를 저지를 사람들이었다. 이 기간에 GULAG은 당시 모든 소련의 산업생산과 산업고용인의 15~18퍼센트를 차지했다.17)

그러나 전쟁 직후에 시베리아 개발정책은 크게 후퇴하였다. 군수산업이 민수 산업으로 전환되면서 토지의 대부분이 소련 유럽지역의 복구사업에 집중되어야 했기 때문에 이전되었던 공장들과 노동력은 다시 유럽지역으로 복귀되었고 시베리아 경제성장은 소련의 다른 지역에 비해 미진하게 되었다. 전후 수년간 경시되었던 시베리아 개발은 1950년대 중반부터 다시 활기를 뛰기 시작했다. 앙가라강과 예니세이 강의 수력발전소 건설이 계획되었고, 60년대 중엽부터 서시베리아의 가스와 원유가 개발되기 시작했다. 70년대부터 에너지자원의 개발과 더불어 알류미늄, 주석, 금 , 다이

---

15) 322개의 공장들이 유럽지역에서 시베리아 지역으로 이전되었다.

16) 김용구, "시베리아 개발과 서방의 기술·자본 도입문제", 『社會科學과政策研究』, Vol.9 No.3, 1988] p. 27.

17) Fiona Hill and Clifford Gaddy, "THE SIBERIAN CURSE: Does Russia's Geography Doom Its Chances for Market Reform?", *Brookings Review* 21 no.4 23-7 Fall 2003.

몬드 같은 비철금속이 개발되면서 시베리아의 에너지 자원과 비철금속은 소련의 경제에서 중요한 위치를 차지하게 된다.[18]

전후 시베리아 개발계획에는 정치적, 경제적, 군사적 목적이 고려되었다. 공산당 경제계획입안자들은 전략자원의 자급자족을 달성하기 위해서 시베리아의 원유, 가스, 다이야몬드, 금 그리고 다른 풍부한 광물자원을 채굴하기를 계속했다. 전시에 이미 시베리아를 전략적 요새로 재정의한 군사전력가들은 시베리아의 전략적 중요성과 안보를 확보하려고 했다. 1960대 말부터 중국과의 긴장이 증대됨에 따라 국경지역을 따라 많은 군대가 배치되기 시작했다.

50년대 중반부터 시작해서 60년대와 70년대에 시베리아 에너지 자원과 비철금속과 같은 천연자원의 개발에 필요한 노동력은 스탈린 시대의 강제동원 방식 대신에 물질적 유인책으로 충당되었다. 시베리아와 극동의 오지에 근무하는 근로자들에게 보너스와 오지수당 및 주위수당이 지급되었지만, 혹독한 자연환경과 빈약한 사회간접자본, 교육시설과 문화시설의 부족, 생필품과 소비재의 공급부족 등으로 근로자들은 장기간 머무를 수가 없었다. 그럼에도 불구하고 중앙정부의 시베리아·극동지역으로 인구유입정책과 지원으로 소련이 붕괴되기 전까지 이 지역의 인구는 꾸준히 증가했지만 노동력은 여전히 부족했다.[19]

1970년대와 1980년대 초에 구소련의 개발계획은 시베리아와 극동지역에 집중되었다. 원유와 천연가스가 풍부한 서시베리아 지역은 구소련에서 최대의 에너지 생산지역이 되는 과정에 있었

---

18) 김용구, p.28과 29.
19) 한종만·성원룡, 『21세기 러시아의 시베리아·극동지역 개발전략에 관한 연구』, 대외경제정책연구원, 2001, p. 27.

고 대규모 장기간 산업화 프로제트가 시베리아 전역을 대상으로 계획되고 있었다. 서시베리아의 원유와 가스가 파이프라인을 통해서 서유럽으로 수출되었고, 에너지 자원의 수출로 벌어들인 외화는 침체된 경제를 회복시키는데 필요한 기술, 자재, 그리고 만성적으로 부족한 소비재와 생필품을 수입하는데 쓰여졌다.

제2의 시베리아 횡단철도인 BAM(바이칼-아무르 횡단철도)가 중국과의 간장고조로 심각해진 국가안보와, 풍부한 자원개발의 필요성 때문에 1974년에 착공되어 1984년에 완공되었다.[20] 그러나 이런 개발에도 불구하고 구소련은 지정학적인 안보상의 이유로 시베리아를 외부와 차단시켰다. 북극해로 흐르는 시베리아와 극동지역의 하천의 물길을 방향을 바꾸어 남쪽의 초원지대로 흐르게 하려는 다비도프-플랜이 계획되었으나, 많은 환경론자들의 반대와 소요되는 막대한 재원의 부족으로 포기되었다.

1980년대 경에 시베리아와 극동에서의 대규모 투자는 매우 낮은 투자회수율을 보여주고 있었다. 많은 대규모 건설프로젝트가 완성되지 못하거나 무한정 연기되었다. 불균형적이고 일관성 없는 계획, 비효율적인 경영과 협조의 부재가 문제점으로 제기되었다.

고르바쵸프는 1986년 7월 블라지보스토크 연설에서 소련의 경제난 타개를 위해서 시베리아-극동지역의 개발의 중요함과 개발에 필요한 자본과 기술을 위해서 아-태평양 지역의 국가와의 경제협력성의 필요성을 역설하였고, 1988년 9월 크라스노야르스크 연설에서 한국과의 경제협력을 원한다고 표명했다. 이후 한국의 시베리아 극동 지역의 개발 참여문제가 논의되기 시작했다.

고르바쵸프가 집권했던 개혁의 시대에 문제점은 시베리아 자

---

20) 총길이는 시베리아 횡단철도 총길이의 약 1/2인 4296킬로미터이다.

체에 있는 것으로 간주되었다. 시베리아에 막대한 투자에 대한 비난이 일반적으로 자주 제기되기 시작했다. 시베리아의 지역분석가들과 계획자들은 반론을 폈다. 그들은 시베리아에서 생산되는 원자재의 세계시장 가격과 시베리아 자연자원과 에너지 공급에 대한 국가의 의존을 언급하면서 지속적인 높은 투자를 정당화하려고 시도했다. 여전히 1989년경에 시베리아의 산업화는 기록에 남을 실수인 것처럼 보이기 시작했다. 고르바쵸프의 아태국가들과 경제협력을 통한 시베리아-극동지역의 개발계획은 1991년이 소련이 붕괴되고 1990년대에 러시아에 거시 경제적 개혁이 시작되자 시베리아의 기업들은 파산되었다.

소련이 붕괴되고 러시아 연방이 출범한 후 옐친 행정부는 급격한 시장경제로의 이행에 따른 혼란을 수습하느라 시베리아의 발전을 위한 구체적인 경제정책과 경제개발 계획을 세우지 못했다. 경제개혁에 필요한 경제적 지원을 얻기 위한 친서방 외교에 치중하느라 시베리아-극동지역 개발에 대한 관심이 소홀히 했다. 러시아 연방정부가 지방정부와 공동으로 자유경제지대 설정, 블라디보스토크 대광역 개발프로젝트, 사하-야쿠티야 가스전 개발 및 파이라인 건설 프로젝트, 사할린 대륙붕 석유-가스개발 프로젝트, 이르크츠크 가스전 개발 및 파이프라인 프로젝트와 같은 사업의 타당성을 조사하는 수준에서 논의되었다.

그러나 이러한 프로젝트들은 막대한 해외자본의 유치되어야 가능한 사업이었지만 외국인 투자에 유리한 여러 가지 물적 법률적 여건 등이 정비되지 않아 실현되지 못하고 계획차원에서 머무를 수밖에 없었다. 연방정부와 지방정부간, 그리고 지방정부간 권한과 개발된 자원에 대한 배분에 대한 분쟁이 개발계획의 추진에 장애가 되기도 했다.[21] 연방정부의 지방정부에 대한 통제가 약화됨에 따라 연방정부 차원에서 수립된 시베리아·극동지역의 개발프로젝트는 일관성 있게 추진되기가 어려웠고 지방정부들이 제각기 자신들의 지역이기주의를 반영한 개발 프로젝트를 세우고 추진하려고 했다. 1998년 8월 금융위기를 타개하기 위한 모라토리움 선언 이후 연방정부의 지방 정부에 대한 통제력은 거의 상실되었고, 대신 지방의 정치-경제 엘리트의 영향력이 강화되어 갔고 여러 형태의 마피아 세력과 올리가르키들의 연방권력의 진공상태를 대신했다. 1999년 12월 31일 옐친의 사임으로 2000 년 3월에 대선에서 당선된 푸틴에게 시베리아를 개발하는 막중한 책무가 넘겨졌다.

Ⅳ. 러시아 연방의 시베리아 개발전략

소련이 해체된 이후에 일어난 지정학적, 지경학적 환경의 변화로 러시아 대외정책에서 아-태지역의 전략적 중요성이 부각되었다. 소연방의 해체로 발트해 3국, 우크라이나, 벨라루시, 몰다바, 카프카스 지역의 3개국 그루지아, 아르메니아, 아제르 바이잔, 중앙아시아 5개국을 상실한 러시아의 지정학적 중심이 동쪽으로 이동할 수밖에 없었고, 발트해, 흑해, 카스피해의 주요 항구들이 러시아의 관할권에서 벗어남에 따라 해양의 출구로서 블라지보스토크항, 나호드카항, 바스토지니 항과 같은 극동지역 항구들의 위상이 크게 격상되었다.22)

---

21) 옐친 시대의 연방정부와 지방정부간의 갈등에 대해서는 다음을 참조, "Yeltsin on center-periphery relation", *OMRI Russian Regional Report*, 30 Oct. 1998.
22) 홍현익, "러시아의 다극화 외교와 한-러 전략적 협력방향", 홍현익 편, 『전환기

시베리아와 극동지역의 개발에 필요한 대규모 자본투자를 위해서는 재원이 부족한 러시아는 동북아 및 아태지역 국가들과의 경제협력을 통해서 투자를 유치할 수밖에 없었다. 그리고 시장경제개혁을 성공적으로 완수하는데 국력을 집중하기 위해서는 탈냉전적 요소와 냉전적 요소가 공존하고 있는 아태지역에서 안보위협 요인을 제거하고 러시아에 유리한 대외 환경을 조성해야만 했다. 따라서 러시아는 동북아의 접경국가들과 선린우호관계를 확립할 필요가 있었다.[23]

그럼에도 불구하고 러시아 연방출범 초기에 시장경제개혁에 필요한 서방국가들로부터의 경제지원과 투자유치가 필요한 러시아는 친서방 일변도의 대외정책에 치중했다. 그러나 기대했던 서방국들로부터의 충분한 경제적 지원과 서방기업들로부터의 투자유치를 끌어내지 못하였고, 군사력을 토대로 구축하였던 구 소련의 전세계적 영향력만 상실하게 되자, 러시아는 친서방 외교에 치중했던 대서양 주의에서 벗어나 유라시아주의적 외교노선으로 선회하여 서방과 동방 양쪽을 선택적으로 포용하는 실용적 외교정책을 펼치게 되었다.[24] 이러한 변화된 외교노선에 따라서 동북아와 아태지역에 대한 전략적 중요성이 재평가되었고, 서방국가들과의 우호관계를 유지하면서 동북아 아태지역 국가들과의 정치경제 안보관계의 개선하는 균형된 대회정책으로 선회했다.

푸틴은 '강한 러시아'의 위상 회복, 그리고 실용적이고 현실적인 국익, 특히 러시아의 경제이익의 증대를 외교정책의 목표로

러시아의 대외정책』, 2000. pp. 132-149.
23) 한종만·성원용, p. 97.
24) 임현수, "대륙횡단철도의 연결과 동북아시대의 새로운 가능성 탐색: 러시아의 시각", p. 27.

삼는 대외정책을 추진하고 있다.[25] 푸틴은 앞에서 서술한 러시아의 저정학적 상황과 전략적 이해관계를 고려하여 세계경제의 새로운 중심부로 부상한 동북아 지역과 아태지역의 일원이 되려는 의도를 갖고 동북아와 아태지역의 외교활동을 강화해왔다. 2002년 2월 북러 선린우호 협력조약을 체결하여 그간 소원했던 북러관계를 정화했고, 2000년 7월 17~19일 북경을 방문하여 중국과 러시아간의 전략적 동반자관계를 재확인하였고, 19~20일에는 평양을 방문하여 김정일 국방위원장과 정상회담을 가졌다.

푸틴은 한반도를 둘러싼 동북아 4강간의 지정학적 영향력 경쟁에서 영향력을 증진시키는 외교를 펼치고 있다. 북한 핵문제에 해결에도 적극적으로 참여하여 6자 회담의 일원으로 참여하는 성과를 거두었다. 게다가 한국과의 관계에서는 경제적 이익을 최우선 목표로 두면서, 북한과의 관계에서는 정치안보적 이익 차원에서 양극관계를 강화하면서 사안에 따라 협력과 견제를 선택하는 유연한 대한반도 정책을 추구하고 있다.

시베리아·극동지역의 천연자원과 낙후된 산업을 개발하고 외자유치나 합작기업 설립 및 자유경제지대 창설 등을 바탕으로 경제개발을 촉진시키기 위해서는 지난 20년간 고속경제성장을 성취한 세계경제규모의 1/5를 점유하고 있는 이웃한 동북아 국가들과의 긴밀한 경제협력은 시베리아·극동지역의 아태지역 경제권으로 편입되는데 매우 중요하다.

러시아와 동북아 국가들과의 경제협력은 상호보완적이므로 그 실현될 수 있는 잠재력은 매우 높다. 지리적 안정성 이외에도

---

25) 강봉구, "21세기 러시아의 신안보전략", 『국제정치논총』, 2000, 제40집 2호, pp. 147-176; 고재남, "러시아 신 외교정책개념의 분석 및 평가", 『주요국제문제분석』, 2000.9, 외교안보원.

일본의 첨단기술과 자본, 한국의 생산기술과 개발경험, 중국의 노동력과 잠재시장, 북한의 노동력 등이 적절하게 결합될 경우 경제협력이 이상적으로 형태로 추진될 수가 있다. 이러한 가능성 때문에 러시아는 한국, 중국, 일본을 시베리아 극동지역 개발을 위한 중요한 경제협력 파트너로 인식하고 대규모 자본투자를 유인하는 정책을 추진해왔고 시베리아·극동지역의 지경학적 지정학적 가치의 중요성을 강조하면서 아태지역 국가들과의 경제적 교류의 증대를 역설해 왔다.

그러나 혹독한 자연환경, 방위, 원료, 에너지 채취 중심의 산업구조, 노동력 부족, 시장경제의 틀과 법제도의 미비, 취약한 산업간접자본, 중앙정부와 지방정부간의 권한과 자원 배분에 관한 갈등 때문에 기대와 달리 시베리아 지역으로의 자본의 투자와 유입은 미비했고 장기발전프로그램은 일관되게 추진되지 못했다. 따라서 동북아 및 아태지역이 세계 경제의 중심지로 부상하고 시베리아·극동지역의 지경학적 중요성이 증대되었음에도 불구하고 러시아의 경제현실은 이에 부합되지 못하고 있는 실정이다. 러시아가 경제통산관계를 맺고 있는 주요 국가들은 대부분 유럽국가들이고 아태지역 국가들은 전체의 1/3에 불과하고, 러시아의 대외무역에서 아태지역 국가들이 차지하는 비율은 고작 1~2%에 불과하다, 이러한 경제현실과 지경학적 중요성간의 불균형을 시정하고 지정학적으로 전략적으로 중요해진 동북아 및 아태지역 국가들과의 경제협력을 강화하려는 푸틴의 경제 이익을 우선으로 하는 푸틴의 실용주의적 외교정책은 기존의 시베리아 극동지역의 장기 개발계획을 검토하고 수정하는 것으로 시작되었다.

1996년 4월 15일에 승인된 『1996~2005년 극동 및 자바이탈

지역의 경제사회발전 연방 특별 프로그램』중심으로 새로운 시대적 환경과 지정학적 현실에 맞게 수정되어 시베리아 극동지역의 장기 개발계획이 작성되었다.[26]

푸틴 정부의 시베리아 개발전략을 요약해보면 다음과 같다. 시베리아의 연료-에너지 자원은 과거처럼 여전히 러시아 경제를 안정시킬 수 있는 바탕이 된다. 이 지역에서 채굴되는 가스는 러시아 전체 생산량의 90%, 석탄은 72%, 석유는 67%가 된다. 따라서 시베리아 석유·가스 산업은 러시아 경제에서 가장 안정적인 산업이었고 재정과 외환보유를 충당할 수 있는 원천이었다. 러시아 연방정부는 서시베리아의 석유 및 가스 채굴을 안정시키고 동시베리아와 사할린 석유·가스전을 개발하여 아태지역 국가들에게 공급에 필요한 파이프라인 네트워크를 구축하는 장기간 개발전략을 수립해 놓고 있다.

유럽과 아시아를 연결해주는 시베리아횡단철도(TSR)를 바탕으로 한 시베리아와 극동지역에 철도, 도로, 항공로 등을 포괄하는 교통망을 확충시키는 계획이 수립되었다. 그리고 시베리아의 생산잠재력을 활성화시키기 위한 첨단과학 기술과 IT관련 기술을 발전시킬 전략이 수립되었다. 노보시비르스크, 톰스크, 크라스노야르스크, 이르쿠츠크 같은 시베리아 대도시에 국립 소프트웨어 정보전산센터 설립, 첨단과학생산을 활성화하기 위한 대규모 테크노 파크 조성, 군산복합체 기업들을 기반으로 몇몇 국가 프로젝트를 추진하는 계획이 서있다.

이러한 전략적 과제를 실현하기 위해서 러시아 연방정부는 좋은 투자환경의 조성, 효율적 자원이용, 과학기술집약산업에

---

26) "러시아 극동지역 장기발전프로그램 개요", 『지역경제』(대외경제정책연구원 지역정보센터) 1996년 9월호, pp. 115-122 참조.

대한 조세감면 등과 같은 특별한 지원을 해야 할 것이다. 구체적인 지원책으로 중앙정부, 중앙은행, 지방정부간의 조정을 강화하여 연방정부는 시베리아·극동지역 문제에 보다 많은 관심을 가져야 하고, 특별관세대우, 자유경제지대, 그리고 노보시비르스크의 아카젬고로독에 미국의 실리콘 밸리 같은 첨단기술산업단지를 창설하고, 외국인 투자 유치를 위한 좋은 환경을 조성하는 계획도 세웠다.

이러한 장기 개발을 실현하는데 소요되는 막대한 재원을 마련하기 위해서 러시아 정부는 해외자본과 투자를 유치를 위해서 동북아와 아태지역의 국가들과 경제협력을 한층 더 강화하는 경제외교를 펼치고 있다. 1998년에 APEC에 가입했고 ASEM에 가입하여 지역간 경제통합에 관한 협의에 적극적으로 참여하려 하고 있다.

이러한 지역 경제협의체를 기반으로 시베리아·극동지역의 석유와 가스를 개발하여 동북아 국가들에게 공급할 파이프라인과 송전선을 구축하려 하고 있고, 유럽과 아시아를 잇는 대륙간 운송의 지경학적 이점을 활용하려는 방안들을 ASEM의 틀 내에서 논의하려 하고 있다. 그리고 인구밀도가 낮은 시베리아 극동지역의 개발에 필요한 노동력을 확보하기 위해서 중국과 북한과의 긴밀한 협력을 통해 외국인 노동력을 유치하려 하고 있다.[27]

러시아는 시베리아와 극동지역의 주요 하천에 건설된 수력발전소에 생산되는 전력의 상당한 양이 남는다. 2005~2010년에 이르쿠츠크 발전소의 유휴전력은 약 10~150억 kW/h 그리고 크라스노야르스크 발전소의 유휴전력은 130~150억 kW/h이어서

---

27) 한종만·성원용, p. 115.

잉여 전력은 250~300억원 kW/h에 이를 것이고, 건설될 사하공화국의 우츠르스크 수력발전소에서 생기는 잉여전력이 400~500억 kW/h이 된다. 이러한 유휴전력을 고압송전선을 건설하여 동북아 국가에 공급하려는 프로젝트도 갖고 있다.[28]

시베리아 극동지역은 유럽과 아시아를 잇는 교량으로서 최단시간에 여객과 화물을 수송할 수 있는 육상, 해운, 항공 등 여러 운송루트가 통과하기 때문에 국제화물통과운송 서비스를 제공할 수 있는 유리한 지경학적 위치에 있다. 그리고 시장경제개혁 이후 시베리아극동지역과 동북쪽의 미국 캐나다와 남동쪽의 일본, 중국, 한국 등 동북아 국가들과의 사회·경제적 관계가 증대되고 있는 실정이어서 북미국가들, 동북아 국가들, 그리고 유럽을 연결시켜준 시베리아 극동의 운송망의 중요성은 더욱 더 커지고 있다. 여러 운송 수단 중에서 교통망의 중추역할을 담당하고 있는 철도운송의 획기적인 개선 전략이 시베리아·극동의 교통망 개선을 위한 방안중의 하나로 논의되고 있다.

유럽, 북미, 아-태지역을 연결하고 통과화물의 수송으로 막대한 외화수입을 예상하고 철도를 발전시키려는 전략이 제의되었다. 바이칼-아무르(BAM) 철도를 서쪽으로 연장하는 북시베리아철도 건설을 완결하고 시베리아 횡단철도를 재건하는 프로젝트가 제의되었고, 북동쪽으로 배링해협을 통과하는 대륙간 철도를 건설하고, 남동쪽으로는 네벨스키 해협을 통과하여 사할린으로 연결되고 계속해서 라페루즈 해협을 지나 일본까지 연결하고 한반도 횡단철도와 시베리아 철도를 연결하는 사업, 야쿠티야야에서 아무르-야쿠

---

28) 김대형, 2000. 10. 6, "시베리아의 천연가스 자원과 러시아의 동북아지역 천연가스 수출 전략", 한국시베리아학회·한국철도학회 주최 학술회의『시베리아철도 및 자원개발과 동북아의 국제협력』발표문.

협조와 갈등의 경제학 329

츠크철도, 잘린다 굴란을 지나 중국 내륙으로 향하는 철도 건설 등이 논의되고 있고, 시베리아 극동지역에서 개발된 천연자원을 운송하기 하기 위해서 천연자원 채굴지에서 시베리아횡단철도(TSR)과 BAM 등으로 연결하는 방안이 제시되고 있다.

급격한 경제발전을 이룬 아태지역 국가들의 급증하는 수출 물량을 유럽으로 운송하는데 중심역할을 했던 해상운송의 대안으로서 TSR을 활성화하는 프로젝트가 제안되었다. TSR을 러시아 역내 지역간 수송 및 국제 컨테이너 화물수송을 담당할 수 있는 고속 화물-여객수송철도로 전환하는 작업이 진행되고 있다. 이외에도 수송의 신뢰성과 안전성을 제고하면서 문전에서 문전까지 적시에 화물을 운송해주는 시스템인 선진화된 복합화물 운송관리체계의 구축이 계획되고 있다.[29]

이와 같이 여러 가지 철도 확충과 새로운 해운로와 운송로를 건설하는 프로젝트가 논의되고 있지만 논의 수준에 머물고 있고 실효성이 높고 타당성이 잇는 사업은 TSR과 BAM을 현대화하여 화물수송의 효율성을 제고하고 후에 남북한 종단철도 및 중국의 동북철도와 연결하는 것이다.

V. 시베리아 개발에 한국의 참여와 TSR과 TKR의 연결

한국의 시베리아 개발에 참여는 지리적으로 인접한 극동지역

---

29) 이 과정에서는 다양한 형태의 운송수단과 공항, 항만, 세관이 긴밀하게 상호 작용을 한다. 발전된 항공, 철도, 도로, 수로, 파이프라인 수송 망 등이 구비되어 있고 유라시아 대륙의 동과 서를 연결시켜주는 위치에 있는 노보시브르스크가 가장 유력한 지역으로 고려되고 있다.

과 동시베리아에 치중되어 있다. 그 중에서는 한국의 투자와 교역의 90%가 하바로프스크주, 연해주, 사할린주 3주에 집중되어 있다. 이들 지역에 대한 한국의 수출은 1993년 이후 매년 급증하다가 1998년 러시아 금융위기 이후 감소하다가 2000년도부터 러시아 경기가 회복세에 따라 증가하고 있다. 한국의 극동지역에 대한 주요 수출은 전기, 전자제품, 식료품, 자동차, 섬유, 의류 등이며 주요 수입품은 수산물, 목재, 고철 등이다.

극동지역의 최대 투자국인 미국은 1,842백만 달러로 극동지역 외국투자 총액의 62.7%를 차지하고 있고, 일본에 이어 한국은 211.9백만 달러로 전체의 7.2%를 차지한다. 봉제업, 서비스, 무역 농업합작사업 등의 중소기업 중심으로 투자되고 있고, 한국통신이 기본통신, 휴대폰, 인터넷 사업에 진출하고 있다.

그리고 극동지역의 자원 개발에 대기업들과 컨소시엄 등을 구성하여 가스·석유 등의 채굴과 개발하는 대형 프로젝트에 참여 중에 있다. 이르크추크 가스전 개발, 사하공화국 가스전개발, 사할린 프로젝트의 참여에 계획 중에 있다. 안정적인 에너지 자원을 확보하기 위해 러시아의 에너지 자원의 공동 개발 및 이용에 관심을 가졌던 한국과 외자유치를 통해 낙후된 시베리아·극동지역의 개발을 도모하고 원료 및 에너지 산업의 활성화를 통해 국내산업을 현대화하려는 러시아는 이해관계의 일치로 협력을 진행해왔다.

이르크츠크 가스전 개발 프로젝트는 러시아연방 이르쿠츠크시 북방 약 450㎞에 위치한 코빅틴스크 가스전을 개발하여 일부는 러시아에 공급하고 나머지는 총연장 4,115㎞의 파이프라인을 통하여 중국 및 한국 등 인근 국가에 천연가스를 공급하는 프로젝트이다. 코빅틴스크 가스전은 현재 확인 매장량 만 약 8,700억

m3에 달하고, 1966년 12월부터 1997년 7월까지 진행된 예비 타당성 조사결과 지리적 여건, 매장량, 인프라 구축 면에서 경제성과 실현성이 높은 것으로 평가되었다.[30)]

그러나 이 프로젝트는 개발주체가 모호한 상태에서 몇 차례의 실무회의를 통해 사업의 공동추진에 대한 합의만 하였을 뿐 더 이상 진전이 없었다. 그러던 중 1999년 5월 김대중 대통령의 러시아 방문시 이르쿠츠크 가스전 개발타당성 조사사업에 한국의 참여를 요청한 뒤 3국 대표간 협상이 계속 진행되어 왔고, 2000년 9월 모스크바에서 열린 한, 중, 러 사업주체간 제5차 실무회의에서 이르쿠츠크 가스전 개발타당성조사 사업에 한국이 참여하는 3자간의 협정에 성명함으로써 사실상 한국이 이르쿠츠크 천연가스전을 공동 개발키로 확정되었다.

한국, 중국, 러시아는 앞으로 2001년 말까지 본격적인 타당성 조사사업을 추진하여 그 결과 사업성이 있다고 판단되면 2002~2008년까지 가스전 개발 및 배관공사를 실시할 예정이다. 그리고 2008년 내지 2010년에는 전체 생산량의 1/3 수준인 연간 700만 규모의 가스를 한국에 도입할 수 잇을 것으로 전망된다. 가스전의 총개발비는 약 110억 달러로 이중 한국측 부담액은 40억 달러 선으로 예상되며 총 9개사가 콘소시엄으로 참여할 계획이다.

이 사업이 실행되면 현재 동남아 및 중동지역에 집중된 가스 공급선을 다변화시켜 가스 공급안정을 확보하고, LNG에 비해 상대적으로 저렴한 PNG를 공급받게 됨으로써 가스도입비용 절감에도 도움이 될 것으로 전망된다. 그리고 러시아, 중국, 한국을

---

30) 정기철(1998. 11. 28), 「시베리아 가스사업과 한국기업의 참여」; 김대형(1998. 11.28), 「시베리아 가스개발사업과 동북아 지역의 자원협력」; 산업자원부 공보실, 「러시아 이르쿠츠크 가스전 개발타당성 조사 추진 현황」.

연결하는 동북아 국가간 에너지협력이 본격적으로 추진될 것이고 동북아지역 경제협력을 증진시키는 계기가 될 것이다.[31]

또한 남북화해협력 분위기가 고조됨에 따라 이르쿠츠크 가스 배관망이 북한을 통과할 가능성이 높아져 가스분야에서 남북협력을 증진하는 기회가 될 수도 있을 것으로 기대된다. 남과 북은 2001년 9월 6~7일 이르쿠츠크 가스관의 북한 통과 타당성조사 여부를 협의하기 위한 실무협의에서 양측간 공동조사를 추진키로 원칙적인 합의를 하였다.[32] 이번 합의로 몽고지역을 우회해 만주와 북한을 거쳐 한국으로 연결될 수 있는 가능성이 높아졌다. 가스배관망이 북한을 통과할 경우 당초안보다 거리가 180km가 늘어나지만 서해해저를 통과할 필요가 없어 공사비를 절감할 수 있게 되었다. 이것이 실현될 경우 남북간의 에너지 협력이 강화되고 다른 분야의 경제협력을 증진시켜 한반도의 안정과 평화에 기여할 것이다.

한국과 러시아 사이에는 사하 공화국 가스전 개발 및 파이프라인 건설 사업이 논의된 적이 있나. 사하 공화국 가스전 개발 프로젝트는 빌루스크, 차이얀드스코에 석유가스지대의 1.7조 CM의 천연가스를 개발하여 야쿠츠크-하바로프스크-블라디보스토크-원산-서울에 이르는 5,500km의 파이프라인을 건설하고 2000년대 추부터 동북아지역에 천연가스를 공급한다는 구상으로 소요되는 총 투자액은 200~250억 달러로 추정되었다.

1992년 12월 옐친 대통령의 한국 방문시 사하 공화국 가스전 공동개발 의정서가 체결된 뒤 1994년 11월부터 약 1년여 기간에 걸쳐 예비타당성 조사를 실시한 결과 사하 공화국 가스전은 영

---

31) 한종만 · 성원룡, p. 150.
32) 『한겨레신문』, 2001. 9.11일자.

구동토지역으로 개달 여건이 열악하고 가스전이 넓은 지역에 산재해 있어 개발비용이 예상보다 많이 소요되어 경제성이 떨어진다는 평가가 나왔다. 이러한 기술적 경제적 문제점과 당시 남북관계가 냉각된 상태에서 파이프라인 북한을 통과하는 정치적 문제가 제기되어 실현가능성이 희박하다는 평가가 내려졌었다.

그러나 사하 가스전 프로젝트는 현재의 경제적인 측면에서는 투자가치가 없지만 장기적인 개발대상으로 검토될 필요성이 있다. 이르크추크 가스전 하나만으로는 한국과 중국 등이 필요로 하는 충분한 양의 가스를 공급하기에 부족함으로 거대한 천연가스가 매장되어 잇는 사하가스전을 개발하여 이르쿠츠크 가스전 파이프라인과 연계하는 작업이 필요하다.[33] 러시아의 투자환경이 개선되고 동북아 국가들간의 에너지협력 및 공동투자 분위기가 성숙된다면 사하 가스전은 차세대 동북아 에너지 공급원이 될 잠재력이 높다고 할 수 있다.[34]

현재 동북아 천연가스사업 중 가장 구체적인 사업 진행이 이루어지고 있는 곳은 사할린 프로젝트이고 동북아 3국 중 일본이 '사할린 프로젝트'에 주도적으로 참여하고 있다. 사할린 프로젝트는 사할린 인근 대륙붕에 매장되어 있는 석유 및 천연가스를 개발하여 파이프라인을 통해 사할린 최남단에 위치한 프로고로드에 LNG 생산기로 수송한 다음 액화시켜 LNG 형태로 일본, 한국, 중국 등에 공급하려는 프로젝트이다. 현재 사할린 1부터 사할린-Ⅷ까지 총 8개의 프로젝트가 추진되고 있으나 이 중 개발이 활발하게 진행되고 있는 프로젝트는 사할린-Ⅰ, Ⅱ 2개의 프

---

33) 김대형(2000.10.6), 「시베리아의 천연가스 자원과 러시아의 동북아지역 천연가스 수출전략」, p. 23.
34) Vladimir I. Ivanov, op. cit., p. 98.

로젝트이다.35) 한국은 1994년 12월 고합을 중심으로 4개 기업이 콘소시엄을 구성하여 러시아의 2개사가 보유하고 있는 40%의 지분 중 5~10%를 인수하려 했으나 성사되지 않았다. 2000년 1월 10일 모스크바에서 한국은 러시아와 에너지 협력협정을 체결하고 미국, 일본, 러시아 3국이 공동개발중인 사할린 가스전 개발사업에 한국이 참여할 수 있도록 협력해나가기로 합의했다.

나호트카 한·러 공단 건설 계획도 한·러 간의 경제적 타당성 조사가 완료되고 여러 가지 법적인 제반제도가 갖추어졌지만 아직 착수되지 못하고 있다.36) 건설이 된다면 나호트카 한·러 공단은 러시아 극동최대의 컨테이너 화물 처리항인 보스토치니 항구와 러시아 전역과 유럽으로 연결되는 시베리아횡단철도(TSR)역에 근접한 임해지역에 위치하고 있다. 따라서 화물의 수출입이 용이하여 러시아 및 유럽시장 진출을 위한 물류기지로서의 역할이 기대될 뿐만 아니라 장차 동북아 경제권의 중심지로서의 무한한 잠재력을 가진 연해주 지역에 우리 기업의 전진기지로서의 역할을 수행할 것으로 기대된다.

이렇게, 한·러 정부간 수준에서 합의된 일련의 경제 협력 프로젝트들이 착수되고 있지 못하고 대기업들의 대러 대규모 투자는 활발하지 못하지만 연해주 일대를 중심으로 한 중소기업의 진출과 농업협력은 실질적으로 꾸준히 진행되어 왔다.

러시아 수산해양 개발에 한국의 참여는 한국의 어선이 러시아

---

35) 권원순, "대러시아 자원개발 진출의 의의와 가능성", 정여천 편, 『한·러 경제교류 10년의 평가와 러시아 경제의 미래』, 서울: 대외경제정책연구원, 2000, pp. 156-159.
36) 나호트카 한-러 공단추진현황에 대한 자세한 것은 다음 문헌을 참조: 이동진, 「러시아 나호트카 한러공단 조성사업 추진현황」, 한·러시아극동 시베리아협회 주최. 『협력증진을 위한 국제세미나』(서울:1999. 11.22) 발표문.

수역 내에서 매년 배정받은 쿼터 한도 내에서 일정한 입어류를 지불하고 조업하는 형태로 진행되었다.37) 러시아 수역내에서 한국 어선의 어획활동은 한국 총 원양어획고의 20% 이상을 차지할 정도로 급격하게 성장하였다. 러시아 수역내에서 한국 어선들이 잡는 어종은 주로 명태와 대구로, 특히 명태의 경우 한국의 명태 총생산량의 97% 이상을 차지할 정도이다. 러시아 어장은 우리의 바다와 근거리에 위치해 있어 어업경비가 소요가 적으며 조업관리가 용이하다는 이점이 있다.

그러나 러시아가 국내 어족자원의 보호를 이유로 매년 쿼터량을 감축하고 자국어민 보호를 위해 대외국 쿼터 배정량을 축소함으로써 한국에 할당된 어획 쿼터는 1997년 7만 4천 톤에서 1998년 6만 7천 톤, 1999년 5만6천 톤, 2000년 4만4천 톤으로 줄이는 등 러시아 정부는 자국의 수산자원 보호를 위한 조업규제를 강화하고 있다. 따라서 그 대책으로서 남북 경제협력이 확대되는 추세에 맞추어 남. 북한. 러시아간 러시아 경제수역과 공해상에서 공동조업하고 생산물을 분배하거나, 러시아와 한국이 선박과 가공기술을 제공하고 북한이 노동력을 제공하는 방식으로 3국간의 어업협력을 강화해 나가는 노력이 필요하다. 또한 한국은 러-북간의 어업협력사업에 참여하여 선박 등 조업경비를 일부 부담하는 대신에 어획량을 확보하는 방안도 모색해 볼 수 있다.38)

한국은 러시아 극동지방의 삼림자원개발에 1990년 9월부터 현대그룹이 연해주 스베틀라야 지역 삼림개발에 사업에 착수한 이후 1998년 9월말 현재 총 4개 업체가 단독 또는 합작형태로 총 1,775만 달러를 투자하여 임지개발과 제림목, 생산을 해오고

---

37) 정여천(1977), 『한-러시아 경제교류의 현황과 정책과제』, p. 56.
38) 한종만 · 성원룡, p.158.

있다. 한국은 러시아에서 많은 원목을 수입하고 건축목공품을 러시아에 수출하고 있다. 러시아의 시베리아 극동지역은 장기적으로 한국이 필요한 충분한 양의 목재를 제공할 수 있는 것으로 전망된다. 그리고 TSR-TKR이 연결될 경우에 물류비용감소와 벌목 기간 단축으로 시베리아 극동지역의 살림개발이 경제성이 사업으로 부각될 수 있기 때문에 저임의 북한 노동력을 이용한 남한-북한-러시아 3국이 살림개발에 협력하는 방안을 생각해볼 수 있다. 북한의 노동력과 한국의 목재가공 기술 및 기계류를 결합하여 사하, 마가단, 아무르, 하바로프스크 지역의 목재를 벌목하고 가공된 제품을 한국과 일본으로 수입하거나 기타 아태지역으로 수출하는 방안을 추진할 필요가 있다.

러시아 극동의 아무르주, 하바로프스크주, 연해주를 중심으로 한국의 농업투자가 진행되고 있다. 대회 의존적 식량수급 구조를 완화하고 장기적-안정적인 식량공급처를 확보하려는 식양안보적 차원에서 러시아 극동, 특히 연해주 지역의 농업개발에 투사하기 시작했다. 연해주 지역은 기상환경 조건이 벼농사 북부 한계지역에 속하고 주변에 항카호 등 수자원이 풍부하고 지형이 평탄해 적은 비용으로 물길을 내고 논밭을 갈아 농작물을 재배하기에 적합하고, 중앙아시아 지역에서 대규모로 이주한 고려인들의 정착을 도울 수 있고, 북한과 인접해 있기 때문에 러시아의 토지, 북한의 노동력, 한국의 농업기술과 자본을 이용하여 생산된 농산물의 일부를 북한에 공급하는 3국간의 농업협력이 실현할 수 있는 가장 적합한 지역이다.[39]

---

39) 구천서,이병화(1997), 『연해주 농업개발과 환경여건』; 한국농촌경제연구원(1997),
『러시아 연해주지역의 농업투자관련 법령과 제도』; 농어촌진흥공사(1997), 『러시아 연해주 농업투자환경 조사보고서』.

이러한 농업협력 사업은 식량 수급구조에 어려움을 겪고 있는 러시아의 극동지역에도 도움이 된다. 러시아 극동지역은 2,892천ha에 달하는 광대한 농경지를 갖고 있으나 노동생산성의 하락과 함께 노동력 부족, 농업생산에 필요한 사회간접자본의 미미, 농업생산 지원을 위한 재원의 부족 등으로 농업생산이 감소하고 있어서 연해주 정부도 한국 기업들이나 영농단체들의 농업투자를 반기고 있다. 고합상사와 남양알로 같은 기업과 새마을 운동중압협의회와 농촌지도자 중앙연합회 같은 민간 단체와 두레마을과 순복음교회 같은 종교단체들이 합작 또는 직영형태로 영농을 하고 있다.[40]

1. 시베리아 횡단철도(TSR)과 TKR(한국종단철도)의 연결

시베리아 횡단철도는 군사적 목적과 이민을 촉진하기 위하여 1887년 러시아 짜르 알렉산드르 3세의 지시로 타당성 조사를 거쳐, 1891년 블라디보스토크에서 첼랴빈스끄 구간 시작으로 착공되었다. 1897년에는 부분적으로 첼랴빈스크~이르쿠츠크가 개통되었고, 만주에서 東淸鐵道를 중간에서 이용하여 합선(合線)하는 등의 방법을 취하기도 하였다. 러·일전쟁 후 하바로프스크를 경유하여 국내만을 통과하는 본래의 시베리아철도 전구간이 1916년 개통되었다.[41] 그러나 세계 제1차 대전, 러시아 혁명, 내전 등으로 시베리아 횡단철도는 일부가 파괴되어 일부 구간의

---

40) 연해주에 농업투자에 대한 자세한 현황에 대해서는 다음을 참조: 박래경 외, "극동러시아 연해주에서 한국 민간단체 투자 및 직영농장의 경작실황", 『북방농업연구』, 제8권, 1999, p. 91-112.

41) 두산세계대백과 EnCyber, http://kr.encycl.yahoo.com/final.html?id=100495(검색일 2004.01.18).

운행이 중단되다가 1924년에 전구간의 운행이 재개되었고, 1937년 전 구간의 복선화가 완성되었다.

 TSR이 동북아와 유럽을 연결해주는 유일한 육상 운송로지만 여러 가지 문제점 때문에 비용과 시간에서 효율성이 떨어져 해상운송과 경쟁력이 약화되고 있다. TSR은 국제철도운송협력을 적용하고 있어서 국제화물운송협정을 채택하고 있는 유럽지역으로 보내지는 한국수출화물운송에 복잡한 운송절차 때문에 운송비용이 증가되고, 컨테이너 화물에 불리한 철도화물 요금체계를 적용하고 있고, 한국, 북한과 중국의 국제규격의 철도 궤도와 다른 광궤를 사용하고 있어서 접경지역에서 화물의 환적 또는 열차바퀴를 교환하는데 걸리는 시간 때문에 비용증가 및 운송시간의 연장되는 문제점이 발생한다. 러시아 극동항의 보스또치항과 나호트카 항구는 항만의 규모가 작고 하역 장비의 노후로 심한 체선 및 적화 현상을 빚고 있고, 화차의 부족과 동절기 나쁜 기상조건은 내륙운송을 지연시킨다. 그리고 러시아의 내부의 구조석인 문제 즉, 광활한 지역과 물동량의 불균형 때문에 비싼 회수비용으로 인한 컨테이너 회수에 문제는 콘테이너 부족현상을 유발하여 운송비 상승의 요인이 된다.42)

 이러한 문제점뿐만 아니라 유럽항로에 취항하는 선사들의 운임경쟁에 따른 해상운송운임의 인하, 소련 붕괴 이후 러시아 철도운임의 급등, 화물운송사고 발생, 복잡한 세관 수속 등의 이유로 현재에는 해상운송과의 경쟁에서 밀린 상태이며 한국의 하주 입장에서 볼 때 부산에서 유럽 중부지역까지 TSR을 통한 콘테이너 화물 수송은 수송일수, 수송비용, 운송시간의 정확성 면에서

---

42) 김상원, "동북아경제협력과 TSR 운용방안", 『슬라브연구』, 2001, 제17권 1호.

해상운송보다 비교우위에서 떨어진다.[43]

　이러한 상황에서 러시아는 최근 유럽-아시아간 육상교통환경을 개선·강화하려는 국제사회의 여론에 따라 해상운송과의 경쟁력에서 TSR의 비교우위를 확보하여 유라시아의 대륙의 기간철도망으로 부활하기 위한 전략적 준비를 하고 있다. 러시아가 TSR의 활성화 및 재건을 위한 국가계획을 구상하게 된 계기는 ALTID(아시아육상교통망개발) 계획하의 TAR과 긴밀하게 연관되어 있다. 1992년 4월 UN 아태경제사회이사회(UN ESCAP)는 베이징에서 열린 제 48차 총회에서 아시아 고속도로망, 아시아 횡단철도망, 아시아육상교통 이용촉진을 합의한바 있다.

　러시아연방교통부는 행상운송과 비교해서 악화된 TSR의 경쟁력을 만회하기 위해 TSR의 기간시설을 현대화하고, 실시간 컨테이너 추적정보 부재, 통일된 화물운송협정의 부재로 인한 복잡한 운송절차, 운송시간의 정시성 등 지적된 문제들을 해결하려고 노력하고 있다. 이러한 과정의 일환으로 러시아연방 교통부는 한국-러시아, 러시아-일본을 오가는 해운선박들의 분기별 운행시간표에 맞추어 TSR을 운행하는 고속컨테이너 화물열차의 운행시간표를 조정하고 있다. 이 운행 시간표는 보스토치니 항구에 선박이 도착하고 컨테이너를 하적한 다음 날에 나호드카와 바스토치나 역에서 열차가 출발하도록 규정하고 있다. 열차운행의 시간의 정시성을 이행하고 화물 선하증권의 연속성을 보장하기 위하여 1999년부터 나호드카-보스토니아 역과 판란드을 오가는 구간에 고속 컨테이너열차를 운행하고 잇다.

　해상운송과 비교해서 경쟁력을 확보하기 위하여 일부구간에

---

43) Ibid.,

기준요율보다 낮은 특별요율체계를 적용하고 있고, 효율적인 화물수송과 비용절감을 위하여 전 분야에 첨단 정보처리기술을 도입하려 하고 있으며. 위에 언급된 효율성과 경쟁력을 제고하기 위한 여러 조치들 때문에 TSR 운행은 최근 수년간 상당히 개선되었고, 통과시간, 화물보존상태, 컨테이너, 이동추적 및 고객에 대한 정보제공, 통과운임 면에서 해운과 비교해서 경쟁력을 회복하고 있는 추세에 있고 1999년부터 TSR을 이용한 컨테이너 운송량도 평균 50%씩 증가하고 있다.

현재 TSR을 통해 운송되는 화물은 유라시아 통과 화물의 일부에 불과하지만, 앞으로 TSR이 유럽과 아시아를 연결하는 유라시아 교통망의 중심으로 확고한 자리를 구축하고 복잡한 운송절차, 화물수송 추적정보의 부재, 항만에서 장시간의 대기로 인한 정시성 미확보, 극동의 TSR 연결항구의 화물처리능력 부족 등의 문제를 해결한다면 해상운송로와 TCR에 비해가 가장 경쟁력 있는 복합운송망으로 발전하여 유럽으로 가는 컨테이너 물동량의 30~40%까지 운송할 수도 있을 것으로 전망되고 있다.[44]

러시아는 최근 철도의 민영화를 목표로 국가의 철도산업에 대한 통제 강화, 철도 인프라 현대화, 상업적 기능의 민영화를 주요 골자로 하는 2010년까지 3단계에 걸친 철도산업 개혁 및 구조조정 계획을 발표하였다. 그러나 러시아 철도는 연인원 14억 명이 이용하는 총 연장 8만6천 킬로미터의 노선을 가지고 있으면 철도관련 근로자만 120만6천여 명에 이르는 거대한 조직이다.[45] 철도가 전체 화물운송에서 차지하는 비중이 1990년에는

44) 이재영, "한-러 운송협력의 의미와 전망: '철의 실크로드' 구상을 중심으로", 『中小研究』, 통권89호(서울: 한양대학교 아태지역연구센터, 2001), pp. 89-90.
45) 권원순, p. 96

37.1%이었으나 1999년에는 58.2%를 차지할 정도로 러시아 운송에 있어서 철도의 역할은 중요하다.

러시아 철도의 컨테이너 운송 물량이 1990년부터 계속 감소하여 1998년에는 1990년 대비 22.1% 수준까지 감소하여 약 6백70만 톤 정도에 그치고 있다. 1998년 현재 철도 운송 용량이 1990년 대비 77.9%의 유휴 운송용양이 존재하고, 이 유휴 운송용량을 이용한 운송 수량의 확보와 이를 통한 러시아 철도의 수입구조의 개선을 위하여 러시아 철도의 간선망인 TSR과 TKR의 연결이 필수적이기 때문이다. 러시아의 극동 및 시베리아에서의 화물은 원자재인 석탄과 철광석류이고, 컨테이너화물 발생이 주로 한국, 일본, 중국에서 이루어지므로 이들 나라와의 철도의 연결을 통한 운송 및 화물 수량의 고정적인 확보를 목적으로 러시아가 TSR과 TKR의 연결에 적극적으로 나선 이유인 것이다.[46]

뿐만 아니라, UN ESCAP의 주관 하에 추진되고 있는 TAR계획의 북부노선의 간선구간으로 TSR의 위치를 확고히 하기 위해서는 TSR의 운송화물의 대부분이 발생하는 한국 및 일본과 직접적인 철로 연결이 필요했고, TRACECA(Transport Corridor Europe Caucasus Asia)계획에 의한 중앙아시아-코카서스지역-유럽과의 교통망 연결이 중국철도와 연결될 경우 러시아의 간선망이 TSR이 TAR의 북부노선에서 제외될 수 있다는 위기감이 작용했고, 무엇보다도 TSR과 TKR의 연결이 운송수입, 러시아 철도의 수입구조 개선, 철도부의 사유화 기여 등 러시아에게 경제적 이익을 가져다 줄 수 있다는 계산 등 복합적인 이유가 작용했다.[47]

---

46) 권원순, "한-러 운송협력의 현황과 전망: 시베리아횡단철도(TSR)와 한반도종단철도(TKR)의 연결과 한·러 경제협력", 『유라시아 연구』, 제1권 2호, 2001, p. 98.
47) 권원순, p. 100.

한국의 TSR 이용추이는 1991년부터 꾸준히 증가하여 1996년을 정점으로 1999년까지 계속 감소하다가 2000년 들어 급격히 증가하는 양상을 보이고 있다. 보스토치니항과 바니노항 하역 컨테이너를 기준으로 살펴보면 1999년도 우리나라의 수출화물의 TSR 이용실적은 총 24,160 TEU이며 2000년도에는 39,434 TEU이다. 수출입화물 중 유럽까지 운송된 컨테이너물량은 1999년도에 TSR 이용 컨테이너 수술화물의 42%인 10,152 TEU를 기록하였고, 2000년도에는 더욱 증가하여 57%인 22,544 TEU였다. 반면 수입화물의 경우 1999년도 TSR을 통한 운송 컨테이너의 약 60%인 4,593 TEU였으며, 2000년도에는 73.6%인 7,303 TEU였다.[48)]

북한의 경우 러시아와의 무역규모는 작을 뿐만 아니라 철도를 통한 컨테이너 운송이 극히 적은 수량이고 중국의 경우는 철도를 통한 대러시아 교역 노선이 TSR 뿐만 아니라 만주와 몽고, 중아 아시아 등을 경유하는 대안 노선이 존재한다. 따라서 동북아 국가 중에서 한국과 일본의 대러시아 교역규모 및 구조뿐만 아니라 유럽으로 수술하는 물량의 TSR이용 증대와 활성화에 밀접한 연관이 있다.

최근 러시아는 TSR의 서비스 개선 및 이용증대를 위해 많은 노력을 기울이고 있다. TSR 운영개선을 위하여 광케이블을 설치하고 자동패색기외 조차 및 배차 중앙관리 시스템을 갖추었고, TSR 이용 통과화물의 세관신고 절차를 간소화하고 운행시간을 단축시켰고, 출발, 정차, 도차역의 정시성 확보를 위한 지연요소 제거와 기관차 및 승무원 교체 화차의 기술적 점검, 컨테이너 검시시간 단축 등의 조치를 취했다.[49)]

---

48) 권원순, p. 101.
49) Tselko A. V., "한국종단철도 복원에 따른 한-러협력발전과 시베리아횡단철도와의

그 결과 해상운송을 포함하는 TSR을 통한 유럽까지의 운송비용은 해상운송에 비해 경쟁력이 있음을 보여주고 있다. 부산에서 유럽 독일의 도시까지의 해상 운송료를 1500불로 가정하면 70~250불 정도 저렴하면, 운송소요시간 면에서는 해상운송을 26일로 가정하는 경우 8일 단축시킨 18일이 소요될 것이다.[50] 그럼에도 불구하고, TSR을 통한 수출화물 운송비의 경제성이 비싸게 여겨지는 것은 보스토치니항과 부산간의 해상 운송비에 기인한다. 현재 부산-보스토치니간 해상운송은 TEU당 1,175불로 상당히 비싼 편이다. 이러한 비싼 해운운송비를 보안해주기 위해서 러시아 철도부는 한국발 컨테이너에 0.01$이라는 저렴한 요율을 적용시켜주고 TSR를 통한 컨테이너 화물의 운송비의 경쟁력을 높여주고 있다.

이렇게 러시아가 최근 TSR 이용 증대와 활성화, 경쟁력을 높이려는 노력과 여러 가지 조치에도 불구하고 여전히 몇 가지 문제점이 남아 있다. 실시간 컨테이너 추적정보가 제공되지 않고 있다. 이것을 보완하기 위해서 인터넷을 통한 정보제공을 하겠다고 밝히고 있다. 러시아 내륙과 유럽으로의 통화 화물의 경우 비교적 빠른 배차와 정기 편성 열차의 이용이 가능하나 그외의 지역은 열차 대기 시간이 길어져 정시 운송이 안 되는 현실이다. 그리고 TSR과 연결되는 극동의 항구의 화물하역 능력이 충분치 않다. 보스토치니와 나호트카의 연간하역능력이 2,340만

연결전망", 러시아 연방철도부 · 시베리아횡단운송국제조정위원회 · 주한러시아 무역대표부, 『21세기 시베리아 횡단 육상교량 러-한 운송부문 관계발전에 대한 전망』, 서울 2000.2.12.

50) system of Transport Service, Ministry of Railway Transport of Russian Federation, Terms and Conditions for Transporting Transit Cargo in Containers via the Transsiberian Mainline, Moscow, 2000. mimeo.

톤 정도에 불과해 향우 한국 및 일본과의 수출입 물량이 증가하고 있고 유럽으로 향하는 통과화물의 물동량이 증대되는 추세에 있어서 곧 항만의 포화상태가 예상된다.[51]

한국종단철도와 시베리아 철도가 연결될 경우 화물 해운운송이 생략되므로 시간이 비용이 절감될 것이다. 그러나 한국종단철도가 시베리아와 연결될 경의선 및 경원선은 일제 때 건설된 것으로 노후화 되어 안정된 운영을 위해서는 보수되거나 복선이 건설되어야 할 것이다. 한국종단철도의 북쪽 노선의 보수비에는 20억 달러가 소요될 것으로 예상된다. 러시아는 충분한 물량의 확보를 한국정부가 보증해주는 조건하에서 TSR과 연결되는 경원선의 현대화에 투자할 것이라고 밝힌바 있다. TSR과 TKR이 연결될 경우 북한을 통과하는 화물에 대한 1억 달러 이상의 관세 수입을 북한이 얻게 될 것이고, TSR을 통과하는 화물운송비로 러시아는 년간 4억 달러 상당이 이익을 얻게 되어 5년 동안에 북한 철도 현대화에 들인 투자비용을 회수할 것으로 예상된다. 일본과 한국도 유럽으로 수출하는 화물의 운송비를 싱딩히 절감하는 이익을 얻을 수 있으리라 기대된다.[52]

그러나 TKR과 TSR의 연결은 북한 철도의 현대화에 소요되는 막대한 재원을 조달하는 문제와 북한 핵문제로 야기된 동북아의 긴장과 안보불안의 해소되어야 본격적으로 추진될 것이다. 경의선이나 경원선이 연결되어도 러시아나 유럽으로 보내지는 한국과 일본의 막대한 물동량을 운반할 북한 노선을 정비하고 현대화하는데 시간이 걸릴 것이다.

---

51) 권원순, p. 112.
52) 양정훈, pp. 267-268.

VI. 시베리아 개발에 정치·경제·사회적 장애와 한국의 개발전략

시베리아 개발계획을 성공적으로 실현하는데 러시아 정부가 극복해야할 많은 장애들이 존재한다. 시베리아 자원채굴 산업, 원유가스 배송관설치, 교통망 운송 및 수송망 등 사회간접자본 확충에는 많은 노동력뿐만 아니라 막대한 재원이 필요하다. 뿐만 아니라, 외국자본과 투자유치에 유리한 법과 제도의 정비와 대형 프로젝트를 일관성 있게 추진할 수 있도록 여러 가지 지원을 할 수 있는 정치적 안정과 국가간의 관세 면제와 투자를 보호해줄 협정 등에 필요한 국가간 경제협력에 유리한 국제정세의 안정과 평화분위기의 조성이 요구된다.

게다가, 시베리아·극동지역에서의 인구는 열악한 주거환경과 교육시설, 혹독한 기후조건 때문에 격감하고 있다. 다른 지역의 노동자들보다 3배의 임금을 주는데도 주민들이 러시아의 유럽지역이나 다른 지역으로 이주하고 있다. 러시아 정부가 타지역으로 인구유출을 막고 타지역에서 시베리아 개발지역으로 인구를 유인하기 위해서는 임금인상뿐만 아니라 주거환경과 교육시설의 확충을 통해서 노력해야 할 것이다. 그럼에도 불구하고 시베리아 개발에 필요한 많은 노동력의 수요는 러시아인만으로는 충족될 수가 없다.

러시아와 접경지역의 중국의 동북지방의 중국인 노동자들이나 북한 노동자들을 이용할 수 있는 방안을 생각해 볼 수 있다. 그러나 러시아 정부는 과거 중국과 국경분쟁이 있었던 인접지역에 중국인 노동자들이 밀려들 경우 중국인들에 점유될 수 있다는 두려움 때문에 중국인 노동자들의 유입을 경계하고 있다. 그래서 러시아 정부와 기업들은 북한 노동자들을 더 선호하는 것 같다. 러시아 관리들의 말에 의하면 북한이 2001년에 북한 근로자 2천여 명이 러시아 극동 연해주지역에 투입되었고, 2002년에는 2,500명이 투입되었다. 그리고 북한이 구소련 시절에 진 부채 55억 달러의 일부를 파견된 노동자들의 노동에 대한 노임으로 상환하고 있다. 북한 노동자들은 러시아 기업에서 러시아 월 평균 임금의 30%도 안 되는 저임으로 일을 하고 있다.53)

시베리아 개발 계획의 일관된 추진에 장애가 될 수 있는 정치적 불안과 중앙정부와 지방정부간의 갈등은 푸틴이 집권한 후에 많이 해소되고 안정을 찾아가고 있지만, 시베리아 개발이 본격적으로 진행될 때 자원에 대한 권한과 외교정책과 대외경제정책에서 연방정부와 지방이 의견의 차이를 보일 것이다. 구소련이 해체되는 과정에서 지방정부는 연방정부로부터 많은 권한을 이양받았다. 러시아 연방이 출범한 초기에 중앙정부는 새로운 국가의 틀을 짜는데 연방을 구성하는 지방정부와의 협력을 위해서 더 많은 권한을 지방정부에 양보하지 않을 수 없었다. 그러나 1996년 6월에 옐친이 재선된 이후에 연방정부의 권한을 강화시키려 하자 지방정부는 반발하여 중앙정부와 조세분할액을 놓고 갈등을 빚었다. 연방헌법이나 법령 등에 위해 되지 않는 한 지방정부도 독자적인 외교관계나 대외경제관계에 참여할 수가 있었다. 예를 들면, 연방정부가 연해주의 영토의 일부를 중국에 반환하려 할 때 연해주 정부는 지역의 이익을 위해 강력히 반대했다. 또 중앙정부가 일본으로부터 경제지원과 협력과 교환하여 분쟁중인 쿠릴열도를 일본으로 반환하려는 협상을 벌이려 하지 사할

---

53) "북 근로자 수천 명 러 극동서 노동", 블라디보스토크=연합뉴스, 2002년 04월 06일자.

린 정부는 분리독립을 위협하면서 극렬하게 반대투쟁을 벌여 저지시킨바 있다.54)

그리고 서베리아와 동시베리아의 19개 지방정부들이 모여서 미래의 시베리아 연방이나 공화국의 창설을 목표로 창설된 '시베리아협정'과 '극동과 자비아키랄 협회'는 역내 경제협력과 지역위주의 정책을 실시하도록 중앙정부에 영향을 미치는 압력단체로 활동해 오고 있다. 연방정부도 이와 같은 지역협력기구들은 인정하여 중앙정부 관리를 참여시켜 중앙과 지방간의 협력방안을 논의하면서 동시에 연방정부에 통제하에 두려하고 있다.55)

강력한 러시아를 추구하는 푸틴 정권의 출범 이후 중앙정부의 권한을 다시 강화하려는 정책을 실시해왔다. 푸틴은 전국을 7개 연방지구로 개편하고 각 지구 대표를 대통령이 임명하도록 하는 연방지구를 개편하여 중앙정부의 권한을 강화시켰다. 그리고 시장 경제체제로의 개혁이 결실을 맺고 있고, 법적 제도적 정비가 이루어졌고, 중앙정부와 지방정부 간에도 타협으로 개발된 자원의 분배와 이익의 분배에 합의를 보고 있다. 따라서 외국자본과 투자 유치에 유리한 국내정치의 안정은 어느 정도 확보된 것 같다.

시베리아 개발에 외국의 경제적 지원과 투자에 장애가 될 수 있는 국제정세와 동북아 지역의 불안을 해소하기 위해서 푸틴 정부는 미국과 동북아 지역의 국가들과의 선린우호관계의 유지를 위한 외교적 노력을 강화해오고 있다. 시베리아·극동지역에 최대 투자국인 미국과의 우호관계를 유지하기 위해서 국제문제에서 가급적 협조하고 있고, 반대가 불가피할 경우에는 소극적 반대에 한정하고 있다. 부시 미대통령이 대 테러전 수행을 위한

54) 김우진, p. 199와 p. 200.
55) 김우진, p. 203.

아프카니스탄 탈레반 정권을 공격할 군대의 전지기지로 구소련의 공군기지였던 우즈베키스탄내의 공항을 사용하는데 반대하지 않았고 협조했지만, 미국의 이락 침공시에는 독일프랑스와 함께 소극적 반대에 한정했다.

푸틴이 동북아 국가들과의 선린우호관계의 유지를 위한 외교노력이 활발히 진행되어 왔다. 중국과 전략적 동반자 관계를 확고히 하여 국제문제에서 미국의 독주를 견제하는데 협력하고 있고, 이르크츠크 가스전 개발에 중국을 참여시키면서 경제적 협력을 강화하고 있다. 구소련 말과 옐친 정부시절에 악화되었던 북러 관계를 구소련의 동맹국 상태로 복원시켰고 잠시 소원해졌던 한국과의 관계도 개선시켰다. 쿠릴열도 반환문제로 인한 일본과의 소원한 관계의 개선을 위해 쿠릴열도의 반환 문제를 전향적으로 해결하기 위한 노력을 하고 있다. 쿠릴열도 주변의 어족 자원을 공동개발 하는 등의 방법으로 갈등을 해소하려고 노력하고 있다.

그러나 북한 핵문제로 야기된 한반도의 긴장과 동북아 정세의 불안징은 러시아가 적극적으로 추진히는 TSR과 TKR의 연결사업과 그에 뒤따르는 경제적 파급효과로 시베리아 극동개발에 외국자본과 투자를 유치하려는 러시아의 계획에 장애가 되고 있다. 그리고 예비타당성 조사를 끝냈고 실행단계에 이른 이르크츠크 가스전 개발사업들도 지체될 수 있다. 따라서 북한핵무기 평화적 해결과 뒤따른 한반도 평화정착과 남북경협활성화, 동북아 정세의 안정은 러시아 시베리아개발전략의 순조로운 추진에 절대적으로 필요하다.

그래서 러시아는 한반도 주변 4국 중에서 북한 핵문제 평화적 해결을 가장 원한다. 미국은 동북아 지역에서의 군사력 유지를 위한 명분과 영향력을 유지를 위해서 북한 핵문제의 긴장을 어느 정도 즐기는 입장이고, 중국 역시 현상태에서 핵문제 해결을 위한 중재자의 역할로 국제적 위상을 높이는데 이용하고 있고, 일본 역시 보수주의자들의 일본의 군사력을 증강시키는 명분으로 이용하고 있다. 북한 핵문제로 야기된 동북아의 긴장이 빨리 해소되기를 바라고 있는 것은 러시아이다. 문제 해결에 제한된 영향력을 갖고 있지만, 러시아는 북한핵문제 평화적 해결을 위해서 중재자의 역할을 적극적으로 수행하고 있는 것이다. 핵개발 포기로 원자력 발전능력을 상실하게 되어 초래될 수 있는 북한이 걱정하는 에너지와 전력부족 상태를 시베리아 극동지역에서 개발된 가스와 유휴전력을 공급해줘서 북한의 에너지 불안을 해소 해주어 북한 핵문제의 평화적 해결에 도움을 주려고 있다.

한국의 시베리아·극동 개발에 참여와 TSR과 TKR 연결의 전단계인 남북철도의 연결작업도 북한 핵무기 문제가 평화적으로 해결된 후에야 본격적으로 추진될 수 있을 것이다. 극동지역에서 중소기업들의 서비스업, 무역 소규모 농업투자나 임산·수산자원 개발에 투자가 증대되고 있지만, 이르쿠추크 가스전 개발과 그 외의 대형 시베리아 자원개발 프로젝트에 한국의 참여는 북한 핵문제가 해결된 후 한반도에 평화가 정착되어 남북경제 협력의 활성화 되고 남북철도가 연결된 후에야 실현될 것이다. 남북철도가 연결되고 TSR이 연결될 때 한국의 대러 및 대유럽 수출입화물이 TSR을 통하여 운반될 때 시베리아-극동 지역의 자원개발을 위한 대규모 프로젝트에 한국의 투자가 구체적으로 실현될 수 있는 분위기가 조성될 것이다. TKR과 TSR 통하여 원유와 가스전 개발에 사용될 장비들이 운반될 것이고 시베리아에서 채굴되는 비철금속과 광물자원들이 철도로 한국의 공업지대로 운반될 것이다.

게다가, 연결될 철도를 통해서 유럽이나 러시아의 관광객들이 남북한으로 몰려들 것이고, 역으로 한국과 일본의 관광객들이 시베리아, 러시아, 유럽으로 가게 되면서 관광산업이 발달할 것이다. 광활한 시베리아는 다양한 식생대와 생태계의 보고로서 생태관광지로 개발될 수 도 있고, 바이칼 호수와 수많은 하천이 관광지로 개발될 수 있는 잠재력이 있으며, 극동지역을 한국의 동해안, 북한의 금강산과 나진·선봉 및 백두산으로 연결하는 관광사업이 추진될 수 있을 것이다.[56]

이르크추크 같은 가스전에서 채굴된 천연가스를 운반하는 수천㎞의 파이프라인에 사용될 막대한 자재와 노동력이 필요로 할 것이다. 한국의 할당받은 지역에 사용될 파이프 등의 자재와 기술인력은 한국에서 제공될 것이기 때문에 많은 일자리가 창출되고 건설경기 뿐만 아니라 고용을 창출하는 파급효과가 기대된다. 뿐만 아니라, 지나치게 중동에 치중되어 있는 한국의 에너지 공급선을 다변화시켜서 향후 한국의 에너지 안보를 보장하는 게 크게 기여할 것이고, 저임의 단순 노동력을 북한 노동자로 충당함으로서 북한의 경제의 재건에도 기여할 뿐만 아니라 남북경협의 활성화에도 도움이 될 것이다.

이르크추크 가스전 같은 대형 프로젝트에 다국적 콘소시엄을 형성하여 참여하여 진행하는 과정에서 동북아 한·중·북한·러시아간의 다자간 경제협력의 틀이 형성될 것이다. 이러한 모델을 기반으로 한국은 사할린, 사하공화국, 그 외의 지역에서의 자원개발에 미국과 일본의 기업들과 합작투자 하여 투자손실의 위험부담을 줄이면서 경제협력을 바탕으로 정치안보적 협력을

---

56) "시베리아 개발과 남북한 협력", 『月刊 아태지역동향』, 2002년 3월, p. 93.

공고히 할 수도 있을 것이다. 게다가, 철도운송과 에너지자원 개발에 소요되는 막대한 재원을 조달하기 위한 동북아 개발은행의 창설에 일본과 미국의 민간 금융기관들의 참여를 유도하고, 이것을 실현시키기 위한 관련국가들의 정치적 지지가 필요할 것이고 구체적인 국가간의 협력방안을 논의하기 위한 동북아 국가간의 경제협의체가 필요하다.

따라서 한국의 시베리아에 개발에 참여는 남북화해와 경제협력을 촉진시켜서 미래의 통일의 기반형성에 기여할 것이고, 21세기 한국의 국가 전략인 동북아 중심국가로의 발전에 도움이 될 것이다.

VII. 결 론

과거의 계획경제체제 하의 동원식 개발전략과 달리, 러시아 정부는 시장경제 원리에 입각한 효율성과 경제성을 중시하는 시베리아 개발계획을 입안하여 추진하려 하고 있다. 시베리아·극동지역을 동북아 지역의 시장경제권에 편입시켜서 그 지역의 경제적 번영을 이루고 거기에 따르는 경제적 파급효과를 러시아의 다른 지역으로 확산시키려고 하고 있기 때문에 과거 어느 시기보다도 구체적이고 실현 가능성이 높다. 그만큼 한국이 시베리아 개발에 참여해서 얻게 될 경제적·정치적 이익도 커질 것으로 예상된다.

러시아 연방정부는 서시베리아의 석유 및 가스 채굴을 안정시키고 동시베리아와 사할린 석유·가스전을 개발하여 아태지역 국가들에게 공급에 필요한 파이프라인 네트워크를 구축하고, 유럽과 아시아를 연결해주는 시베리아횡단철도(TSR)을 바탕으로 한 시베리아와 극동지역에 철도, 도로, 항공로 등을 포괄하는 교통망을 확충시키고 TKR와의 연결을 통하여 얻어지는 경제적 파급효과를 시베리아·극동개발계획을 활성화시키데 이용하려 하고 있다.

러시아의 시베리아 개발계획이 성공하기 위해서는 노동력의 부족, 개발에 필요한 막대한 재원의 확보, 국제정세의 안정, 중앙정부와 지방정부간의 관계의 안정화 등 많은 문제점이 해결되어야 한다. 푸틴이 적극적인 대내외정책으로 투자와 외자유치에 적합한 법, 조세, 제도 등이 정비되었고, 중앙과 지방간의 자원에 대한 권한배분이 정리되었고, 미국과 국제문제에 협조하고, 중국과 일본과의 국경문제 해결에도 적극적으로 나서고 있다. 그러나 북한 핵문제로 야기된 동북아의 긴장이 러시아의 야심찬 시베리아 계획의 추진에 걸림돌이 되고 있을 뿐만 아니라 이미 한국이 참여하고 있는 이르크츠크 가스전 개발 프로젝트, 연해주 지역의 농업합작투자, 수자원과 삼림자원 개발 등에도 장애가 될 것이다.

따라서 한반도의 긴장해소와 평화정착이 시베리아 개발계획의 실천에 선결조건이기 때문에 러시아는 북한 핵문제 해결을 위하여 적극적으로 중재하고 있다. 북한 핵문제가 해결되어 남북화해와 남북경협이 활성화 될 때 TSR과 TKR연결사업이 본격적으로 추진될 것이다. 연결된 철로를 통해서 천연가스를 운반하는 파이프 라인의 건설에 필요한 자재가 운반될 것이고, 시베리아 천연자원이 한국으로 운반될 것이고, 한국의 러시아와 유럽으로 향하는 수출입 화물이 운송될 것이고, 북한의 노동자들이 시베리아 개발 현장에 투입되고 한국의 기술진과 자제들이 동원되어서 시베리아 개발과정에서 남북한과 러시아간의 합작

사업과 남북한·중국·러시아간의 경제협력, 투자재원을 마련을 위한 일본 미국과의 경제협력 등을 통해서 동북아 국가들간의 경제협력체가 만들어질 것이다. 이러한 과정은 한반도의 평화정착과 동북아의 국가들간의 정치·경제·안보적 협력을 강화시키므로 서 한국의 통일에 유리한 환경을 조성할 뿐만 아니라 한국의 동북아 중심국가로의 발전전략에도 기여할 것이다.

■참고문헌■

金洙喜, "러시아의 시베리아 개발사", 조선대학교 인문학연구소, 『외국문화연구』21. 1998.

김성진, "시베리아 지역주의의 역사적 고찰: 제정말기를 중심으로", 『유라시아 연구』, Vol.1 No.2, 2001. 서울: 연세대학교 동서문제연구원.

강성학, 『시베리아 횡단열차와 사무라이 : 러일전쟁의 외교와 군사전략서울』. 서울: 고려대학교 출판부, 1999.

김우준, "러시아의 신정치질서 : 중앙과 시베리아·러시아극동지방 간의 관계", 『國際政治論叢』40,3. 서울: 韓國國際政治學會, 2000.

김용구, "시베리아 개발과 서방의 기술·자본 도입문제", 社會科學과政策研究, Vol.9 No.3, 1988. 서울대학교 사회과학연구소.

강봉구, "21세기 러시아의 신안보전략", 『국제정치논총』, 제40집 2호, 서울: 국제정치학회, 2000.

고재남, "러시아 신 외교정책개념의 분석 및 평가", 『주요국제문제분석』, 외교안보원, 2000.9.

金思律, 『시베리아 橫斷鐵道(TSR)의 發展的 役割에 關한 硏究』, 학위논문(석사) 慶熙大學校 經營大學院 : 貿易經營學科, 1992.

金相雄, 『시베리아 에너지資源開發과 韓國의 參與可能性에 관한 硏究』서울 : 韓國外國語大學校, 韓國外國語大學校 貿易大學院 : 國際地域硏究學科, 1998.

김영윤, "시베리아 천연가스 북핵해법 될 수 있나 :북핵 해법, 동북아 에너지협력에 있다",『통일한국』, 제21권 5호 통권233호, 서울: 평화문제연구소, 2003.

김대형, "시베리아의 자원, 그 현황",『한국시베리아연구』, 제5집, 서울: 배재대학교한국-시베리아센터, 2002.

김대형, "시베리아의 천연가스 자원과 러시아의 동북아지역 천연가스 수출 전략",『한국시베리아학보』, 제2집, 한국시베리아학회, 2000.

권원순,『한-러 운송협력의 현황과 전망 : 시베리아횡단철도(TSR)의 이용과 한-러 경제 협력』, 對外經濟政策研究院, 2001.

권원순·신범식, "시베리아 횡단철도와 한반도: 정치경제학적 접근",『한국시베리아학보』제2집, 한국시베리아학회, 2000.

김상원, "시베리아 자원활용을 위한 TSR-TKR연결 필요성",『한국시베리아학보』, 제3집 한국시베리아학회, 2001.

김상원, "물류중심국 입지 구축하는 푸틴정부 : 푸틴의 러시아, 시베리아 개발에 사활건다",『통일한국』통권216호, 서울: 평화문제연구소, 2001.

김윤근 외,『동북아역내 농산물 무역 및 농업개발협력의 현황과 과제: 중국 동북지역, 러시아 극동지역 및 북한을 중심으로』, 서울: 한국농촌경제연구원, 1995.

구천서·이병화,『연해주 농업개발과 환경여건』, 서울 : 책 만드는 집, 1997.

농어촌진흥공사,『러시아 연해주 농업루자환경 소사보고서』, 서울: 농어촌진흥공사, 1997.

박윤형, "시베리아의 자원개발과 환경문제",『한국시베리아연구』, 제5집 서울: 배재대학교 한국-시베리아센터, 2002.

박래경 외, "극동러시아 연해주에서 한국 민간단체 투자 및 직영농장의 경작실황",『북방농업연구』, 제8권, 1999.

신영국, "시베리아 철도 및 자원개발과 동북아의 국제협력",『한국시베리아학보』, 제2집한국시베리아학회, 2000.

산림청, "임산물 수출입총괄", http://www/foa.go.kr/ext/is/exim.htm.

산림청, "해외산림개발업체현황", http://www.foa.go.kr/ext/kh/develope.htm.

박원호, "경의선과 시베리아횡단철도의 미래",『建設技術人』42, 韓國建設技術人協會, 2001.

정우진, "2000년대 동북아 에너지 수급 현황 동북아 에너지 수급의 돌파구

시베리아 천연 가스", 『한국시베리아연구』 제5집, 배재대학교한
국-시베리아센터, 2002.

정여천, "러시아 극동지역과의 경제협력 활성화 방안: 한-러 극동 위원회
설치방안을 중심으로", 한러시아극동시베리아협회 주최 『한러시
아극동협력증진을 위한 국제세미나』 발표문.

_____, 『한·러시아 경제교류의 현황과 정책과제』, 서울: 대회경제정책연
구원, 1997.

신미경 譯, "러시아의 철도 개혁과 새로운 세기의 시베리아 횡단철도의
대변화", 『鐵道車輛技術』, 제28권 제3호 통권제109호, 2002.

梁庭熏, "극동·시베리아 지역 개발에 따른 TSR(시베리아 횡단철도)-
TKR(한반도종단철도) 의 역할", 『한국정책과학학회보』, 제6권
제2호, 한국정책과학학회, 2002.

안병민, 『시베리아횡단철도(TSR)의 한반도연결에 따른 파급효과와 향후
전망』, 對外經濟政策研究院, 2001.

임현수, "러시아의 신 동북아 외교정책과 시베리아 개발", 『한국시베리아
학보』, 제2집, 한국 시베리아학회, 2000.

이재영, "시베리아 개발과 남북협력, 협력 최적화를 통해 경제실리 추구",
『한국시베리아연구』, 제5집, 2002.

이동형, "푸틴 신정부의 대한반도 정책 전망과 대응방안 모색", 『동북아연
구』, 제5권, 2000.

李 徹, 『시베리아 개발사』서울: 民音社, 1990.

이용상, "경원선과 시베리아 철도연계: 한국철도와 시베리아 횡단철도 연결의
기술검토방향", 『한국시베리아학보』, 제2집, 한국시베리아학회, 2000.

정필수, "시베리아 횡단철도와 동북아 물류중심화 방안", 韓國貿易協會
『월간무역』 411(2000.12) pp. 28-29.

안병민, "한반도종단철도(TKR)가 시베리아횡단철도(TSR) 활성화에 미
치는 파급효과", 『교통』, 28, 교통개발연구원, 2000.

이석윤, "시베리아지역의 무역 활성화 방안에 관한 연구", 『한국시베리아
연구』, 제3집, 배재대학교 한국-시베리아센터, 1999.

정옥경, "시베리아·극동지역과 동북아의 발전방향", 『한국시베리아학보』,
제2집, 한국시베리아학회, 2000.

정은숙,『미ㆍ중ㆍ일ㆍ러의 대북정책 : 주변4강』, 성남 : 세종연구소, 2001.

한종만, "러시아 강대국 복귀의 힘, 시베리아",『한국시베리아연구』제5집, 배재대학교한국-시베리아센터, 2002.

韓鍾萬, "未完의 경제개혁, 가능성 열려 있는 러시아: 시베리아 중심으로 극동개발 붐, 한국참여 기회",『자유공론』, 제37권 12호 통권429호, 한국자유총연맹, 2002.

한종만, "러시아 시베리아ㆍ극동지역 인구 추이에 관한 분석", 한국시베리아학회『한국시베리아학보』제3집, 2001.

한종만, "시베리아의 잠재력과 한국과의 협력 방안",『社會科學硏究』18, 培材大學校附設 社會科學硏究所, 1999

韓鍾萬ㆍ成源鏞 [共著]『21세기 러시아의 시베리아ㆍ극동지역 개발 전략에 관한 연구』, 대외경제정책연구원 [편] 對外經濟政策硏究院, 2001

黃榮三, "러시아의 東아시아정책 :시베리아 철도부설과 관련하여", 東洋學 제31집, 서울: 檀國大學校附設東洋學硏究所, 2001.

홍현익, "러시아의 다극화 외교와 한ㆍ러 전략적 협력방안", 홍현익 편,『전환기 러시아의 대외정책』성남: 세종연구소, 2000.

최혜진, "21세기 시베리아철도와 한국철도의 한ㆍ러간 협력방안", 교통개발연구원『교통』: 28(2000.5) pp. 66-81.

하용출 외저『시베리아 기행 : 리시아 전문기 8인의 횡단보고』, 동이일보사 21세기평화연구소 편, 동아일보사, 2001.

최영훈, "시베리아 에너지가 동북아 통합 기회제공",『통일한국』, 제20권 12호 통권228호, 평화문제연구소, 2002.

한양대학교 아태지역연구센터 ;러시아과학원 극동연구소 [공편], 러시아의 극동ㆍ시베리아 개발과 한반도』, 한양대학교 아태지역연구센터, 2002.

한양대학교 아태지역연구센터 編 "시베리아 개발과 남북한 협력",『아태지역동향』, 통권 제122호, 서울: 漢陽大學校아태지역연구센터, 2002.

한국슬라브학회 [편],『시베리아ㆍ극동러시아와 한반도』, 한국슬라브학회 2002.

Hill, Fiona, and Gaddy, Clifford, "THE SIBERIAN CURSE: Does Russia's Geography Doom Its Chances for Market Reform?", Brookings Review 21 no.4 23-7 Fall 2003.

Avdakov, I. Y. "Russian Railways in the Transport System of the Asia-Pacific Region", East Asian Review, Vol. 5. 2001.

Azulay, Erik and Azulay, Allergra H. The Russian Far East, New York: Hippercrene Books, 1995.

Forsyth, James. A History of the Peoples of Siberia, Russia's North Asian Colony 1581-1990. Cambridge & New York: Cambridge University Press, 1992.

Ivanov, Vladimir I. "Prospects for Russia's Energy Diplomacy in Northeast Asia", Global Economic Review, Vol.28. No.2. 1999.

_____, "Russia and Its Far East: Sources of Conflict and the Hope", The Journal of East Asian Affairs, vol. 9. No. 8. 1995.

Lee, Chan-Woo, "Energy Security & Natural Gas Demand for the Korean Peninsula", The Journal of Econometric Study of Northeast Asia, Vol. 3. No. 1. 2001.

Mansourov, Alexandre Y. "Russian President Putin's Policy Towards East Asia", The Journal of East Asian Affairs, Vol. XV. No. 1(Spring/Summer 2001)

Госкомстат России. Российский Статистический ежегодник Официальное издание 2000. Москва: Госкомстат России

Родионова, И.А. Экономическая География России. Москва: Московский Лицей. 1996.

Целько. А. В, "Перспективы развития российско-корейского сотрудничества по в осста новлению Транскорейской железной дороги и соединения её с транссибирской Магистралью", 러시아연방철도부 · 시베리아횡단운송국제조정위원회 · 주 한 러시아연방무역대표부 공동 주최 세미나『21세기 시베리아 횡단 육상 교량: 러-한 운송부문 관계발전에 대한 전망』(서울, 2001. 2. 12) 발표 논문집.

Фадеев. Г. М. "Международный Координационный Совет по Транссибирским перевозкам: его роль в организации сотрудничества между Транс портными системами Европы и Азии", 러시아연방철도부 · 시베리 아횡단운송국제조정위원회 · 주한 러시아연방무역대표부 공동 주최 세미나『21세기 시베리아 횡단 육상 교량. 러-한 운송부문 관계발전에 대한 전망』(서울, 2001. 2. 12) 발표 논문집.

러시아 극동지역과
러·일관계의 경제적 측면*

우 평 균

고려대학교 평화연구소 연구교수

I. 서 론

러시아 극동지역(Russian Far East)은 태평양 연안에 인접한, 수도 모스크바와는 여덟 시간의 시차를 두고 있는 지역으로서 20세기 초만 해도 국제교류가 활발했던 곳으로서 일본, 중국, 한반도 등 인접 지역과 교역을 통해 경제발전이 기대되던 곳이었다. 그러나 소련 체제하에서 극동지역은 안보적 요청에 따라 변방의 일개 초소로 전락한 가운데 외부와 완전히 차단되고 말았으며, 소련 붕괴 직전에서야 이 지역이 다시 개방되었다.[1]

* 이 논문은 『국제지역연구』 제7권 제4호에 게재되었음.
1) 정한구, 『러시아 극동지방: 푸틴 대통령과 지역개발 정책의 장래』(세종연구소, 2002),

소련사회에서 페레스트로이카(perestroika)의 도입 이후 소연방의 붕괴에 이르기까지 가속화된 경제적 침체의 지속이 러시아 전역에 걸쳐서 진행되었지만, 시베리아와 연해주를 포함하는 러시아 극동지역만큼 심대한 타격을 입은 곳도 드물다. 결국 위기라고 여길 정도로 악화된 경제 상황은 정치적, 환경적 재난을 수반하였고, 러시아는 물론이고 일본을 비롯한 서방국 등, 러시아 외부 세계에서 이러한 결과에 대한 충분한 대비를 하지 못했던 것도 사실이다.[2]

러시아 극동지역은 풍부한 천연자원과 경제발전의 잠재력을 갖고 있지만 인구밀도가 매우 낮은 심각한 불균형 상태에 있어 거대한 내수시장을 형성하고, 인프라 건설 및 천연자원 개발에 소요되는 대규모 자본투자를 자체 조달하는 것이 사실상 불가능하다. 더구나 중앙정부와 지방정부의 재정여건이 매우 취약한 상태에 있어 결국 막대한 자본투자를 요구하는 지역개발사업의 성공여부는 외국자본의 투자 등, 대외적 요소가 결정적인 역할을 할 수밖에 없다.

이와 관련하여, 극동지역에 대한 외국자본의 투자 중에서도 중요성을 지니고 있는 일본의 러시아 극동지역에 대한 '관여'(involvement)는 두 가지 요소의 조합으로 특징지워진다. 정책(policy)의 측면에서, 일본은 소연방의 붕괴 시까지 극동의 잠재력에 대해서 무관심했다. 일본이 러시아에 관심을 가지기 시작했을 때, 많은 문제들에 봉착하였고, 그것은 극동에 대한 적극적인 지원을 시작하기가 불가능하게 만들었다. 현재까지도 러시아 극동에 대한 총괄적인 정책이 없는 실정이다. 반면에 실재적인(practical) 측면에서, 일본은 극동지역

---

p. 6.

2) John J. Stephen, *The Russian Far East: A History* (Stanford, CA: Stanford Univ. Press, 1994), pp. 14-19.

이 아시아–태평양 지역으로 통합되면서, 의식하지 못하는 사이에 주요한 행위자로서 인정받아 왔다.[3] 더욱이 이 점은 다른 어떤 나라보다 일본 경제가 침체할수록 러시아 극동지역이 곤경에 처할 개연성도 높아진다는 점에서 수긍할 수 있다.[4]

본 논문에서는 일본의 이와 같은 입장에 기초하여 일본의 극동지역 투자의 추이를 통해 주요하게 드러나는 러·일관계의 경제적 측면에서의 특징과 의미를 살펴보고자 하며, 이러한 점들이 러시아의 시베리아·연해주 개발을 위시한 극동지역 발전 전략과 어떠한 상관관계를 맺고 있는지에 대해 설명하려 한다.[5] 이를 통해 소연방 붕괴 이후 대두되고 있는 러시아 극동지역 개발의 중요성과, 동북아 국가들의 경제협력·통합성의 가능성을 제고함으로써 일본의 투자가 담당할 역할을 평가하는데 본 논문의 목적을 두려 한다.

II. 극동지방 개발 계획과 현황

소연방 붕괴 이후 본격적인 자본주의 제도 도입을 추구했던 엘친 정부는 러시아연방 내 극동·시베리아 발전을 위한 구체적

---

3) Nobuo Arai and Tsuyoshi Hasegawa, "The Russian Far East in Russo-Japanese relations", Tsuneo Akaha, *Politics and Economics in the Russian Far East* (London and New York: Routedge, 1997), p. 155.

4) Gilbert Rozman, "Japan and Russia: Great Power Ambitions and Domestic Capabilities", in Gilbert Rozman, *Japan and Russia: The Tortuous Path to Normalization, 1949-1999* (New York: St. Martin's Press, 2000), p. 375.

5) 본 논문에서는 극동지역과 대비되는 시베리아에 대한 외국인 투자가 특기할만한 사항이 별로 없다는 점을 감안하여 시베리아를 포함하는 극동지역에 대한 일본의 투자라는 관점에서, 극동지역과 시베리아를 함께 묶어 제시하려 한다.

인 경제정책과 경제개발 프로그램을 갖고 있지는 않았다. 연방 정부는 급격한 시장경제로의 이행으로 인해 중앙 수준에서 곤경을 겪으면서 이 지역까지 관리할 여력이 사실상 없었기 때문이다. 러시아 연방 정부는 극동·시베리아 지역을 아·태지역과 유럽을 연결하는 대륙간 교량(land bridge)의 역할을 강조하면서 지방정부와 공동으로 자유경제지대 설정, 블라디보스토크 대광역 개발프로젝트, 두만강 개발프로젝트 등의 개발의지를 표명했다. 또한 중장기 사회간접자본의 확충, 사하-야쿠티야 가스전개발 및 파이프라인 프로젝트, 사할린 대륙붕 석유·가스개발 프로젝트, 동시베리아 이르쿠츠크 가스전 개발 및 파이프라인 프로젝트 등의 사업안이 전개됐지만 사할린 광구 II 프로젝트를 제외한 모든 사업은 더디게 진전되었거나 혹은 타당성을 조사하는 수준에 머물렀다. 이 프로젝트들은 서방자본의 유치를 통해 이 지역에서 부족한 사회간접자본의 확충과 자원개발을 원활히 하는데 목적을 두고 있었다.6) 자유경제지대도 설정은 되었지만 제반 물적 및 법적 시설과 조치가 뒤따르지 못해 해외자본과 기업의 유치는 잘 이루어지지 않았다.7)

옐친 행정부는 이러한 상황에서 제2대 대통령 선거를 겨냥해서 1996년 봄에 지방정부, 특히 경제적 어려움이 심각한 러시아 시베리아·극동지역을 무마하기 위해 '극동지방과 바이칼 지역

---

6) 한종만·성원용, 『21세기 러시아의 시베리아 극동지역 개발 전략에 관한 연구』(대외경제정책연구원, 2001), pp. 33-34.
7) 나호트카가 1990년대 초에 자유경제지대로 선포된 이후 차례로 대표부를 개설한 다른 나라들의 기업은 그다지 기반을 잡지 못했다. 그곳에서는 겨울철에 하루 18~20시간씩 전력 공급이 빈번하게 중단되는 등 열악한 환경이 방치되어 있어 근로의욕을 상실하게 만드는 상황이 존재하고 있다. 콘스탄틴 폴리코프스키, 성종환 역, 『동방특급열차』(중심, 2003), pp. 80-81.

의 경제·사회 발전을 위한 러시아연방계획, 1996~2005'을 제시했다.[8] 이 프로그램의 주요 목표치는 <표 1>과 같다.

〈표 1〉 '극동지방과 바이칼 지역의 경제·사회 발전을 위한 러시아연방계획, 1996~2005'의 주요 목표치(1995년 기준=100)

연도	1995년	1996년	1997년	2000년	2005년
인구(연말기준)	100.0	98.9	98.1	95.7	93.1
GDP	100.0	103.8	110.5	126.9	145.9
1인당 GDP	100.0	105.1	113.3	132.6	157.1
국민소득	100.0	102.5	108.4	130.0	163.9
1인당 국민소득	100.0	103.5	110.4	135.6	176.0
공업생산	100.0	97.0	99.3	115.0	146.4
1인당 공업생산	100.0	98.1	101.8	120.4	157.4

자료 : 이형근(1996), 「러시아 극동지역 장기발전프로그램 개요」, 『지역경제』 9월호, p. 122. 대외경제정책연구원.

이 계획에 따르면 2005년까지 극동지방의 지역총생산을 1995년 대비 49% 증가시키고, 주민 1인당 지역총생산은 목표 연도까지 57.1% 증가하도록 책정했다. 그러나 이 프로그램도 연방정부의 재원 부족으로 흐지부지한 상태가 되어버리고 말았는데, 1999년까지 총투자액 계획치의 6.8%에 불과한 실적 미만을 보이고 있는 것으로 나타났다.[9] 이 중에서 연방예산 지원액이 미미한 점도 지적할 수 있다.

극동지역에 대한 기존 계획의 수행치와 업무평가가 정부차원에서 정확하게 나오지 않은 상태에서, 러시아 경제개발 및 무역부는 2002년에 중기 전망에 해당되는 '2004년까지의 시기에 있어서의

---

8) Выступление на совещании О перспективах развития Дальнего Востока и Забайкалья, http://president.krem;in.ru/events/50.html.2001.12.23 검색.

9) "Перспективы социально-экономического развития Дальнего Востока", Вопросы эко номики, No. 10(2000), c. 93.: 정한구, op. cit., p. 24.

지역별 사회·경제적 발전 계획'을 공표하였다(<표 2>, <표 3> 참조). 이 중에서 극동지역 전망에 따르면, 지역 경제의 구조적 재조정과 아시아-태평양 국가들과의 호혜적 상호협력의 확대, 산업의 근대화 등을 목적으로 하며, 매뉴팩처 산업의 가치 증대와 엔지니어링, 특히 광산, 삼림, 어업 분야의 장비 개선 요구를 담고 있다.

〈표 2〉 2004년까지의 연방 지역별 투자 비율   (2000년 기준, 단위:%)

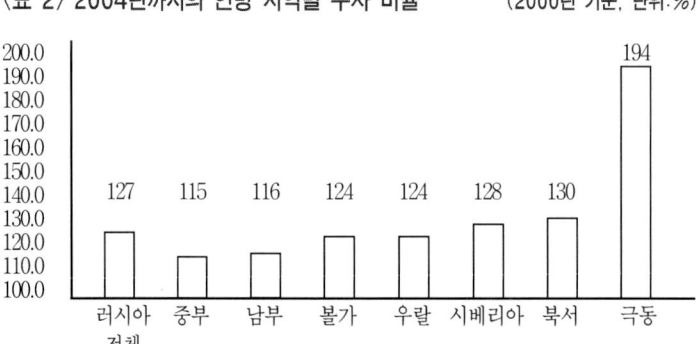

자료 : Министерсто Экономического Развития и Торговли, "Территориальное социально -экономическое развитие РоссийскойФедерации на период до 2004 года, с. 10. http://www.economy.gov.ru/merit/socec. 2004.11.15 검색.

〈표 3〉 2004년까지의 지역별 산업 성장 비율   (2000년 기준, 단위:%)

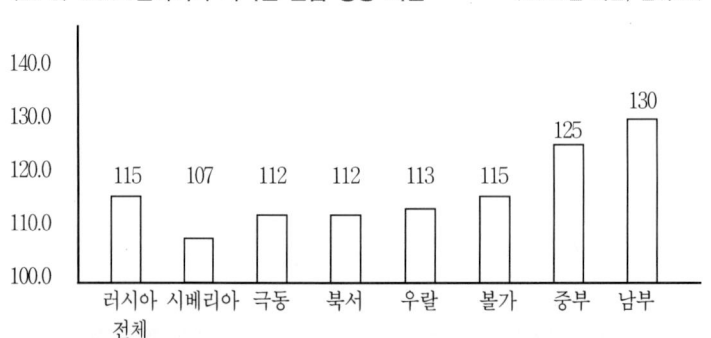

자료 : Министерсто Экономического Развития и Торговли, op. cit., p. 11.

이 계획에 있어 특기할 만 한 점은 극동지역에 대한 투자비율이 연방 내 최고이면서, 산업성장률은 중간 수준 밖에 되지 않는 것으로 설정해놓았는데, 이것은 낮은 출산률·높은 사망률과 이로 인한 인구증가율의 감소와 극동지역에서 다른 곳으로의 이주가 늘어날 것을 러시아 당국도 염려하고 있기 때문이라고 밝히고 있다.10)

이와 같은 정부의 전반적인 방향성 제시에도 불구하고 극동·시베리아 지역에 대한 연방 정부 정책은 재정상의 압박이 지속되어 극동지방에 대한 투자를 확대하지 못하는 상황과, 극동지방에 대한 연방 정부의 조정 기능이 푸틴 대통령 집권 이후 강화되는 추세에 있는 가운데 극동지방 개발계획은 장기적으로 낙관하기 힘든 현실에 놓여 있음을 지적하지 않을 수 없다. 2000년에 이미 공표된 러시아 경제발전계획도 세제와 규제 개선을 약속했으나,11) 그 이행은 더디게 진행되었다. 경제개발 및 무역부 장관 게르만 그레프(German Gref)의 "2010년까지의 러시아발전전략"은 소유권 보호, 법의 지배 보장, 국가 능력 증대, 세제와 규제 개혁, 그리고 시장지향적 인프라스트럭처의 제공을 약속했다. 푸틴 대통령도 PS 입법(production-sharing legislation)의 개선이 투자와 기술을 유치하고, 생산물분배협정(PSA:production-sharing agreement)의 이행을 촉진시킬 수 있는 기념비적인 제안이 될 것이라고 언급한 바 있다.12)

---

10) Министерсто Экономического Развития и Торговли, "Территориальное социально-экономическое развитие РоссийскойФедерации на период до 2004 года, p. 6. 12. http://www.economy.gov.ru/merit/socec2004.html. 2003.11.15 검색.

11) "The Gref Program", *Russia Brief*, September 19, 2000, http://www.csis.org/ruseura/ex006.html. 2003.10.15검색.

12) 석유와 천연가스의 과세비율은 연방정부가 80%, 지역 당국이 20%를 징수하도록

그 결과, 2003년 6월 말 현재 외국인 투자 누적 액은 483억 불로 전년 동기대비 26.7%가 증가하였고, 향후 러시아 투자 매력을 높이기 위해 행정 간소화 정책, 부가가치세 감세, 정부규제 완화 등 관련제법 개정을 추진하고 있다. 한편, 극동 및 시베리아 지역 투자 메리트를 높이기 위해 연방정부 사회인프라 구축 예산의 20%를 동지역 개발에 배정하여 2010년까지 에너지, 교통, 자원, 통신설비 개발 등에 142억불을 투자할 예정이다. 그 밖에 외국자본을 이용한 치타-하바롭스크간 자동차도로 건설, 시베리아 가스/석유관 연해주까지의 확장 매설, 극동 항구 물동량 증가에 따른 처리설비 현대화, 보관창고 확대 등 사회 인프라 확충에 관심을 기울이고 있다.13) 이와 같은 러시아 정부 차원에서의 노력과 더불어, 러시아 극동과 시베리아의 개발과 발전에 가장 현실적인 대안으로 아시아·태평양 지역과 경제교류를 활성화하는 것이 현재로서는 부각될 수밖에 없는 실정이다. 이를 위해 경제교류의 가장 중요한 지표중의 하나인 외국 자본의 참여 현황과 그 중에서 일본이 차지하는 비중을 살펴봄으로써 그 것이 가능할지에 대한 평가가 가능하다고 하겠다.

되어 있다. 2000년 9월에 푸틴대통령은 게르만 그레프와 통상개발부에 PSA입법 조정 권한을 주었으나, 1년이 지나면서 많은 세력들이 이를 방해하였다. 연료에너지부와 재정부는 변화에 저항하였으며, 국가두마와 연방의회의 정치인들은 몇몇 지역에 우선권을 주는 조치들에 반대하면서 PSA리스트를 수정하는데 중요한 역할을 담당했다. 뿐만 아니라, 높은 수출가격으로부터 혜택을 받아온 러시아 국내 석유회사들은 외국의 다국적기업과의 경쟁 증대를 불러올 입법상의 변화를 지지하는데 거의 관심을 두지 않았다. Russian-European Center for Economic Policy, *Russian Economic Trends*, July 30, 2001, p. 5: Judith Thornton and Charles E. Ziegler, "The Russian Far East in Perspective", Judith Thornton & Charles E. Ziegler(2002), p. 11.
13) 대한무역투자진흥공사, "극동러시아 경제현황"(2003), p.10. http://www.kotra.or.kr/ktc/vvo/market. 2004.1.12 검색.

Ⅲ. 극동지방의 합작사업과 일본의 투자 현황

1. 극동 지방의 합작사업: 연해주를 중심으로

소련 말기 진행된 개혁의 첫 단계에서 기대했던 것은 천연자원의 개발을 위해 해외 투자를 유치하면 극동지방의 생산구조를 개선할 수 있고, 이를 통해 수출 잠재력을 증진하고 대외무역을 확대하며, 동시에 외국, 특히 아시아·태평양 지역 국가들과 협력을 강화할 수 있으리라는 것이었다. 이러한 잠재적 목표와 더불어 진행된 연방정부의 정책은 개혁과정에서 많은 변화를 겪어왔으며, 과거 소련 시대의 보호정책에서 지방경제 운용에 대한 불간섭(невмешательство) 내지는 지방의 자력발전(саморазвитие)의 방향으로 나아가고 있는 것으로 평가된다.[14]

극동지역에서의 외국투자는 소련 붕괴 이후 지난 10년 동안 부침을 거듭했지만, 그 증가는 크지 않으며, 특히 실제로 사업에 착수한 합작회사의 수는 미미한 편이다. 외국투자자들은 극동지방에 매우 신중하게 자본을 투자하고 있으며, 그 투자 자본을 실제 사업에 투하할 때는 더욱 신중하다고 할 수 있다. 따라서 대규모 투자계획이 성사되는 경우가 상당히 드물게 존재한다. <표 4>는 국가별 대극동지역 외국인 투자동향을 제시하고 있으며, <표 5>에서는 대 연해주 외국인 투자현황을 나타내고 있다. 이에 따르면 전체 극동지역과 극동의 일부인 연해주에서의 외국인 투자현황 가운데 한국, 미국, 일본이 주요 국가이지만 그 외의 국가들의 구성은 다르며, 주요국가들 내에서도 양 지역에서의

---

14) Минакир (ред.), Экономическая политика: региональное измерение, сс. 12-13: ИЗИ ДВО РАН, Экономическая политика на Дальнем Востоке России: Концепция и программа, сс. 12-13.

투자 1,2,3 순위가 바뀌어 있음을 알 수 있다.

〈표 4〉 국가별 對극동지역 외국인 투자동향   (단위: U$ 백만)

	'98년 말 누계		1999년		2000년		2001년		2002년	
	금액	비중(%)	금액	비중(%)	금액	비중(%)	금액	비중(%)	금액	비중(%)
미 국	716.1	48.0	1,020.0	94.1	105.9	29.9	40.3	7.8	11	1.4
일 본	183.7	12.3	15.9	1.5	99.9	28.2	193.7	37.4	254.8	31.9
영 국	152.9	10.3	10	0.01	2	0.6	71.7	13.7	121.4	15.2
화 란	-	-	-	-	-	-	106	20.5	165	20.7
바하마	-	-	-	-	-	-	52	10.0	177	22.2
한 국	130.2	8.8	37.3	3.5	44.4	12.5	32.2	6.2	28.3	3.5
중 국	11.6	0.8	5.03	0.4	3.5	0.1	0.7	0.1	15.1	1.9
계	1,490,1	100.0	1,084.0	100.0	354.6	100.0	515.5	100	797.8	100

자료 : 대한무역투자진흥공사, "극동러시아 경제현황"(2003), p. 7.
http://www.kotra.or.kr/ktc/vvo/market. 2004.1.12 검색.

〈표 5〉 대 연해주 외국인 투자 현황   (단위: U$ 백만)

구 분	95년 이전	95년	96년	97년	98년	99년	00년	01년	02년	누계
한 국	4.5	5.8	41.4	34.8	23.3	20.6	43.4	30.6	21.3	225.7
일 본	9.9	0.3	0.3	18.3	13.1	15.9	11.8	29.7	19.8	119.1
미 국	10.1	13.7	9.3	16.1	3.4	4.4	12	38.9	8	115.9
스위스	0	0	4.3	3.9	0	0	0	0.2	0.5	8.9
영 국	116.4	21.4	14	0	1.1	10	2	0.1	1.4	166.4
싱가폴	24.8	7.8	10.8	2.9	6.9	0	0	0	0	53.2
중 국	4.9	0.7	0.1	0.5	0.1	0.7	1.9	0.5	0.6	10
기 타	16.8	3.7	16.4	17.1	8.4	2.4	7	8.6	5.7	86.1
전 체	187.4	53.4	96.6	93.6	56.3	54	78.1	108.6	57.3	785.3

출처 : 무역투자진흥공사, op. cit., p. 10.

연해주의 경우, 1991년에 '외국인 투자법'이 제정되어 무역자유화 이후 외국 기업의 설립이 본격화되었다. 2000년 현재 연해주에 투자한 나라를 살펴보면, 중국이 176개 회사로 가장 많은 기업을 설립하여 1위를 차지하고 있으며, 한국, 미국, 일본 순으로 기업을 설립하였다. 연해주에 기업을 설립하는 외국인들은 투자위험으로부터 벗어나기 위하여 짧은 기간에 투자 자본을 회수할 수 있는 상업, 서비스, 또는 천연자원(목재, 수산물 등) 등 빠른 시일에 수익을 창출할 수 있는 산업에 집중되어 있다. 반면, 교육, 문화, 농업 그리고 여행업에 대한 투자는 위험성이 높은 도박과 같은 투자로 생각하여 투자가 미미한 편이다.[15] 2002년 분야별 투자현황을 살펴보면 목재가공 및 제지업에 대한 투자가 19.1백만 불로 전체의 33.3%를 점유하고 있으며, 호텔업(12.9백만 불), 운수업(7.2백만 불), 섬유산업(4.8백만 불), 통신업(2.8백만 불), 식품산업(2.7백만 불), 무역업(1.0백만 불) 순이다.[16]

연해주와 마찬가지로 극동지역 전체에 걸쳐 전반적으로 나타나고 있는 특징은 외국 투자 기업의 '중국화'가 지속되고 있다는 점이다.[17] 그렇지만 중국 자본이 참여한 기업들은 정관으로 정해진 자본금의 규모가 그다지 크지 않은 경향이 있다. 일본 자본이 참여한 기업들의 자산 규모가 30만 달러 이상인데 비해, 등록된 러시아-중국 합작회사의 평균 자본금은 기껏해야 약 5만달러

---

15) 윤재희 · 강명구 공저,『극동러시아의 경제』(선학사, 2003), pp. 59-60.
16) 대한무역투자진흥공사, op. cit. pp, 27-28.
17) 러시아인 700만 명이 거주하는 극동지역 일대와 중 · 러 국경을 따라 거주 · 이동하는 중국인 인구는 1억 명을 훨씬 상회하고 있는 실정에서 중국의 경제적 진출이 활발해지고 있다. Michael Wines, "Chinese Creating a New Vigor in the Russian Far East", *The New York Times*, Sep. 23, 2001, p. 3.

정도가 고작이다. 많은 합작회사들 특히 100퍼센트가 중국 자본
으로 운영되는 회사들은 기업 본연의 활동보다는 부동산을 취득
하거나 합작회사에 관한 법령에 규정되어 있지 않은 다른 활동
에 열중하고 있다. 이와 더불어 외국 투자자들이 산업 생산의
영역, 특히 그 중에서도 천연자원의 가공 및 수입대체 품목, 특히
소비재 생산에 투자하도록 유인할 수 있는 여건은 좀처럼 호전
되지 못하고 있다.18)

2. 일본의 극동지역 투자 현황과 문제점

탈냉전 시대의 도래와 더불어 일본 정부 차원에서 새로운 대
러시아 관계를 정립하기 위한 일환으로 1997년 7월 하시모토
총리는 '신뢰, 상호이익, 장기적 관점'이라는 전향적인 '대 러시아
외교3원칙'을 발표하는 등 노력을 기울여왔다. 그 후 러·일 양
국이 우호적인 분위기를 조성하면서 수차례 양국 정상이 회담을
했지만 번번이 쿠릴열도의 북방4개섬에 대한 견해차이로 원만
한 타결을 보지 못했다. 하지만 일본 정부는 러시아와의 영토문
제로 인한 외교·안보적 차원에서의 난항에도 불구하고 일부
영역에서, 그리고 일정한 수준에서19) 러시아를 경제적으로 지원
하면서 대러 경제 전략의 틀을 설정해왔다.20) 그럼에도 불구하

---

18) 미나키르(P. A. Minakir), "극동지방의 경제와 개발전략", 정한구 편, 『러시아 극동
   지방; 개방과 발전전략』(세종연구소, 1995), pp. 143-144.
19) 요약하면, ① 기술지원부문 ② 인도주의적 지원 ③ 핵발전 산업의 안전분야에 대한
   지원 ④ 러시아의 WTO가입에 대한 지원 ⑤ 일본 수출입은행과 무역보험으로부터
   의 차관제공을 들 수 있다. 손원일, "러·일간 외교정책 연구", 『이문논총』제17집
   (1997), pp. 181-182.
20) 임현수, "러시아의 신 동북아 외교정책과 시베리아 개발", 『한국시베리아학보』제2

고 일본 정부 수준에서의 대극동 경제전략의 조직적인 지원은 사실상 결여되어 왔으며, 개별적인 일본 기업들이 현지에 진출하였으나, 1998년 8월 러시아 정부의 모라토리엄 선언 이후 취약한 경제현실을 절감하며 러시아를 이탈해왔다.

일본은 동북아 경제협력에서 주도적 역할을 해야 한다는 기본인식에서, 러시아 극동을 동북아 경제에 통합시키려는 소위 '일본해 경제구역'(Japan Sea rim economic area) 프로젝트를 발표하였다. 2003년 9월 17일 콘스탄틴 풀리코프스키(K. Pulikovskii) 러시아 극동 연방지구 대통령 전권대표와 야노 테로츠(矢野哲朗) 일본 외무성 차관이 블라디보스토크에서 회담하여, 그 결과 양국간 경협 확대 방안으로 극동지역 산업시설 현대화 계획 등 6건의 사업을 확정한 바 있다.[21] 그러나 러·일간의 전반적인 문제로서, 영토 문제로 인한 갈등이 지속됨에 따라 양자간의 상호신뢰 구축의 결여가 아직도 걸림돌로 작용하고 있다.[22]

결국 상기한 것처럼 측면에서 러시아는 일본에 단지 작은 시장만을 제공하고 있으며, 시장의 혼란과 제도미비가 이를 부채질하고 있다. 따라서 극동지역에 대한 일본의 전략은 정부 차원보다는 민간차원에서 이루어진 양상을 살펴본 후 정부 개입의 필요성을 제기할 필요가 있다.

집(2000), pp. 39-41.

21) 극동지역에 대한 일본의 투자를 유치하기 위한 6가지 우선 개발 사업은 ▲산업시설 현대화 ▲연해주 철광석 제련공장 건설 ▲사하-야쿠티야 및 하바로프스크-사할린 간 가스 파이프라인 건설 ▲시베리아횡단철도(TSR)를 비롯한 교통시설현대화 ▲사할린내 크슉스키 및 아니바 가스전 개발 등이다. 연합뉴스, 2003년 9월 18일.

22) Yoji Koyama, "Roles of the Russian Far East and Japan in Promoting Economic Cooperation in the Northeast Asia", *Вестник Хабаровской государственной академ ииэкономики и правда*, No. 1(6), Октябрь: 엄구호·한홍렬, "부문별 동북아 경제협력 구상과 러시아의 역할", 『국제지역연구』제7권 제2호(2003년 여름호), p. 63. 재인용.

1988년에 소련은 합작 투자에 관한 법률을 채택했다. 당시에 빠른 회수를 기대하기는 어려웠을지라도, 러시아 비즈니스에 있어서 일본의 행동은 장기적인 투자 프로젝트와 미래의 시장 확대라는 관점에서 합작회사를 설립하려는 의도를 지닌 것이었다. 그러나 러시아 극동 지역에 투자했던 합작회사들의 대부분은 러시아 측의 비현실적인 사업 관행으로 인해 실패로 끝났다. 예를 들어 1999년 초에 연해주 지역에 외국 자본이 참여한 532개의 회사들 중에 360개의 기업들만이 실제로 운영되었다. 많은 기업들이 러시아의 정치적·경제적 상황, 세금, 그리고 법률 체계 등의 불안정성 때문에 경영을 중단하였다. 합작기업 중에서 외국 자본이 차지하는 평균 비율은 점차 증대되어 1999년에 73%에 달했다.

일본 기업들이 참여하고 있는 주요 분야들로 목재 가공(STS Technowood 등), 자동차 수리(Autotest, Summit Motors, Haruyama Auto 등), 어업(Roshinka and Rosshini 등), 커뮤니케이션(Vostoktelecom), 그리고 호텔(Versalles 등) 등을 꼽을 수 있다. STS Technowood는 해당지역의 벤처 합자회사 중에서 가장 성공한 사례 중의 하나로 꼽히는데, 1997년 이래로 이 회사는 목재를 생산하여 일본에 수출해왔다. 공장 건설비용이 2000만 불이었고, 그중에서 1500만 불을 일본 측이 부담하였다. 종업원은 250명 규모로 건조, 측량, 절삭, 그리고 채취의 과정을 포함하는 목재 가공은 고도로 자동화되어있으며 컴퓨터로 공정을 관리한다. STS Technowood는 1999년 당시에 지역 내 최고의 투자자들 가운데 하나로 꼽을 수 있었다.[23)]

---

23) Kunio Okada, "The Japanese Economic Presence in the Russian Far East", Judith Thornton & Charles E. Ziegler, *Russia's Far East: A Region at Risk* (Seattle

러시아 극동지역에서의 투자 환경은 앞서 언급했듯이, 러시아 연방의 다른 지역들과 비교해서도 결코 좋지 못하다. 사회간접 자본의 상태는 유럽 러시아 지역보다 훨씬 낙후되어 있다. 인구 가 적어 소매 시장 규모도 작다.[24] 이를 반영하듯 이 지역의 일본 -러시아 합작 회사는 일반적으로 낙후했고 규모도 작다. 이처럼 기업경영이 지속되기 어려운 이유들을 제시하면 다음과 같다. (1) 합작회사 설립을 위한 다양한 인센티브들에 대한 약속이 폐 기되었다. (2) 세금부담의 급격한 증대를 수반하는 시스템 변 화[25] (3) 어업의 경우, 합작 어업 회사들에 있어 어업 쿼터를 보장하는 것이 매우 어렵게 되었다. (4) 일-러 합작 회사들 중의 일부가 극동지역에서 곤경에 처하게 되었고, 이 경우 합작회사 들은 대개 러시아측 파트너에 의해서 사업이 중단되었다. (5) 많은 경우에 있어, 최초의 투자가 이루어지고 모든 시설들이 조 성될 즈음, 러시아측에서 사업 파트너를 배신하는 경우가 있다. 이 때 지역 정부는 일본측 사업자에게 도움을 주지 못하는 사례 가 대부분이나.

극동에서의 일본의 주요 투자는 1997년 이래로 사할린에서의 석유와 관련한 거대 프로젝트 외에 거의 없었다고 할 수 있다. 이것의 예외적 사례로는 연해주 지역의 목재 가공 분야에 진출 한 PTS Hastwood를 들 수 있다. 이 회사는 2000년 4월에 STS Technowood의 자회사로 설립되었다. 일본 측은 약 45%의 지분

---

and London: University of Washington Press, 2002), pp. 425-426.

24) 특히 연해주지역에는 기본적으로 중국이나 동남아시아처럼 근로자가 풍부하지 않 을뿐더러 최근에는 그나마도 그 수가 지속적으로 줄어들고 있다.

25) 세제의 경우는 큰 애로사항 중의 하나이다. 세금은 선납을 해야 하는 경우가 많으며 이에 따른 환급은 매우 인색하다. 부가세의 경우에는 환급을 기약없이 기다리는 경우가 다반사라고 알려지고 있다.

을 소유했고, 투자 규모는 약 420만 불 규모에 이르렀다. 일본 측이 두 번째 합작회사를 설립하기위해 러시아 파트너를 선택한 근본적인 이유는 러시아 회사의 운영이었다고 한다. 이 회사의 한 일본인 투자자는 "우리는 매우 훌륭하고 신뢰할만한 파트너를 갖고 있다. 러시아 매니저는 우리와 동일한 아이디어와 목표를 공유하고 있으며, 그는 소비자들이 원하는 상품을 제공하기 위하여 우리가 제공해야 하는 것들에 대해 이해할 수 있다"고 밝혔다.[26] 그렇지만 이와 같은 시장경제의 가장 기본적인 관념을 이해하는 극동지역에서의 러시아측 파트너를 발견하기는 매우 어려운 실정이다.

그 밖의 분야에 있어, 목재산업의 경우 합작 회사들은 러시아에서의 목재 가공에 이점을 지니고 있다. 초창기에는 러시아에서 가공된 목재의 질이 대단히 조악했기에, 그것은 여러모로 일본의 기준을 충족시키지 못했다. 일본이 러시아로부터 가공되지 않은 나무들을 구입하기 시작했을 때 일본인 노동력은 매우 비쌌고, 일본에서의 공정 역시 비용이 많이 들었다. 그렇기 때문에 러시아산 원목은 가격경쟁력을 상실했고, 결국 일본 시장에서 러시아 목재를 팔기가 어려워졌다. 그 결과, 러시아에서 원목을 가공할 필요성이 생겨났다. 목재 가공 분야에 종사하는 일본-러시아 합작 회사들은 대개 일본제 최신 장비와 품질관리, 적기(適期)수송 등의 관념을 지닌 경영자의 적합한 경영 방식을 소유하고 있다. 그래서 러시아인들은 기술적인 지원과 경영상의 도움 모두를 일본측으로부터 얻을 수가 있었다. 이것은 러시아로의 기술이전의 좋은 사례이기도 하다.

---

26) Kunio Okada, op. cit., p. 429.

그러나 아직까지 합작회사 분야에 있어 심각한 문제들이 존재한다. 합작회사들은 주로 원목에 해당되는 원료들을 사기위해 부가가치세(value-added tax)를 지불한다. VAT는 합작회사들이 자신들의 가공 상품을 수출할 때 환불받지만, 이러한 일은 발생하지 않는다. 러시아 연방법원이 일본 측의 입장을 옹호하는 판결을 내릴지라도 환불은 이루어지지 않았다.

가정용품 혹은 자동차같은 소비재를 생산하는 일본 회사들의 경우, 러시아에서의 대규모 현지 생산(massive local production)을 위한 직접 투자로 간주해 왔다. 반면에 러시아 당국은 지역에서의 생산을 장려하는 조치들을 거의 취해오지 못했다. 예를 들면, 1998년 5월에 국내 생산을 육성하기 위하여 허가를 내준 수입업자들에 의해서만 텔레비전 수입을 할 수 있도록 허용함으로써 수입품에 대한 통제를 시행했다. 일부 일본 회사들은 완제품에 대한 과세가 더욱 엄격하게 시행되었기 때문에 최소한의 생산시설만을 남겨두는 것으로 현지 생산 라인을 변화시키려고 노력하였다. 반면에 두개의 주요한 일본 가정용품 생산회사들이 러시아에서의 직접 생산으로의 전환 가능성을 포기하기도 했다.

이와 같은 경우는 일본의 자동차 산업에 대해서도 마찬가지로 적용할 수 있다. 1997년도에 미니밴을 현지 생산하고자 심각하게 검토한 주요 일본 회사들이 있었다. 몇 몇 다른 일본 회사들은 소규모 현지 생산 라인 가동을 고려했었다. 그러나 이와 같은 계획들은 1999년 봄에 이르면, 취소되고 만다.27) 대부분의 일본 회사들은 러시아에서 자신들의 제품을 조립하거나 생산하는 것

27) Kazuo Ogawa, "Nichiro Keizai Kankei wo Saikenntou suru", (Review of Japanese-Russian Economic Relations), *Roisa Touou Bouekei Chousa Geppou* (Monthly Bulletin on Trade with Russia & East Europe), August 1998, Tokyo, ROTOBO.

은 1998년 8월의 금융위기 이후 구매력을 상실한 상황에서 단기적, 혹은 중기적으로는 적합하지 않다고 판단하였다.[28]

일본기업들의 이와 같은 태도에 대해 많은 러시아측 인사들은 일본이 지나치게 조심스럽고 늦게 현지에 관심을 두었기 때문에 자신들의 요구를 충족치 못하고 있다고 보는 경향이 있다. 그러나 유럽이나 미국의 기업들에 있어, 특정의 '불운한' 투자의 실패가 다른 기업들로 하여금 더욱 앞으로 진전해나가거나 수익을 올리도록 하는데 도움이 되지 못했다. 예를 들어, 러시아의 자동차 산업은 가까운 장래에 대규모의 투자 유치가 기대되었다. 러시아 자동차 산업계는 최소한의 생산('screwdriver manufacturing' 같은)을 할 수 있는 현지 생산 라인을 준비하였고, Fiat, BMW, Skoda, Daewoo, Ford, Renault, 그리고 그 외의 회사들을 포함하는 외국 자동차 회사들은 생산을 시작할 준비가 되어 있었다. 일본은 러시아 기업의 사유화에 거의 참여하지 못했으며, 그렇기 때문에 러시아 산업의 어떠한 영역 혹은 분야에서의 과정에도 영향을 미칠 수 있는 가능성이 전혀 없었다. 결국 일본 회사들은 러시아에서의 경제 개혁 과정에 늦게 참여하였다.[29] 이 부분은 적어도 러시아에서의 일본의 투자에 관한 러시아인들의 전형적인 의견이라고 할 수 있다.

상기한 점들을 고려할 때 전반적으로, 러시아에서의 일본의 투자는 사실상 그리 크지 않다. 2000년말에 러시아에서의 일본

---

28) *Nihon Keizai Shinbun*, February 5, 1999.
29) 이러한 설명방식은 러시아 문헌에서도 드물지 않게 발견할 수 있다. 예를 들면, А. Родионов, *Краткие обзоры государства экономических связей: потенциал и его использавание: экономическое присутствие Японии в России* (Москва: Максимов Пабликэйшнс, 2000) 참조.

의 투자는 3억 7천 2백만 불에 달했으며, 일본은 미국, 독일, 그리고 다른 국가들의 뒤를 이어 열 번째 위치를 차지했다. 그러나 일본의 자동차 회사들이 충분히 공격적으로는 못되었을지라도, 일본 회사들의 신중한 태도는 이성적인 것이었다고 자평하는 경향이 있다. 이 점은 외국 자동차 메이커들이 참여한 많은 프로젝트들이 아직도 시작을 못하고 있다는 점에서 드러난다. 반면에, 일본 회사들은 러시아에서 두개의 가장 커다란 프로젝트를 주도하고 있는데, 사할린 석유 가스 개발과 Japan Tobacco(JT) International/RJR Reynolds 합작회사가 그것이다.

JT Internatioal의 경우, 조금 예외적이라고 할 수 있다. JTI는 생산(일년에 4천 5백억 갑)과 판매(150억불 이상)로 세계3위를 기록하고 있는 국제적인 담배회사이다. 이 회사는 도쿄에 본부를 두고 일본인이 운영하는 Japan Tobacco Inc.의 국제 지부이기도 하다. JT Internatioal은 Japan Tobacco Inc.가 미국 회사인 RJR Nabisco.의 국제 담배 비즈니스를 획득했을때 창설되었다. 2000년 한해 동안, RJR과 Japan Tobaco는 러시아 지사를 비롯하여 구조조정을 지속적으로 단행하였다. RJR Nabisco는 1992년 이래 러시아에 진출해왔으며 생산과 판매의 측면에 있어 러시아 시장을 주도하였다. 러시아 담배 산업에 투자하고 있는 국제 담배 회사들 가운데 1위로서, 이 회사는 러시아내에서도 가장 큰 투자자이기도 하다(직접 투자액 5억 불을 러시아 경제에 투자). 상트페테르부르크에 있는 생산 단지 Petro는 러시아내에서 가장 현대적인 생산 시설을 갖추고 있으며, 유럽에서 가장 큰 담배 공장이기도 하다(1999년 한 해 동안 440억 불 어치의 담배를 생산). 이 회사는 러시아에 3,000명 이상의 고용 인원을 갖고 있다. 따라서 JT International이 RJR Nabisco를 사들였을 때, 일본은 러시아에서 자동적으로 메이저 투자자가 되었다.

러시아의 관측자들이 앞서 언급한 사업들에 대해서는 그들은 일본 회사들이 어떠한 위험도 감수하길 원치 않으며, 그렇기 때문에 그들은 서구에 대해 더욱 관심을 가지고 주목하고 있으며, 그들은 굴지의 서구 파트너들과의 프로젝트만 실행하기를 선호한다고 논평하고 있다.30) 사할린 석유와 천연가스 프로젝트의 경우에서처럼, 일본 회사들은 미국인들과 함께 일을 한다. 일본인들은 RJR Nabico에서 그랬던 것처럼, 자신들의 회사를 설립하여 모든 단계를 거쳐나가는 것보다 잘 나가는 회사를 사들이는 것을 선호하는 경향이 있다. 한편, 러시아 소비자들은 실제로는 자신들이 '일본 담배'를 피우고 있는지도 잘 모르는 경향이 있다. 어쨌든 이와 같은 두 가지의 사례들은 일본의 투자에 있어서의 대단히 수동적인 접근법을 보여주고 있다고 말할 수 없도록 만든다. 어떻게 보면, 대기업을 포함한, 일부 일본 회사들은 의도적으로 자신들의 투자를 '감추거나', 현지의 마피아, 세무 경찰, 부패 관료 등에 의한 '공격'을 회피하기 위하여 러시아인들에게 경영자 역할을 부여하기도 한다. 이와 같은 점들을 포함하여, 러시아에 잔존하는 투자상의 주요한 장애들을 제시하면, 다음과 같다.31)

- 정치적, 사회적, 그리고 경제적 상황의 불안정성
- 거시경제적 안정성의 결여
- 산업분야에서의 사회간접자본의 결여

---

30) 예를 들어 람제즈(V. Ramzes)는 일본의 경영 시스템의 취약성을 언급하면서 그것이 구식이라고 말했다. *Ведомость*, June 6, 2000.
31) Kunio Okada, op. cit, p. 427.

- 외국자본에 대한 차별
- 법과 제도의 미비
- 복잡하고 대단히 일방적인 세금제도.

결국, 일본-러시아간 양국간 교역, 특히 일본의 러시아로의 수출은 수년 동안 정체되어 왔다. 아직 세관 통계에 나타나 있지 않지만, 제3국을 통한 일본의 수출도 상당량에 이르고 있다. 더욱이 일본 회사들이 참여하고 있는 거대 프로젝트들 중의 일부가 이미 작동하기 시작했다. 그러므로 양국간 무역의 가속화가 장기적으로 기대된다고 하겠다. 이러한 맥락에서, 일본-러시아간 경제 관계는 일견 보기에 나타나는 것처럼 그렇게 정체된 것은 아니라고 볼 수 있는 측면이 있다. 러시아로부터 일본으로의 주요한 수입품목들은 수산물 제품들, 목재 그리고 알루미늄 등이며, 모든 제품들은 러시아 극동 지방에서 주로 생산된다. 러시아 극동지방은 일본이 대단히 필요로 하는 특정한 상품들의 중요한 공급처인 것이다. 동시에, 러시아 극동지역에 있어 일본과의 경제적 관계는 근본적으로 중요한 것이 현실이다.

3. 러 · 일간 에너지 분야의 협력

중국, 일본, 한국 등 동북아 국가들의 에너지 수요가 날로 급증하고 있는 가운데, 이들 국가들은 에너지 공급원을 다각화하고 경제적으로 합리적이며 안정적인 공급이 가능한 방안을 찾기 위해 부심해왔다. 그 중에서도 시베리아 · 극동지역과 중앙아시아 지역의 자원 개발에 커다란 관심을 가져왔다. 이 과정에서 1991년 모스크바는 '보스토크(동방) 플랜'을 제안했고, 1990년대

중반에 일본은 아시아·태평양 에너지 공동체 안을 제안한바 있다.[32]

러시아의 에너지 부존잠재력을 개발, 이용하려는 프로젝트는 동북아 지역의 개별 국가별로 다양하게 전개되어 왔는데, 지금까지 가시화되고 있는 주요 프로젝트는 크게 보아 이르쿠츠크 프로젝트, 사하 프로젝트, 그리고 사할린 프로젝트 등 3개이다. 2003년 11월 현재 동북아 천연가스 사업 중 가장 구체적인 사업 진행이 이루어지고 있는 곳은 사할린 프로젝트이고 동북아 3국 중 일본이 '사할린 프로젝트'에 주도적으로 참여하고 있다. 사할린 프로젝트는 사할린 인근 대륙붕에 매장되어 있는 석유 및 천연가스를 개발하여 파이프 라인을 통해 사할린 최남단에 위치한 프리고로드예 LNG 생산기지로 수송한 다음 액화시켜 LNG 형태로 일본, 한국, 중국 등 인근 소비지에 공급하려는 프로젝트이다. 현재 사할린-Ⅰ부터 사할린-Ⅷ까지 총 8개의 프로젝트가 추진되고 있으나 이 중 개발이 활발하게 진행되고 있는 사업은 사할린-Ⅰ,Ⅱ 2개의 프로젝트이다(<표 6>참조).[33]

사할린 가스 유전은 사할린 섬 북동 연안에 주로 위치하고 있다. 8개의 계획 중 엑슨모빌사와 일본 회사가 공동으로 참여하는 가스개발사업이 바로 사할린Ⅰ프로젝트로 예상 투자비 200억 달러, 연간 천연가스 생산량은 960만t(이르쿠츠크의 연간 생산량의 절반 수준)으로 추정되고 있다. 영국의 석유회사 쉘사와

---

32) Vladimir I. Ivanov, "Prospects for Russia's Energy Diplomacy in Northeast Asia", *Global Economic Review*, Vol. 28, No. 2 (1999), p. 98.

33) Victor Kalashnikov, "The Russian Far East and Northeast Asia: Aspects of Energy Demand and Supply Cooperation", Takashi Murakami & Shinichiro Tabata, eds, Russian Regions: Economic Growth and Environment (Sapporo: Hokkaido University, 2000). pp. 320-324.

일본 미쓰비시사가 공동 참여하고 있는 사할린Ⅱ 프로젝트는 예상투자비가 100억 달러며 역시 960만t의 천연가스 생산이 가능할 것으로 예상된다.

사할린Ⅱ 프로젝트의 경우 천연가스를 액화천연가스(LNG)로 만든 뒤 사할린 남부 유즈노사할린스크 지방의 항구에서 배를 통해 일본, 한국 등에 공급하는 기존의 항만이용 방식이다. 반면 파이프라인으로 천연가스를 수송하는 방식이 사할린Ⅰ프로젝트인데 액슨모빌 등 참여사들은 사할린 유전지대에서 일본 홋카이도, 혼슈 섬까지 파이프라인을 새로 건설해 일본에 천연가스를 공급하는 방식을 계획했다.

〈표 6〉 사할린-Ⅰ, Ⅱ 프로젝트 현황

	사할린-Ⅰ 프로젝트	사할린-Ⅱ 프로젝트
지역	Chaivo, Odoptu, Arkutun-Daginskoe	Lunskoe, Piltun-Astokhsoe
투자자와 지분	• Exxon Neftegsa(30%) • Japan's Sakhalin Oil & Gas Development Company (SODECO)(30%) • Roseneft-Sakhalin(23%) • Sakhalinmomeftegas-Shelf (17%)	• Marathon Sakhalin Ltd. (37.5%) • Mitsui Sakhalin Development Compnay Ltd. (35%) • Shell Sakhalin Holdings B. V. (12.5%) • Diamond Gas Sakhalin B. V. (12.5%)
매장량	• 석유-324백만톤 • 가스-4210억㎥	• 석유-100백만톤 • 가스-4940억㎥
연간 최대 생산량 - 1단계 - 전체	• 석유-530만톤 • 석유-2410만톤 • 가스-19억㎥	• 석유-210만톤 • 석유-7909만톤 • 가스 146억㎥
소요 총투자액	200억 USD	150억 USD
실투자액 (1996~98)	약 5억 3,500만 USD	약 10억 USD

출처 : Victor Kalashnivov(2000), "The Russian Far East and Northeast Asia: Aspects of Energy Demand and Supply Cooperation", Takashi Murakami & Shinichiro Tabata, eds., Russian Regions: Economic Growth and Environment (Sapporo: Hokkaido University), p. 321.

이와 같은 계획 중에서 일본 내륙에 가스관을 새로 건설하는 작업은 일본의 비싼 토지보상비 문제로 난관에 부딪쳤고 일본 해안선을 따라 가스관을 연결하는 것도 공사기간 중 어업손실보상이 뒤따른다고 한다. 사할린 I 프로젝트는 사할린에서 러시아 연해주 지방으로 가스관을 연결하는 사업도 함께 추진 중이다. 그러나 연해주와 일본 내 수요가 예상만큼 크지 않을 수 있다는 점이 가장 큰 문제가 되고 있다. 그럼에도 불구하고, 일본이 천연가스를 수입할 경우 얻게 되는 효과는 다음과 같다.

1. 연료 가격의 인하로 국제시장에서의 경쟁력 증대
2. 낮은 비용의 에너지가 산업화에 유리
3. 위험한 핵개발의 극소화
4. 환경적 부담 현저히 감소
5. 동북아 천연가스 파이프 라인 네트워크 형성에 기여[34]

천연가스 외에도 시베리아 천연자원의 또 하나의 축인 원유를 공급하는 송유관 노선을 둘러싸고 다른 어떤 국가들보다도 일본은 적극적으로 유치하려고 노력해왔다. 중국도 일본에 맞서 외교력을 총동원해왔다. 중국은 2003년 5월 후진타오 주석이 모스크바를 방문하여 시베리아에서 개발되는 유전의 송유관을 중국쪽으로 건설하는 데 잠정 합의한 바 있다. 이 경우 이르쿠츠크 앙가르스크 유전에서 개발된 원유를 송유관을 통해 바이칼호수

---

34) Дохара Ре, "Российско-Японское сотрудничество в области энергетики", *Сибири и Япония в северо-восточнной азии*, Межрегиональый институт общественных наук (МИОН), Иркутский государственный университет, Университет Симанэ, Материалы Российско-Японского семинара 8–9 сентября 2002., Иркуск, с. 112.

를 거쳐 헤이룽장(黑龍江)성 다칭(大慶)으로 연결시키겠다는 것이다. 일본은 이에 대응하여 2003년 10월 초순 가와구치 요리코(川口順子) 일본 외상이 러시아를 방문, 빅토르 크리스텐코(V. Khristenko) 경제 부총리를 만나 일본이 앙가르스크 유전에서 나오는 석유 송유관 라인을 극동 나호트카로 건설하는 조건으로 150억 달러를 지원하겠다고 파격적인 제안을 했다. 중국은 17억 달러를 부담하겠다고 제의했던 것으로 전해진다.35) 현재로서는 일본 노선이 유력한 것으로 예상되지만, 러시아 측의 결단을 앞두고 있는 실정이라고 하겠다.

Ⅳ. 일본의 대 극동·시베리아 정책의 함의

앞서 살펴본 일본기업의 투자현황과 일본 정부의 석유 프로젝트 참여를 포함하는 일본 정부의 대극동·시베리아 정책의 지향은 전반적으로 누 가지를 의미한다고 볼 수 있다. 첫째로, 일본 정부가 현재와 같은 코스를 그대로 밟아나간다는 것으로서, 이것은 일본 정부가 극동·시베리아 지역에 대한 포괄적인 정책을 갖고 있지 못한 상태가 지속되는 것으로, 러시아에 대한 원조의 일반적인 틀 내에서 일본의 지역 내 경제 활동을 유지하면서, 기본적으로 사기업의 주도권이 유지되도록 놓아두는 것이다. 두 번째 방도는 일본 정부가 좀더 적극적이고 전반적인 정책을 수립하는 것이다. 이를 위해서 일본 정부는 사적 부문에 맡겨놓을 것이 아니라, 정부 스스로 주도권을 쥐는 자세가 필요하다.

---

35) 조선일보, 2003년 11월 14일.

이와 같은 정책을 선택하면 나타날 결과 중의 일부는 이미 암시되고 있다. 중국이나 한국에 비해, 일본은 극동지역에서의 산업화 구조의 현대화에 미치는 영향력이 심대하다고 할 수 있다. 만일 일본이 이러한 영향력을 사용하지 않기로 결정한다면, 극동·시베리아 지역은 오랫동안 근대화를 달성하는데 곤경을 겪을 것이다. 원료 채취 산업을 예외로 하고, 단기적인 이익을 보장하는 모든 분야가 쇠퇴할 것이며, 그리고 결정적으로는 채취산업까지도 존립하기 어렵게 될 수도 있다. 그 결과 아시아-태평양 지역에서, 거대한 빈곤 지역이 출현할 수 있으며, 이 경우 남-북 문제가 이 지역에 나타나게 될 것이다. 아직까지 북부는 빈곤하고 저개발 상태로 남아 있다.36)

경제적 존립의 욕구는 향후에도 러시아 극동지방 전역에서, 특히 아무르(Amur), 프리모르예(Primorye, 연해주), 하바로프스크(Khabarovsk) 같은 지역에서 중국과의 경제적 협력내지는 통합을 추진하게끔 진행될 수 있다. 이 점은 불가피하게 러시아인들의 자존심을 자극할 것이며, 실제로 이러한 현상은 나타나고 있다.37) 일반적으로 러시아인들은 미국과의 협력을 가장 쉽게

36) 이 점은 극동·시베리아 지방의 인구증가율 감소와 인구이동(동시베리아와 극동지역의 슬라브인들이 유럽러시아지역으로 역이주하는 東→西 인구이동)으로 가시화되고 있다. 러시아 인구학자들은 2010년까지 이 지역의 경제가 향상되지 않을 경우 극동지역을 포함한 전체 시베리아 인구 약 3,200만 명이 약 800~1,000만 명으로 감소될 것이라는 최악의 시나리오를 예견하고 있다. *Известия*, May 20, 1994: 한종만, "시베리아·극동지역 인구 추이에 관한 분석", 『한국시베리아학보』 제3집 (2001), pp. 97-142.

37) 푸틴대통령도 2000년 7월에 동부 변경도시 블라고벳센스크에서 러시아 극동지방의 개발계획을 점검하면서, "가까운 장래에 우리가 극동지방의 발전을 위해 진정으로 노력하지 않는다면, 이 곳에서 토착 러시아 주민조차도 몇 십 년 뒤에는 번영하는 일본과 중국, 한국의 언어를 상용하게 될 것"이라고 언급하면서, 인접한 아시아·태평양 지역의 발전상을 대비한 가운데 극동경제가 낙후되고 있는 데에 경고한 바

수용할 것이며, 일본과는 열정이 덜 할 것이며, 중국과는 가장 심각하게 심리적인 어려움을 겪을 것이라는 것은 어렵지 않게 파악할 수 있다. 더구나 중국은 일-러 관계에서 무관심한 방관자 역할을 하려 하지 않을 것이다. 이 점은 중국과 러시아 극동지역에서 일본의 자본을 놓고 러시아와 경쟁하는 입장에 있기에 그러하다.

일본의 두 번째 선택, 즉 정부의 적극적인 관여는 일본 정부가 스스로 부과한 공식개발원조(official development assistance, ODA)에 대한 장벽을 제거하도록 요구할 것이며, 러시아 극동 지역 투자에 상응하는 ODA 자금 사용을 허용하는 법안을 통과시켜야 한다. 이 경우, 일본의 직접적인 원조는 여러 가지 변화를 목표로 하여 설정되어 질 것이다. 이에 대해 노부오 아라이(Nobuo Arai)와 추요시 하세가와(Tsuyoshi Hasegawa)는 다음과 같이 지적하고 있다.

그것은 무엇보다도, 사회기반시설의 구축, 특히 공항, 항구, 도로, 교량, 그리고 통신망의 건설과 보수에 초점을 두게 된다.[38] 러시아 국방 당국은 러시아 항공 수송을 위해 설정한 치토즈(Chitose) 공항 사용에 대한 시대착오적인 제한을 제거해야 한

___

있다. В.В. Путин, "О перспективах развития Дальнего Востока и Забайкалья" (2000.11.1), http://president.kremlin.ru/events/50.html.2001.11.1검색.

38) 러시아의 조크 중에 "아스팔트 포장도로가 끝나는 곳, 그 곳에서 러시아가 시작된다"는 말이 있다. RFE 도로의 90%가 흙, 자갈, 진흙으로 되어 있다. 도시 외곽에 있는 대부분의 도로는 비포장이며, 원활한 수송을 하기에 부적합하다. RFE 북부 지역의 거의 대부분은 영구동토층(permafrost)이기 때문에 도로나 철로 건설이 어렵다. 이런 길들은 여름에는 습하고 질척거리기에, 겨울이 되어야 임시도로가 만들어 진다. 이러한 도로를 1km 포장하는데 $5,000이 소요되는 것으로 추정된다. U.S.Foreign Commercial Service, "Russian Far East Infrastructure/Road Development", May 31, 2002. http://bisnis.doc.gov/bisnis/isa/~020531RFERoads.htm. 20041.13검색.

다.39) 기존의 군사 전용 통신망과 운송 시스템을 민간 용도로 바꿔 효율적으로 사용해야 한다.

두 번째로, 일본의 원조는 의료 지원을 포함해야 한다. 병원을 짓는 대신에, 사할린과 남부 쿠릴 지역 거주민들의 응급상황에 대처하기 위해 네무로(Nemuro)에 헬리콥터 착륙장을 설립하는 것이 더욱 유용할 듯하다. 극동지역의 다른 장소들에는, 가장 긴급한 도움을 요하는 소아과와 산부인과에 초점을 맞추어야 할 것이다.

세 번째로, 일본은 핵폐기물을 포함하는, 환경 보호 조치와 더불어 러시아 극동지역에 지원을 해야 할 것이다. 일본의 지원과 더불어 지역 정부는 하수 처리와 쓰레기 폐기에 있어 각 도시들을 도와줄 수 있다.

넷째로, 일본은 1차와 2차 교육기관을 포함(교재 발간)한, 지적인 인프라스트럭처의 개발, 기술과 경영 정보 센터의 설립, 일본어 교사의 양성에 힘을 쏟아야 한다.

마지막으로, 일본의 원조가 시행되고 있는 지역에 법률적인 강제가 이루어져야 한다.40) 일본 정부 차원의 보다 전반적인 정책 수립이 이와 같은 근거에 의해 이루어진다고 할지라도, 러시아 극동·시베리아 지역에서의 경제발전은 러-일 양자 관계의 틀을 뛰어 넘어 전개될 가능성이 농후하다. 이러한 차원에서 유럽에서와 마찬가지로(European Bank for Reconstruction and Development), 러시아 극동 지역에 있어서의 다자주의적(multilateral)인 접근이 필요하며, 그것은 '극동개발은행'(Far Eastern Development Bank)의 설립으로 구체화할 수 있다는 견해로 나타나기도 한다.41) 이 점

---

39) *Hokkaido Shimbun*, 26 June 1996.
40) Nobuo Arai and Tsuyoshi Hasegawa, op. cit, pp. 173-174.

은 사실상 극동지역의 경제통합(economic integration)을 염두해 두는 것으로, 그 접근은 다자적 틀(multilateral framework)속에서 추구되어져야 한다는 맥락과 일치한다.[42] 이와 같은 견해에도 불구하고 러시아의 대외 경제정책에 있어 경제통합은 CIS·EU 와의 단일 경제권 구축이 우선적으로 거론되고 있는 실정이 다.[43]

V. 결 론

러시아 극동·시베리아 지역은 소비에트 시대의 미개발과 낙후의 이미지에서 벗어나 러시아의 경제 발전을 보조하고, 현재 보다 미래에는 잠재적인 발전의 여지가 무한한 지역으로 자리매 김하기 위해, 소연방 붕괴 이후 러시아 정부 당국에 의해 과거보 다는 한층 정책적 고려의 대상으로 간주되어 왔다. 그럼에도 불 구하고 극농·시베리아의 닉후성은 좀처럼 개선되지 못하고 있 으며, 러시아, 일본, 중국, 한국 등 주변 국가들과 정부간 국책사 업으로 대규모 석유·천연가스 개발·수송 프로젝트가 꾸준히 논의되고 부분적으로 성사되는 단계에 접어들었을 뿐이다.

---

41) ibid, p. 175.
42) 일례로 2002년 9월에 러시아의 WTO 가입 협상 중 극동 러시아에 관세특구 설치 가능성에 관한 논의가 있었다고 티타렌코(Titarenko) 과학 아카데미 극동연구소 소장이 밝힌 바 있다. 그는 관세특구 지위를 갖고 있는 중국의 홍콩을 예로 들며 극동 러시아의 관세특구 설치안은 러시아를 유럽연합과 단일한 경제공동체로 만들 려는 러시아의 전략 추진시 예상되는 충돌을 방지하는데 도움이 될 것이라고 주장 했다. *Итар Тасс*, September 19, 2002.
43) 매일경제신문, 2003년 11월 18일.

러시아 극동 지역에 있어서의 주요한 투자국 중의 하나인 일본의 관여는 두 가지 형태로 요약될 수 있다. 하나는 현 상태의 기조를 유지하는 것이고, 다른 하나는 일본이 정부 차원에서 대대적으로 나서서 경제 투자와 지원을 단행하는 것이다. 여기서 유의해야 할 점은 설사 일본이 러시아 극동 지방에 적극적인 참여를 하게 될지라도 그 결실이 일본의 결정에만 의존하는 것은 아니라는 점이다. 다시 말해, 일본이 극동 지역에 대한 대규모 지원을 시작하려는 결정을 한다고 할지라도 러시아 측에서의 일정한 조건의 성숙 없이는 그 실행이 어려울 것이다. 그럼에도 불구하고 정치적·경제적 안정성, 루블화의 태환성, 사회기반시설과 법률 시스템의 구축, 공무원의 개선, 범죄적 요소의 제거와 같은 다양한 조건들이 일본은 물론이고 다른 투자국들과의 협력을 이끌어내는데 필수적인 조건들이 될 것이다.

이러한 기본적인 요건들 외에도 극동·시베리아에서의 투자환경이 개선되기 위해서는 무엇보다도 모스크바의 연방 정부와 극동지역의 지방 정부 지도자들이 극동지역의 경제 발전을 위한 기본적인 전략에 대한 합의를 이루어야 하며, 이러한 전략의 수행을 위한 메커니즘을 만들어내야 한다는 점이 전제되어야 한다. 모스크바와 지역의 지도자들은 지역 자원의 통제를 둘러싸고 오랫동안 제로섬 게임을 해왔다. 양측은 이와 같은 비생산적인 투쟁에서 상호 많은 것을 얻기보다는 상실한 것이 컸었다. 극동 지역에서의 발전이 단순히 천연자원의 채취를 넘어서서 자원의 가공을 통한 부가적인 가치를 창출하기 위해서는, 중앙의 지원은 물론이고, 적어도 중·단기적으로 상당한 투자를 필요로 한다. 그러나 중앙으로부터 투자 재원을 지원받는 것은 현 단계 러시아의 현실에서 요원하며, 동북아 주변 국가들과의 경제교류

활성화와 투자 유치 개선이 더욱 긴요하고 절실한 상태라고 할 수 있다. 따라서 이 점은 소연방 붕괴 이후에 일본을 비롯한 주변 국가들의 투자가 기대보다 미진하다고 할지라도 극동·시베리아의 장래와 관련해서는 여전히 중대한 의미를 지닌다고 볼 수 있다.

■참고문헌■

미나키르, P. A. (1995), "극동지방의 경제와 개발전략", 정한구 편, 『러시아 극동지방; 개방과 발전 전략』, 성남: 세종연구소, pp. 129-154.

대한무역투자진흥공사 (2003), "극동러시아 경제현황", http://www.kotra.or.kr/ktc/vvo/market.html.

손원일 (1997), "러·일간 외교정책 연구", 『이문논총』, 제17집, pp. 175-194.

윤재희·강명구 (2003), 『극동러시아의 경제』, 서울: 선학사.

엄구호·한홍렬 (2003), "부문별 동북아 경제협력 구성과 러시아의 역할", 『국제지역연구』제7권, 제2호, pp. 53-88.

임현수 (2000), "러시아의 신 동북아 외교정책과 시베리아 개발", 『한국시베리아학보』제2집, pp. 29-51.

정한구 (2002), 『러시아 극동지방: 푸틴 대통령과 지역개발 정책의 장래』, 성남: 세종연구소.

풀리코프스키, 콘스탄틴, 성종환 역 (2003), 『동방특급열차』, 서울: 중심.

한종만·성원용 (2001), 『21세기 러시아의 시베리아 극동지역 개발 전략에 관한 연구』, 서울: 대외경제정책연구원.

한종만 (2001), "러시아 시베리아·극동지역 인구 추이에 관한 분석", 『한국시베리아학보』 제3집, pp. 97-142.

매일경제신문, 2003년 11월 18일.

조선일보, 2003년 11월 14일.

Arai. Nobuo. and Hasegawa. Tsuyoshi (1997), "The Russian Far East in Russo-Japanese relations", Akaha. Tsuneo(1997), Politics and Economics in the Russian Far East, London and New York: Routedge, pp. 157-186.

"The Gref Program", (2000), Russia Brief, September 19, http://www.csis.org/ruseura/ex006.html.

Ivanov. Vladimir I (1999), "Prospects for Russia's Energy Diplomacy in Northeast Asia", Global Economic Review, Vol. 28, No. 2. pp. 85-106.

Kalashnikov. Victor, "The Russian Far East and Northeast Asia: Aspects of Energy Demand and Supply Cooperation", Murakami, Takashi. & Tabata. Shinichiro (2000), eds. Russian Regions: Economic Growth and Environment, Sapporo: Hokkaido University, pp. 309-335.

Ogawa. Kazuo (1998), "Nichiro Keizai Kankei wo Saikenntou suru", (Review of Japanese-Russian Economic Relations), Roisa Touou Bouekei Chousa Geppou (Monthly Bulletin on Trade with Russia & East Europe), August, Tokyo: ROTOBO.

Okada, Kunio (2002), "The Japanese Economic Presence in the Russian Far East", Judith Thornton & Charles E. Ziegler, Russia's Far East: A Region at Risk, Seattle and London: University of Washington Press, pp. 414-440.

Stephen. John J (1994), The Russian Far East: A History, Stanford, CA: Stanford Univ, Press.

Rozman. Gilbert (2000), "Japan and Russia: Great Power Ambitions and Domestic Capabilities", in Gilbert Rozman, Japan and Russia: The Tortuous Path to Normalization, 1949-1999, New York: St. Martin's Press, pp. 365-384.

Russian-European Center for Economic Policy (2001), Russian Economic Trends, July 30.

Thornton. Judith. and Ziegler. Charles E (2002), "The Russian Far East in erspective", Thornton. Judith. & Ziegler, Charles E. Russia's Far East: A Region At Risk, Seattle and London: University of Washington Press, pp. 3-34.

U.S.Foreign Commercial Service, "Russian Far East Infrastructure/ Road Development", May 31, 2002, http://bisnis.doc.gov/ bisnis.isa020531RFERoads.html.

Wines. Michael (2001), "Chinese Creating a New Vigor in the Russian Far East", The New York Times, Sep. 23.

Nihon Keizai Shinbun, February 5. 1999.

Hokkaido Shimbun, June 26. 1996.

Выступление на совещании О перспективах развития Дальнего Востока и Забайкалья. http://president.kremlin.ru/events/50.html.

ИЭИ ДВО РАН (2001). Экономическая политика на Дальнем Востоке России: Концепция и программа.

Ре. Дохара (2002). "Российско-Японское сотрудничество в области энерг етики", Сибири и Япония в северо-восточнной азии, Межрегионали ый институт общественных наук(МИОН). Иркутский государственн ый университет. Университет Симанэ, Материалы Российско-Япон ского семинара 8-9 сентября. Иркуск. c.112-122.

Минакир (2001) (ред.), Экономическая политика: региональное измерение.

"Перспективы социально-экономического развития Дальнего Востока." (2000). Вопросы экономики. Но. 10. с. 35-54.

Министерсто Экономического Развития и Торговли, "Территориальное соц иально-экономическое развитие РоссийскойФедерации на период до 2004 года, http://www.economy.gov.ru./merit/socec2004.html.

Родионов. А (2000). Краткие обзоры государства экономических связей: потенциал и его использавание: экономическое присутствие Япо нии в России. Москва: Максимов Пабликэйшнс.

Путин. В.В (2000). "О перспективах развития Дальнего Востока и Забайкал ья", Nov. 1. http://president.kremlin.ru/events/50/html.,

Ведомость. June 6. 2000.

Известия. May 20. 1994.

Итар Тасс, September 19. 2002

Российская Газета. January 11. 1996.